台灣飛行場百年發展史
The History Of Airfields And Airports In Taiwan

洪致文 著

Written by
Chih-wen Hung

新版序 ··· vi
自序 ·· xii
卷首語 ··· xvi

第一章 台灣航空發展黎明期的飛行場與著陸場　　1
　台北練兵場→台北(南)飛行場　　2
　屏東飛行場→屏東(南)飛行場　　12
　鹿港著陸場→鹿港飛行場 ·· 19
　台東著陸場[馬蘭] ·· 23
　花蓮港著陸場→花蓮港(北)飛行場　　25
　苓雅寮不時著陸場 ·· 33

第二章 台灣民航肇始期的島內飛行場　　37
　台北飛行場[松山] ·· 38
　台中飛行場[公館][清泉崗] ·· 56
　台南飛行場[永康] ·· 66
　台東飛行場→台東(北)飛行場　　70
　宜蘭飛行場→宜蘭(北)飛行場　　76
　淡水飛行場 ··· 82

第三章 大東亞戰爭爆發前興建的台灣島內陸軍飛行場　　91
　湖口陸軍演習場→湖口飛行場 ···································· 92
　台中飛行場[水湳] ·· 96

嘉義飛行場	107
潮州飛行場	118
佳冬飛行場	123
恆春飛行場[五里亭]	131

第四章　大東亞戰爭爆發前興建的台灣島內海軍飛行場　137

新竹飛行場	138
台南飛行場	152
高雄飛行場[岡山]	167
東港飛行場	188

第五章　大東亞戰爭期間興建的台灣島內海軍飛行場　209

紅毛飛行場	210
後龍飛行場	214
新社飛行場	220
二林飛行場	224
虎尾飛行場	228
大林飛行場	238
麻豆飛行場	244
仁德飛行場	247
歸仁飛行場	251
左營飛行場[F要地應急跑道]	255
大崗山飛行場	262

第六章　大東亞戰爭期間興建的台灣島內陸軍飛行場　265

宜蘭(南)飛行場 … 266
桃園飛行場 … 276
彰化飛行場 … 292
北斗飛行場 … 298
北港飛行場 … 304
塩水飛行場 … 310
小港飛行場[高雄] … 315
鳳山飛行場 … 324
屏東(北)飛行場 … 329
花蓮港(南)飛行場 … 333
台東(南)飛行場 … 342

第七章　二戰末期興建的台灣島內飛行場　347

樹林口飛行場 … 348
八塊飛行場[八德][懷生] … 351
龍潭飛行場 … 355
台中(東)飛行場 … 358
大肚山飛行場 … 363
草屯飛行場 … 368
埔里飛行場 … 371
燕巢飛行場 … 375

平頂山飛行場 ································· 377
　　宜蘭(西)飛行場 ······························· 380
　　上大和(南)飛行場 ····························· 382
　　池上飛行場 ···································· 385
　　中止興建、廢棄與未接收之飛行場 ············ 387

第八章　二戰後興建的台灣島內機場　395
　　高雄港水上機場[復興航空] ·················· 396
　　日月潭機場、梨山機場[復興航空] ··········· 400
　　陸軍龍岡機場、衛武機場 ····················· 405
　　空軍台東志航、花蓮佳山基地 ················ 411
　　中正國際機場→台灣桃園國際機場 ············ 415

第九章　離島機場　423
　　澎湖地區飛機場 ······························· 424
　　金門與馬祖的飛機場 ·························· 433
　　蘭嶼與綠島的飛機場 ·························· 446
　　東沙與南沙太平島的飛機場 ··················· 453

附　錄　二戰終戰時台灣島內日本海陸軍飛行場位置圖　457

依縣市別之飛行場章節索引 ························· 466

【新版序】

從「不沈空母」到「台灣飛行場百年發展史」的完成

我想，每一本書的字裡行間中，一定都留下了許許多多作者人生裡，某一個階段的印記。這些書中，文字與照片的紀錄，往往都是花了相當多的時間才完成，因此再重新看這些書裡的內容，也會記起書寫與整理過程中的點點滴滴。

這本我在 2015 年出版，原名為「不沈空母——台灣島內飛行場百年發展史」的書，是前前後後花了將近 20 年資料收集，實際寫作也大約經過 10 年才完成的一本書。這本書的題材，相信是許多讀者在知道我眾多鐵道相關研究書籍外，一個比較少人理解我長期投注心力的課題。這些飛行場遺跡與歷史的研究，全部都不是依靠調查研究計劃在支持，真的純粹就是個人的興趣，因此才會如此持續不斷地挖掘史料與實地踏查整理，最後甚至完成這本書。

當年這本書的出版，因為考量到市場上的接受度，所以一開始就沒有打算要大量印刷，而是以自費出版的方式能夠推出即可。然而相當令我意外的是，在這本書賣完之後在市面上絕版的這些年，陸陸續續有好多好多的讀者都在詢問，有沒有機會再版呢？特別是這幾年國家的文化政策，透過再造歷史現場的許多空間重塑，裡面有不少的歷史場域，都跟戰爭遺跡有關，也都跟這本書裡面所提到的這些飛行場有些連結。因此，好多人都希望這本書能夠再版。而對於我來說，這本書當年寫作的時候，侷限於台灣本島內的飛機場，也是一個遺憾。

當年會只專注於台灣島內飛行場歷史的主要原因，是那些離島機場如果要一個一個去調查，勢必要花費更多的時間。雖然我手邊早已掌握了一些資料，但整個研究已經耗時太久，總希望能夠有一個階段性的結束。因此，在捨棄了有些已經開工書寫的離島機場發展文章之後，2015 年時就將這本書給出版了。

真的感謝持續不斷支持台灣本土文化的前衛出版社，對於這本書的不離不棄，這幾年來不斷地希望我能夠同意給他們再版，讓這本市場上詢問度、需求度非常高的書，能夠有再度出版上市的機會。就在我的研究生柯孫禮的協助之下，他因為興趣的關係走訪了幾乎所有民航班機會到達的離島飛機場後，讓這本書的最後一塊拼圖得以補足。因此最後這本書，可以用最初想要用的書名——「台灣飛行場百年發展史」來含括所有台灣本島與離島的所有飛機場發展歷史。

其實這本書在 10 年前能夠出版的主因，是因為很多關鍵史料的陸續出土，特別是美國以及日本方面對於二戰結束前後

本書最初是以「不沈空母 -- 台灣島內飛行場百年發展史」為名於 2015 年出版，此為當時的封面。

的那些關鍵資料，適時地提供了現地調查的歷史證據。然而這些史料的運用，也不是不加以判斷的堆積即可，因此在這本書第一次出版的時候，我也特別針對史料的運用加以說明。在這本書絕版而無法於市面上流通的這段期間，台灣的軍事遺跡研究逐漸受到重視，但是同時也有很多相當明顯的錯誤資訊在廣泛流傳，甚至逐漸變成許多歷史現場的展示文案。為了讓更多人能理解之前努力調查的成果，不要再繼續錯下去，這本書的再版也就變得非常重要與迫切。

當然，這麼龐大資訊量的書，裡面的錯誤仍然在所難免，特別是許多的二戰及二戰後軍事機密資料，在這些年又陸續的解密出現，讓書中當年調查的時候，可能不是非常清楚的軍事遺跡，能夠更清晰的被理解，特別是一些機場周邊的碉堡或防禦工事。這部分的研究，特別感謝台灣年輕的軍事遺跡研究者魏以恩，在他全面的調查與審視之下，提供了本書一些珍貴的補充資料。

例如有關高雄飛行場（岡山）的部分，書中原本所提到的「短波方位測定所」遺跡，經過他的考證，應是竹子港防空砲台的彈藥庫。因為根據 1946 年 1 月日軍向國軍所提出的「台灣日本海軍航空隊高雄基地營房登記總表呈繳清冊」中，記載岡山街竹子港有混凝土彈藥庫 5 個，經對比美軍航照與現場所見（2 個彈藥庫已拆毀），可以確定現存遺跡應為竹子港防空砲台彈藥庫。此外，魏以恩也特別補充本

本書作者於2008年時與航迷間有名的關渡機場老友李宏鳴（Ming）教官於馬祖的留影。 2008.5.

書中有關台南、高雄、左營飛行場原本記載的12.7cm與10cm高射砲描述，由於是雙聯裝的因素，皆應是一座有兩門聯裝砲的配備，因此再版時都將單位從「座」改為「門」。值得注意的是，12cm的高射砲是單裝設計，所以一座砲只能計算一門。

另外，魏以恩對於碉堡的研究，也讓本書有提到的一些防禦工事，能夠被辨認出是什麼年代所完成。依照他的調查，1949至1951年間，台灣本島蓋了1萬多座的防禦工事，對於本書提到的一些機槍堡、伏地堡、指揮堡，他也盡量地協助辨認後，讓這次的再版可以有更清楚的指認。

除了這些飛行場周邊的軍事碉堡外，也特別感謝澎湖的吳令丞老師，提供許多澎湖在地的軍事調查史料；而師大地理系出身的學生許純鎰，也提供金門飛行場的一些資料，在此特別感謝。至於我的研究生柯孫禮，因為對機場調查的興趣，跑遍了金馬澎湖、蘭嶼綠島這些的離島，因此讓這本書最後新增的離島機場篇章，能夠有適合的照片，可以說貢獻最大。至於孤懸於南海上的東沙機場，一般人還是難以抵達，非常感謝翁嘉民先生的照片提供。

在整理這本書新增的離島章節時，過去我前往蘭嶼、金門、馬祖、澎湖的這些回憶，又陸陸續續地浮上眼前。在整理當年照片的時候，最讓我掉進歲月記憶中的，莫過於2008年時，曾經與友人林盟傑前往馬祖南竿與北竿，拜訪航迷間有名的關渡機場老友李宏鳴（Ming）教官了。看著那些在馬祖的回憶，想著從十幾歲認識到前

幾年他的因病離世，真的不勝唏噓。

當年認識李宏鳴時，他還是個雄中的小屁孩，喜歡火車，我去他家，還跟我說家裡有一個三面有窗的小空間，好像塔台好好玩喔，真想有一天能夠在塔台上班！那時候，他是中分頭髮，最愛酒井法子。後來，Ming 考上了台北的大學，也組織了關渡機場，聚集了許多喜歡飛行與航空的朋友。之後，他考上了塔台的工作，開始成為守護天空的隱形人。2001 年 Ming 到美國找我時，還住我家，記得他興奮地說，下一站要去芝加哥，要去看微軟模擬飛行開機的那個經典小機場。我回台灣後，雖然比較少在鐵道場合看到 Ming，但還是常在塔台的頻道上聽到他的聲音。當年跟林盟傑去馬祖找 Ming 的那一次，許多的畫面都呈現在這次再版的書中。很感謝我的摯友，守護天空的隱形人李宏鳴（1976~2019），帶我探索了許多飛機場迷人的故事，我永遠忘不了在馬祖塔台上，和你一起看著跑道燈光閃耀的那個片刻。

這本書當年出版時，曾贈送給我的三伯父，台灣著名神經科醫師洪祖培教授（1926~2019）。他從小就對飛機很有興趣，對於這本書的內容也讀得津津有味。當年（2012.11.17.）他還跟我說過許多二戰期間他的故事。我想，我就特別用這機會把它記錄下來。

洪祖培阿伯回憶，1943 年 11 月，曾有飛機來轟炸松山的飛機場，當時他在自家屋頂看美軍飛機被打下來，有白煙、折翼、摔下，那時候不懂事還覺得「好漂亮」。時序到了 1944 年 10 月的台灣沖航空戰時，父親洪長庚（我阿公）還在樓下看病，飛機來掃射台北之際，他跑到三樓頂看飛機，那個飛機飛很低，看得非常清楚。1945 年 3 月 20 日他被徵召入伍時，還不知道美軍是不是會登陸台灣，但很快到 3 月底時，

作者三伯父洪祖培抱著父親洪達雄的留影。約攝於 1939~1940 年 洪長庚 / 攝

作者三伯父洪祖培與木製飛機留影。 約攝於 1939~1940 年 洪長庚 / 攝

攝於日本時代，飛翔於大稻埕圓環附近天空的編隊飛機（左為原圖，右為飛機放大）。　洪長庚／攝

美軍攻擊沖繩的態勢很清楚，明顯就是跳過台灣了，所以之後台灣島內的防守就越來越隨便。在這段二戰最末期的疏開時期，我們家是疏開去深坑的，因為那時家裡有傭人的老家在深坑，全家避難到那邊去比較能受到照顧。不過，雖然家裡大大小小的人多搬去了深坑，但我阿公洪長庚仍要在台北圓環這邊的達觀眼科醫院裡看診，當時阿媽也會待在這裡陪阿公。不過，他們也是台北跟深坑兩邊跑，祖培阿伯記得，1945 年 5 月中旬他有次放假回家，剛好父親洪長庚要去深坑，雖然不容易找到車，但他們還是租了卡車去。

對於後世很多人在描述的 1945 年 5 月 31 日台北大空襲，祖培阿伯也是有很深記憶的。他說空襲的前幾天他們部隊回到台北市內，空襲當天早上在螢橋練習，後來把槍搬到新公園。那時候大概早上十點多，天氣很好，看到兩架美軍 P-38 飛過台北上空（我很驚訝祖培阿伯這麼會認飛機）。接著他們全隊回台北高校（如今的台師大），約莫十二點多，就有一大批轟炸機來炸台北了。這些轟炸的飛機，他印象中是從金山那邊飛進台北。當飛機投彈時，會有聲音，那種轟轟的聲音之後，接著就是砰一聲落地。他特別講到，因為傳說喬治柯爾（George Henry Kerr）曾擔任台北高校老師的影響，飛機不會來炸學校，所以大家都覺得應該很安全，只有旁邊的池子那邊被轟。洪祖培阿伯說，那個池子台北高校學生都知道，叫做「池之端」（如今師大路 39 巷金興發旁），轟炸時有被炸到。當時台高校舍只有幾個老傭人守著，5 月底大轟炸結束後，他們就移到六張犁去了。1945 年 8 月 15 日終戰時，他的軍隊在汐止，聽天皇播送投降的消息後，大約又過了兩週才解散回家，並且升為一等兵。在洪祖培阿伯的回憶中，許多飛機的機型與聲光印象都歷歷在目，他也提到戰後有一些日軍飛機留在台灣，印象中台大校園內曾有一架隼放了一段時間，另外圓山也有一架的樣子。

也許是從小耳濡目染，我老爸洪達雄除了喜歡火車，也跟他的祖培大哥一樣，

攝於戰後初期,飛翔於台北上空的飛機(左為原圖,右為飛機放大)。 洪長庚/攝

很會畫飛機、認機型,我小時候跟他最瘋狂的事情,就是買了一大堆的F-5E模型,兩人合組一大堆湊成一整個中隊,擺在家裡的地上「閱兵」。對於這本書,老爸洪達雄也是期望甚多,這幾年一直問我何時要再版,在知道這次前衛出版社會增訂後改版重出,更是一直期待著,每隔一陣子就要詢問進度。可見,這本書是如此幸運被很多長輩眷顧著,念念不忘期許要趕快再版。因此,經過許多的努力,這本書最後可以完成,還是要非常感謝前衛出版社的大力支持,特別是副社長林君亭、主編楊佩穎、美編Nico Chang以及漂亮封面的兒日設計,讓本書得以在內容不大幅更動的情況下,有了另一個不一樣的面貌問世。

這本書是我人生中一個很重要階段的研究成果,自己在整理這次的再版圖文過程中,其實也蠻佩服當年的我,竟然可以花這麼大的力氣去實地調查整理,還寫出這樣的一本書。說實話,如今的我真的完全沒有力氣再全部重跑一次、重新拜訪每一個書中紀錄過的地點現況,所以也請容

許我說聲抱歉,這本書的現況調查,除了離島篇章以外,也就停留在當年2015年第一次出版時候的情形。或許,有一些遺跡在這些年間已經被拆毀,或者有更多不一樣的改變,但這些若要全部重新增補的話會工程浩大,因此這次的再版也就不會更新,但期待大家的後續調查與補充了。希望,這本書的再版,可以讓飛機場的歷史,以及軍事遺跡的研究,能夠在台灣持續被關注。

2024.7.8.
筆於台北大稻埕

【自序】

從「飛行場の測候所」開始的機場研究

這，又是一本前後花了將近二十年才完成的書。我想，人生中總有一些研究議題，是持續不斷地在關注與鑽研，但可能因為資料尚未出土，或者外在環境未臻成熟，所以一直無法完成。但是，請相信我，史料會自己跑出來找它要找的人，只是遲早的問題而已。所以這本講台灣百年來飛行場/飛機場發展歷史的書，就這樣在我當兵的將近二十年前開始寫下最初文字後，於終戰七十年的2015年終於完成。

對於我們這一輩仍要當兵的人而言，軍旅生活絕對是個難忘的回憶。能在空軍當兵，擔任氣象官，在飛管大樓裡值勤，甚至在作戰組當班，都是一些非常非常難忘的回憶。也許很少人能有這樣的經歷，在天色仍暗的拂曉大坪上，看著F-104噴著火焰直衝上天，或者在夜裡看著夜攻中隊的AT-3於夜晚起飛，甚至中午午睡時被F-104的怒吼所伴著入眠。曾經，想像TOP GUN電影裡人家是騎著重機看著F-14起飛，而我卻是騎著有菜籃的腳踏車，在跑道邊晃去守視室。當兵的回憶總是令人難忘，而這也是一生中難得的經歷，所以我真的難以忘記在新竹空軍基地裡的那段時光，也想以這本書來紀念那段當兵的歲月。

或許，是因為曾在空軍當兵，而且是直接參與經歷過這一切，所以在整理這本書時，會有許多身歷其境的感受。這本書，

本書作者洪致文於幼稚園小班時，第一次與飛機的合影。攝於夏威夷。

華航的B747-100客機中停於美國夏威夷。

或者應該說這個台灣飛機場議題的研究，其實就是緣起於我當兵時，長官知道我會寫文章，還得了個金鼎獎，所以到部隊後，要我寫文章報名國軍文藝金像獎。這樣的差事，當然是當班以外的額外要求，在以排班為主的任務分工單位，給再多的榮譽假犒賞一點也沒用，因為一個洞卡一個洞的班表，根本是不可能多出來放假。畢竟有人要額外放假，就表示另一個人要幫你代班。我連得到金鼎獎都因為排班而無法出席領獎，何況是做這種額外差事的獎勵？不過，既然要寫，我就挑自己有興趣的議題來寫，也順勢去找找自己想找的資料。

我當兵受訓的地方，是位於岡山的空軍通校氣象班。當時就覺得這個地方的建物相當奇特，彷彿是日本時代就有的軍事營區。是後來才知道，這個地點竟是戰前的日本海軍第六十一航空廠，二戰時組裝與維修過不少的軍機。除此之外，我當兵的新竹機場，更有一些看來是二戰時的飛機機堡，甚至我們單位的辦公室，也是一整排有著圓拱圈，日本統治中後期的典型海軍制式建築。因此，既然被要求要寫文章參賽，我就想找一些飛機場的古老資料，來寫寫「新竹機場沿革史」好了。

為了這個目的，我趁著放假到當時仍在光華橋旁的央圖台灣分館找資料。最初浮上檯面的，就是警總接收報告裡的一些紀錄。當然，趁著在新竹的地利之便，也找了一些隊史館裡的史料，於是這樣寫著寫著，就成為這本書裡最先完成，最初寫下的一些文字。

接著的這些年，我雖然研究鐵道，卻依然拍著飛機，記錄著台灣島內的航空演變。在我出國唸書前的1990年代中期，是台灣天空開放時最熱鬧的歲月，我們一群鐵道迷拍火車也拍飛機，跟航空迷們也建立了很好的友誼，於是就這樣開始了飛機場的記錄與研究。

大約十年前我從美國回到台灣，台灣的天空已經沒有當年那麼熱鬧了，但是因

本書作者洪致文於空軍擔任氣象官時的留影。攝於新竹機場守視室。

為全民國防的推廣政策，我也沒錯過許多空軍基地的對外開放與飛行表演。這時與當年台大火車社的盧景猷學長重新聯繫上，他花了許多時間，在很早期即開始研究台灣的飛行場歷史，甚至也曾在日本的軍事遺跡專書上發表成果。受到他的啟發，加上當年一起創立台大火車社的伙伴黃智偉所提供的一些關鍵資料，我又重啟日本時代台灣的飛行場研究。

這個研究的重新開始，要感謝我進入教職後第一位專任助理張心怡小姐，幫我把當兵時寫的手稿文字重新打字。而這整個研究的一個關鍵突破，是中研院GIS中心從美方NARA所陸續帶回的二戰期間航照與相關圖資。這部分的史料相當珍貴，廖泫銘先生協助慨允使用，以及助理馮維義與郭承鑫長期以來的幫忙及整理，終於讓這些當年的航空偵照，重新被接合與定位，也讓許多機場的位置與興建情況，有了「有圖有真相」的佐證。而在許多飛行場資料的整理與現地調查方面，感謝學生許聖廸、陳炯翊、林和駿、延欣智、陳韋宏、許凱富與林德源的協助，才能一一完成。至於日本方面的史料，也非常感謝一直耕耘台灣航空歷史的曾令毅先生慨允提供。另外，陳家豪博士在日本的幫忙也由衷感謝。本書寫作期間，與出草團團友的多次田野調查，吳介祥教授一起去找幾座廢棄機場，建築學者謝明達的精彩建築結構解說，林炳炎阿伯對於各方史料的開示，張維斌博士在一些航空史料上的解說與幫忙，都讓這本弄了快二十年的書經過如此漫長的歲月終於得以完成。

在各地的飛行場調查過程，資料的取得與照片協助，也多虧不少朋友的幫助，東華大學郭俊麟教授、成大博物館張幸真博士、台南陳信安老師、高雄洪文玲與王治平老師、花蓮黃家榮、大林江明赫、彰化黃保羅、嘉義朱聖隆、屏東葉慶元、鐵道作家鄧志忠、航空史專家傅鏡平、氣象與民航前輩周明德、出草團林政廷、傅子訓、黃威勝、黃湘玲、陳威臣、陳鶴仁、鄭羽哲、鄭銘彰……等好友的資料與照片提供，都是本書得以完成的功臣。此外，陳志清、李宏鳴、喜三郎、陳凱劭、安有仁、劉峻正、林珍汝、蘇奕肇、蘇昭旭、楊淑梅、廖風雅、周凌廣、南鎮遠……等諸位的協助，也在此一併感謝。

本書作者洪致文於空軍擔任氣象官時，攝於值班的飛管大樓天氣中心。

　　就在開始整理這批飛行場史料的初期，我當兵時每天吃飯的好伙伴，目前媒體上的名嘴軍事專家施孝瑋先生，因為任職全球防衛雜誌的關係，讓我在他主編的雜誌裡開闢了一個「台灣飛行場考古」的專欄，讓我在沒有壓力的情況下，以一個月介紹一個飛行場的方式，慢慢地整理了台灣島內這些機場的發展沿革，成為本書的雛形。

　　就這樣在經過了好幾年的連載，幾乎繞了一圈把台灣百年來的飛行場都一一介紹後，終於又更進一步開始書籍的圖文編輯與整理。感謝長期合作的阿修美編，替這本有著豐富圖文的書籍，找到最適合的編排方式。雖然沒有花俏的美編型態，但卻相當務實地將每個飛行場的圖與文搭配，做了極佳的呈現。畢竟，宅書還是要有阿宅美編才能處理得好啊。

　　這本書的出版，跟前一本的《台鐵花車百年史》一樣，在國內出版景氣極差的情況下，我選擇自費印刷的方式，主因乃是台灣目前的出版環境不佳，而出版社在成本的考量下，往往會在品質上大打折扣，包含彩頁的縮減與版面的縮小。對於作者花了數十年時間才完成的一本書，這樣的東減西刪，其實是很痛心的。因此，在希望品質可獲得保證，且內容能完整呈現的情況下，自費出版確實是不得不為的方式。畢竟以台灣如今的市場狀況，台灣研究的書大概也就只能有一刷的銷售總量，如何讓需要的人都能買到書，又能讓書在作者最滿意的情況下出版，似乎只有自費出版一途。只不過這麼一來，是否能夠回本的風險，就必須由作者自行承擔。

　　或許，這本書的出版就當成是種做功德般，提供有興趣且需要的讀者參考。而對於我自己而言，就當成是當兵那段看飛機歲月的紀念吧！

　　謹以此書，獻給所有生命裡，曾與這些飛行場/機場為伍的人們。

2015.4.18
筆於飛行場の測候所

卷首語

　　航空的發展歷史，較諸於其他的交通工具可說晚了許多，先不論氣球類的航空器，光人類可以用飛機開始翱翔天際，就已經是二十世紀後的事。在第一次世界大戰時，飛機都尚未成為主要的軍事武力，但到了二次大戰，空中武力卻已經成為可以扭轉戰局的重要手段，特別是來自飛機的轟炸，甚至美軍投下原子彈的最後一擊，都與航空科技的發展有關。

台灣的航空發展

　　台灣的近代航空發展，一般係以日本人野島銀藏在 1914 年 3 月 21 日駕駛美製螺旋槳複翼式飛機，於台北古亭庄練兵場（後之「南機場」，今青年公園）的飛行表演為始。而後，野島還陸續於 4 月 8 日開始，在台南、台中、與嘉義舉辦類似的「飛行大會」。這幾次的飛行當中，曾驚嚇到未見過飛機的原住民，促成後來總督府恫嚇原民的「理蕃飛行」。然而，儘管野島銀藏的空中表演成了一般認知的台灣航空肇始，但依照學者曾令毅的研究，早於此的 1912 年前後，總督府為了調查台灣的山林資源狀況，已利用飛機從事山林拍攝任務，因此台灣的航空飛行紀錄是可以從野島的飛行表演再往前推。

　　台灣的航空發展，在野島的飛行表演之後雖也有類似的飛行大會舉辦，不過發展上趨於緩慢。在 1930 年代中期前，台灣的空中武力配屬，主要是以總督府警察航空班為主。不過，由於警察航空班的飛行失事不斷，在原住民的問題獲得相當程度解決之後，隨著 1927 年度，日本陸軍之飛行第八聯隊於屏東的正式進駐，乃順勢解散。

　　關於日本陸軍航空部隊在 1920 年代後期開始進駐台灣，並且搶先海軍在台有所發展的情況，依照曾令毅〈日治時期台灣航空發展之研究(1906-1945)〉一文的看法，與日本在一次大戰後，於 1921 年簽訂之《華盛頓海軍軍縮條約》有關。因為該條約雖主要是在限制主力艦的數量，但同時也限制了日本海軍的佈防，必須維持在締約時之狀況，因而使得日本海軍航空隊在台灣的發展受到牽制。到了 1930 年代，除了前述條約繼續延長外，日本參與簽署的《倫敦海軍軍縮條約》（1930），更進一步限制了戰艦以外，補助艦（重巡洋艦、輕巡洋艦、潛水艦等）的總噸數，並持續牽制著海軍航空部隊在台灣的飛行場建設。但值得注意的是，也因為日本海軍軍艦總數受到軍縮條約的限制，反而讓航空隊的重要性與日俱增。因此，從 1922 年起至 1936 年日本進入無軍縮條約時期的這段期間，是日本海軍無法在台增設飛行場

台南第二高等女學校的同學們至屏東飛行場,參觀帝國陸軍第八飛行連隊的飛行機表演。1927.11.19. 陳威臣/提供

的「陸軍航空時代」。這樣的看法,與日本海軍在台的航空建設時程與實績相當吻合。1936年之前,海軍只在台灣以「不時著場」的名義在高雄苓雅寮設立簡易的臨時用飛機場,大型陸上航空基地的建設,都是在此之後才展開。

不過,隨著1936年日本脫離軍縮條約束縛,以及中日戰爭的開打,日本海軍也開始積極地在台灣建設飛行場。依照曾文的看法,日本陸海軍航空部隊在台灣的發展方向,在1936年後因為對華與對南方作戰的陸續開展,而有了「性質上的合流」,以及「構築戰時南方航空軍力中心基地的發展方向」。而另一方面,1930年代中期開始,伴隨著世界民航運輸的蓬勃發展,以及台灣作為南進航空輸送中心地位的確立,台灣的民航發展,在到1941年大東亞戰爭(美方史稱太平洋戰爭)爆發前,有了一段發展快速的高峰期。而台灣島內的軍方飛行場,除了陸軍持續有所興建外,也因海軍在沒有軍縮條約的束縛之下,開始有大型海軍航空基地的建造。

大東亞戰爭時代的飛行場建設

在大東亞戰爭開打前,台灣島內的許多大型基地形態飛行場建設已經陸續啟動並可使用,當時島內的機場主要以民航用與軍方正規航空基地用為主,但是進入大東亞戰爭後,則開始有許多訓練用飛行場的建設,以及臨時性質的簡易飛行場(飛行跑道),或者秘匿用機場大量出現。

依照二戰後的統計,日本統治時代在台灣島內所設立的飛行場中,以南部、中部密度最高,北部次之,東部較少,但其數目已可謂極為驚人。這些機場的興建,有相當多是在1941年底後才加以興築,屬於日本陸軍體系的飛行場數目,則多於日本海軍者。而自從台灣進入了戰時體制後,「台灣要塞化」的提出,擬將台灣建構成一座「不沉空母」(不沉沒的航空母艦)的口號,更是迎向大航空戰的必要軍事建設。

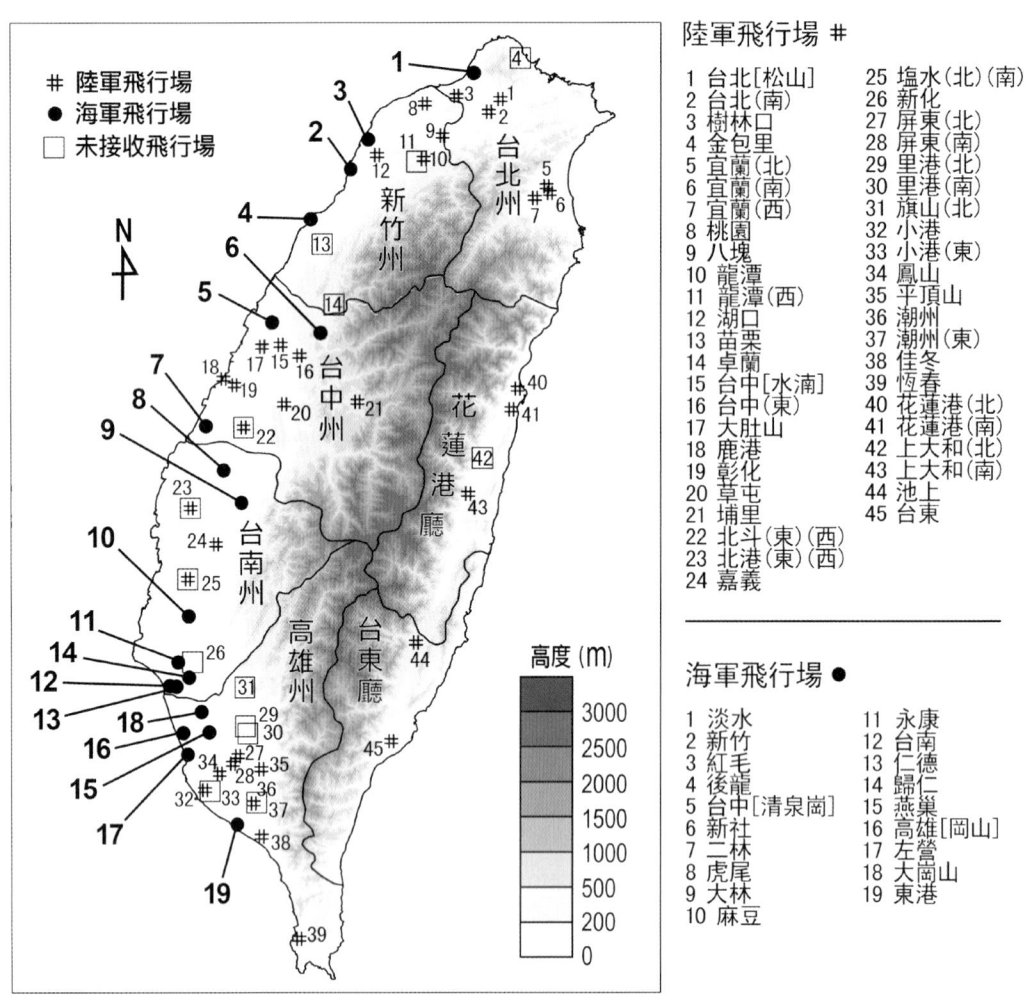

二戰結束時台灣島內飛行場一覽圖。

　　日本陸軍傳統上對於飛行場的規劃概念是「多數分散式」，但這樣的廣域分布在資材越來越緊迫的情形下，調度會越來越吃緊，因此在1943年5月開始，航空本部總務部長遠藤三郎中將乃參考盟軍的措施，改為建設主要「航空要塞」的「少數集約式」來設定飛行場，這也就是台灣在二戰中期會開始出現許多大型集約式航空基地的原因。

　　而到了二戰的後期，日本軍方大本營在面對美軍逐步突破「絕對國防圈」的攻勢，不得不於1944年春開始沖繩與台灣方面的作戰準備，此乃「十號戰備」的開始。然而台灣島內的飛行場規劃，台灣軍司令官還鼓勵所謂的「獻納飛行場」，由各州廳民眾集中勞力奉獻趕蓋機場，其中並有部分作為「秘匿」與「不時著」（臨時降落）使用。這些以躲藏飛機與提供臨時降落用的飛行場，大多僅簡單整地完成，並無常駐地面補給部隊，故完成度相當低。

關於這本書內所寫的台灣島內飛行場發展歷史，原本只打算整理日本統治時代的飛行場，將時間點終止於二戰結束時，不過因為考量到戰後興建的機場多在離島，本島的新建機場數量相當少，故在調查寫作上並不會增加太多篇幅，因此最後仍將其納入，這是本書會以百年來台灣「島內」飛行場／機場發展脈絡加以撰寫的原因。至於篇章的區分方面，為了有系統與脈絡地包容進所有百年來台灣島內出現過的飛行場／機場，整理時大致上以時間為切分點，在較多機場大量增設時期才以日本海軍與陸軍加以區分，故章節安排的方式，以台灣航空發展黎明期的飛行場與著陸場、民航肇始期的島內飛行場，以及大東亞戰爭爆發前、戰爭間與整個二戰末期所興建的台灣島內陸軍與海軍飛行場加以分別介紹，最後的章節則為二戰後興建的台灣島內機場。

　　目前國內有不少研究者或電視名嘴喜歡針對「日本在台究竟興建多少座飛行場」這樣的議題上做「數字戰爭」的競賽，本書則跳脫出這個脈絡，以實質上的飛行場調查與介紹為主，不想在那種到底要把XX（北）與XX（南）飛行場，或XX（東）與XX（西）飛行場算成一座或算成兩座這樣的數字遊戲上爭執。其實，飛行場的調查研究，講清楚位置與範圍即可，人為對於名稱的拘泥與數量統計，其實毫無意義，且徒增困擾。特別是許多日軍在二戰末期興建一半就建設終止的未完成飛行場，或者自始就是用來欺敵的偽機場，還是根本是美軍看到一塊空地就誤認為機場的地點，對於真正深入瞭解當時島內飛行場或航空基地的建設並無幫助，且因這類機場的完成度低，戰後或許根本從未接收就直接由民眾取回使用，甚至整個用地範圍也毫無痕跡留存，故在整個大時代中的影響實屬有限，不應被過分誇大。因此，本書內所介紹的這些飛行場，在篇幅安排上係以其影響程度與留存之二戰遺跡的多寡來考量。

　　儘管如此，書中所介紹的日本時代飛行場，除了部分留用至今成為空軍、陸軍或海軍的機場外，超過半數以上的飛行場都在戰後失去功能而早已消失；然而，若透過文獻與檔案之蒐集、各種圖面之疊合分析與現場遺跡的田野調查，將可提供你我重新面對這些戰爭遺跡的文化資產意義，擺脫族群間不同意識型態的史觀對立，期許未來不再有戰爭的和平希望。因此，本書在寫作上，特別重視史料的詳加考證與現地的調查。

本書史料運用的說明

　　在本書的寫作期間，特別是一開始在軍事雜誌上以專欄型態發表的時期，拋磚引玉希望引起大家對這戰爭遺跡與歷史研究的興趣，因此在考證上就曾因不像是學術論文般慎重而有將兩代民航用台南飛行場搞混的情況，不過後來的寫作上，則盡量避免了類似的錯誤，也更多方地交叉互相比對史料才下筆，避免被拿去當成期刊論文引用造成困擾。

目前存於檔案管理局內之國軍檔案,由國防部史政編譯局提供,檔號 0034/913/4010.2 之四冊《台灣區各飛機場要圖》。

事實上,近年來許多研究者也陸續利用了美軍戰爭時期的偵照史料研究台灣在二戰時期機場建設。然而,美軍戰爭期間的偵照紀錄,就彷彿是一種毒藥般,是會上癮,但也會毒發身亡的。因為這些資料,是美軍在無法完全掌握台灣島內狀況下,以航照偵照判斷的結果,所以存在著許多與現實情況相左的落差。國內目前有不少研究者高度使用這些美軍資料,卻因為美方在戰爭期間不斷更新的偵照判讀有所差異,或者與實際狀況的不同,甚或根本就是美軍誤判的錯誤,導致研究上往往呈現了許多互相矛盾的問題。對於史料的運用,除了語言的基本掌握能力外,判斷史料的正確性與否也是很重要的訓練。以台灣在二戰時期的飛行場紀錄而言,史料種類上有如下幾類:

1. 日本政府與軍方的公文檔案與紀錄
2. 日本側在戰爭時期的報紙新聞
3. 日軍在戰爭時期的極密地圖
4. 戰後初期日軍對於二戰期間的部隊略歷紀錄
5. 戰後日本側對於軍史的整理
6. 美軍二戰期間航照
7. 美軍二戰期間偵照紀錄與報告
8. 美軍戰後從日軍側獲得之飛行場紀錄
9. 日軍提供給國軍接收用之引渡紀錄
10. 國軍接收記錄「台灣區各飛機場要圖」與檔案
11. 民眾或當年日軍之口述與回憶錄
12. 台灣警備總部接收總報告書
13. 戰後台灣地區廢棄機場爭議引發之相關公文
14. 國內航空發展相關之研究專書與論文
15. 現地的戰爭遺跡調查

這些史料因為來源的差異,以及產生的背景不同,在運用上必須非常小心與謹慎。以可信度而言,日本政府與軍方的正式公文檔案與圖資,是相當重要與可信的白紙黑字紀錄,但因為公文書可能有部分佚失,故使用上並非所有演變均有紀錄,特別是進到二戰末期時更是如此。此外,研究者對於日文的正確掌握非常重要,不可將否定語句直接看成肯定語句(例如本飛

行場無格納庫，卻解讀成有格納庫）。至於報紙的報導亦是相同情況，特別是報導中常常是以某某建設預計於何時完工或啟用，但實際上可能因為工程延宕或其他因素而拖延或計畫終止，故下筆時必須非常謹慎，前後重複對照是否真的發生，而不應將「預計」或「預估」的事項，直接以肯定敘述加以描述。

至於極密地圖的使用上，必須謹慎，因為製圖需要時間，故以地圖上的狀況來推估瞬息萬變的二戰後期飛行場建設，將有一定程度的時間落差。相對於此，美軍航照的空拍，則是一翻兩瞪眼的「有圖有真相」。這些航照，有精確的拍攝時間記載，故可提供施工進度與狀況的最真實紀錄。然而，使用航照必須經過謹慎的空間定位與航照接合，否則搞錯機場就整盤皆錯。與這些航照配套的，往往是美軍在戰爭期間的偵照判讀與報告。首度看到這些紀錄的研究者，很容易就中了這個史料的毒，以為美軍有相當詳細與精確的紀載，殊不知美軍當時以有限的資料判讀時，往往犯了許多錯誤。這對於戰爭期間要來轟炸台灣的美軍而言，判讀錯誤並不是太嚴重的失誤，因為既然要轟炸，以判讀錯誤的目標轟炸，也只不過是炸錯目標而已。但對於如今的研究者來說，則不應將美軍偵照的紀錄當成關鍵史料使用，甚至據此否定其他的推斷與更接近真實狀況的記載或現地遺跡調查。國內目前有許多的研究者大量使用美軍偵照紀錄，將美軍判讀錯誤的飛行場設施（例如美軍寫出「疑似水上飛行場」的地點，就被解讀成是水上飛行場「真實存在」），甚至搞錯位置的航照圖，都直接拿來做成關鍵史料運用，便很容易讓讀者看不懂，甚至難以解釋文章中前後矛盾的現象。

美軍檔案史料的正確使用

儘管美軍二戰期間的偵照報告與紀錄和事實有所出入，但航照確實是相當重要的「有圖有真相」史料，只不過研究者不能太過相信戰爭期間的美軍判斷，而是要拿原圖重新比對與審視才能獲得較為正確的推論。當然，美軍側的資料不是全然不可使用，在二戰結束後，美軍曾有接收台灣的準備，因此曾派員抵台做各種重要設施的調查，並直接訪問相關日軍人員寫成報告。這批戰後由美軍從日軍側所獲得的紀錄，雖然仍可能有日軍故意隱瞞而不完整的情形，但大致而言整個紀錄是比戰爭期間美軍只憑偵照所獲得的結果要更為正確。

依照這份由美國國家檔案和紀錄管理局（National Archives and Records Administration，NARA）所存的檔案內所述，美軍在 1945 年 9 月底至 10 月初曾針對台灣的飛行場狀況開始調查並詢問相關的日軍主管，透過數次的調查會議後，於該年 10 月初將一份總結的概況呈送給 Leonard F. Clark, Maj. AC, Commandingofficer, United States Army on Formosa。在呈送的資料中，有一張以台灣軍司令部於昭和二十年（1945 年）3 月調製之五十萬分之一台灣地圖為底圖，加繪上各地飛行場位置的飛行場配置圖。這張美軍從日軍處所獲得的

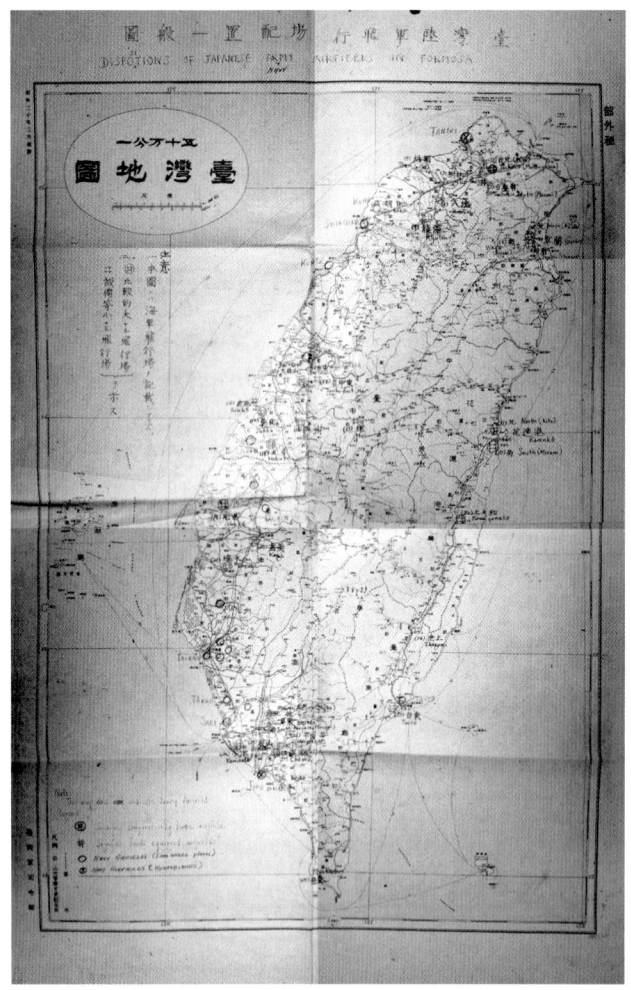

由美國國家檔案和紀錄管理局所藏的這份台灣各地飛行場位置圖，是美軍在1945年9月底至10月初針對台灣的飛行場狀況開始調查並詢問相關的日軍主管，透過數次的調查會議後所繪製的。

這第一手飛行場配置圖，原本的手繪圖名為「台灣陸軍飛行場配置一般圖」，英文為「DISPOSITIONS OF JAPANESE ARMY AIRFILEDS INFORMOSA」。可見最初此圖的繪製是以陸軍部分為主，但後來加繪海軍的飛行場部分後，英文圖名下加上「+NAVY」，並於圖例中說明亦記入海軍飛行場，然日文漢字圖名並未更改。而除了這張總圖，該份文件內還有各飛行場的數據資料與手繪圖，提供了相當仔細的戰後初期國軍接收前狀況。本書內美軍戰後從日軍側獲得的紀錄，指的便是這一套資料來源（感謝台大火車社好友黃智偉先生的提供）。不過因為原圖有些部分較不清楚，或者手繪圖的呈現較為混亂，故在書上製版時，有不少都經過重新整理與位移過，並非NARA原始檔案的呈現方式；而有些為了說明需要，也以其為底圖加以上色或疊上說明文字。

與此類似的，國軍接收時從日軍側獲得的各機場詳細狀況，以及接收時日軍提供的引渡報告，也是正確性極高，頗

為了參展而飛來台北松山機場的C-47與XA-3雷鳴號攻擊機。1995.8.

有參考價值的史料。目前檔案管理局內國軍檔案中的四大冊《台灣區各飛機場要圖》（國防部史政編譯局提供，檔號0034/913/4010.2）中，也有詳細程度不一的飛行場紀錄值得參考。

雖然說，研究者有上述這些比較正確的史料可以運用，但國內研究二戰時日軍在台建設的論文，就像筆者二十年前開始碰觸此議題時一樣，相當依賴台灣警備總部接收總報告書的記載。並非說警總的接收報告全然不可信，但這份經過多次轉寫與整合的報告書，內容有相當多地方有錯，故很容易引導研究者進入錯誤的判斷與記載裡，不可不慎。也就因此之故，如要參考國內相關的日軍軍事建設研究論著，需仔細探究引用的史料來源是否是警總報告，若是則要非常小心地詳加驗證。其實，相同的狀況也出在日方戰後的一些戰史叢書研究中，例如朝雲新聞社一系列的書籍，對於二戰間的記載相當翔實，但因為跟戰爭期間的時空已經有些落差，故引用時必須特別注意，否則像是花蓮最早興建的飛行場究竟是北邊的北飛行場，還是南邊的南飛行場都會搞錯，就相當不可思議了。

此外，本書在寫作上為了讀者的易於閱讀，並未加上冗長的註解。因為以學術規格撰寫註腳的前提是，這個註解是真正有意義且對於所述史實的真相有所幫助，而非只為了表面上看似學術著作的表象。儘管如此，本書對於重要的史料與數據等出處記載，是以在文章中明確寫明的方式點出，因此並不會因為沒有在書末附上參考文獻或者列出成排驚人註解，而有損後續研究者要找到資料出處與來源的困擾。

實地田野調查的重要性

在這類軍事建設與遺址的研究中，現場田野調查相當重要，但因為時間距離的遙遠，一些口述歷史的正確性必須審慎對待。以台灣的現地調查而言，似乎變成只要有二戰時期日軍的機場，就有神風特攻隊，就有零戰。殊不知二戰時日本的陸軍與海軍體系差異，也反映在飛行場相關設施的建設上，包含各種周邊建物的規劃邏輯與設置，都有所不同。因此單憑口述來記錄，其實有相當風險。與史料的相互對照及驗證，是研究者非常重要的功課。

1990年代中期攝於當時的桃園中正國際機場塔台。

　　至於戰爭遺跡的實地調查，也需要大量時間親自探訪才能獲致第一手資料，並且與文獻上的記錄加以比對。在本書的研究調查過程中，意外發現許多飛行場相關設施在終戰後七十年的時間點都依然健在，可說相當不可思議。由於這些戰爭遺跡至今大多仍未獲得文化資產指定的保護，因此透過本書的介紹與初步調查，或可提供國內對於軍事遺產的保存有更進一步的推展。不過，因為有不少日軍當年的飛行場在戰後一直維持軍事基地的身分，故調查時僅以極少數的基地開放機會作初步審視與研究，許多非開放區則仍有眾多謎團無法解開。而因為顧慮到非常多的軍事遺址仍位處於軍事基地內，或者仍為機敏之用地，故本書在寫作與調查時，均避開這些地帶，以免帶來困擾。然而，在國內不斷裁軍，連軍事用地也不斷釋出的情況下，軍事文化遺產的重視成為一個不容忽視的課題，若未經調查就全面摧毀騰出空地，則將是文資保存上的重大損失。

　　今年正好是終戰七十年的時刻，在台灣長期以來缺乏尊重多元史觀與庶民記憶的情況下，往往僅紀念「對日抗戰」這樣的觀點，導致不少民眾竟然還有二戰時是日軍來轟炸台灣的荒謬歷史記憶，完全忘記中華民國空軍與美軍對台的空襲。相對於此，為了與上述這樣的大中國史觀抗衡，日軍在台灣的建設，往往也容易被以訛傳訛地過分誇大，來凸顯對日抗戰史觀的偏狹。其實，回歸歷史層面，尊重不同族群的歷史記憶，應該才是面對不同過去的正面態度。而對於台灣在二戰中所留下的戰爭文化遺產，則不應該當成「日帝餘毒」地剷除，而應該好好保留來警惕戰爭的苦難與追求和平的努力。希望這本書的完成，能對台灣戰爭歷史的研究，以及軍事遺產的保存上有所助益。

第一章

台灣航空發展
黎明期的飛行場與著陸場

台北練兵場→台北（南）飛行場

現為台北市青年公園與南機場公寓一帶

台灣近代航空的發展，一般係以日人野島銀藏在 1914 年 3 月 21 日駕駛隼鷹號美製螺旋槳複翼式飛機，於台北古亭庄練兵場（後之「南機場」，今青年公園）的飛行表演為始。因此，台北練兵場一般往往也被認為是台灣航空的發祥之地。

日本三重縣出身的野島銀藏，曾獲得「萬國飛行免狀」（國際飛行執照），他在台北的試驗表演飛行，以大約 100m 的高度在天空飛行約四分鐘，為台灣航空之始。而後，野島銀藏還陸續於 4 月 8 日開始，在台南、台中、與嘉義舉辦類似的「飛行大會」。不過在 5 月 16 日於嘉義的飛行時，飛機因強風而墜落，發動機與右翼破損，飛行大會不得不停止。然而，在幾次的飛行當中，曾驚嚇到未見過飛機的原住民，這也促成後來總督府恫嚇原住民的「理蕃飛行」。

儘管野島銀藏的飛行成了台灣總督府認可的台灣航空肇始，但依照曾令毅在〈日治時期台灣航空發展之研究（1906-1945）〉論文中的考證，早於此的 1912 年前後，總督府為了調查台灣的山林資源狀況，已利用飛機從事山林拍攝任務，因此台灣的航空飛行紀錄絕對可以從野島的飛行表演再往前推，只不過這些歷史較少提及的飛行，缺少與民眾的互動，自然也就不太被官方航空史所重視。

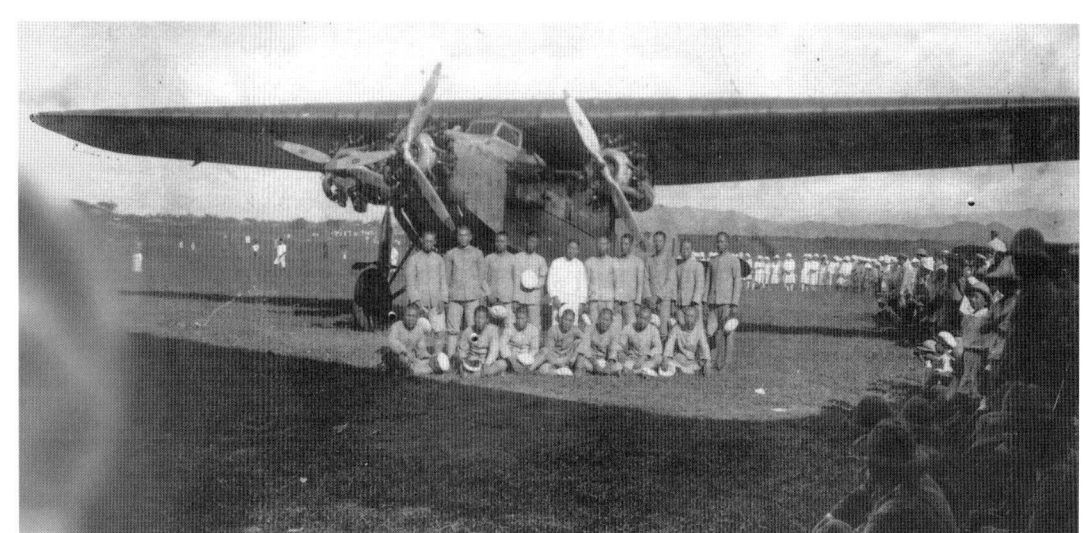

昭和 6 年（1931 年）10 月上旬日本航空株式會社為了試驗內台間的聯絡飛行，以雲雀號飛來台北的航線開拓任務，便是降落於台北練兵場。1931.10.

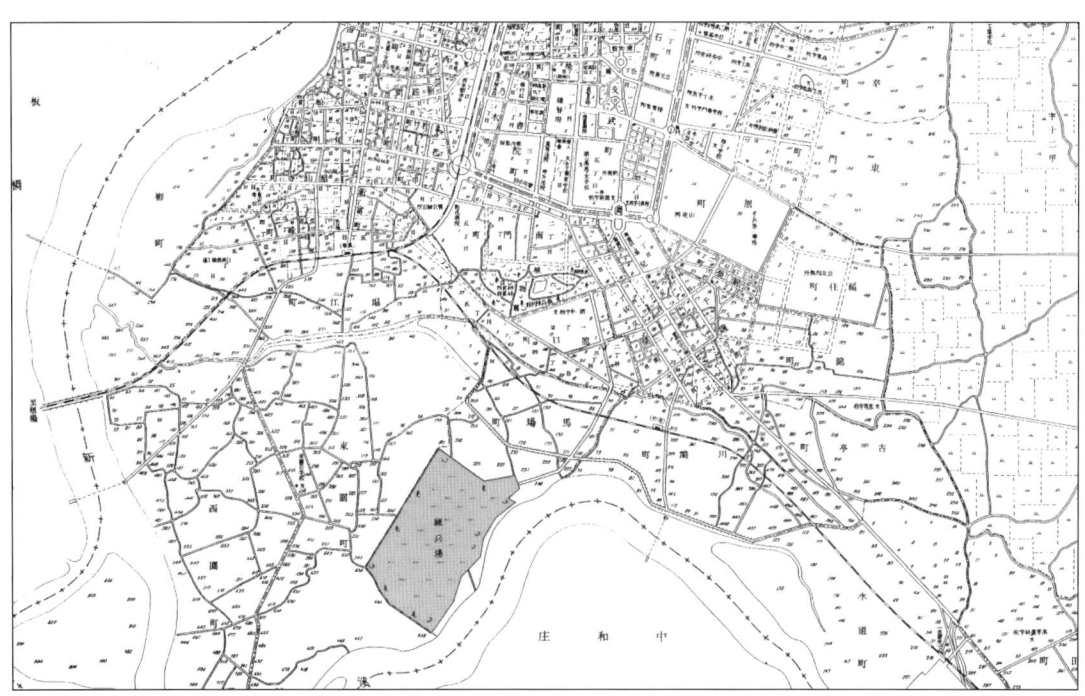
1927 年的台北市街圖，以灰色陰影標出的是當時的台北練兵場範圍。

不管怎樣，台灣近代航空的發展，野島銀藏在 1914 年 3 月於古亭庄之台北練兵場的飛行表演，確實是一件重要的開創之舉。這種運用練兵場廣大開闊之地，做為飛機起降的作法，在航空剛萌芽的時代是相當平常的事情，之後也有許多外國的「飛行家」來此表演。

警察航空班時代的台北練兵場

台北這座在台灣航空史上相當重要的練兵場，其實並非日本領有台灣後在台北所設的第一座。日本領台初期的「第一守備隊練兵場」，其實是位於三板橋地區。然而該處每逢降雨處處積水，練兵之際常

如今的馬場町紀念公園。 2014.4.

如今的青年公園，是當年台北練兵場的一部分。 2014.4.

感不便，因此當局乃在 1909 年有新設一座大練兵場的規劃。在經過種種調查後，決定在崁頂庄，亦即距離古亭庄川屋敷西方約 1km 之地，使用一塊十萬餘坪的土地新建此一練兵場，並且於整地後，在該年 11 月初舉行「觀兵式」啓用。這座陸軍使用的練兵場，在 1910 年時又繼續往西邊的加蚋仔庄購地擴張，隨後數年間又曾多次擴建，成爲台北南區一塊新店溪畔的重要軍方演訓用地。

由於台北練兵場是塊經過平整後的空曠地，因此在台北飛行場（今松山機場）於 1930 年代中期完成並啓用之前，一直是台北地區唯一可以當成「飛行場」使用的飛機起降地點。對於這座又是練兵場、又可當飛機起降場使用的場地，在警察航空班成立之後，成爲台北地區一座實質上的機場。警察航空班在大正 8 年度（1919 年）開始設立時，主要的基地即爲屏東。因爲當時飛行場選定之際，總督府方面的要求是希望用地需在台灣南部，故有此選擇。

警察航空班設立初期，預定的臨時著陸場分別爲台南練兵場、北斗南方濁水溪畔、台中練兵場與大湖口附近的原野。不過，實際使用上，台北練兵場的運用早於屏東飛行場，紀錄中於 1920 年 3 月 15 日便於台北練兵場興建停納飛機的格納庫，同月 26 日開始除草與壓實用地的土木工事，而真正的初次飛行在 4 月 16 日舉行。當天台灣總督田健治郎與官民數千人，都臨場觀看此次的初飛行，而之後的數日，警察航空班也持續在這裡從事飛行訓練。這些飛行的實績，均早於主要根據地的屏東飛行場之正式開始飛行。

警察航空班從 1920 年設置以來，對於理蕃上有著「貢獻」，但島內原住民問題的「解決」，以及顧慮到國防安全上，航空的統籌宜由軍方來負責，因此隨著陸軍

美軍航照中還未跑道延伸的台北（南）飛行場。
NARA/提供

戰後停放於台北（南）飛行場的日軍偵察機。

飛行第 8 聯隊的設立，警察航空班在昭和 2 年度（1927 年）廢止，其使用的各地著陸場乃由陸軍接手，像是台北練兵場這樣原本就屬陸軍用地者，自然維持軍用的身分。

然而，這處台北練兵場，在如今松山機場的台北飛行場啓用前，是台北唯一可以起降飛機之地。因此，台灣民航開啓的黎明期，台北練兵場仍然有著重要的航空任務。像是 1930 年代初起，一些內台間的試驗飛行，或者初期的島內郵便飛行，甚至為了推廣航空的遊覽飛行等，都還是使用台北練兵場讓飛機起降。例如：昭和 6 年（1931 年）10 月上旬日本航空株式會社為了試驗內台間（內地日本與台灣間）的聯絡飛行，以雲雀號飛來台北的航線開拓任務，便是以台北練兵場為降落地點。

目前為松山機場的台北飛行場興建，其實是要從昭和 8 年（1933 年）的用地買收起算。而此之後，昭和 9 年（1934 年）度便開始了飛行場的建設工事，其開工的「鍬入式」於該年 2 月 7 日盛大舉行，整地的進度也趕在同年 6 月時有一初步成果，讓 6 月 24 日至 29 日台灣首度舉辦的「陸軍航空大演習」能夠使用這塊廣大的用地。到了昭和 11 年（1936 年）初，台北飛行場大致完工，3 月 30 日中午盛大舉行的台北飛行場「開場式」，也同時宣告了台北主要的航空用飛行場任務，從台北練兵場轉移至這個新成立的台北飛行場。

此後，台北練兵場暫時從航空舞台的第一線退出，但卻仍有相關的飛行活動在此舉行，例如「模型飛行機競技大會」（1937 年 6 月）、「全台灣滑空競技會」（1942 年 9 月）等。而在二戰開啓後，這座台北練兵場開始被改造為正規的陸軍用飛行場，包含用地的買收與跑道加長、掩體與營建設施的建設。在台灣總督府的公文中，有份年代大約為 1945 年的「台北西飛行場地上物件補償」，詳列了東園町許多民有地的徵收紀錄。相當特別的是，此文件以「台北西飛行場」稱這座位於台北市南區的機場，但其他的軍方文書，例如戰後日軍呈繳給美軍的紀錄，則是以台北（南）飛行場稱之。

美軍於1945年6月17日所拍攝的台北（南）飛行場航照圖。NARA-中研院GIS中心/提供

從南機場到青年公園

　　依照戰後國軍接收時的紀錄顯示，這座機場跑道長1,400m、寬100m，土質為植土，可載重量為10噸。整座飛行場土地所有權有國有地與民有地，標高40m，有飛機疏散滑行道全長約1,000m、寬6m，掩體大型10個，小型5個，有可收容400人的臨時兵員收容設施，也有簡易的夜航設備，但無通訊設備，終戰接收時是屬於可以使用的狀態。

　　在美軍接收自日本呈繳的紀錄中，這座機場的跑道、疏散滑行道與掩體數據與國軍紀錄完全相同，但註明著：supplementary field for liaison planes，顯示這座屬於輔助等級的飛行場，主要是提供連絡機或偵察機使用。但是，終戰時的美軍記載裡，台北（南）飛行場留有1架的四式重（飛龍），2架的九八直協，7架的九九軍偵，2架的

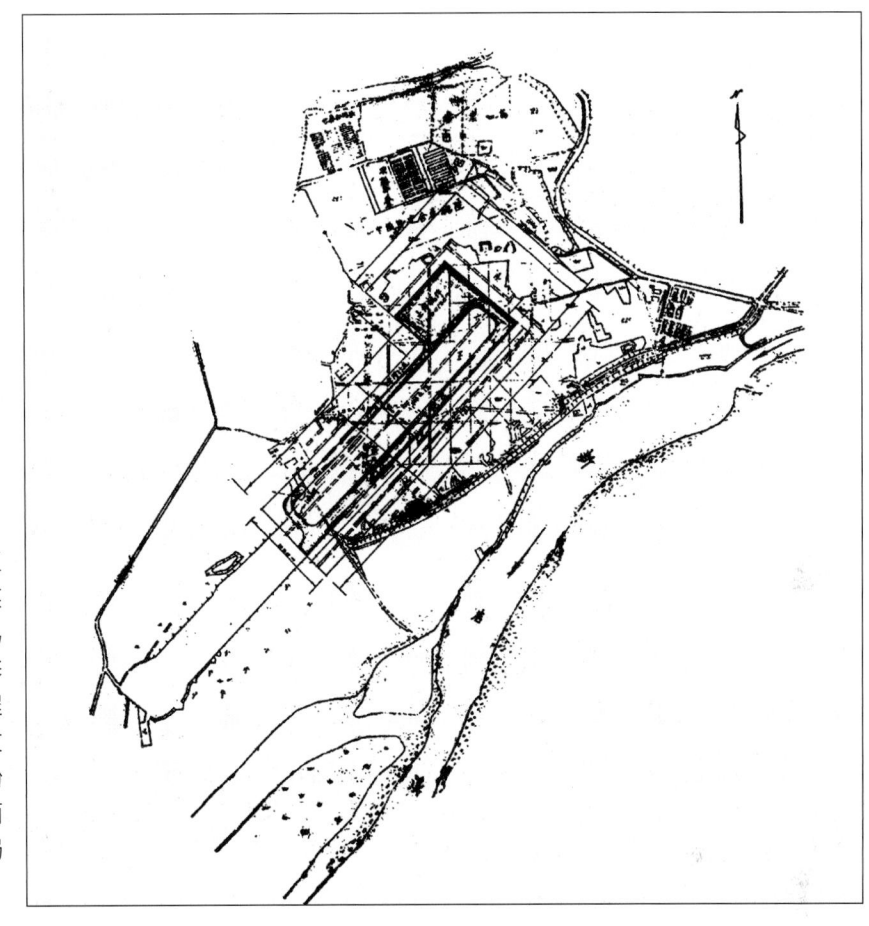

於1953年3月由空軍總司令王叔銘發文給參謀總長周至柔「為請撥發專款整修台北南機場工程祈核示」之公文中，所附的一份「南機場實測平面圖」。檔案管理局/提供

九九高練，明顯地有各類飛機滯留場中。

這座機場在日本時代，毫無疑問是屬於日本陸軍使用，但是戰後這塊地的產權，卻在中華民國空軍與陸軍間造成「爭議」。以一份由國防部台灣省營產管理所於1950年3月所發的文（營芹建字第0318號）中來看，國防部認為台北練兵場（即空軍所稱南機場）係日軍經理部正式移交給該所接管並層報國防部核備有案之土地。該所所有之接收憑證除執有日軍經理部原始引繼圖冊外，並附有原始日軍購買法定冊據（包括日軍徵用各該土地時之人民承諾書及地方法院加驗之法定收買契約等）。

對於空軍想依照此用地因「該地既改建跑道作為飛機場，產權當屬空軍」之說法，該所強調該項營地原始移交圖冊均係標明為「練兵場」及「演習場」並無「飛機場」等字樣，故名義應屬陸軍營地無疑。但空總以「訓練空軍之基地命名為練兵場以甚適宜」來解釋，與國防部認定之該地四周石碑註明為「陸軍用地」及「山砲隊」等字樣不符。所以，國防部認定產權該屬陸軍，但空軍卻認為該算做飛機場屬於空軍。

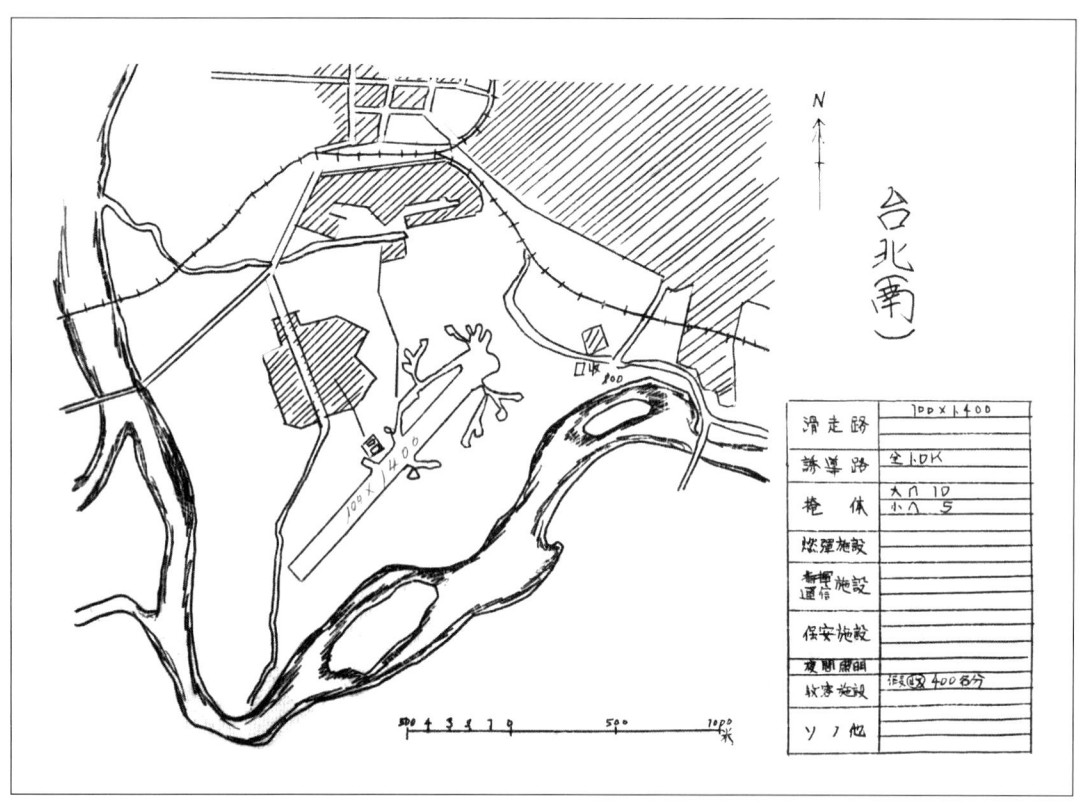

美軍在二戰後由日軍側所獲得的資訊，經整理後所得之台北(南)飛行場樣貌。NARA / 提供

　　事實上，這塊地叫南機場是台北市民眾所皆知，其用地的演變正是由練兵場轉為戰爭期間之飛行場，所以政府公文書內咬文嚼字「爭地」實在相當誇張。而實際上，陸軍之所以堅決護產，主因乃當時陸軍在此「南機場」用地上，已有第六軍開闢農場22甲，並擬建築傷殘教養院與眷屬宿舍，所以空軍與陸軍爭地才會造成兩造之紛爭。

　　此事發展到1952年，似乎由空軍反敗為勝。一份由參謀總長周至柔於1952年3月（41）寅宏字第316號發給聯勤總部之文中描述，據空軍總部所稱，查「台北松山機場現駐有本軍空運機及戰鬥機甚多，且係國際民航基地，民航飛機使用該場平均在200架次以上，而民航之教練機亦經常使用該場師師教練，故飛機之起落極為頻繁。為避免小型飛機擾亂大型飛機起落秩序，並增進飛行安全起見，急需在台灣北部另覓一適當機場以供小型飛機起落使用」。據查，「台北南機場現仍有一完整之機場地基，倘稍加修理當較另闢一新機場經濟甚多」。不過，該機場早於聯勤總部於1950年10月28日召開分段劃分管理時，已經交給第六軍農場開發並種植農作物，跑道上更有憲兵司令部幹部訓練班軍士大隊的操場及營房等建築。如今空軍想要恢復興建跑道重新使用，便需要拆除這

如今的青年公園,是當年從台北練兵場時代,一路歷經台北(南)飛行場至今的主要核心範圍。
2014.4.

些建物,停種農作物。因此,後續衍生的問題就是農作物補償與營舍拆除的事項。

到了 1953 年 3 月時,由空軍總司令王叔銘發文給參謀總長周至柔「為請撥發專款整修台北南機場工程祈核示」之公文,寫明拆除憲兵隊營房及收回第六軍耕種土地估計約台幣五十餘萬元,另該機場整修(道面壓實、增設排水設施、增建空勤人員休息室與地勤人員營舍)共需約台幣七十七萬二千元,並附有一份「南機場實測平面圖」,幾乎已經確立南機場重新修建後的樣貌。

台北南機場這座台灣航空發源地經過這些波折,似乎就要重新起飛了,但事實卻不然。依照聯合報 1954 年 10 月 4 日第三版的報導,「台北高爾夫俱樂部位於市郊南機場水源路與漳州街之間,場地二十三甲,球道全長三千三百碼,可容一百五十人同時擊球,係於去年九月七日開始籌備,共耗資三十五萬餘元……」。這段文字述明,1953 年 9 月時,「台北高爾夫俱樂部」成立,並在 1954 年 10 月 2 日開幕。聯合報的報導中還指出:「何應欽將軍在開幕式中致詞,強調高爾夫球為戶外運動中最優美最有興趣最適宜於鍛鍊身體及修身養性的運動,無論青年,壯年,老年人均可適用。台北為我國臨時首都,各國使節美軍援顧問團及其眷屬,有高爾夫嗜好者甚多,苦無一完備之高爾夫場所,故於年前

籌設,並承各方協助,設立此俱樂部,歡迎有擊球興趣的中外人士加入,利用週末及暇日常常擊球。開幕式升旗禮後,即由周至柔將軍開球,在第一發球台發球,一棍擊出順利飛越二百五碼以上,距第一洞不過五十碼左右,來賓芳澤大使及何應欽將軍等均趨前致賀。」

台北的南機場,在戰後歷經了空軍與陸軍的爭地,最終空軍以訓練為由要重新修復跑道而獲得土地使用權,但卻在短短半年內,整個飛機場用地淪為高官的高爾夫球場,第一位開球的周至柔將軍,更是完全理解南機場修復跑道重新使用之始末,過程可說相當弔詭。不過,這塊地作為高爾夫球場直到1974年時,時任行政院長的蔣經國,卻指示將該場地交由台北市府接管,並改造為「青年公園」供全民使用,而後於1977年完工。以高爾夫球場改建的青年公園,其實整個格局還保留相當特殊的球道格局,卻與飛行場或練兵場的樣貌大相逕庭。

不管怎樣,這塊曾是練兵場的台灣航空發源地,其戰後的變遷可謂相當地特別,而即使到今天,青年公園一帶的這個飛行場區域,仍有「南機場」、「南機場公寓」或「南機場夜市」這樣的名稱留存,訴說著它曾是一座飛機場的歷史。而這塊地,也正因為它豐富的航空經歷與歷史,成為台灣航空發祥之地的重要場域。

雖然台北(南)飛行場已經不存,但卻留有許多「南機場」的名稱在青年公園周邊。

如今的南機場公寓,是台北市著名的老舊國宅社區。 2014.4.

屏東飛行場→屏東（南）飛行場

現為空軍屏東基地、屏東機場　　　　　　　　　　　　　**ICAO 代號：RCDC**

警察航空班在大正 8 年度（1919 年）開始設立時，主要的基地即規劃在屏東。因為當時飛行場選定之際，總督府方面的要求是希望用地需在台灣南部、且為官有地、交通要方便以利於物資的搬運、周邊市街發達以利於航空職員居住，而飛行場用地還期待能有遼闊且平坦用地、氣流良好、盛行風向所測定的航路無明顯障礙。當時共有三個用地備選，分別是鳳山附近、楠仔坑（楠梓）附近與六塊厝附近，其中鳳山一地因為海軍省所屬之無線電信所將設立於此，將來必指定為要塞地，無線電信所設備也將影響到飛行，所以並非極佳場所。至於楠仔坑雖距離附近山地較近，但因用地為民有之耕地，且其間有許多聚落散布，附近有半屏山，又因離海較近易受海陸風影響，所以最後決定之用地為屏東之六塊厝附近，也就是後來的屏東飛行

警察航空班時代的屏東飛行場樣貌。

警察航空班時代屏東飛行場內相當特別的二連式木造「格納庫」。

場（今之屏南機場）。

依照當時警察航空班的紀錄，飛行場約二百甲之用地位於高雄州屏東郡屏東街崇蘭處靠近下淡水溪（今高屏溪）左岸之苗圃預定地。飛行場的建設中，主要建築如事務所（1920.8.2.竣工）、格納庫（1920.12.10.竣工）陸續完工，但正式的屏東飛行場飛行開始式則是於1920年11年21日舉行，式典內容包含飛行機說明、飛行開始（使用飛機包含中島式2架與モ式1架）、來賓會場入席、警務局長式辭、來賓祝辭、開宴、工場與其他建物之導覽、散會。雖然說，這個正式的飛行開始典禮，可以說是屏東飛行場的正式啟用，但其實警察航空班的初次飛行，卻是早於1920年4月16日在台北練兵場的初次飛行。

事實上，警察航空班時代的屏東飛行場規模其實不大，主要也是因為當時的飛機起降所需的跑道不長，而警察航空班的飛機數量也不多。依照1922年左右的飛行場平面配置圖與留存的照片推斷，主要的一座二連式木造「格納庫」面朝西方，也就是正對著下淡水河（今高屏溪）的河道，與如今屏東機場內大多數鋼骨機棚朝南的情況不同。

陸軍接手後的屏東飛行場

警察航空班從1919年度開始設置以來，對於理蕃上有著「貢獻」，但島內原住民問題的「解決」，以及顧慮到國防安全上，航空的統籌宜由軍方來負責，再加上警察航空班的實績似乎很糟，常墜機也常出意外，因此台灣總督府以及日本方面為了一勞永逸，乃策劃要讓陸軍航空部隊直接進駐台灣取代警察航空班。因為這個規劃，日本方面乃開始決定要在屏東興建大型的航空軍事基地，並隨著陸軍飛行第8聯隊的設立，警察航空班乃在1927年度廢止，其屏東飛行場的用地，包含格納庫、倉庫、航空班建物等，均轉交給日本陸軍。不過，依照陸軍第8聯隊成立後的空照圖

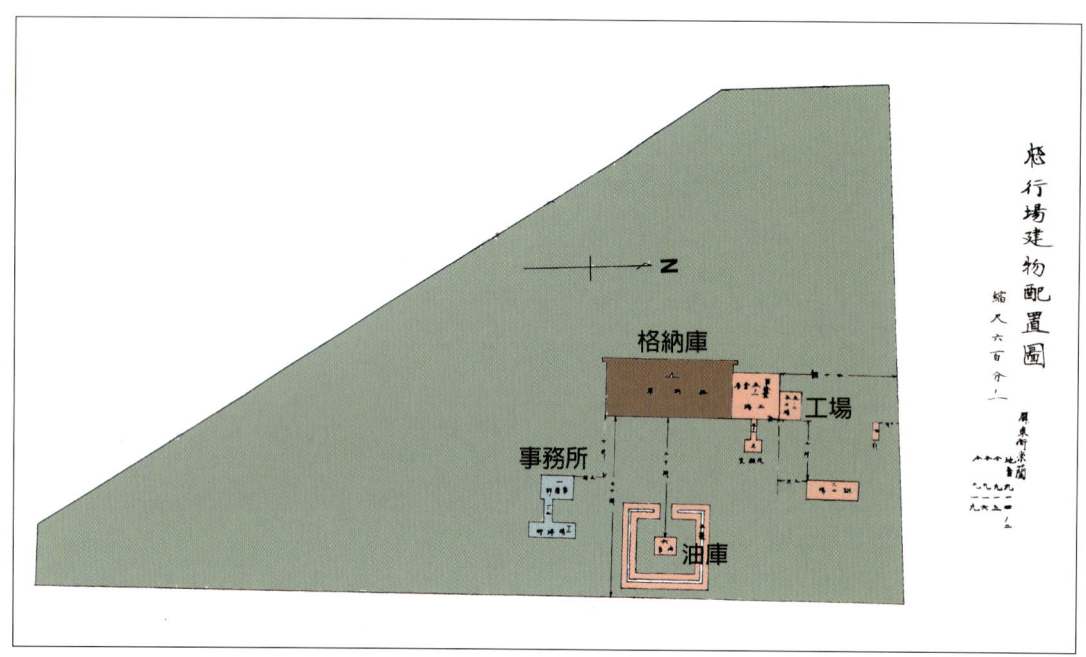

警察航空班時代屏東飛行場內的建物配置圖。

來判斷，似乎這些警察航空班時代的建物並未留存許久，如今則幾乎已經沒有遺跡可尋。

此外，從日本方面的資料可以得知，日本陸軍飛行第 8 聯隊的成立，就是以要駐防台灣為考量。這個地點，便是之前警察航空班的屏東飛行場，亦即如今屏東的南機場部分。不過，屏東的飛行場在二戰時擴建北機場後，這處位於南邊的機場有了屏東（南）飛行場的稱謂。

事實上，陸軍飛行第 8 聯隊成立時，屏東飛行場還未改造完工，因此只好先讓他們留在日本九州的大刀洗。大刀洗飛行場是日本在 1919 年 10 月完成的機場，隔月日本陸軍的航空第四中隊就從所澤移駐至此。到 1925 年 4 月時，該隊已經擴充並改稱為飛行第 4 聯隊。此際，與預定駐守台灣的飛行第 8 聯隊，共同居於大刀洗飛行場，當時共有超過 1,500 名人員，可說是那時候日本最大的航空部隊駐屯地。

屏東飛行場的改造工程在 1926～1927 年陸續完工，在 1927 年 5 月，飛行第 8 聯隊正式從日本九州大刀洗移往屏東，此時總督府的警察航空班也順勢廢止，把任務交給屬於日本陸軍航空部隊的飛行第 8 聯隊。

由日本陸軍接手後的屏東飛行場，一直是南台灣重要的航空玄關，也是很多外賓參觀的地點。從日本軍方「第一航空軍司令部」於 1944 年 4 月 20 日所調製的軍事極秘「飛行場記錄」的台灣部分來看，可以見到二戰後期擴建前的屏東飛行場樣貌。該機場主要的場面外型為一個東西較長的長方形（長 1,400m、寬 800m），北側有部隊與航空廠建物，西側則有「爆擊場」，並於西南側劃設有一「爆擊目標」。

屏東飛行第八聯隊設立初期時的大門。
葉慶元/提供

屏東飛行第八聯隊後期的大門,可見樹木均已長高。

機場的附屬設施部分,有格納庫(面積 1,520m² 的 1 棟、1,200m² 的 1 棟、200m² 的 4 棟)、燃料庫、材料庫、水道修理場與可收容 1,000 名官兵的宿舍 4 棟。

其跑道與滑行道如今仍留存有遺跡,特別是一個四分之一圓弧形狀的滑行道,是從日本時代留存至今的紋理特色。而如今的 09/27 跑道,亦是當時的跑道加長而成。比較特殊的一點是,在日本於 1944 年開啟十號戰備時,屏東(南)飛行場即開始了強化擴張的工程,這包含一條相當寬的「簡易飛行場」跑道建設。類似這樣在既有飛行場旁,以平行跑道概念增築一條較寬跑道的做法,在台北飛行場亦可看見。屏東的這個大範圍跑道設施,戰後並未繼續當跑道使用,西側部分則當成棚廠與大坪。

由於屏南是整個屏東機場最重要的核心部分,因此絕大部分的營舍建築、棚廠都是在這邊,目前空軍屏東基地內還存有許多的建築,像是光武門、天祥大樓與一些棚廠……等,都是早年日本陸軍航空隊時代留存至今的重要歷史建物,至於跑道的方位,也都是延續自當年的格局,只不過延伸了不少。至於營區外,也有非常多的日式宿舍建築,是屏東重要的軍事史蹟。

屏東機場戰後一直是屬於空軍屏東基地使用,但在 1994 年 11 月 28 日開啟兼辦民航後,初期雖使用文化中心作為臨時候機室,1995 年 2 月之後就改以南機場大門左側的建築做為民航使用,直到 2005 年 5 月遷至北機場新建完成的航廈為止。但如今,因為屏東民航客運的結束營業,屏東機場又恢復成純軍用,是中華民國空軍運輸機與預警電戰機隊的大本營。

飛行第八聯隊本部。葉慶元/提供

飛行第八聯隊兵舍。葉慶元/提供

空中所見的飛行第八聯隊建物分布。葉慶元/提供

目前的空軍屏東基地大門。 2010.12.

屏東機場的軍機候機室。2010.12.

目前空軍屏東基地內仍留有許多日本時代飛行第八聯隊的建物。2006.4.葉慶元/提供

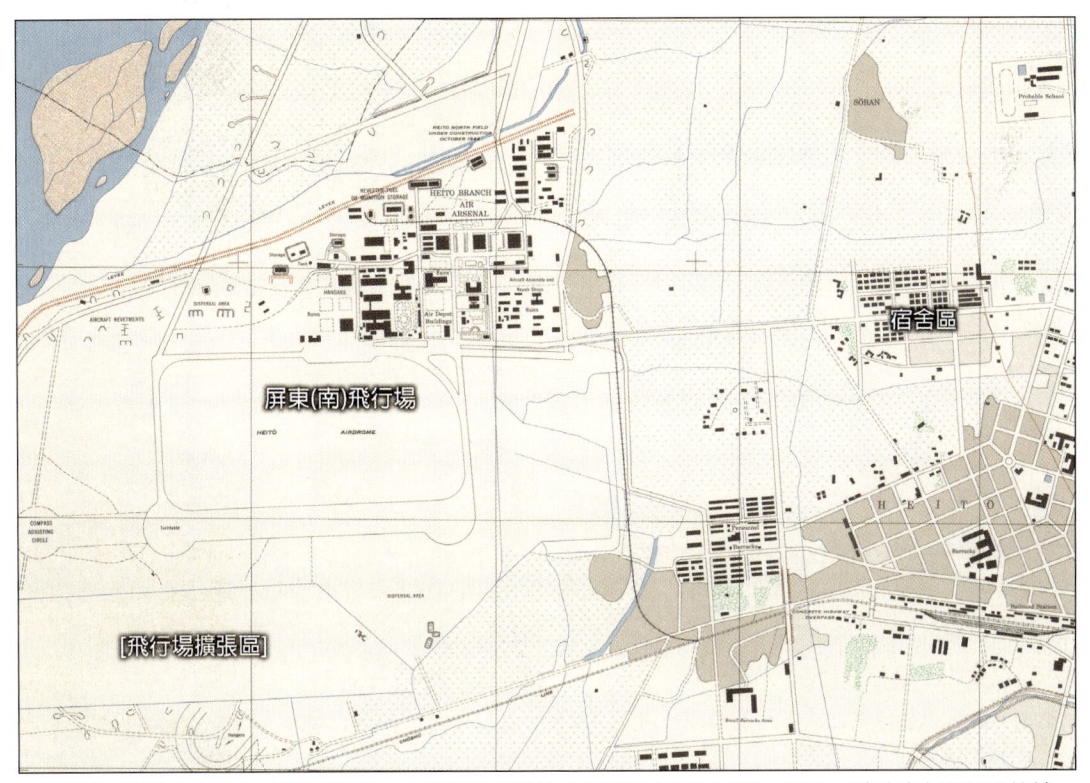

美軍以1944年1月之航照判讀後,在該年所印製的屏東地圖(HEITO),可見屏東(南)飛行場的擴張中狀況。

美軍於1945年1月18日所拍攝的屏東（南）與屏東（北）飛行場航照圖。
NARA-中研院GIS中心/提供

因為飛行第八聯隊的設立，目前屏東市內仍存有許多當年所留下的日式軍方木造宿舍建築。2011.8.
（上）2010.12.（下）

鹿港著陸場 → 鹿港飛行場

現為國立鹿港高級中學附近

過去台灣有著「一府二鹿三艋舺」之稱，強調有著舟楫之利的鹿港，其實曾是個中部重要的港口。不過很少有人知道，鹿港除了是個海港，也曾有過飛行場，而且還不止一座。在鹿港市街以西靠海的用地，曾有座二戰時以鹿港為名的「鹿港飛行場」（Rokko），而在鹿港市街的東南側，也就是如今的福興鄉，則有另一座名為「彰化飛行場」（Shoka）的日軍機場存在。這二座機場在二戰時均屬日本陸軍所用，不過靠海的這座機場歷史較為悠久，甚至可以推到大正年間台灣總督府警察航空班成立的時代。

在日本統治台灣的五十年間，初期台灣的空中武力配屬，是以總督府警察航空班為主。而這航空班除了最主要的根據地屏東飛行場外，為了因應當時飛機的續航問題，在台灣各地設立了「著陸場」，提

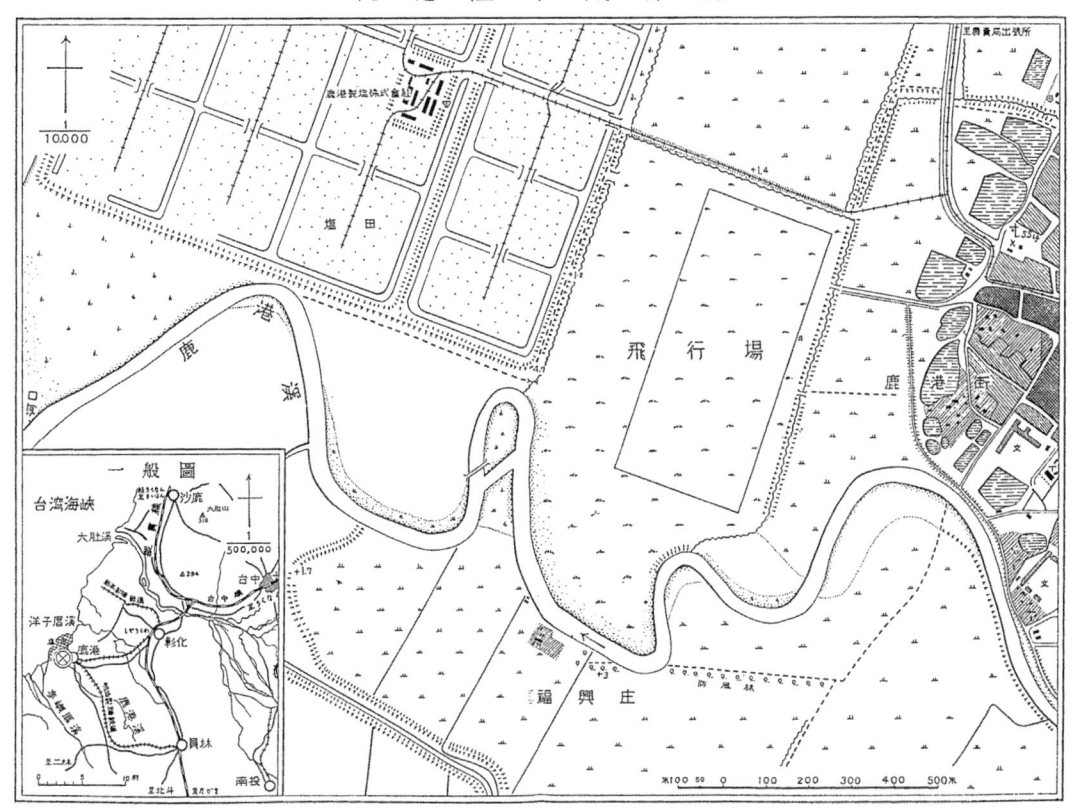

日本海軍水路部於1939年左右所調製的「航空路資料第10-台灣地方飛行場及不時著陸場」中的「鹿港陸軍飛行場」附圖。

供飛機降落加油。在這樣的需求下，鹿港著陸場在1920年8月設置，佔地約十萬坪，位於台中州彰化郡鹿港街水上警察署附近，推測正是後來靠近海邊的這處鹿港飛行場。

依照警察航空班的逐年飛行紀錄來看，1920年5月16日從台北出發，首度飛抵台中練兵場；同年10月1日，配合國勢調查之實施，以鹿港著陸場為根據地有了三日的飛行。由此看來，警察航空班除了屏東飛行場這處主要基地外，最初時使用的著陸場，就包含了台北與台中的練兵場，以及鹿港著陸場（亦有記錄為「鹿港飛行場」）。

由於警察航空班成立後失事不斷，在原住民的問題獲得相當程度解決之後，隨著1927年度日本陸軍之飛行第8聯隊於屏東的正式進駐，乃順勢解散，而這座著陸場也由總督府轉交給陸軍使用。不過，這座靠海的著陸場，在陸軍接手後，仍以非正規的機場狀態繼續使用。依照當年《台灣日日新報》中的許多報導，像是1930年霧社事件時，日本陸軍便是以鹿港飛行場為根據地執行任務。紀錄中陸軍偵察機1988號，便即在1930年11月7日午前從鹿港飛行場起飛，於10:50首度抵達埔里臨時飛行場著陸。不過報紙上也記載，因為強烈季風的關係，風速太強也影響到飛機在鹿港飛行場的起降。此外，像是1934年的報紙也有報導，在6月25日時，彰化警察署為了涵養職員航空思想，於當日下午13:00由署長帶領幹部，前往鹿港飛行場參觀。另，楊清溪飛行員，也在1934年10月30日時，曾為了台中神社的祭典奉納訪問飛行，於早上7:55從鹿港飛行場起飛，

美軍拍攝於1945年6月18日的鹿港飛行場航照。NARA-中研院GIS中心/提供

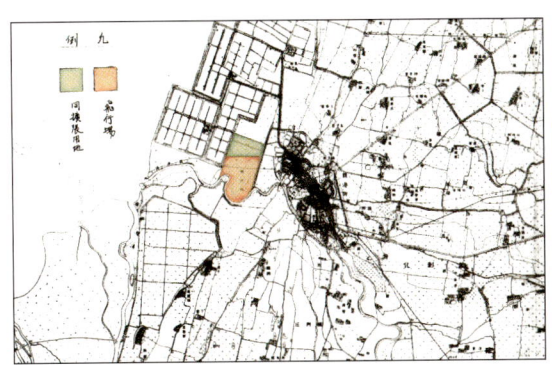

鹿港飛行場的用地原本只有較為南端的一部份，北邊是後來加以擴充的。

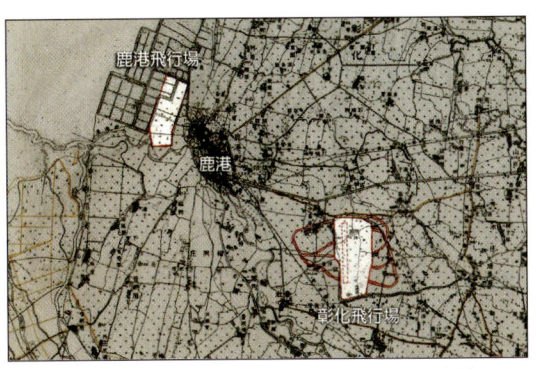

二戰末期日軍的極密地圖中，位於鹿港市街兩側的鹿港飛行場與彰化飛行場。NARA/提供

9:10飛抵台北上空參拜台灣神社，後於9:15降落台北練兵場。可見鹿港飛行場在這個台灣航空發展黎明期，仍持續使用著。

從日方海軍水路部於1939年左右所調製的「航空路資料第10-台灣地方飛行場及不時著陸場」中所述，這座「鹿港陸軍飛行場」是由台灣軍司令部經理部管理，範圍南北長約1,000m、東西寬約500m，而當中的著陸區域，大致為南北長650m、東西寬300m。在二戰爆發後，特別是到了戰爭的後期，這座飛行場經歷了一次大規模的整修以及往北用地擴充。

依照戰後的國軍紀錄，這座鹿港飛行場的興建完成時間，與彰化飛行場一樣，記為1944年10月。推測這個時間點的紀錄，是在二戰中後期1944年春開啟十號戰備後，連同彰化飛行場興建所一起重新整備的工程，並非指這塊用地最早於警察航空班時代便開始做為著陸場的事實。依據國軍戰後紀錄指出，這座機場位於當時的台中州彰化郡鹿港庄，場面範圍為長1,630m、寬500m，面積815,000m²，其中包含跑道長500m、寬8m，材質為砂泥與石子，可載重量為8噸。這整座飛行場，土地是屬於民有地，標高海拔7m。飛行場有飛機疏散滑行道全長約5,000m（寬8m、材質為砂泥與石子），掩體30個。沒有營建設施、通訊設備，也無夜航設施，且排水不良。

在美軍方接收日本呈繳的紀錄中，這座在鹽田旁邊的機場長寬與國軍紀錄同，但註明著：secondary filed for light fighters and trainers，顯示這座屬於次要等級的飛行場，其實並不如鹿港東南側另一座彰化飛行場的戰備功能。而在美軍於二戰末期時運用航照圖所測繪的台灣城市地圖中，這座機場甚至還被標示為「Rokko Landing Strip（abandoned）」的「廢棄狀態」。

目前，這座機場的用地中最具代表性的機構是國立鹿港高級中學。這座學校於1968年正式設立，位置正好是跑道的中段，大約是如今彰化縣鹿港鎮省中街一帶，且其南北周邊仍有屬於當年飛行場範圍內的空地存在。至於機場用地的東側，則有戰後才興建的軍營與眷村，不過與二戰時之遺跡並無關係。

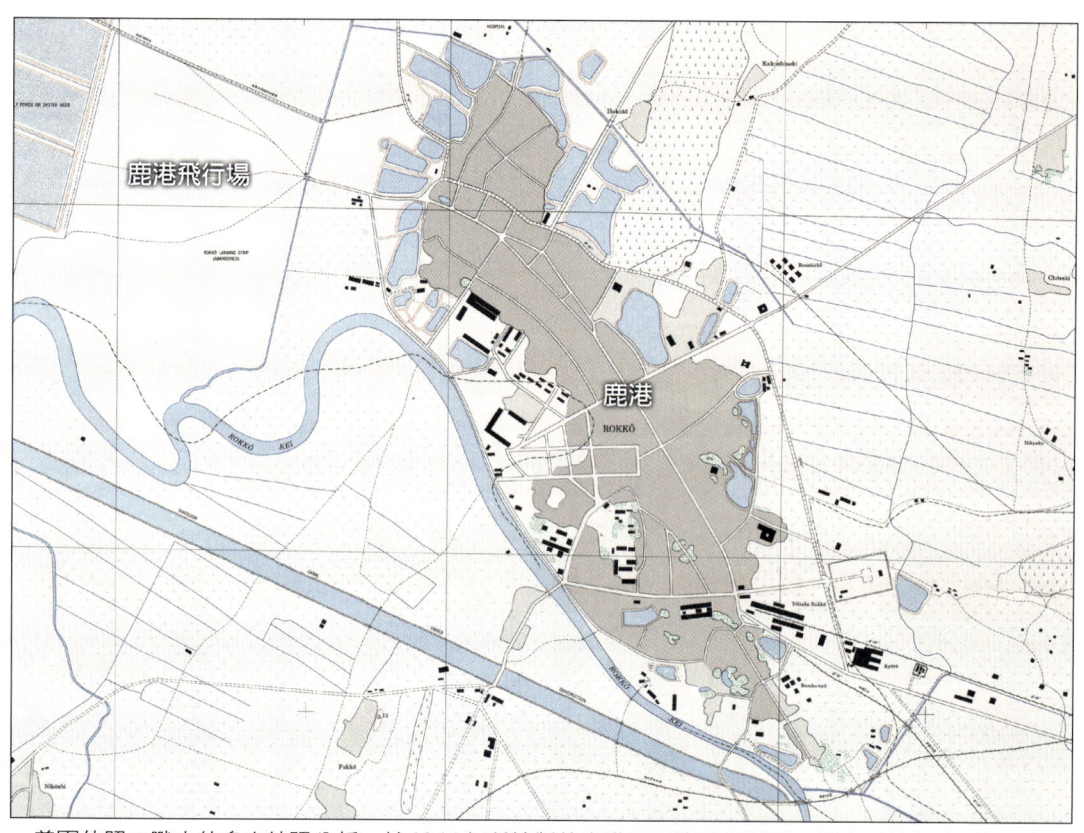

美軍依照二戰中的多次航照分析，於1944年所繪製的鹿港及周邊飛行場圖。圖中以綠色陰影標出部分即為鹿港飛行場的位置。

在過去鹿港飛行場周邊，如今保留有軍營與央廣電台的衛哨遺跡，不過這些都與二戰時的鹿港飛行場無關。2008.6.

如今鹿港高中的位置即為當年的鹿港飛行場。2008.6.

台東著陸場 [馬蘭]

現為台東縣豐樂工業區附近

警察航空班在大正 8 年度（1919 年）開始設立時，主要的基地即為屏東。初期以西部為主要的警備任務範圍，而於 1923 年挺進至台灣東部，在 5 月時開始東部的蕃地威嚇飛行與地形偵察飛行。紀錄裡，1923 年 5 月 9 日，警察航空班的飛機突破中央山脈界線，飛抵台東。而接著至 12 日的幾天之間，都在台東地區從事蕃地的威嚇飛行。這一年，警察航空班的值勤範圍擴及了台灣的東部地區，特別是位於台東街鯉魚山西側的台東著陸場（位於馬蘭，亦有稱為「馬蘭飛行場」），以及花蓮港廳平野區平野村的花蓮港著陸場，都成為其東部的前進基地。

警察航空班的紀錄中，1922 年 11 月選定了台東街鯉魚山以西附近共有 50,054 坪的官有地作為臨時著陸場（位於馬蘭附近），並以預算一萬圓做整地工事，於 1923 年 3 月完成。不過因為這塊用地仍過於狹小，故於同年 7 月往鄰接地有了約 29 甲餘的擴張，共計有 46 甲 6 分 1 毫絲，作為台東著陸場使用。在台灣總督府的公文紀錄中，這個警察航空班的著陸場，土地台帳謄本內的所在地地號為「台東街馬蘭九三六番之三」的雜種地。此外，紀錄中台東著陸場的監視員詰所兼休憩所，也於 1924 年 5 月完成，讓警察航空班在花東地區的根據地設施更為完備。

警察航空班從 1919 年度設置以來，對於理蕃上有著「貢獻」，但島內原住民問題的「解決」，以及顧慮到國防安全上，航空的統籌宜由軍方來負責，因此隨著陸軍飛行第 8 聯隊的設立，警察航空班在昭和 2 年度（1927 年）廢止，其所屬的台東著陸場與建物，也都改由陸軍移管。

這個改由陸軍接手後的時期，一直延

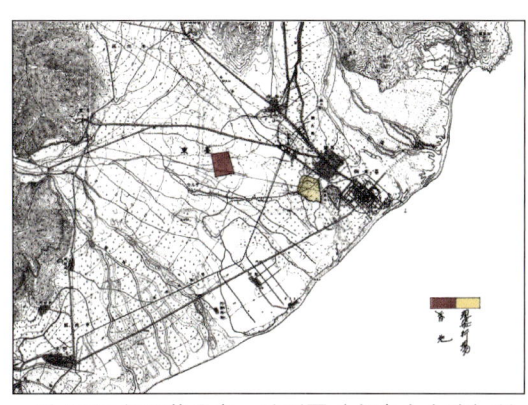

以 1933 年五萬分之一地形圖（台東十六號）所加以描繪的馬蘭飛行場與新飛行場相對位置。

1930 年前後的馬蘭飛行場與飛機。

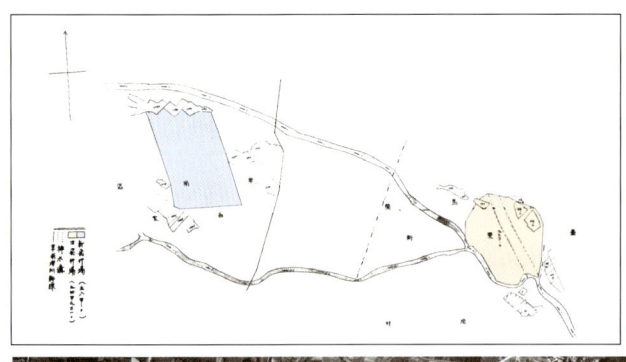

1923年台東街馬蘭警察航空班著陸場用地的外型。

以美軍於1945年5月31日所拍攝的台東地區航照圖，標出新舊飛行場位置。NARA-中研院GIS中心/提供

續到1930年代中期台灣民航的肇始。在1936年5月28日的《台灣日日新報》，便有一則報導指出「台東飛行場決定移轉，誘致定期航空」。內容主要陳述，既有之台東飛行場，用地在埤圳灌溉區域內。但是埤圳完成後，該地將充為日本移民者水田耕作之地。因此決定飛行場需搬遷。搬遷地預計是「里加原野」（音譯，亦有稱之為「呂家原野」者）之中央，完成後可供即將開航之島內定期航空使用。

事實上，舊警察航空班台東著陸場的用地廢止，早於1933~1935年時就已經開始計畫，於「昭和拾年度官有財產類編（總督官房會計課）」內已有記載。依照件名「台東廳台東街馬蘭元警務局警察航空班飛行機著陸場官有地公用廢止並引繼ニ關スル件」所述，舊飛行場中央將有卑南埤圳的排水幹線通過，因此舊飛行場勢必要廢止而尋求新的場址。

新的台東飛行場起工式於1937年8月1日舉行，隔年3月中開始測試飛行，於4月1日起，日本空輸會社便正式開啟了東部線往台東的民航飛行。早上從台北出發，經宜蘭、花蓮港抵台東，午後再循原路回程。而此同時，位於馬蘭，警察航空班時代就已建立的台東著陸場，則廢止而走入歷史。依照二戰末期（1945年5月）美軍航照判讀，舊的著陸場區域中間已經有排水道直直通過，僅剩原著陸場的不規則範圍外側留下其痕跡可供辨識。目前，原著陸場的用地除了排水路外，大多已是建物。

由經濟部工業局規劃設計，1982年開發完成，1983年1月開始出售土地的豐樂工業區，即是南側的著陸場原址。

花蓮港著陸場 → 花蓮港（北）飛行場

現為空軍花蓮基地、民航局花蓮航空站、花蓮機場　　　　ICAO 代號：RCYU

　　花蓮的航空歲月其實開啓得相當早，在大正時期的警察航空班時代，便已經有「花蓮港著陸場」的設置。從警察航空班當年在東台灣的紀錄來看，1923 年 5 月時，其飛機便已經由西部突破中央山脈，飛抵台東從事蕃地的威嚇飛行，並於 5 月 14 日起飛往花蓮前進，安抵「花蓮港著陸場」。在警察航空班的紀錄中，這座位於花蓮港廳平野區平野村的「花蓮港著陸場」，位置正是在如今的花蓮機場區域，其用地當年屬於鹽水港製糖會社所有，共 50 甲多，是在與製糖會社協商後，達成從 1924 年開始使用五年的協議。

　　依照當時警察航空班紀錄，這座花蓮港著陸場還建有「假格納庫」（臨時棚廠 2 棟，於 1924 年 5 月完成，讓警察航空班在花東地區的根據地設施更為完備。不過，警察航空班在昭和 2 年度（1927 年）廢止，花蓮平野區的格納庫與用地，也與其他設施一併交由陸軍接管。

　　雖然說，警察航空班時代對於這座機場的稱法是「花蓮港著陸場」，但其實也

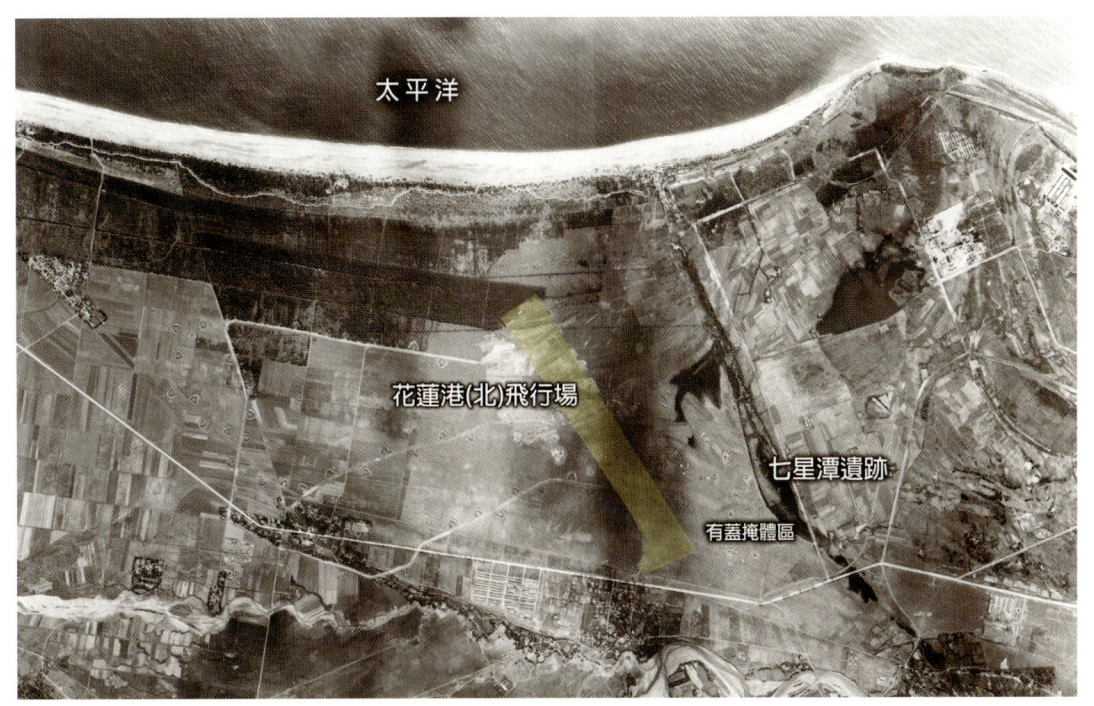

美軍拍攝於 1945 年 6 月 15 日的花蓮港（北）飛行場航照。圖中以黃色標出的是跑道區。NARA- 中研院 GIS 中心 / 提供

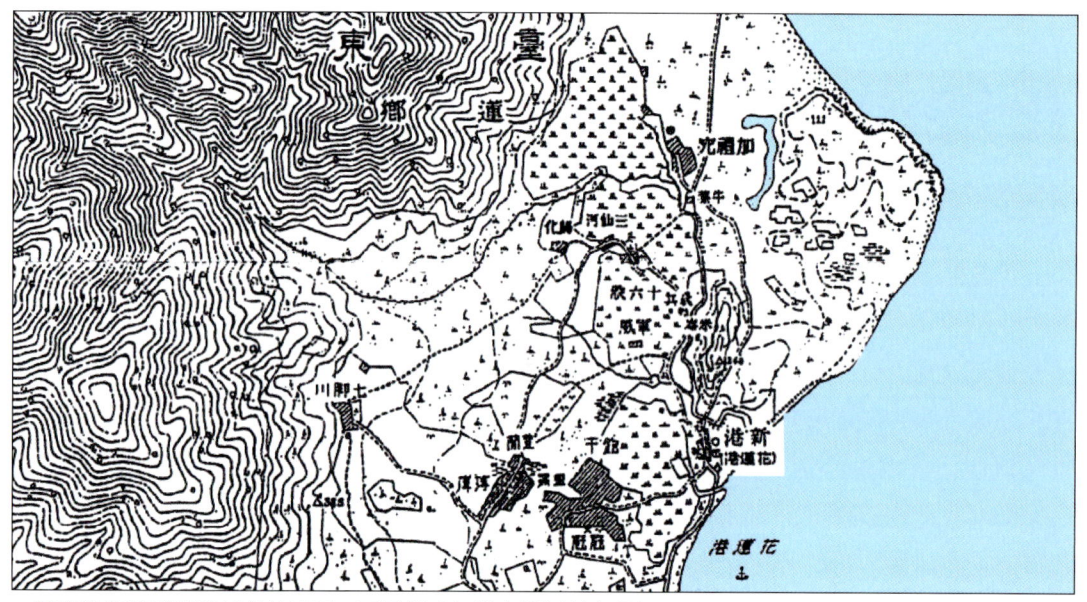

花蓮港著陸場興建以前的地圖，可見當時加禮宛附近的七星潭。

花蓮港陸軍飛行場

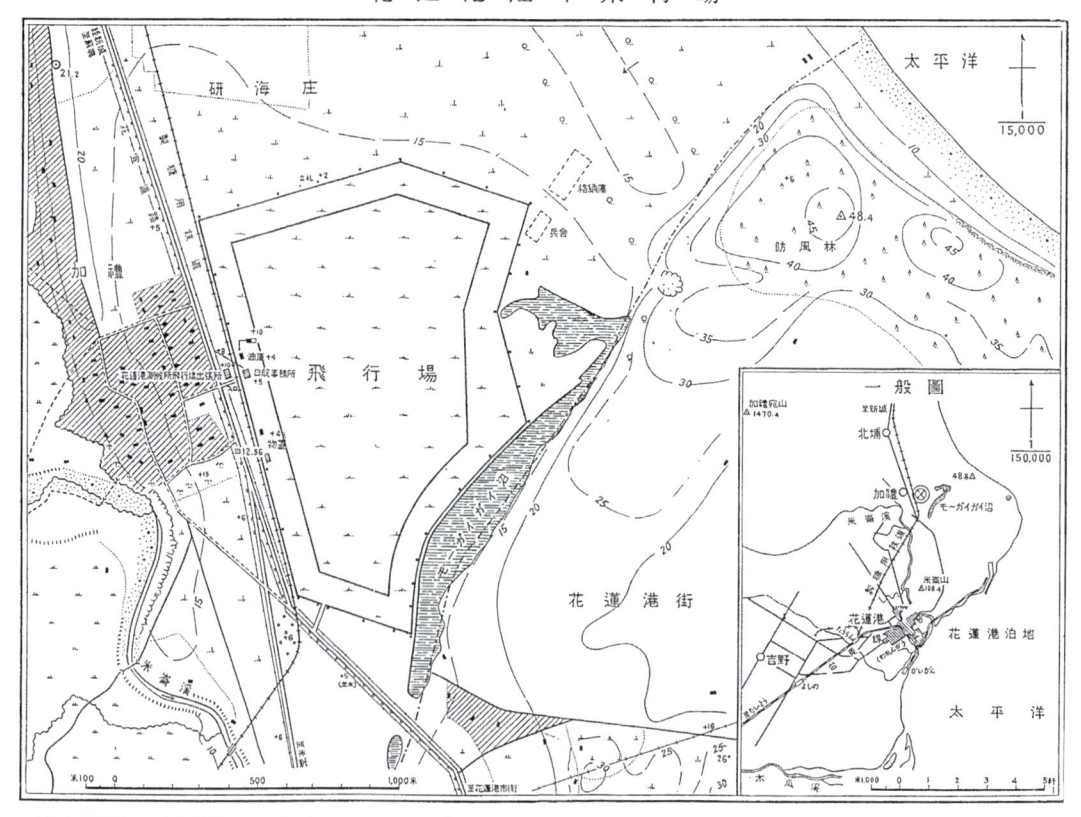

日本海軍水路部於1939年左右所調製的「航空路資料第10-台灣地方飛行場及不時著陸場」中的「花蓮港陸軍飛行場」附圖。

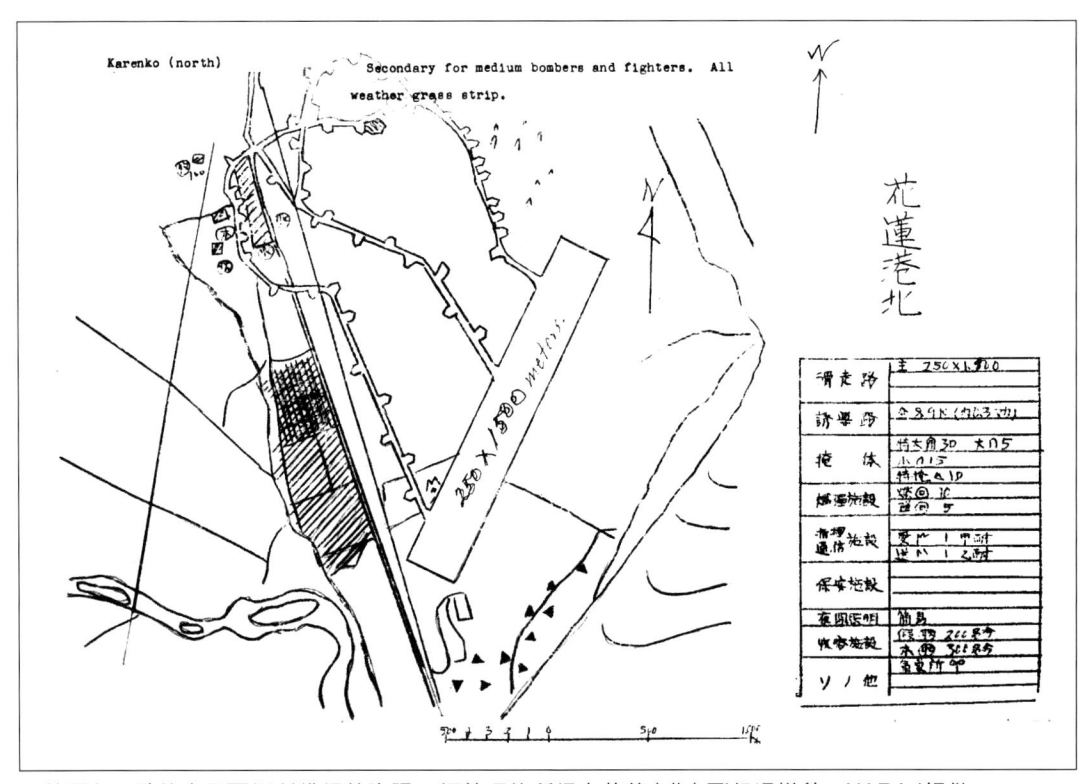

美軍在二戰後由日軍側所獲得的資訊，經整理後所得之花蓮（北）飛行場樣貌。NARA/提供

有直接稱為「花蓮港飛行場」的用法。像是 1927 年 5 月 18 日《台灣日日新報》內一則發自花蓮港的特電，指出一架由後藤飛行士所操縱的五號飛行機，在早上從花蓮港飛行場起飛後，抵達玉里轉向歸航時在林田村東方墜機，導致機體大破的意外，惟飛行員並無大礙。此篇報導中，直接指稱警察航空班之「花蓮港著陸場」為「花蓮港飛行場」，顯見其作為花蓮地區機場之嚆矢地位。

在 1930 年代中期，台灣民航事業大躍進時，配合島內民航航班的開設，陸軍所管的這座花蓮港飛行場也就正式開始提供民航使用。依照當時陸軍一份接獲台灣總督府有關島內定期航空開設相關事宜會用到陸軍飛行場之事，由台灣軍參謀轉呈陸軍次官之「島 定期航空開始に關する件通牒」（1936.8.20.）紀錄來看，預計於 1936 年 8 月開啓，由日本航空輸送株式會社（簡稱「日本空輸」）開設的島內定期航線，飛行台北、宜蘭、花蓮港的本島「東線」將使用「花蓮港陸軍飛行場」。因此，日本空輸想要在飛行場內興建事務所或者格納庫（機棚），便都得要陸軍方面審核通過才行。

依照 1936 年 8 月 22 日《台灣日日新報》的報導，在 8 月 21 日時，當時的戶水遞信部長便搭乘日本空輸的飛機前往此機場視察。同年 11 月 27 日的報紙更報導了日本空輸花蓮港出張所，想在位於加禮宛的飛

如今已經拆除的舊花蓮航空站外觀。

2004年3月落成的花蓮航空站新航廈。2012.5.

花蓮航空站舊塔台（如今已經拆除）。

行場興建飛行機格納庫與事務所一事，但因為陸軍當局的許可延遲而無法開工興建。此報導明確指出日本空輸使用的飛行場為位於加禮宛的陸軍機場，而加禮宛一地正是前述提及之平野區旁之地，因此島內民航開辦初期使用的花蓮港飛行場，即是這座花蓮的北機場無誤。

日本空輸在花蓮港飛行場的建設，其實一直拖到隔年，亦即1937年的7月才把事務所完成。事實上，因為「鋼鐵飢饉」的關係，該年3月已經傳出承包業者不堪鐵價飆高，想要支付賠償金後解約不做了。而依照1937年7月8日《台灣日日新報》內的報導，日本空輸花蓮港飛行場出張所之事務所，最後是在該年年中完成，7月7日正午舉行竣工式，該建築還因為完工前的6月中時，曾先做為搭飛機來訪之東久邇宮殿下御成之際的「御休所」（休息場所），乃是特別光榮之紀念建物云云。

關於花蓮港飛行場後續的發展，則因為進入戰爭體制後而漸漸地不明朗。不過，為了配合航空氣象的需要，總督府氣象台所管轄的花蓮港飛行場出張所，在1940年1月1日正式成立。依照當時的慣例，只有遞信部有使用的飛行場，才會有總督府氣象台直接派設成立飛行場出張所。該氣象單位之花蓮港飛行場出張所，在戰後的國軍接收紀錄中，有詳加標定位置，位於靠

花蓮機場也有民航班機飛行（圖為復興航空ATR72）。2008.6.

近山側的公路鐵路旁。

　　關於這座機場的擴建，其實與七星潭的填平一事有關。依照台灣堡圖上的判讀，原本七星潭是以原住民語稱的「モーガイガイ沼」，大約1936年時為了機場的擴建，乃將該地居民往海邊搬遷。儘管如此，搬往海邊「月牙灣」處的居民還是自稱七星潭人，因此如今的七星潭海岸仍留其名，而非真的把海岸叫成水潭。不過有趣的是，原本七星潭的遺跡，並非全遭填平，在過去花師內一進門右邊的水池，正是七星潭南端的「小尾巴」，而那個水池對街的空軍基地內，還有另一半的水塘也仍存在（依照二戰時的航照判讀，當時兩個水池間還有小圳溝相通）。此外，美工七街直直對進軍營內的水池，也疑似為原本七星潭的遺跡。只不過，如今大部分被填平的原七星潭區域，都在空軍基地內。可見七星潭的消失，與花蓮港（北）飛行場的擴建有絕對關係。

　　依照日本軍方的紀錄，因為後來在花蓮港市區的南邊又興建了一座場面外觀呈現八角形的大型軍用飛行場，因此位於花蓮一南一北的這兩座機場，乃分別以花蓮港（北）飛行場與花蓮港（南）飛行場加以區分，而一般民眾多將北邊的「花蓮港（北）飛行場」稱之為北埔機場，而「花蓮港（南）飛行場」則叫做南埔機場。不

空軍花蓮基地有使用到最末期的國軍F-5B飛機。圖為序號73-1611的1112號，拍攝於1995年。

空軍花蓮基地一飛沖天的F-16軍機。2008.6.

空軍花蓮基地內落地後的F-16軍機。2008.6.

過在戰後，北埔機場持續使用至今，但南埔機場卻除了少數空軍用地及軍事遺跡依然揭櫫著它曾為日本時代飛行場的身分外，至今已無飛機起降。但相對於南埔這處南飛行場仍有遺跡可尋，歷經多次改建而呈現嶄新風貌的北飛行場，則除了跑道方位的軸線還隱約透露著它的前世，真正的日本時代遺跡已經很難找到。

依照國軍於終戰時的接收紀錄顯示，花蓮港（北）飛行場位於當時的花蓮港廳花蓮郡研海庄加禮宛，土地所有權主要是軍有地，僅少部分誘導路為民有地。場內唯一的一條跑道長1,500m、寬250m，可載重量為4.5噸（每平方尺）。整座飛行場面積3,220,030m2（僅含民有地266,999m2），土質為砂土與土礫相混而成，標高12m，有疏散滑行道寬50m但長度不明，標註為「特掩體」的有10個，但依照美軍航照判讀，這10個掩體應指靠近七星潭原址側的有蓋掩體，至於疏散滑行道側仍有很多的無蓋夾狀掩體國軍紀錄裡均未提及。此外，國軍紀錄裡，這整座機場無通訊設備，無夜航設備，但排水良好，有水電供應。

終戰時美軍由日軍呈報資料所做的整理中，對於花蓮港（北）飛行場則有較為詳盡的記載，包含掩體部分，表記有「特掩」10座、「特大」30座、「大」5座、「小」15座，另外關於疏散滑行道長度，也記載有8.9km之長。至於通訊設施，則有耐爆之受信與送信通信所各一。此份美軍的紀錄還指出，終戰時花蓮港（北）飛行場留

有1架的一式戰（隼），36架的三式戰（飛燕）。依照美軍紀錄推算，該場內留有飛行分科為戰鬥的飛行第十七戰隊（代號17FR，1944.2.10.設立，編成地日本各務原）與飛行第十九戰隊（代號19FR，1944.2.21.設立，編成地日本明野）之飛機。

這座位於如今花蓮市北側的飛機場，在戰後初期的情形可以說相當糟糕，跑道只剩一小條小路的狀況，但一些露天的日

花蓮航空站跑道側的外觀。2008.6.

本時代夾狀掩體卻仍健在。1959年底，交通部民航局計劃重新構築此機場跑道，便派員就花蓮北埔機場地形、土壤、排水以及材料供應等情形作初步調查。真正的機場跑道工程於隔年底開工，1962年5月16日由交通部長沈怡主持落成典禮正式啟用。

此工程係由美國國際開發總署援華公署撥贈新台幣一千二百多萬元興建新跑道，另由國庫撥六十萬元建築旅客休息室和塔台。值得說明的是，首航的飛機除了搭載沈部長的民航空運公司翠華號外，尚有一架空軍的C-47專機，由空軍總部副參謀長衣復恩少將和美國十三航空特遣隊司令桑鵬少將一起駕駛抵達，此乃中美空軍將領並肩駕駛飛機參加跑道落成典禮的第一次。

如今此花蓮市北的飛機場，依然為軍民共用的狀況，除了國內線的航班外，政府也於2001年4月起核定日本包機可在花蓮機場起降。2004年3月新航廈落成後，更開啟往其他國家航點的包機業務，甚至還列名兩岸直航開放航點。

這個守衛機場的碉堡，位於如今空軍花蓮基地外圍，是1950年的半永久式甲種機槍堡。2008.9.

民航的花蓮航空站聯外道路兩旁，在二戰末期建有露天的飛機掩體。2008.9.

如今空軍花蓮基地外的這片地，其實也曾是當年日軍飛行場的一部分。2008.9.

空軍花蓮基地內保存的各式軍機。 2008.6.

苓雅寮不時著陸場

現為高雄市新光碼頭與水岸公園一帶

提到高雄的飛機場，應該很少人知道其實在1930年代的台灣，曾短暫出現一座「苓雅寮不時著陸場」於高雄港邊。這座屬於日本海軍的飛行場，啓用沒幾年便因爲地基的破損與高雄港區的擴建而轉爲他用。

這座「機場」在1933年6月完工，與大多數早年屬警察航空班或陸軍所使用的著陸場或飛行場所不同的，是它的所屬爲日本海軍。依照曾令毅在〈二次大戰前日軍在台航空兵力發展之初探（1927-45）〉一文中所述，日本在簽署了《華盛頓海軍軍縮條約》（1923年8月起實施）之後，「所屬領土及屬地之要塞，以及海軍基地」，「應維持本條約簽訂時之現況」，導致日本海軍從此開始到1930年的《倫敦海軍軍縮條約》，再到1936年12月退出軍縮會議的15年之間，基地建設受到條約束縛無法增建。因此，這座屬於海軍飛機使用的飛行場，也只能低調地以「飛行機不時著

美軍於1944年1月所拍的航照，原本的苓雅寮不時著陸場已經變成製鋁工場（黃色陰影區）。NARA-中研院GIS中心／提供

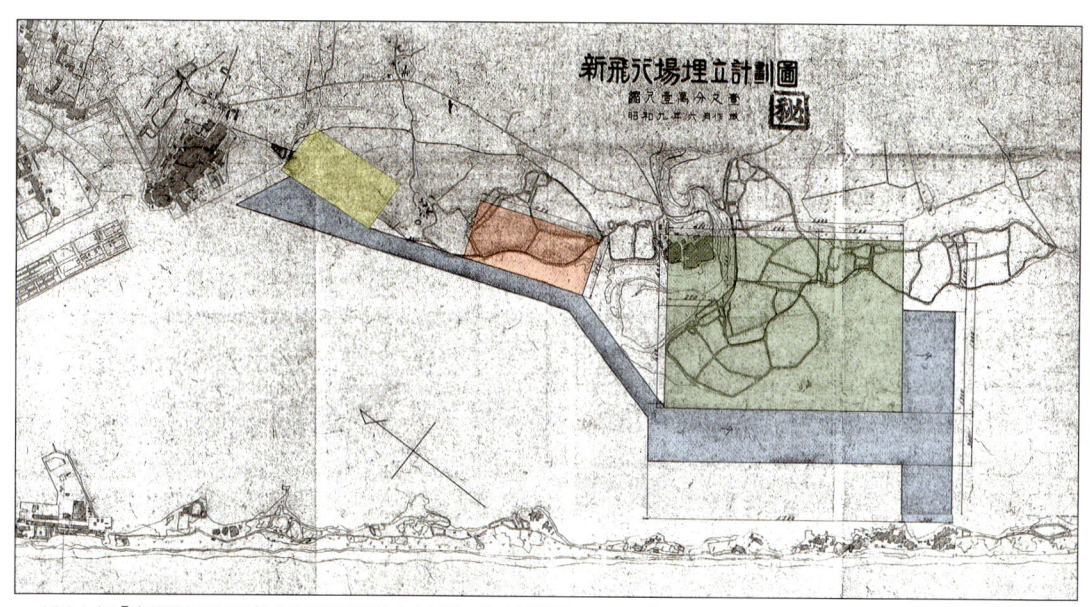

1934年「新飛行場及代用飛行場埋立計畫」內的附圖，可見苓雅寮不時著陸場（黃色）與預計興建的代用飛行場（紅色）及新飛行場（綠色）位置。圖中的藍色區域，是預計浚渫之區域。 取自日本亞細亞歷史資料中心

陸場」的型態來規避條約束縛興建。

　　這座位於如今高雄新光碼頭邊，星光水岸公園附近的機場，在1930年的地圖已經出現了飛行場的預定地規劃，而1933年時則是以「苓雅寮飛行機不時著陸場」為名興建，其中的地名是以草字頭的「蓼」書寫，而所謂的「不時著」乃意味著非平常起降使用的意思。不過儘管如此，這塊臨海而屬海軍之地，卻是高雄地區一處確實可供飛機起降的地點。

　　對於1936年夏台灣島內定期航空西線開辦之際的南方終點，究竟是使用高雄的什麼地方一直是個謎，甚至還有研究者以為初代民航用的「高雄飛行場」就是「屏東飛行場」。但事實上，依照台灣軍參謀在一份「島 定期航空開始に関する件」的公文中，明確指出由日本航空輸送會社所經營，每週火曜日（週二）與土曜日（週六）所飛行的島內西線，高雄的使用機場是「高雄海軍用地」。而在同年8月5日的《台灣日日新報》中則指出，島內定期航空的西線於8月1日開啟，預定飛行台北、台中抵高雄，但第一班飛機因為天候所阻無法抵達高雄，因此直到8月4日的第二次飛行，早上9:05台北出發，10:06抵達台中，10:40再度於台中起飛，於11:59抵達高雄飛行場。因此，島內西線定期航空在該年8月的飛行是飛抵高雄而非屏東，而使用的地點則是「高雄海軍用地」。

　　而依照該年9月2日的《台灣日日新報》報紙報導，島內定期航空於8月所實施的是「慣熟飛行」，亦即不載客而只搭載郵便貨物，而從9月1日開始，則開辦實質旅客運輸。然而9月1日所發出的「第一便」，從早上8:00台北飛行場出發後，抵達台中而又要續往高雄時，因為「高雄飛

美軍依照二戰中的多次航照分析，於1945年所繪製的高雄港周邊地圖。圖中以紅色陰影標出部分，即為當時的日本鋁會社製鋁工場。

行場浸水關係，僅飛至台中，罷往高雄」。這個紀錄相當重要，因為它顯示了島內民航西線開辦時用的「高雄飛行場」是會「浸水」的。

到了1937年2月9日的《台灣日日新報》報紙則指出，雖然嘉義民間飛行場促進委員希望能讓陸軍的嘉義飛行場也可用於民間航空，但因「高雄飛行場將於4月廢止」，在台南民間飛行場設置後，嘉義台南間太近，更不可能增停嘉義。這段新聞指出，島內民航西線使用的高雄飛行場將於民航的台南飛行場啟用後，於1937年年中廢止（後來的實質廢止時間是6月）。因此推測，台南飛行場在1937年6月設置之後，民航使用的高雄飛行場便廢止，而這個被廢止的高雄飛行場，就是之前提到的「高雄海軍用地」。

然而，「高雄海軍用地」是否就是「苓雅寮飛行機不時著場」呢？這確有疑問存在。因為，在1934年年中時，高雄州曾提出一份「埋立開墾許可願」的填海許可申請，目的是為了興建代用飛行場與一座較大的新飛行場，並附上一份「新飛行場及代用飛行場埋立計畫」，預計填海造地整理出一座「代用飛行場」262,500m²，以及一座「新飛行場」1,188,450m²。

之所以會有這份計劃的提出，是為了取代先天條件不良的苓雅寮不時著陸場，故先設置一處代用飛行場，然後在更南邊，亦即前鎮東南側的沿岸地，設立一座更大的嶄新高雄飛行場。然而，這個填海造地的機場建設計畫，會因為戲獅甲的用地限制住高雄工業地帶的往南發展，因此在高雄市反對下，積極與海軍方面希望達成換地搬遷的磋商。經過幾番的討論，日本海軍決定將新機場蓋於岡山，而廢止原本在戲獅甲的興建計畫，這個時間點已經是1937年的3月。

圖中以紅色線條框起的部分，即為原苓雅寮不時著陸場之用地。2005.11.

高雄臨港線仍有行駛觀光嘟嘟列車時之新光車站，即位於原本苓雅寮不時著陸場的周邊。2005.12.

高雄臨港線嘟嘟列車用的新光車站旁就是八五大樓。2005.12.

　　但事實上，在 1935 年 5 月時，已經傳出日本鋁會社（日本アルミニウム會社）即將設立，並以九百萬元購入原屬日本海軍的七萬餘坪用地設立高雄工場（亦即包含「苓雅寮飛行機不時著陸場」在內的這塊用地）。同年 6 月 21 日，日本鋁會社正式於東京成立。在隔年，亦即 1936 年 9 月 19 日的《台灣日日新報》報紙上，已經刊出日本鋁會社高雄工場的第一期工事完成狀況。依照這樣的工程進度（已經有許多建物與工場建築），在這個時間點，「苓雅寮飛行機不時著場」已經轉換成工場用地使用，斷不可能在島內民航西線開辦之時提供給民航客機起降之用。因此，究竟當時使用的「高雄海軍用地」是哪一塊，仍待更多的史料來加以探討。

　　至於「苓雅寮飛行機不時著陸場」的廢止，則幾乎可以肯定是在日本鋁會社決定使用這塊地作為高雄工場用地時便已經定案，而 1936 年 9 月的高雄工場第一期工程施工中照片，更確認了這座使用績效不好的「不時著陸場」，在 1936 年時已經走入歷史，而成為製鋁工場。戰後，原日本鋁會社的工廠為台鋁公司所接收，1987 年台鋁結束營業，該用地在近年變為新光碼頭以及水岸公園，只剩當年苓雅寮不時著陸場的輪廓範圍依稀可見。

第二章

台灣民航肇始期的島內飛行場

台北飛行場 [松山]

現為民航局台北國際航空站、台北松山機場　　　　　　　　ICAO 代號：RCSS

雖然說，台灣的近代航空肇始於 1910 年代，但受限於航空技術與島內的飛行場或著陸場狀況，並未發展到民航的階段。然而到了 1930 年代，飛機的設計與航空的技術已經有著快速的發展，載客飛行已經不再是夢想，因此台灣總督府也在此時開始積極地發展台灣的民航事業，包含島內的聯絡飛行，以及從台灣往返內地日本、南洋與中國的對外航線。不過，要發展民航，許多基礎的建設工程便得積極展開，例如飛行場的建設，包含辦公室、航廈或格納庫等設施更不可少。而作為台灣首府的台北，長久以來使用陸軍的練兵場作為飛機起降地點並非長久之計，因此在台北興建一座專用的機場，乃成為台灣民航發展勢在必行的第一步。

這個攸關台灣民航起飛的台北飛行場建設，其實要從昭和 8 年（1933 年）的用地尋找與買收起算。當時，在土地買收與整地費用有了著落之後，遞信部立即開始飛行場用地的秘密調查。這個影響到後來台北市區發展至鉅的飛行場用地選擇，條件上是希望離市區近、土地取得價格低廉、工事費用少、氣象上的影響（特別是降雨）的威脅小。不過在專業的飛航技術考量下，還希望至少要有 700m 以上的飛機滑走距離，飛行場形狀約為一個三角形，用地至少十四萬坪，更希望在考慮盛行風的方向下（飛機必須逆風起飛，而側風越小越好），能有 900m 的跑道設置。

因此，在這樣種種主客觀的條件篩選後，遞信部擇定了當時台北州七星郡松山庄的用地，也就是上塔悠、下塔悠與頂東勢一帶，做為台北飛行場的建設用地。而在用地買收之後，昭和 9 年（1934 年）度便開始了飛行場的建設工事，其開工的「鍬入式」於該年 2 月 7 日盛大舉行，整地的進度也趕在同年 6 月時有一初步成果，讓 6 月 24 日至 29 日台灣首度舉辦的「陸軍航空大演習」能夠使用這塊廣大的用地。

昭和 9 年（1934 年）6 月 24 日至 29 日台灣首度舉辦的「陸軍航空大演習」，使用了台北飛行場這塊廣大的用地。 1934. 6.

「陸軍航空大演習」場邊一景。
1934. 6.

在防空演習之後,尚未完成的整地工程繼續於下個年度施工。依照 1935 年出版之《台北飛行場工事概況》一書中所述,該飛行場預計最終完成二條跑道,分別是全長約 900m 而坡度在三千分之一到趨近水平的「第一號線」(第一跑道),以及長度較短而僅有 700m,且坡度從水平到四百及五百分之一的「第二號線」(第二跑道)。這二條跑道將呈現一個 V 字形交角,第一號線係依照該地的盛行風走向而決定,比

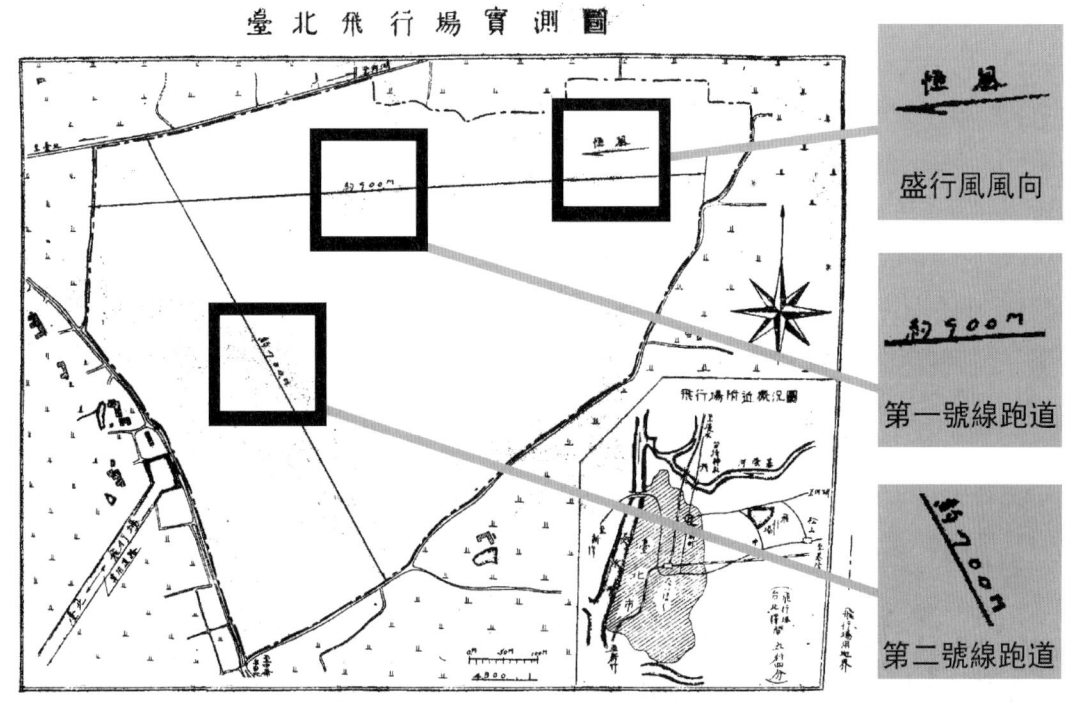

臺北飛行場實測圖

盛行風風向

第一號線跑道

第二號線跑道

取自 1935 年出版之《台北飛行場工事概況》中的台北飛行場實測圖。本圖中標示了全長約 900 m 的第一號線與約 700 m 的第二號線。並於第一號線旁標示了該地的「恆風」(盛行風風向)。為了清楚表現出原圖中的幾個重要數據與風標,本圖特別將三處重點放大置於右側。

背 面 圖　　　　側 面 圖

側 面 圖　　　　正 立 面 圖

交通局臺北飛行場事務所

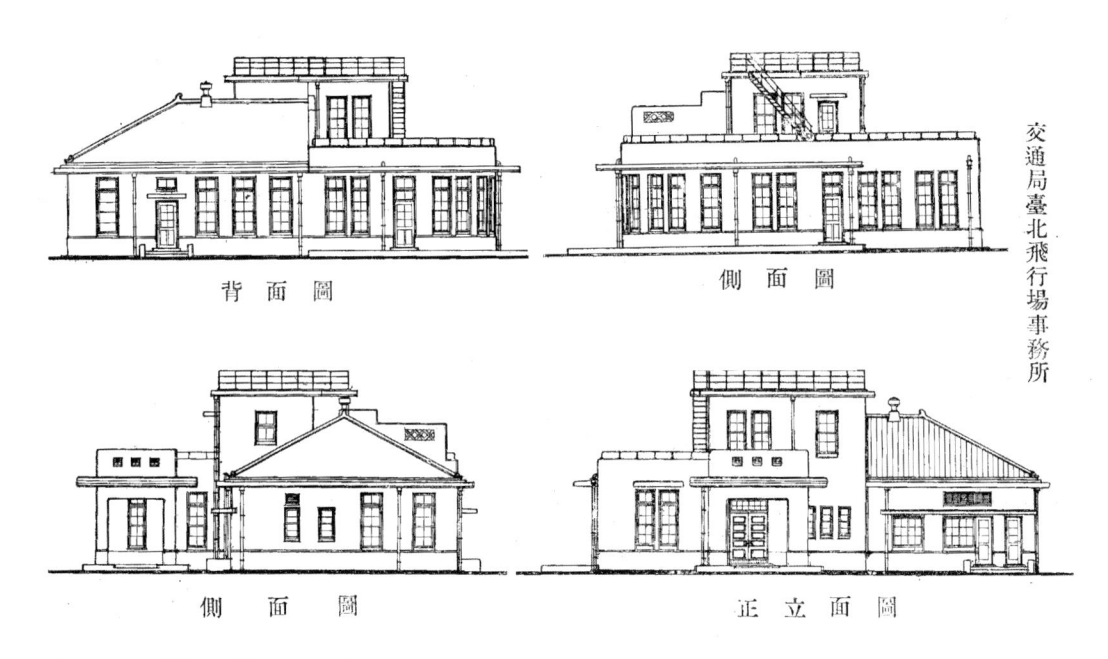

在1936年出版的《台灣建築會誌》內所附的台北飛行場事務所立面圖。

較近似如今的10/28（東向/西向）跑道。不過，完工初期的台北飛行場，預計鋪設的二條跑道似乎並未真正完工。因為根據1937年日本海軍鹿屋航空隊拍攝於駐台時期的照片顯示，V形的跑道根本尚未興建。儘管如此，台北飛行場的其他建設工程，還是陸續地先行完工，例如在跑道邊西側南北長290m，東西長180m的停機坪、用大跨距鋼衍架建造的格納庫（棚廠），以及日本航空輸送株式會社台北支所的辦公室與旅客服務用建築等。

台北飛行場在昭和11年（1936年）初大致完工，該年的3月28日早晨7:00，日本航空輸送株式會社的DC-2型客機第一號「富士」，從雁の巢的福岡飛行場出發，於10:55降落那霸飛行場，在添加油料後於中午12:10繼續起飛航向台北，於下午15:07降落台北飛行場，受到遞信部戶水部長、航空係慶谷係長……等航空相關官員的迎接歡迎。

在這次的歡迎儀式之後，台北飛行場正式「開場式」在同年的3月30日中午盛大舉行，包含午前11:30開始，由台灣神社松崎禰宜齋主所主持的神道儀式，從落成修祓式，再到降神、獻饌、祝詞與玉串奉奠的過程。而神道儀式完成後，來賓們往大格納庫內就座，正式的「開場式」於中午12:20開始舉行。不可免地，儀式中有交通局堀田總長致辭、技師工事報告，以及代讀中川總督的告辭……等流程，隨後又由屏東飛行隊表演空中戰技，讓現場觀眾享受了一場豐富的空中饗宴。

這個盛大的台北飛行場開幕儀式，神道部分是在日本航空輸送株式會社飛行場

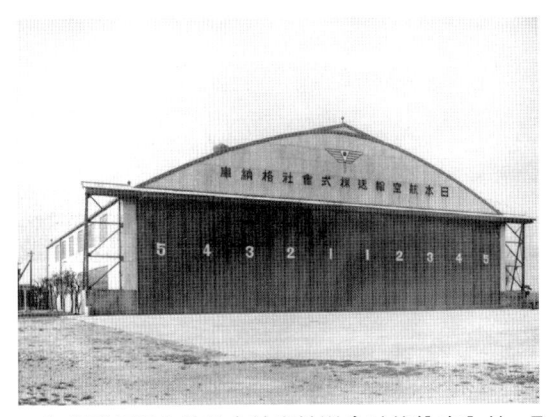

台北飛行場內的日本航空輸送會社格納庫內外。取自1936年出版的《台灣建築會誌》

事務所前舉行,而開場式則是在大格納庫內舉辦;日前飛來的 DC-2 富士號客機,則停在裡面當作現成最佳的展示品,而沒有任何的實際飛行。這架飛機直到開場後隔日(3月31日),才首度正式起飛回日本開啓內台間的正式飛航任務。

富士號首度載客飛返日本的航班,表定是在上午 9:00 出發,不過實際上大約在 9:55 才滑出,約 10:03 時由西向東滑行起飛,而後經淡水、富貴角往那霸飛去,在添加完油料後又從那霸飛返太刀洗飛行場,完成這一趟日本台灣間的商業飛行任務。

在台北飛行場正式啓用後,內台間定期航班正式於 4 月 1 日起開展,台北經那霸前往福岡,或者從福岡循原路回台北的航班,在每週的二、四、六往返飛行,達成台灣、日本間可以一日抵達的空中連結。而台灣島內的民航定期航班,也接著於同年 8 月開始東線與西線的飛行(載客飛行於 9 月開始)。此島內的西線飛航台北、台中、高雄,而東線則飛行台北、宜蘭、花蓮港。

值得特別說明的是,日本航空輸送株式會社運用於這條航線上的 DC-2 雙發螺旋槳飛機,就是後來改良為 DC-3(空軍又稱 C-47)的初始藍本,而這些日本最初

台北飛行場內的台北飛行場事務所內外。取自1936年出版的《台灣建築會誌》

41

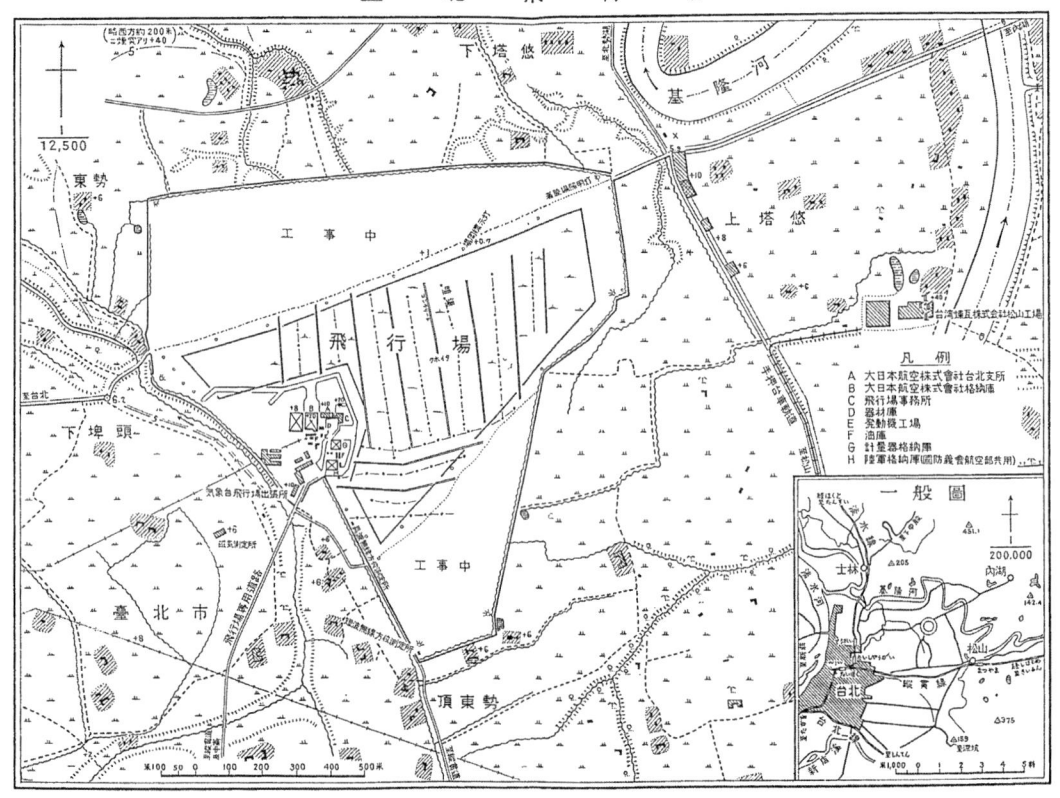

日本海軍水路部於1939年左右所調製的「航空路資料第10-台灣地方飛行場及不時著陸場」中的「台北飛行場」附圖。可見原本完成的區域與「工事中」的擴張區。

的DC-2，該會社分別取名並標示於機首，一號機稱「富士」，二號機稱「新高」，三號機稱「愛宕」，四號機稱「霧島」，五號機稱「筑波」。特別是二號機的「新高號」，係以台灣第一高峰玉山日本時代名稱「新高山」命名。不過，該機在福岡的試驗飛行時因起落架受損修理而延遲加入日本至台灣航線的營運，直到昭和11年（1936年）5月12日，才從太刀洗出發，經那霸加油而後於午後16:31首度飛抵台北飛行場。當日，遞信部長、航空係長以及許多官民都前往迎接。

民航起飛中的台北飛行場

　　台北飛行場的啟用，以及台日間定期航線的開闢，是台灣航空發展的大躍進。日本時代台灣民航發展，在台北飛行場開業後的初期，島內島外航路都是由日本航空輸送株式會社擔當，不過在昭和13年（1938年）下半，由該會社與國際航空株式會社合併後新成立的國策航空公司——大日本航空株式會社，便成為台灣在日本統治後期民航上主要的經營者。

　　而民航業務的推展過程中，為了飛航

根據1937年日本海軍鹿屋航空隊拍攝於駐台時期的照片顯示，台北飛行場的V形的跑道根本尚未興建。1937.

1937年七七事變後台北飛行場停滿日本軍機（九六陸攻）的情景。1937.9.

的安全，氣象的觀測也是必要的投資。因此，在飛行場正式啟用前的昭和10年（1935年）12月6日，「台北觀測所松山出張所」公告成立。在這個初始的創設年代，出張所之設立位置推測是附屬於交通局台北飛行場事務所的建築之內。因為，從《台灣建築會誌》（1936年5月出版）當中留存的這棟台北飛行場事務所圖面與照片可以看出，此事務所內一樓的部分，有一處是做為「觀測所事務室」使用，而二樓的展望室之頂，還有氣象用的風向與風速觀測設備。此方正的二樓格局與風速風向儀器，正是氣象建築中常見的風力塔設計與配置，因此推測這棟交通局的台北飛行場事務所建築，應該就是最早的台北觀測所松山出張所所在地。

不過，昭和13年（1938年）度時，曾有「松山飛行場出張所廳舍新工事」的紀錄，指出要興建一棟部分磚造部分鋼筋混凝土造，共計91餘坪的平房廳舍外加三層風力塔建築。此獨立於交通局事務所的專屬觀測與辦公地點，位於如今民航局局本部對面的停車場上，該建物在二戰時未被轟炸嚴重毀損，故戰後一直使用至1960年

日本航空輸送株式會社運用於日台間航線上的DC-2雙發螺旋槳飛機，二號機即是稱為「新高」的這架。

戰後遺留在台北飛行場的日軍飛機。1945

代松山機場的大型航廈整建與前方廣場闢建時才拆除。

至於先前提到的台北飛行場跑道，其實在 1939 年 4 月時整地完成，但這些擴張區域的裸地還是不能使用的情況，如美軍二戰末期偵照所判得之 V 形跑道在此時也仍未完工。事實上，因為台北飛行場在啟用之初是屬於民航用的飛行場，因此總督府的府報會對於其設施有適時的公告與更新。例如 1935 年 9 月 25 日設置時，府報便以告示第百三一號由台灣總督中川健藏公告如下（以下為中文翻譯）：一、設置之目的：公共用。二、經營者之氏名或名稱及住所：國。三、用地所有者之氏名或名稱及住所：國。四、飛行場名及所在地名：台北飛行場。台北州七星郡松山庄。東經一百二十一度三分，北緯二十五度四分。五、陸上、水上或水陸兩用飛行場別：陸上飛行場。六、面積及地形：總面積 469,421m^2。滑走區域：東西約 900m，南北約 700m。滑走區域之地表面平坦。七、恆風位：大略為東風。八、設備之概要：信號柱。

此後，台北飛行場的歷次設施增建或者範圍擴大，府報也會加以公告。例如 1936 年 5 月 28 日的告示第六十八號指出設備修正為「信號柱、飛行機計量機、羅針盤修正台」。1940 年 5 月 5 日的告示第百七十九號更大規模地修正飛行場的面積為 1,163,079m^2，滑走區域東西 1,400m、南北 1,400m。而設備概要一欄，更增補為「信號柱、飛行機計量機、羅針盤修正台、航空照明設備（著陸場照明燈、場周標示燈、風向標示燈、投光機）」，顯然 1940 年時跑道與設施有著大規模的增加。

由日方海軍水路部於 1939 年左右所調製，1940 年 4 月刊行的「航空路資料第 10-台灣地方飛行場及不時著陸場」中對於台北飛行場的描述，剛好可以一窺這座機場完工後到擴建完成前的一個基本樣貌。依照該份資料所述，當時台北飛行場是由台灣總督府所管理，總面積約為 1,190,000m^2，形狀略成一個三角形地，最寬的北側有 1,350m，中央部位約 700m，最南端則只有約 250m。可起降的離著陸地區約呈現 V 字形，西南西、東北東走向的長約 1,200m，而西南、東北走向的大約為 900m，兩者間所夾的區域即是大部分的飛行場建物所在地。該飛行場的地表土質為砂土混合的硬質粘土，舊的飛行場著陸區域（意指非擴張區域）內，有排水暗渠避免積水，並於場內每隔約 100m 劃設有南北向的水泥蓋鋪成的線條，從空中即可辨認（南側則有兩條東西向線條）。

而該份資料還詳細列出飛行場設施有大日本航空株式會社台北支所（建築最高處約 10m）、飛行場事務所、大日本航空株式會社格納庫、計量器格納庫、信號（吹流）柱（高約 20m）、油庫、海軍兵舍數棟（高約 8m）、發動機工場、自動車庫、國防義會航空部格納庫、氣象台飛行場出張所（高約 10m）。此外，飛行場的西南方有長波無線方位測定所、短波無線方位測定所與磁氣測定所（高約 6m）。而為了夜間著陸使用，場邊也安置各種標示燈，新的擴張區域也為了安全設置標示燈與照明燈。

戰後1945年遺留在台北飛行場的日本陸軍隼三型甲軍機（照片左側可見塗成白機的綠十字飛行用飛機）。1945.

雖然說，這座機場在 1935 年公告設立時，是以「公共用陸上飛行場」的民航身分設置，但在日本開始對中國的侵略後，以及後續捲入二戰的時期，日本軍方也利用這座機場作為西進與南進的跳板。像是中華民國空軍史中廣泛被宣揚的八一四空戰，日本方面出擊的海軍鹿屋航空隊九六式陸攻軍機，便都是從台北飛行場出發的。

這座機場很顯然地，在二戰爆發前的 1940 年間已經把原有的範圍又往周邊擴張，而呈現兩條 V 形跑道的格局。從戰後美軍由日軍側所獲得的紀錄中可看出，台北飛行場除了民航的部分外，也增加了許多的軍機用掩體，並且有疏散滑行道通往周邊，甚至在其南邊又興建了一條新的跑道，作為機場擴張的「第三跑道」。

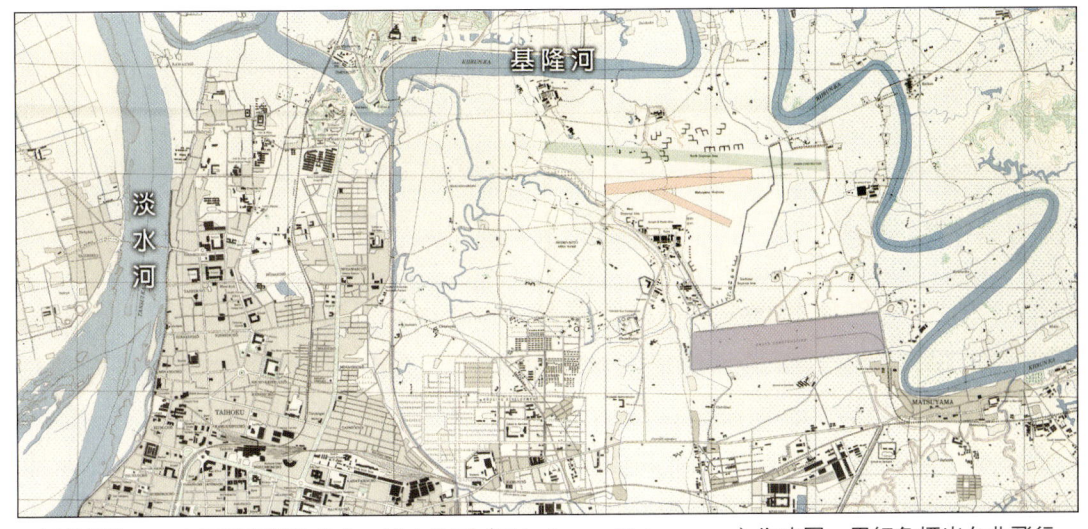

以美軍在 1945 年所印製的台北－松山地圖（Tahoku － Matsuyama）為底圖，用紅色標出台北飛行場 V 形跑道區，另以紫色標出的是二戰後期所增築的第三跑道，而以淺綠色長條表示之區域是如今的松山機場 10/28 跑道。 1945.

美軍攝於1945年6月17日的台北飛行場附近航照圖。此圖放大後，可以看出a處的飛行場遭到嚴重轟炸而毀損，而b與c處則可看到新建完成的軍用簡易飛行場（第三跑道）上有飛機的蹤影。
NARA-中研院GIS中心/提供

依照戰後美軍從日本側所獲得的紀錄，除了原本的V形跑道外，也把南側的第三跑道畫在一起。原本的V形兩條跑道，主跑道長1,000m、寬100m，副跑道長700m、寬60m，而日語標為「正」的南側第三跑道，範圍長1,800m、寬300m，英文註記將此跑道寫為第三跑道「3RD LARGEST」，以及海軍使用（300m x 1,800m strip used by the navy）。而從圖上還可看出，此機場有許多密佈的飛機疏散道，全長約6km，連接機場內外的飛機掩體（未標數量）。此外，飛行場還有耐爆的指揮所、受信通訊所與送信通信所等設施。特別是這座耐爆的指揮所，是位於機場跑道北側掩體區域，與南側較屬於民航的設施區有所區隔。而此區戰後，也變成松山機場主要的塔台等設施區。

不過，同樣的這座機場，在戰後國軍的接收紀錄中，主跑道部分與美軍紀錄相同，但副跑道（紀錄裡寫為「補」）則標為長600m、寬55m，兩者均厚20cm。整座飛行場面積1,944,500m^2，土質為粘質植土，可載重量15噸，海拔標高62m，有疏散道全長約6km、寬10m、厚15cm，掩體

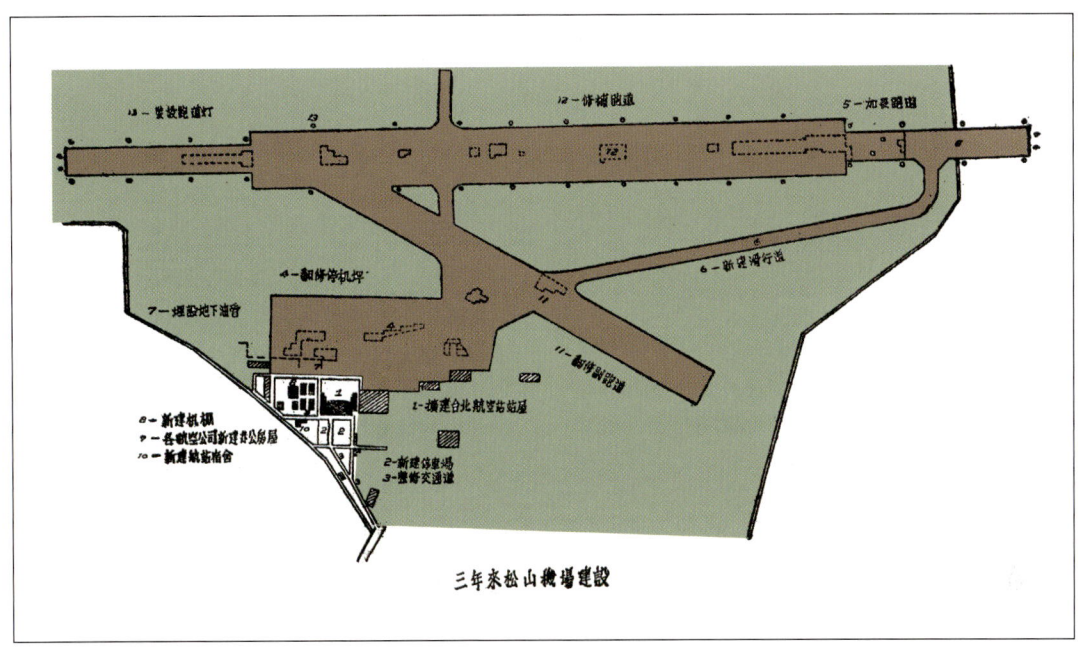

取自1953年7月出版的《三年來之交通事業概況》一書內的附圖，可見戰後初期松山機場的平面配置狀況。

大型27座，中型2座，小型5座，土地屬國有與民有，機場建築日期標為1940年10月，推測是「某次」擴張完成時間。至於營建設施因為很多，但該紀錄卻挑選寫了航空旅館1棟，格納庫4棟，耐爆指揮通信所1棟。依據調查，這座航空旅館（航空Hotel）的位置，就在機場外如今的敦化北路上，現交通部運研所位置。而國軍紀錄中有特別標明，此機場的夜航設施相當完備，且接收時機場是屬於可用狀態。

事實上，終戰時的美軍記載裡有特別指出，該飛行場內留有12架的一式戰（隼），2架的四式戰（疾風），3架的百式司偵，4架的九九軍偵，1架的一式雙高練等日軍飛機。依照美軍紀錄推算，該場內留有飛行分科為偵查與輕爆的飛行第十戰隊（1932.6.飛行第10大隊設立、1935.12.飛行第10連隊改編、1938.8.31.飛行第10戰隊改編，編成地滿洲嫩江，代號10FR）的飛機。

二戰中的台北飛行場

雖然說，這座飛行場在設立時就是以「台北飛行場」之名設置，但隨著台北練兵場於二戰時改建為一座有著跑道與軍用設施的飛行場，一般會把松山的這座稱為台北（北）飛行場，而練兵場改建的則稱為台北（南）飛行場。後來，一般市民更把練兵場這座在台北南邊的機場，直接稱為「南機場」，因此至今雖然早已沒了機場之實，但卻依然保有各種南機場之名。不過戰後，台北的南機場最終還是遭到廢棄，而僅存松山的這座，不過多數國人還是習慣稱之為「松山機場」。

這棟原「大日本航空株式會社台北支所」建物，因為被轟炸到剩下西側大約三分之一的部分沒被美軍炸爛，所以重修時將此建物修改為較短的一棟，亦即只剩原有大約三分之二長度繼續使用。民航局/提供

這棟戰後初代的台北航空站，位於如今松山機場二航廈的東半部，是建於1950年代斜屋頂，但中央玄關為方形箱狀格局的建物。民航局/提供

依照二戰最末期的美軍航照判斷，整個台北（北）飛行場的設施被轟炸得滿目瘡痍，幾乎所有格納庫均被毀，建物也多燒失，不過仍有少數建物躲過轟炸，或者部分結構仍存，故能在戰後重修後繼續使用。由於場內的主要V字形跑道區被炸得面目全非，反而南邊新建的第三跑道狀況較佳，依照戰後初期綠十字飛行時的照片比對，很可能終戰初期使用的是這個新跑道。

這座屬於戰時簡易飛行場格局的第三跑道，存在時間極短，但卻對於台北市民生社區一帶的街道紋理有著非常大的影響。若我們比對1932年的台北市區擴大計畫與如今的差別，可以清楚理解此區域的發展並未依照1932年這個承平時期的規劃進行；而民生社區一帶的街道軸線，更呈現一個約五度角的轉折。這個轉折，是因為戰爭關係而緊急闢建的跑道，更慎重地考慮了當地的盛行風方向。因為飛機起降，必須要避免過大的側風導致翻覆，故多以盛行風向作為跑道方位，如此一來也可讓飛機起飛時獲得最大逆風下的最大浮力，以較短的跑道起飛。因此，盛行風向往往決定了跑道的方位以及機場的範圍。這樣的影響，便在都市的脈絡中劃下長遠的改變痕跡，即使機場已經廢棄轉為他用，其受盛行風向所影響的軸線，仍將繼續刻劃著都市的紋理。

台北飛行場在1930年代規劃與建設之時，為了避免影響未來台北市的發展，而選擇了市區最北端靠近基隆河岸的用地。然而，此一地點雖對從淡水河進場的飛機無多大影響，卻對從基隆港端進出之飛機，有了自然地形上視線較差的缺點。主要的原因，乃是基隆河谷的弧度折入台北盆地時，台北飛行場的跑道（第一號線）其實是在較北之處。因此，在二次世界大戰爆發後，以軍事考量為優先的情況下，日本軍方會依照基隆河谷地形的弧度，增闢一處範圍方正且跑道更長的簡易飛行場第三跑道讓軍機使用。而此跑道的建造，乃依

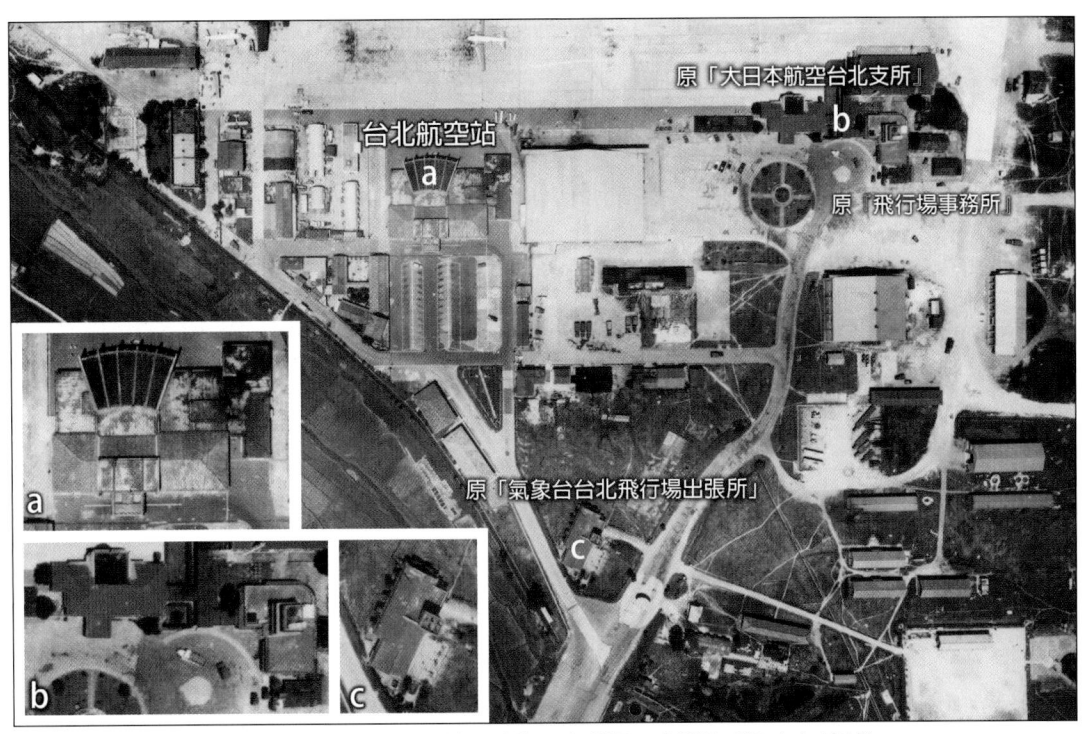

以拍攝於1958年的航照所見之台北松山機場建物分布狀況。中研院GIS中心/提供

照日本當時希望軍機出擊時，能短時間有大量戰機同方向起飛的要求，因此設計上必須與較早完工的台北飛行場第一號線用平行方式來規劃，連其外緣的防禦用圳溝也依此方位施作，而讓戰後這些溝渠加蓋而形成今日之延壽街與健康路時，依然延續著當時的軸線；甚至1960年代後期開始規劃的棋盤狀民生社區格局，也依此方位劃設，而讓戰時的第三跑道與台北盆地內的東北東方位盛行風，深深刻劃在台北的城市街道脈絡裡。透過這樣的影響，「盛行風向 → 飛行場跑道方位與軸線 → 防禦用圳溝範圍 → 街道方位與走向」，便成為一種因為飛行場跑道設置，而與街道紋理脈絡透過風向因素而造成影響的典型個案。

由於這座第三跑道戰後並未繼續使用，因此台北飛行場在國府接收後的重建與使用上，便都集中在原本的三角形區域，以及以主跑道為軸線的東西向擴張。以二戰最末期美軍的航照與1950~1970年代的各類航照及地圖比對分析，大略可知戰後初期已把受損較少的日本時代飛行場事務所修好使用，至於其旁的原「大日本航空株式會社台北支所」建物，因為被轟炸到剩下西側大約三分之一的部分沒被美軍炸爛，所以重修時將此建物修改為較短的一棟，亦即只剩原有大約三分之二長度繼續使用。至於原本的格納庫幾乎都被炸毀，因而重建的新棚廠與舊有的結構無關。而以上這些區域，皆位於機場設施區的東側，屬於戰後初期軍方使用的管制區。至於民航的台北航空站航廈用地，則位於如今松山機

戰後初代的台北航空站往跑道側擴建後的候機室。民航局/提供

圖中這棟長方形狀的松山機場航廈於1964年2月完工啟用，亦即現在松山一航廈的最原始建物結構體。民航局/提供

場二航廈的東半部，是一棟建於1950年代斜屋頂，但中央玄關為方形箱狀格局的建物（該建物所在地於二戰末並未有建物，故可判斷此航廈是戰後新建）。

戰後的松山機場

依照民航局的紀錄，松山機場的「台北航空站」成立於1950年4月16日，顯然不把日本時代台北飛行場的過往當成歷史。而戰後的跑道不斷有修建與改建的紀錄，例如1952年11月中到隔年的1月初因為修跑道而修改國際航班的班表，1955年7月又開始跑道新建的工程，且一直到1957年春才完工。依照當時的報紙記載可以得知，此工程是由經濟部機械工程處所主持的重建跑道工程，預計將松山機場改造為符合國際標準的乙級國際航空站，因此在美國的援款三千六百萬元台幣資助下（包括軍援一千八百四十萬元台幣），新建一條2,300m的跑道，以供大型噴射客機使用。這條新跑道就是如今松山機場10/28跑道的原始雛形，而伴隨其啟用而廢止的，正是原日本時代台北飛行場的V形跑道。

這條新的10/28跑道完工落成典禮，在1957年5月21日盛大舉行，美國國際合作總署中國分署長卜蘭德，當時的俞鴻鈞行政院長以及交通部長袁守謙等都親臨致詞，全場五百多名的中外貴賓應邀觀禮，典禮中還演奏中美國歌，並由交通部袁守謙部長夫人和卜蘭德署長夫人共同為新跑道剪綵。跑道啟用之後，總統座機「中美號」與一架民航客運公司的客機陸續起飛，搭載貴賓繞行台北與淡水上空觀覽飛行，歷時約半小時後安全落地結束典禮。

此時的松山機場，主要的航站是在如今二航廈位置的東半部。不過，在1958年時軍方決定從如今一航廈的用地，搬往更東邊的現松指部地點後，騰出的一大片空間，便可提供給松山機場擴建一座嶄新的國際級航廈。這個長方形的松山機場航廈於1964年2月完工啟用，亦即現在一航廈

為了因應即將問世的波音七四七客機，一次帶來三、四百餘名乘客的挑戰，1960年代後期松山機場再度擴建，而候機室航廈外觀，由王大閎建築師操刀，將原本方形現代感的建物，添加了中國的元素，而成為如今黃色屋頂，類似國父紀念館的外貌。2010.11.

的最原始建物結構體。推測此建物啟用後，舊有的航廈隨即功成身退，原址後來改建為航空貨運站。

雖然說，新的松山機場航廈已經大大提升松山機場的旅客容納量，但是為了因應即將問世的波音七四七客機，一次帶來三、四百餘名乘客的挑戰，1967年起便有計畫再度擴建，而此工程於1968年開始委由建築師設計，希望擴建後的候機室，能以容納旅客1,200人為目標，並且將出境與入境加以明確分流。

這個台北松山國際機場的擴建計劃，拖到1969年10月才由行政院核定並開工，且因當時政府已經計畫於桃園新建國際機場，因此松山機場的擴建也就比原訂的計畫要縮小許多。這次的候機室航廈擴建，其外觀的設計是由王大閎建築師操刀，將原本方形現代感的建物，添加了中國的元素，而成為如今黃色屋頂，類似國父紀念館的外貌。這整個航廈擴建、停車場與噴水池等景觀改造，於1971年10月完成。

嶄新風貌的松山機場，其國際民航歲月其實並不長，在桃園的中正國際機場完工之後，國際線遷往桃園，原有的貨運站處在1980年時由行政院核定興建世貿展館，於1981年啟用，作為台灣產品展示中心、外銷市場及展覽場所。在國內天空開放之際，松山機場曾因國內線的班次繁忙而有過第二度的輝煌歲月。但隨著高鐵的通車，打趴所有西部國內線的航空運輸，因而營運走入困境。2008年時，多年未整修的松山機場被連勝文批評為三流機場，因而瀰漫著一股要把松山機場一航廈拆除改建的氣氛。但是，由王大閎操刀的松山機場航廈外貌，是這座機場在頻繁改建過程中，少數一個留存時間較久，而且也深植於台北市民心中的航空站印象。於是在當時主跑航空的聯合報記者陳俍任與我的「策動」之下，在報端發出第一個呼籲保留這座機場建物的聲音。後來，「松山機場第一航廈」在該年底由台北市府文化局正式登錄為台北市歷史建築，指定原因為：

軍方位於松山機場內供政府高官使用之「聯合候機室」內的松風廳。2011.8.

「1. 松山機場為我國第一座國際航站，歷經國際航線重要門戶及國內航線之盛況，見證國內經濟起飛，承載多數國人之記憶，具歷史文化價值。2. 本建築物立面，係王大閎建築師於民國 60 年整合各階段增改建之作品，其代表該時代的古典設計具建築史研究價值。」至此，松山機場雖然再度有所擴建與更新，但富有歷史意義的立面終於獲得保存。

在松山機場重起對日韓及中國的國際航線後，一航廈改為國際線專用，而原本的貨運站則改為二航廈給國內線班機使用。雖然民航局對於松山機場的歷史，總是以戰後 1950 年的台北航空站設立起算，但這座台灣最初的民航機場，其實在 1936 年的完工啟用就已經揭櫫著台灣民航的起飛，而且該飛行場在日本時代便已經有著水泥鋪面的跑道，甚至二戰末期還有「第三跑道」的興建，機場外更有「台北航空旅館」的設立，完全不如政府所稱的那般簡陋與「只有軍用」。

被漠視的歷史，不表示不曾存在。台北飛行場的過往，松山機場走過的歲月，都是值得被記得的台灣航空重要歷史。

松山機場的飛機維修棚。2010.11.

這棟「松山機場第一航廈」在2008年底由台北市府文化局正式登錄為台北市歷史建築（圖中公車為巴士界名人505舉辦之新店客運三十週年活動「世代交替！新店客運車輛送舊之旅」的專車）。2011.12.

利用美國軍援興建的「聯合候機室」，於1959年8月開工，1960年12月完工，內含「松風廳」「松嵐廳」與空軍氣象中心等之辦公室。2011.8.

如今已經消失於台灣天空，卻曾在松山機場出現的各式民航機。

如今已經消失在台灣天空，曾在松山出現的空軍飛機。

台灣島內天空開放之際，松山機場國內線群機亂舞的時刻。

近年來，松山機場重啟國際線航班，類似圖中這樣的日本ANA飛機，每日來往於台日之間，延續1936年開場以來的歷史傳承。2010.10.

戰後的松山機場為了空防，四周建有這類的建物裝設防空砲，不過如今多已拆除。

台中飛行場 [公館][清泉崗]

現為空軍清泉崗基地、民航局台中航空站、台中清泉崗機場　　　ICAO 代號：RCMQ

在日本統治時代，以「台中飛行場」命名的機場一共有兩座，亦即如今國人熟知的水湳機場與清泉崗機場。清泉崗機場（在當時也因英文名稱 Ching Chuan Kang，而有 CCK 的稱法）以其美軍協防台灣時期的大幅度擴建，留下許多美軍遺跡而聞名。不過，它的歷史比當年日本陸軍使用的水湳「台中飛行場」設立要早，是台灣民航發展初期，便開始興建的一座飛行場。

台灣的島內民航在 1930 年代的中期快速展開，民航用的「台中飛行場」新設運動，在 1935 年 2 月便如火如荼展開。這群以府州市協議會會員為主體的民間人士，在 2 月 9 日晚上集會於台中市民館，商討從前一年就開始與軍方及遞信部磋商飛行場設置的經過，以及未來如何爭取興建民航用飛行場的行動。在經過經費爭取與用地徵收的繁瑣過程後，終於決定將台中飛行場設置於豐原郡的大雅庄、大甲郡的沙鹿庄，並在 1936 年 3 月 26 日舉行了開工的「地鎮祭」。而機場開工後的工程施作相當迅速，在該年 7 月底就已經全部完工，並且計畫將於 8 月初舉行盛大的開場式。

事實上，在飛行場正式「開場式」舉行之前的 1936 年 8 月 1 日，隨著島內定期航空的初飛行，一架日本航空輸送會社的 J-BATO 飛機便已經飛抵台中飛行場。而正式的台中飛行場開場式，則是在半個月後的 8 月 16 日上午盛大舉行。式中報告了飛行場建設的經過，包含經費以及動員人力，並由戶水遞信部長代讀總督式辭。不過雖然開場式時中川總督不在場，但卻正好在中南部視察，故最後還是趕在當天下午 16:50 時抵達台中飛行場視導。

完工初時的台中飛行場，是當時全島最大的一座機場，比台北飛行場的二倍還大。據當時的報紙新聞報導，指出其場面排水是利用自然水路，故在夏季時遇到豪雨也不會有浸水之苦。至於土質，是屬粘土混砂，故十分堅固。而飛機的滑走地域

在 1936 年 8 月 16 日盛大舉行的台中飛行場開場儀式。　1936.8.

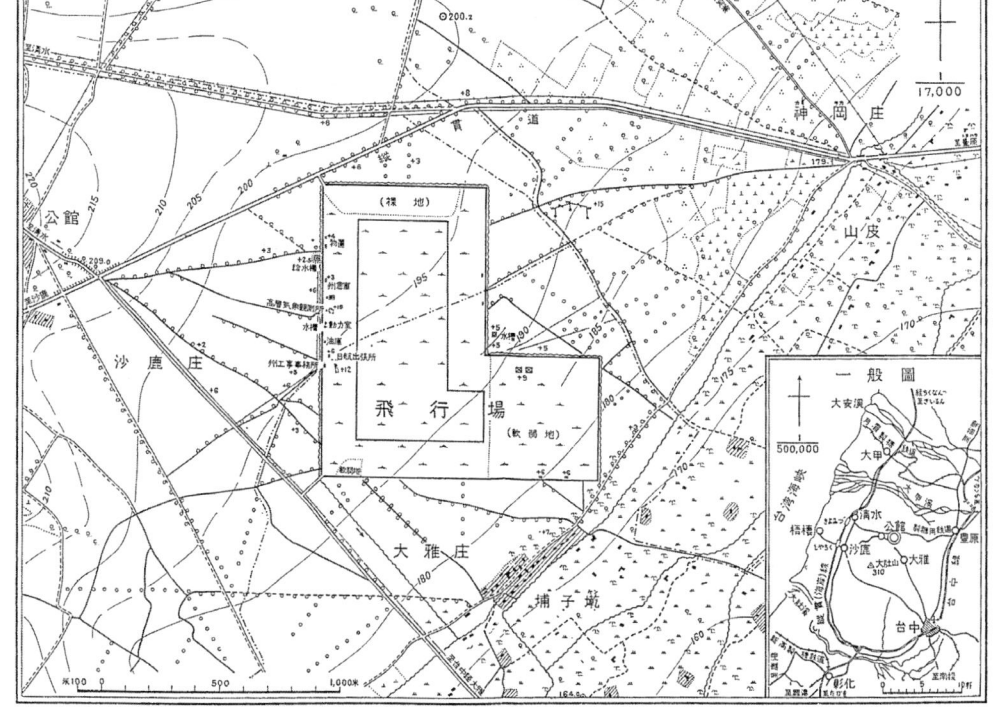

日本海軍水路部於1939年左右所調製的「航空路資料第10-台灣地方飛行場及不時著陸場」中的「台中飛行場」附圖，可見完成初期尚未擴建的L形場面情形。

（起降區域），有1,200m與1,000m跑道各一條，700m與500m各二條，共計有六條滑走路，是「帝國航空南進之據點」！

雖然台中飛行場的開場式在1936年8月舉行，但台灣總督府的機場設立公告則是到1937年1月的「告示第五號」，才正式「設立」了這座「台中飛行場」。該份告示內指名此機場的經營者與用地所有者為「台中州」，位置在台中州豐原郡大雅庄埔子墘與大甲郡沙鹿庄公館，為陸上飛行場，佔地181,500坪，飛機滑走區域東西向1,200m，南北向500m。設置的許可時間，為1936年至1956年。至於機場內的設施，依照當時新聞報導的紀錄，日本航空輸送會社的台中出張所以及油庫，要到1937年的7月10日才竣工，而到18日才舉行了「落成式」。該事務所建築的建設經費花了3,200餘圓（佔地32坪），油庫則花了2,000圓（佔地6坪）。

這座機場雖是以民用的台中飛行場為「名義」而啟用，但其實後來陸續擴建也轉成日本海軍使用，且早於1937年3月便由台灣軍參謀提出飛行聯隊與航空支廠建物設置位置的意見調查。而由日方海軍水路部於1939年左右所調製，1940年4月刊行的「航空路資料第10-台灣地方飛行

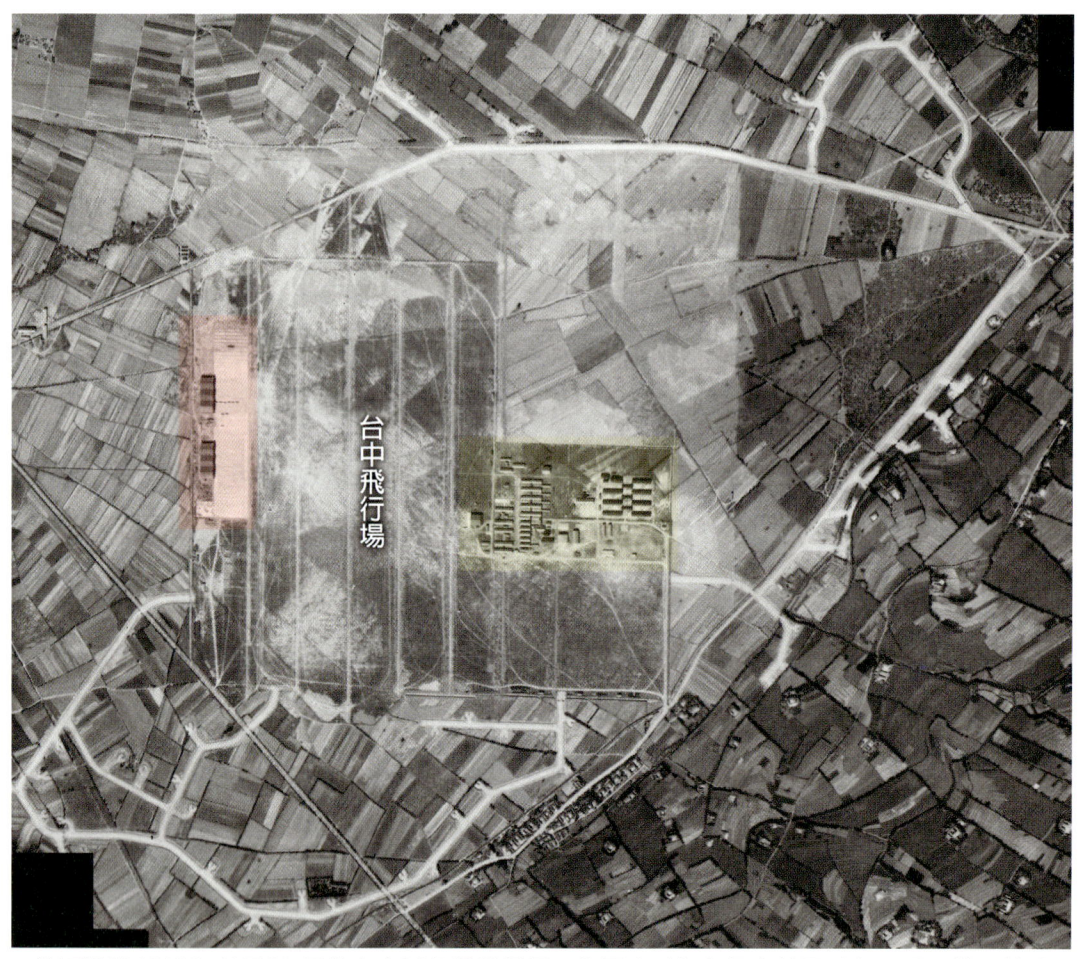

美軍攝於1943年11月22日的台中飛行場航照圖。此圖中以紅色標出的區域主要是民航用的設施,而黃色區域是存在時間極短的軍營建築,該區域後來因為飛行場滑走範圍的擴大而拆除消失。
NARA-中研院GIS中心/提供

場及不時著陸場」中對於台中飛行場的描述,可以一窺這座機場在二戰開戰前的一個基本樣貌。依照該份資料所述,當時台中飛行場是由台中州所管理,總面積約為1,090,000m²,形狀略成一個L形地,基本上是個長寬都1,200m的正方形,但東北側有一個南北長700m、東西寬500m的缺角。該飛行場的地表土質為混合砂土的赭粘土,設施方面有台中州工事事務所、大日本航空株式會社台中出張所、會社油庫、動力室、高層氣象觀測所(高約15m,工事中)、州倉庫、給水槽、物置、吹流柱等。

另依照從日本軍方「第一航空軍司令部」於1944年4月20日所調製的軍事極秘「飛行場紀錄」的台灣部分來看,這座機場被稱為台中(公館)飛行場,以與台中(西屯)飛行場的水湳機場區分。而這份較接近於戰爭後期的紀錄,可以見到二

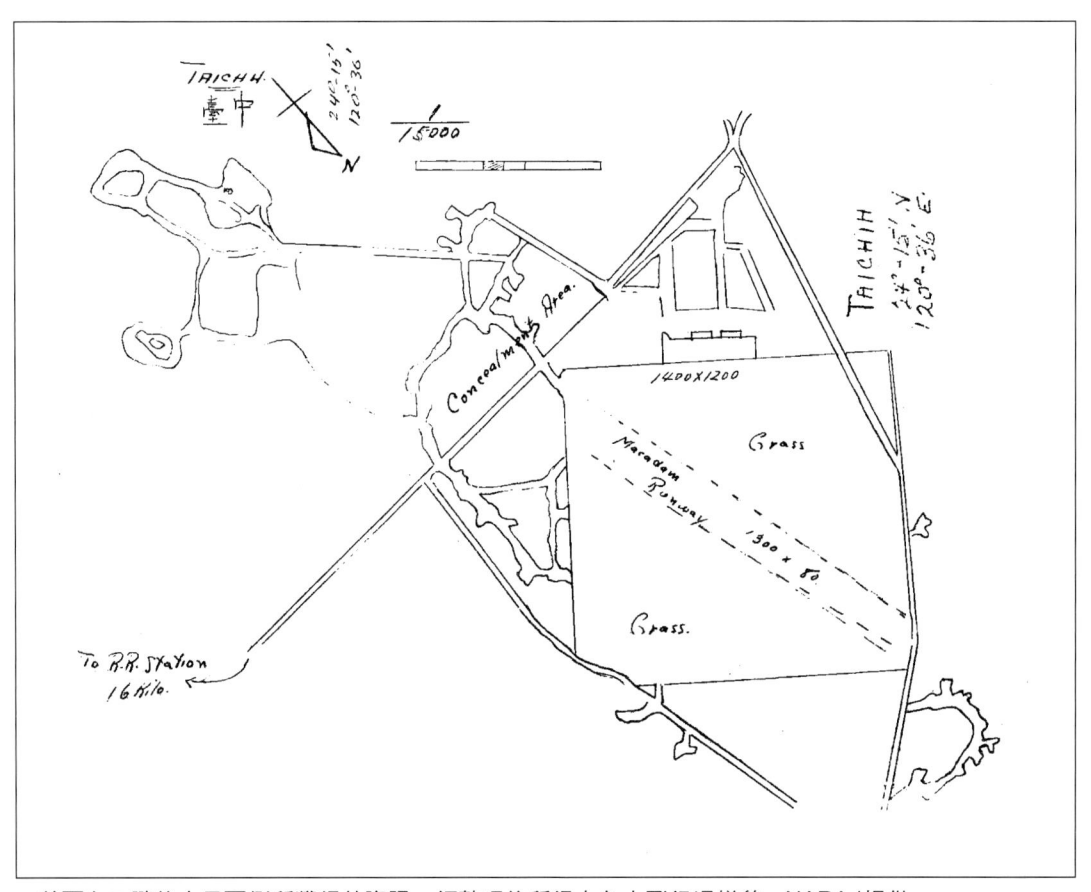

美軍在二戰後由日軍側所獲得的資訊，經整理後所得之台中飛行場樣貌。NARA / 提供

戰後期在西側增建的「假鋪裝地帶」（臨時擴建鋪設區域），而圖中也可見南北主跑道有增長的擴建狀況。另關於該機場的附屬設施，紀錄裡有格納庫 2 棟、自動車庫 1 棟、倉庫 5 棟、本部 1 棟、可收容約 1,000 名兵力的兵舍、燃料庫與彈藥庫數棟、給水設施……等。

而依照戰後國軍接收時的紀錄，稱該機場為「北台空台中基地」，並寫著建於 1943 年 8 月 11 日，營建設施完成於同年 12 月 25 日。此日期紀錄，應該是以二戰時戰備擴建的完成日期紀錄。整個機場的土地是屬於官有地，基本上是以 1,500m x 1,500m 所構成的方正格局，但內含南北向長 1,300m 的跑道，可載重量為 30 噸，標高 230m。飛行場土質為赤粘土，有疏散滑行道全長 13,450m，有蓋小型掩體 3 個，無蓋的土疊式掩體 47 個。整座機場內有營建設施與通訊設備，甚至還有 4 個探照燈的夜航設備；國軍接收時，是屬於可使用的狀態。

而在這份國軍的接收紀錄中，所附的圖還可以見到整個飛行場的主要用地西側，有一個獨立出來的跑道，在 1944 年 10 月

美軍攝於戰後1945年10月22日的台中飛行場南端兵營航照圖。NARA-中研院GIS中心/提供

中的美軍偵照裡，是被當成台中飛行場的一部分，標為 Satellite A/F「附屬機場」，以滑行道相接。這個出現在大戰末期的簡易飛行場，位於如今清泉崗機場的民用航廈附近，但如今已無痕跡可尋。

雖然說，這座台中飛行場最初是以民航之姿登場，但在二戰末期時也成為日本海軍特攻隊在台灣島內的一個發進基地。紀錄中，冠以「神風特別攻擊隊」之名而從台中出發的，便有「第一新高隊」（1945.1.15.，零戰1架，搭乘員1名，屬第221航空隊）與「勇武隊」（1945.3.25.，銀河3架、彗星1架，搭乘員11名，屬第765航空隊；1945.4.6.，銀河2架，搭乘員6名，屬第765航空隊）。

戰後，這座台中飛行場往往又被稱為「公館機場」，但為了紀念國軍烈士邱清泉將軍，因而又將此機場稱為「空軍清泉崗基地」，故一般也以「清泉崗機場」（簡稱CCK）來稱這座在美軍協防時期曾大幅度擴建的飛機場。雖然說，這座機場是台中地區最早的民航用機場，但台中地區的民航業務在戰後有很長一段時間，卻是在水湳機場辦理。依照民航局的紀錄，水湳機場的民航是在1972年2月重新開啟，而後在1996年2月改稱為「台中航空站」。但是，水湳機場於2004年3月4日在高層政策的壓迫下結束民航業務，「台中航空站」於隔日遷往清泉崗機場繼續營運，因此台中地區的民航，最後又重回1936年落成時，位於當時稱為公館的最初「台中飛行場」。

如今，清泉崗基地內仍存有許多美軍遺跡，像是當年的教堂就改建成「美軍駐清泉崗基地足跡館」，保存許多美軍駐防時的文物。至於日本統治時代殘留的建物則較少，主要在過去飛行場範圍內的地面遺跡與場內的吊鐘形防空塔。

美軍攝於1945年7月11日的台中飛行場航照圖，可見二戰末期的此機場狀況。圖中以紅色標出的區域，是分散於機場南端的軍營設施。這部分的建物，放大於右側以供比對。NARA-中研院GIS中心/提供

即將於清泉崗基地起飛表演的雷虎小組AT3，可見後方的日本時代吊鐘狀防空塔。2007.8.

空軍清泉崗基地開放時，民眾前往參觀的情景。2007.8.

空軍清泉崗基地開放時，停放於大坪的雷虎小組AT3。2007.8.

美軍駐防CCK時代的俱樂部茶杯墊。

美軍駐防時代所留下的教堂（如今成為「美軍駐清泉崗基地足跡館」）與水塔，如今都被當成史跡保存。2012.4.

位於清泉崗基地最邊緣，如今作為民航用台中航空站的航廈內外。2012.4.

位於清泉崗基地旁的漢翔，保有許多台灣戰機開發過程的原型機。2012.2.

如今清泉崗基地的隊史館內,保留了當年的作戰室情形。 2012.4.

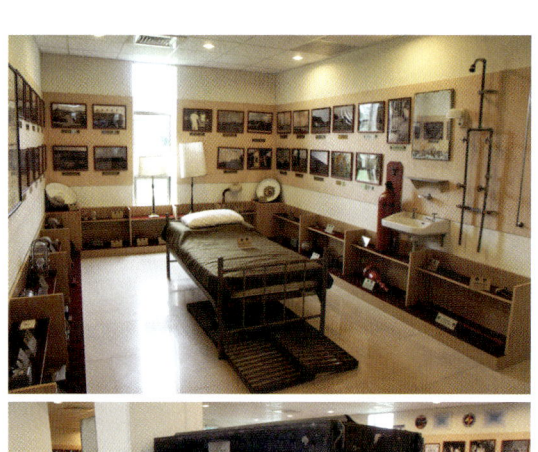

如今的「美軍駐清泉崗基地足跡館」內,展示許多當年美軍在CCK的文物。 2012.4.

位於清泉崗基地旁的漢翔公司也保有或代管一些飛機。2012.2.

由位於清泉崗基地旁漢翔公司所保管時的原空軍B727。2012.2.

台鐵當年通往清泉崗基地的神岡線鐵路，如今已經變為自行車道。2012.4.

台南飛行場 [永康]

現為台南應用科技大學、氣象署永康氣象站

　　如今講到台南機場，一般民眾想到的應該就是軍民合用的那座空軍台南基地飛機場。不過事實上，日本時代稱之為「台南飛行場」的，還有位於永康，在如今台南科技大學（該校 1965 年設立時稱為台南家政專科學校，1997 年改制為台南女子技術學院，今為台南應用科技大學）一帶的另一座機場。然而，因為民航使用過的這兩處「台南飛行場」有個曲折的轉移過程，因而很容易造成混淆而誤解。

　　要搞清楚台南的民航歷史，得先從 1936 年夏台灣島內定期航空西線開辦之際說起。當時因為整個台南州與高雄州能使用的民間機場都尚未興建，故西線的終點使用「高雄海軍用地」當成民航機的起降地。因為高雄州側對於永久機場的用地一直無法定案，台南州乃先發制人，在如今的空軍台南基地一帶製糖會社用地，興建

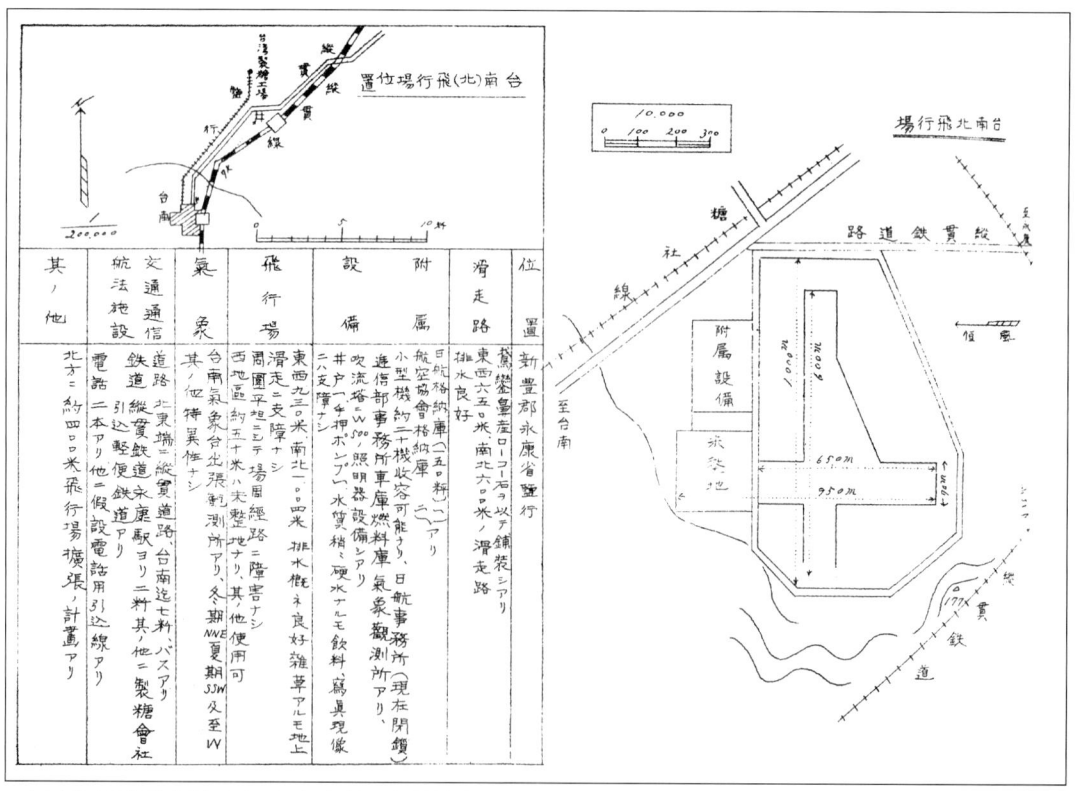

日本海軍水路部於 1939 年左右所調製的「航空路資料第 10- 台灣地方飛行場及不時著陸場」中的「台南（北）飛行場」附圖，即是位於永康的這座民航用台南飛行場。

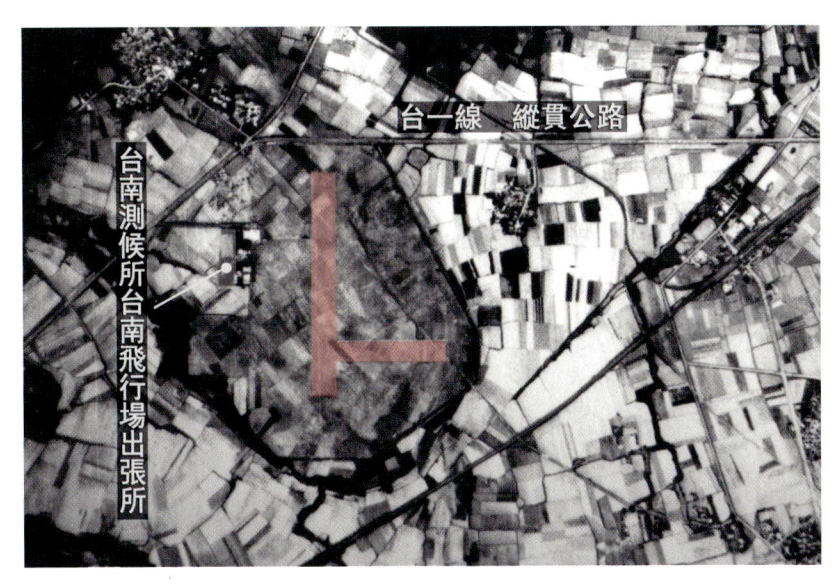

以戰後初期美軍航照所見,位於永康的這座台南飛行場樣貌(以紅色標出的是 L 形跑道。

第一代的民航用台南飛行場。這座機場從台灣總督府 1937 年 8 月的告示第百六十九號可以看到,其位置位於「台南州新豐郡永寧庄鞍子及十三甲」,為台南州所經營的「公共用陸上飛行場」,其設置許可時間,「自昭和十二年六月二十六日至昭和三十二年六月二十五日」,亦即 1937 年 6 月 26 日至 1957 年 6 月 25 日。然而,該機場在啟用不久後,因為飛行場設施與周邊用地,將轉給海軍作為大型航空基地使用,因此台南州於永康附近又找了一塊地,準備興建新的「台南飛行場」。

依照 1939 年 7 月 12 日《台灣日日新報》的報導,台南市近郊即將新設的民間飛行場地鎮祭將於該月 13 日上午 8:30 舉行。而施工歷經了約半年,在 1940 年 1 月初已經大致完成,故於 1 月 20 日舉行「竣工奉告祭」與「開場式」,典禮結束後並由國防義會航空團所屬飛機做「初飛行」。

這座機場在台灣總督府方面的正式設置,則要到 1940 年 3 月的告示第九十四號才公告。這份告示中「重新設置」了台南飛行場,其內容翻譯後大致如下:一、設置的目的:公共用。二、經營者之名稱及住所:台南州。三、飛行場用地所有者之名稱及住所:台南州。四、飛行場名及所在地名:台南飛行場,台南州新豐郡永康庄鹽行。五、陸上、水上或水陸兩用飛行場之種別:陸上飛行場。六、面積及地形:186,839 坪。滑走區域,東西 750m,南北 1,000m,D 字型。七、盛行風向:北。八、設備之概要:信號柱。而該份資料在 1941 年 8 月時做了部分修正,主要在機場的面積與範圍方面,擴增為 210,703 坪,而滑走區域東西 950m,南北 1,000m,呈多角形。

這座位於永康的民用台南飛行場,在 1940 年之後取代了原本位於台南市以南的舊台南飛行場供民航機使用,而原本的台南飛行場則轉為日本海軍之用,建設成一大型的航空基地,二戰戰史上有名的「台

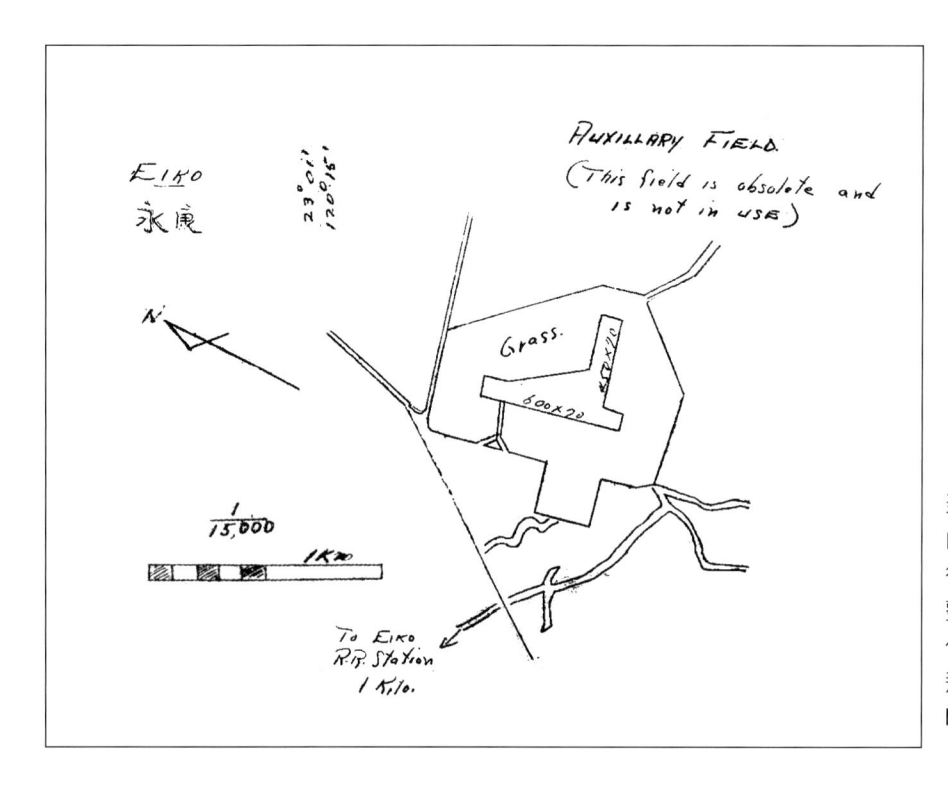

美軍在二戰後由日軍側所獲得的資訊，經整理後所得，位於永康之飛行場樣貌。NARA / 提供

南航空隊」便是在此誕生。然而，位於永康的民航用新台南飛行場，卻在戰後沒有延續其做為飛機場的功能，而消失於台灣的航空版圖中。

從日本軍方「第一航空軍司令部」於1944年4月20日所調製之軍事極秘「飛行場記錄」的台灣部分來看，這個台南飛行場為了與南邊海軍使用的台南飛行場有所區分，是以「台南北飛行場」加以稱之。該份紀錄相當詳細，指出機場跑道呈現十字交叉，東西向的跑道有650m長，南北向的跑道有600m長，而全場面積大約東西向930m、南北向1,004m。在機場的範圍內，除了西側的部分有「未整地」外，主要的附屬設施有日航格納庫（150m^2）1座，航空協會格納庫2座，大約可收納小型飛機20架，另有日航事務所（記錄時關閉停用）、遞信部事務所、車庫、燃料庫、氣象觀測所、吹流塔（風向標）、照明設備等。

戰後美軍從日軍側所獲得的機場資料中，關於永康飛行場的描述相當簡陋，僅寫著該飛行場的海拔高29m，全場面積有666,000m2，其中滑走路耐重8噸而已。相對於此，戰後初期由台灣日本海軍航空隊台南區（南台海軍航空隊）呈繳給國軍的資訊則較為完備。該份由日本海軍所提供的資料裡，包含這一座機場的詳細紀錄，顯示這座飛行場在戰爭期間已經轉由日本海軍使用，而名稱以「永康飛行場」（Eiko）稱之，而非最初始的台南飛行場或台南北飛行場。

依照這份1946年1月的飛機場呈繳清冊來看，永康飛行場的呈繳人是南台海軍航空隊司令增田正吾大佐，點交人是整備

如今永康的這座台南飛行場幾乎已經無跡可尋，僅剩前身為「台南測候所台南飛行場出張所」的永康氣象站，延續著周邊曾有機場的歷史痕跡。2007.5.

主任伊藤一秀大尉，保管人是海軍少尉森尻正。呈繳給中國空軍第22地區司令張柏壽，點收人是空軍第25地勤中隊中隊長詹本善。而這份呈繳資料中還寫著，永康飛行場的所在地是台南州新豐郡永康庄；跑道共2條，分別是長600m與450m各一條，寬都是70m，土質是makadam（一種碎石路），全場面積有662,000坪，恆風是冬季北風，夏季南風，標高海拔27m，無夜航設備，無掩體，土地所有權屬台灣總督府。此外，在飛機呈繳清冊中還寫明，戰後在永康飛行場有5架九三式陸上中間練習機留存，不過狀況不良，是屬於全壞的廢機。

如今，在永康的這座飛行場遺址幾乎不存，僅剩與飛機場有關的單位，也就是中央氣象署的永康氣象站，屹立在原本飛行場旁訴說這段台南民航發展的歷史。這座氣象站在1940年開啟業務時，是以「台南測候所台南飛行場出張所」之名成立，主要是為了提供民航飛行上的氣象服務，屬廳舍為平房覆瓦外加一座鋼筋混凝土造三層風力塔格局。不過現今的永康氣象站，已是改建後的新建築。儘管如此，卻是位於永康的台南飛行場最後殘留的歷史痕跡。

台東飛行場→台東（北）飛行場

現為民航局台東航空站、台東豐年機場　　　　　　　　　　ICAO 代號：RCFN

　　台東地區最早的飛機場，是警察航空班在大正 8 年度（1919 年）設立後，於 1923 年挺進至台灣東部時所建立，位於馬蘭的台東著陸場。這處著陸場在警察航空班於昭和 2 年度（1927 年）廢止後，改由陸軍接手，但到了 1930 年代中期台灣民航肇始時，因機場中央將有卑南埤圳的排水幹線通過，因此該飛行場勢必要廢止而尋求新的地點。這個新建的機場位置，即是如今台東豐年機場核心區域的地方。

　　在 1936 年 5 月 28 日的《台灣日日新報》，有一則報導指出「台東飛行場決定移轉，誘致定期航空」。該篇的內容主要陳述，既有之台東飛行場，用地在埤圳灌溉區域內，但是埤圳完成後，這塊地將充為日本移民者之水田耕作地，因此飛行場

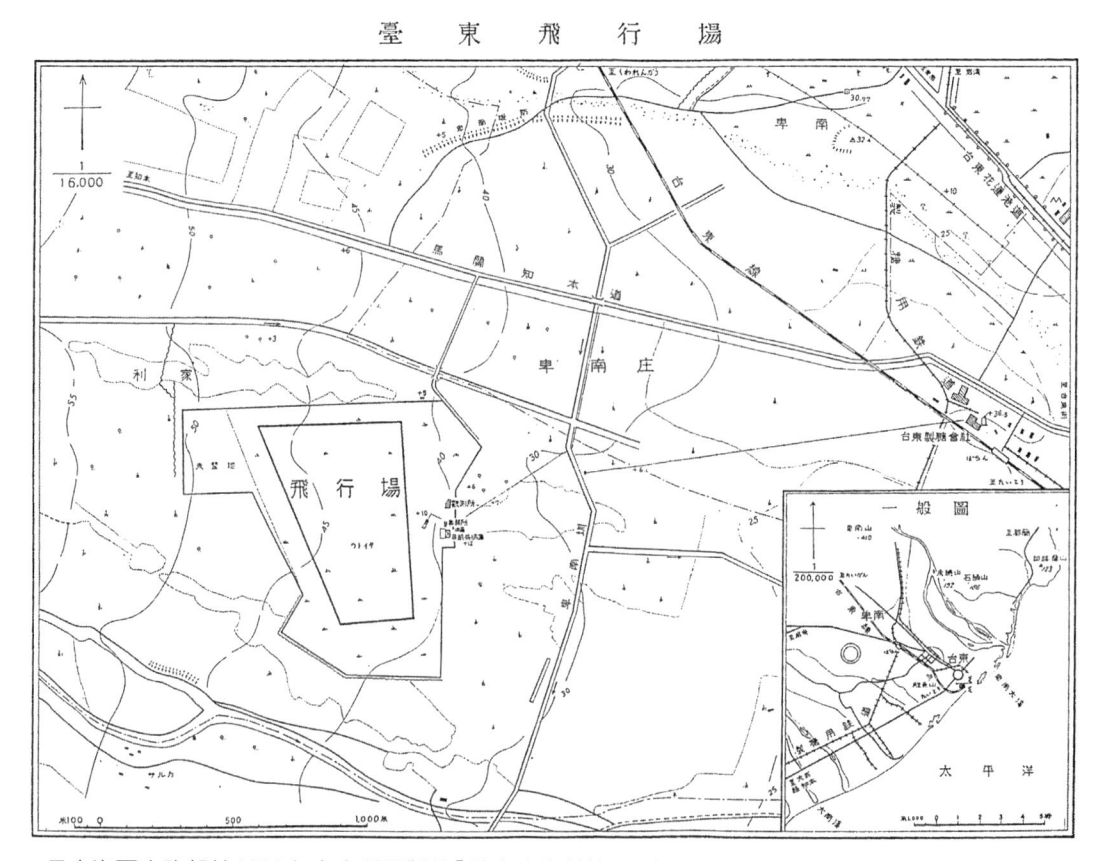

日本海軍水路部於1939年左右所調製的「航空路資料第10-台灣地方飛行場及不時著陸場」中的「台東飛行場」附圖。

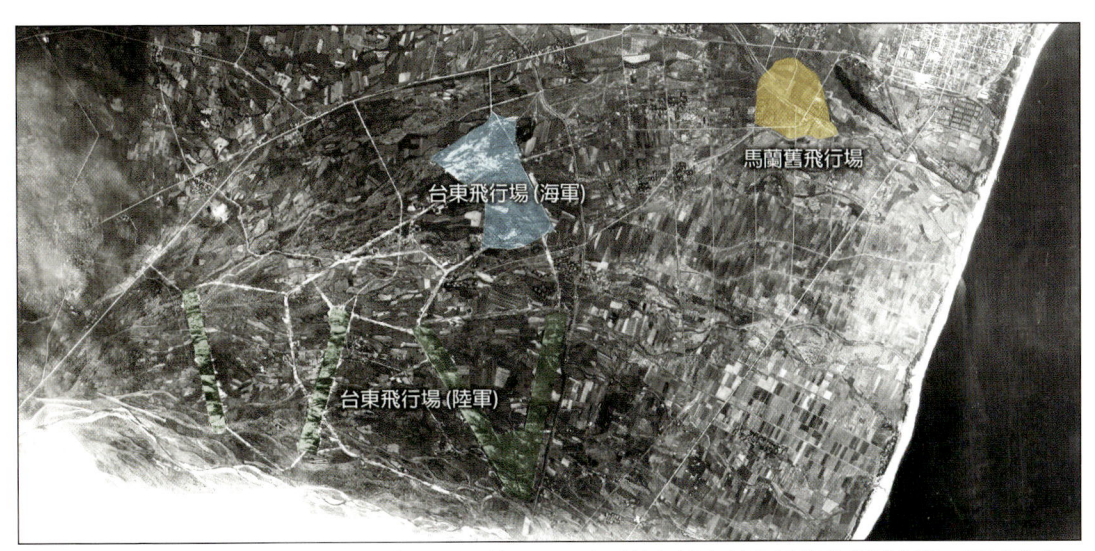

美軍拍攝於1945年5月31日的台東飛行場航照。圖中以黃色標出的是馬蘭的舊飛行場,而以淺藍色標出的是民航用(之後亦給海軍使用)的台東飛行場,以綠色標出的是陸軍使用的台東飛行場。NARA-中研院GIS中心/提供

必須搬遷。新機場用地預計是「里加原野」(音譯,亦有稱之為「呂家原野」者)之中央,完成後可供即將開航之島內定期航空使用。

在日本航空輸送株式會社(簡稱日本空輸)於昭和11年(1936年)4月正式開辦日台間航線後,台灣島內的民航定期航班也接著於同年8月開始東線與西線的飛行。此島內的西線飛航台北、台中、高雄,而東線則飛行台北、宜蘭、花蓮港,尚未抵達台東。

新的台東飛行場起工式於1937年8月1日舉行,隔年3月中開始測試飛行,於4月1日起,日本空輸便正式開啟了東部線往台東的民航飛行。早上從台北出發,經宜蘭、花蓮港抵台東,午後再循原路回程。雖然說,機場在1938年的4月已經開始使用,但台灣總督府對於此機場的設置告示,卻在該年的7月1日才由總督小林躋造以告示第二百五十號公告,表示於5月22日設置。該告示(翻譯後)指出:一、設置目的:公共用。二、經營者之名稱及住所:台東廳。三、飛行場用地所有者之名稱及住所:台東廳。四、飛行場名及所在地名:台東飛行場,台東廳台東郡卑南庄利家。東經一百二十一度五分,北緯二十二度四十六分。五、陸上、水上或水陸兩用飛行場之種類:陸上飛行場。六、面積及地形:157,040坪。滑走區域,東西約600m,南北860m,長方型。地表大致平坦長著雜草。七、恆風位:大略北北西。八、設備之概要:有信號柱。

事實上,雖然日本空輸的飛機早於4月就已經開始飛航,但整個飛行場的工程到5月才完全竣工,因此台東飛行場的開場式在1938年5月22日舉行,這也是總

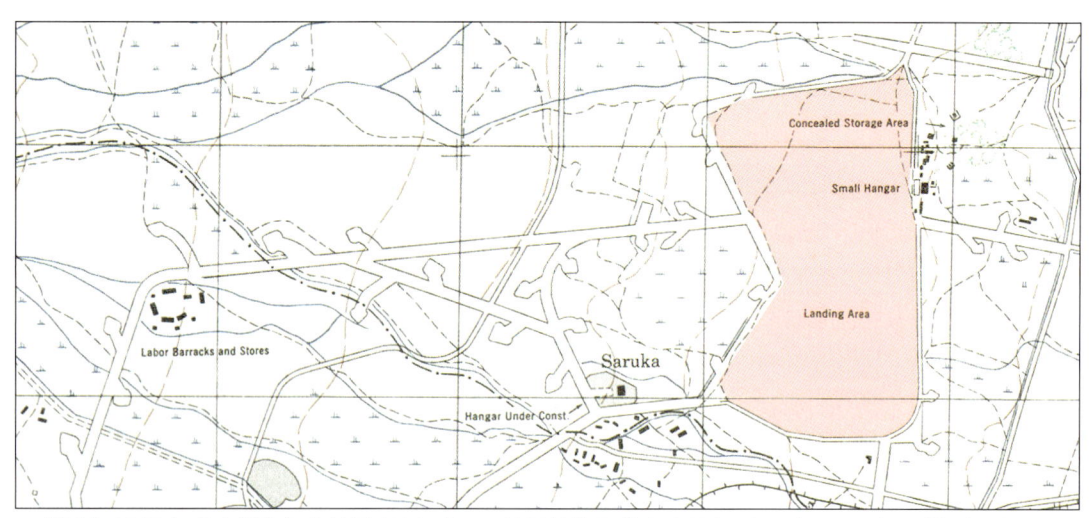

美軍在1945年所印製的台東地圖（Taito），可見民航使用的台東飛行場區域呈現一個不規則形（以紅色表示區域）。

督府告示所登載的正式設置時間為何是這天。這個開場式於當天早上9:30開始舉行，遞信部庶務課伊藤課長、日本空輸的台北負責人淺香所長，以及地方重要官民如廳長等亦都參加。開場式除竣工奉告祭外，還有皇居遙拜、國歌合唱、工事報告、各種致詞、萬歲三唱等，於中午禮成。而下午，還有「祝賀飛行」的空中表演，慶祝飛行場的正式完工啟用。

由於該機場屬於公共用民航機場，故在之後用地擴張時，也一樣會透過總督府告示加以公告。以設置之際的場面範圍來看，最初是屬於長860m、寬600m的長方形，但1939年5月25日則修正為東西約900m，南北約1,000m之多角形，面積204,723坪。此外，總督府氣象台之「台東測候所台東飛行場出張所」也於昭和13年度（1938年）開始廳舍建築的工程，而於1939年11月22日，台灣總督府氣象台附屬的台東測候所，正式增設了「台東飛行場出張所」於台東廳台東郡卑南庄。

其實，從一份差不多時間，由日方海軍水路部於1939年左右所調製的「航空路資料第10- 台灣地方飛行場及不時著陸場」中所述，這座「台東飛行場」是由台東廳所管理，為範圍南北長約1,000m、東西寬約650m的多角形，而當中的著陸區域，大致為南北長700m、東西寬（中央部分）約450m之梯形，地表土質為砂土混合砂礫。場內設施有大日本航空株式會社之格納庫（1939年8月12日竣工），高約12m、寬24m、深約20m。另有事務所（包含候機室），觀測所、油庫與信號柱，以及寫著台東的地名標示「タイトウ」。

總督府的告示，在1941年10月26日時將經營者名稱與飛行場用地所有者，均從「台東廳」改為「國」，顯見整個用地從地方公共用的民航機場，轉為國有的更改。而飛行場的名稱，也在該年改為「台灣總督府交通局台東飛行場」。

鳥瞰目前的台東豐年機場跑道。 2014.7.

　　另依照日本軍方「第一航空軍司令部」於 1944 年 4 月 20 日所調製的軍事極秘「飛行場記錄」的台灣部分來看，這座台東飛行場在附圖中已經標出南邊的「擴張可能地區」，而關於該機場的附屬設施方面，紀錄裡則有格納庫 1 棟（可收納小型飛機 7~8 架）、交通局台東飛行場事務所、氣象觀測所、燃料庫、水道設備，以及約一個中隊的駐屯兵舍。

　　事實上，依照戰後國軍接收時的紀錄，這塊多角形的機場最初用地，除了民航用途外，也被標為日本海軍使用。而照日方戰史紀錄，在 1944 年開啓十號戰備時，興建中的南側台東（南）飛行場是預計由陸軍使用，而既有之北側飛行場為海軍用，均可見這座最初的多角形北側機場，曾為日本海軍使用的紀錄。

　　在 1944 年下半年進入捷號作戰時，台東（北）飛行場的這塊地也開始進行了飛行場擴張的強化工程，主要是將不規則的多角形場面，拓展出一條往南延伸的跑道，並有疏散滑行道與新建的南方飛行場 V 形跑道相接。

　　如今的台東豐年機場，主要的機場大坪用地位於該多角形飛行場的東南角，而主要跑道則是以二戰增築之際的跑道方位加以延長。至於原多角形場面的西北側，則已在如今的機場範圍外。雖然二戰後期南方的陸軍用機場增築了四條跑道，但如今這些跑道都已經廢棄，而僅剩最初設於

目前使用中的民航局台東航空站。2014.7.

台東機場的大坪。2014.7.

1938 年的北側飛行場主要用地仍為豐年機場的設施範圍。

在 1950 至 1960 年代，這座機場依然肩負台東地區對外的航空交通重任，華航也以 DC-3 型的飛機，在其環島航線中起降於此台東機場。但是台東機場的跑道在戰後狀況越來越糟，華航一直想要停飛，1969 年 1 月初一架華航飛機從台東飛往高雄，卻在起飛五分鐘後失去聯絡墜毀，沒多久華航便順勢停止此航線，改由台灣航空公司以西斯納小飛機飛行。當時因為軍方的志航基地快要完工，民航局便協調在該新機場完成後，改由遠東航空利用新機場跑道經營台東對外航線，於 1971 年 12 月底開航。

台東對外的航空交通，在歷經了於志航機場起降的數年之後，民航局又回頭重修豐年機場跑道，在 1981 年 10 月重新啟用此日本時代就開場的台東飛行場，延續這座老機場的生命。

如今台東機場仍可見頻繁飛航蘭嶼綠島的德安航空飛機。2014.7.

目前展示於台東航空站外，原台灣航空公司所有之BN2-MK3型B-11112號飛機。 2014.7.

台東機場的周圍均有圍牆，不過仍可輕易看到飛機起降。 2014.7.

即將降落台東機場的德安航空B-55565號飛機。2014.7.

宜蘭飛行場→宜蘭（北）飛行場

現為金六結營區

　　宜蘭地區的航空發展，早於 1925 年 5 月時，警察航空班從花蓮往北挺進，利用宜蘭練兵場為著陸基地，對宜蘭、羅東與蘇澳三郡從事蕃地飛行時便已經展開。而 1930 年代中期開啟的台灣民航時代，更讓宜蘭成為環島空路中的一環。

　　警察航空班在大正年代使用的宜蘭練兵場，位於宜蘭城的西南西側，宜蘭川（今稱宜蘭河）的南岸。此練兵場因為有著大片空地，故可成為警察航空班飛機起降之用。到了 1930 年代台灣民航事業起飛之際，為了島內航線的開展，宜蘭地方乃開始了民用機場的倡議興建規劃，而用地的選取，便是在練兵場一帶的金六結地區。

　　大約 1935 年年中時，宜蘭飛行場用地的徵收爭議即已浮上檯面，到 1936 年 1 月時，土地徵收的問題還是無解，政府甚至還想請警察當局介入幫忙避免機場建設延

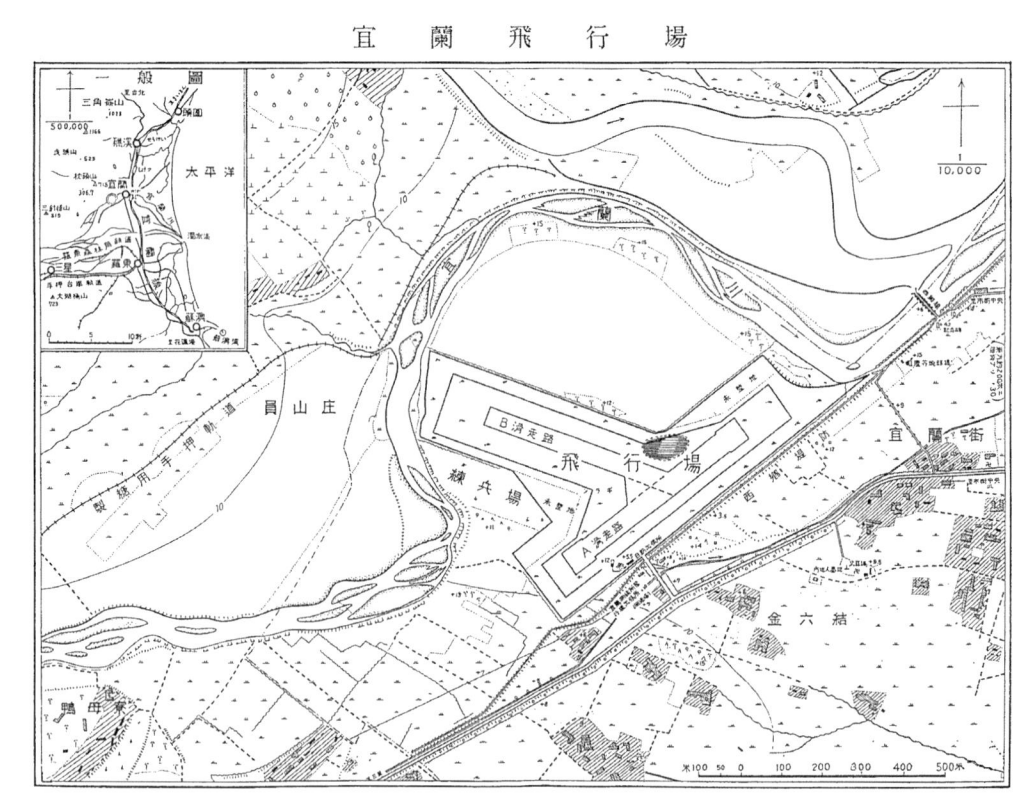

日本海軍水路部於 1939 年左右所調製的「航空路資料第 10- 台灣地方飛行場及不時著陸場」中的「宜蘭飛行場」附圖，可見 A 滑走路與 B 滑走路兩條跑道。

美軍拍攝於1945年6月15日的宜蘭地區航照。圖中可見位於北邊的宜蘭（北）飛行場，以及南邊的宜蘭（南）飛行場。　NARA-中研院GIS中心/提供

宕。到了2月1日，郡當局把不願讓售土地的地主都召集到演武場，由郡守親自解說飛行場建設之必要，懇求地主能夠蓋印配合土地徵收。最後，出席的59名地主中，僅有一位不肯蓋章，並表示其土地有一甲之廣，非一萬圓不肯放手。最後的結局是，一共62位還沒蓋印配合土地徵收的地主中，除了沒出席的3位，以及堅持不蓋印的1位，其餘都配合蓋印，飛行場土地徵收事宜解決大半。於是，在該年2月11日上午11:00，乃在該飛行場用地舉行「地鎮祭」開工，而土地徵收與地上物補償的手續也持續進行。到了4月25日，飛行場的興建工程正式展開，預計在五十天內完成。到了7月初，宜蘭飛行場整地工程完竣，舉行「試驗飛行」，期許正式的島內民航路線可以起降宜蘭。

其實，台灣總督府在1936年7月13日的「告示第百十一號」中，便已經正式公告設置這座宜蘭飛行場，其內容（翻譯後）為：一、設置之目的：公共用。二、經營者：宜蘭街。三、飛行場用地：國；所有者：宜蘭街。四、飛行場之名稱及所在地名：宜蘭飛行場，台北州宜蘭郡宜蘭街金六結。五、陸上、水上或水陸兩用飛行場種別：陸上飛行場。六、面積及地形：

如今現存的宜蘭測候所宜蘭飛行場出張所建築。
2007.6.

美軍在1945年所印製的宜蘭地圖（Giran），可見宜蘭地區位於北側（紅色表示）與南側（綠色表示）的兩座飛行場，以及兩者間相連的滑行道。

總面積約74,672坪。滑走區域東西800m，南北800m，丁字型。滑走區域之地面平坦，但滑走路以外之地表面有草密生。七、恆風位（盛行風）：東北。八、設備概要：信號柱、飛行場標幟。九、設置期間：自昭和11年（1936年）7月1日至昭和21年（1946年）6月30日。

在1936年7月15日，宜蘭飛行場的「開場式」於10:30起盛大舉行，交通局長與遞信部長也都親自蒞臨。開場式除了隆重典禮外，還舉辦了「祝賀飛行」，並邀請地方重要人士30名搭乘三架飛機體驗飛行樂趣，其中還包含88歲高齡老者，以及婦人數名。在飛行場準備就緒後，就是島內民航線的開航了。在這個台灣民航的肇始期，島內島外的航路都是由日本航空輸送株式會社擔當。該會社於1936年4月正式開辦日台間航線後，台灣島內的民航定期航班也接著於8月開始東線與西線的「慣熟飛行」，但只載運郵便貨運而不載客。眞正的載客營運，西線部分是在該年的9月1日開始實施，至於東線則到9月4日才開啓。此島內定期載客航線中的東線，是飛行台北、花蓮港間，但中途會起降宜蘭飛行場。

雖然說，宜蘭飛行場風光開幕，但宜蘭地區的冬雨，大概從每年的10月東北季風開始後就持續不斷，特別因爲整個蘭陽平原的口袋地形，更容易讓迎風的宜蘭地區降雨不停。到了啓用該年的12月初，報

宜蘭測候所宜蘭飛行場出張所的風力塔。2007.6.

紙便已經出現「宜蘭飛行場地盤過弱，不能離著陸」的報導，表示宜蘭飛行場的地基太弱，於飛機離著陸時非常危險。特別是 10 月與 11 月間，因為進入雨季，儘管台北與花蓮港兩地都是晴天，但宜蘭卻持續降雨，讓整個飛行場地面形成泥海，定期航班不能著陸。然而，這個窘境卻又不得不等到隔年春雨季結束後才能施工改善。

因為這個宜蘭飛行場地盤過弱的狀況越來越嚴重，12 月中遞信部官員已經派員來調查，到隔年 1 月 20 日的《台灣日日新報》新聞報導中則直接指出，遞信部認為宜蘭飛行場場內處處浸水地盤軟弱，為求安全起見，決定於 1 月中開始暫停使用，並且因為土地潮濕關係，正好可以趁此機會整地，故從台北州方面借用一台 8 噸碾路機，開始場面整理。

事實上，宜蘭飛行場的問題在於排水設施的不完備，完工後第一次遇到整個冬期的連續降雨隨即出狀況。該報紙的報導內還特別指出，台北飛行場當時的建設中，大部分的預算都是用在整地工事與排水設施，可見飛行場的建設必須能夠適應不同天候狀況。該報導又指出台中飛行場雖也有部分破損，但因面積大於宜蘭的四至五倍，故使用的範圍較有通融性。宜蘭飛行場因為由地方政府獨立建設完成，面積極小，且場地地盤軟弱，故出此狀況。唯宜蘭飛行場暫停使用，並不會影響台灣島內定期航空東線的營運。畢竟飛機雖不起降宜蘭，仍可從台北直接往返花蓮港。

由於宜蘭飛行場的整修，機場一直到 1937 年春才重新啟用。不過，該機場的問題還是很大，「飛行場改修工程」最後在 1938 年 6 月 16 日舉行「起工式」，再度進行機場的重新整修。這個整修的擴張工程，包含整地、排水設施與跑道的舖裝工程，花費了約 55,000 圓，一直到 1939 年春才完成，於 3 月 21 日舉行竣工式，且從 4 月 1 日的夏季時刻表改正時，重新有島內東線定期航空起降宜蘭。

由於這個擴張的工程，改變了宜蘭飛

79

宜蘭地區的思源機堡，目前上面放有重新製作的竹製欺敵偽飛機。2007.6.

行場的範圍。從台灣總督府的告示中，可以看見這座機場的增建情形。例如 1939 年 6 月 29 日的「告示第二百三十三號」，便把原本的用地面積從 74,672 坪改為 81,845 坪。由日方海軍水路部於差不多時間，1939 年左右所調製的「航空路資料第 10- 台灣地方飛行場及不時著陸場」（1940 年 4 月刊行）中所述，這座「宜蘭飛行場」是由宜蘭街所管理，總面積為 258,000m²，形狀呈兩條跑道的 V 字形。其中的 A 滑走路（A 跑道）為東北、西南向，範圍長約 800m、寬約 200m，另一條 B 滑走路（B 跑道）是西北西、東南東走向，範圍長約 800m、寬約 150m，而當中的著陸區域，以 A 滑走路的長 550m、寬 50m 之長條狀最適合。地表土質為砂質壤土，場內設施有大日本航空株式會社台北支所宜蘭出張所建築，高約 5.5m，另外還有高約 12m 之「信號吹流柱」顯示風向，以及寫著宜蘭的地名標示「ギラン」。

在這座機場的用地旁，其實還有一座如今現存的宜蘭測候所宜蘭飛行場出張所建築。在日本統治時代，台灣總督府為了航空氣象的觀測，在這些有民航的機場均設立了測候所出張所，進入戰爭時期更是直接提供軍方軍用氣象的資訊。宜蘭測候所宜蘭飛行場出張所是屬於第二批設置者，在 1939 年 11 月 22 日與台中測候所台中飛行場出張所、台東測候所台東飛行場出張所同時設立。這棟飛行場的氣象觀測站建物，以鋼筋混凝土造的高聳風力塔作為風場觀測。目前位於宜蘭金六結營區外的這座氣象站建物，是台灣現存保存最完整的飛行場出張所建築，連玄關上當年的機關名銜都仍健在。二戰後宜蘭飛行場出張所曾作為氣象局的金六結測候所，不過後來撤站而僅留建築。

事實上，宜蘭飛行場到了二戰時期又有了更大規模的改變，並且與南邊的南飛行場以滑行道加以相連，形成宜蘭地區大型的航空要塞。這個二戰時的擴張修改，主要是廢止了跑道增長不易，會卡到宜蘭河的 B 滑走路，而將 A 滑走路直接延長。不過，依照 1942 年 2 月 27 日台灣總督府的「告示第百九十五號」中來看，這個改變是先將 B 滑走路廢止，僅留 A 滑走路，故機場的面積與場面形狀才會在告示裡修改為總面積 52,298 坪，滑走區域為東西長 800m、寬 200m 之長方形。而如前所述，到了二戰後期，整條 A 滑走路跑道已經往

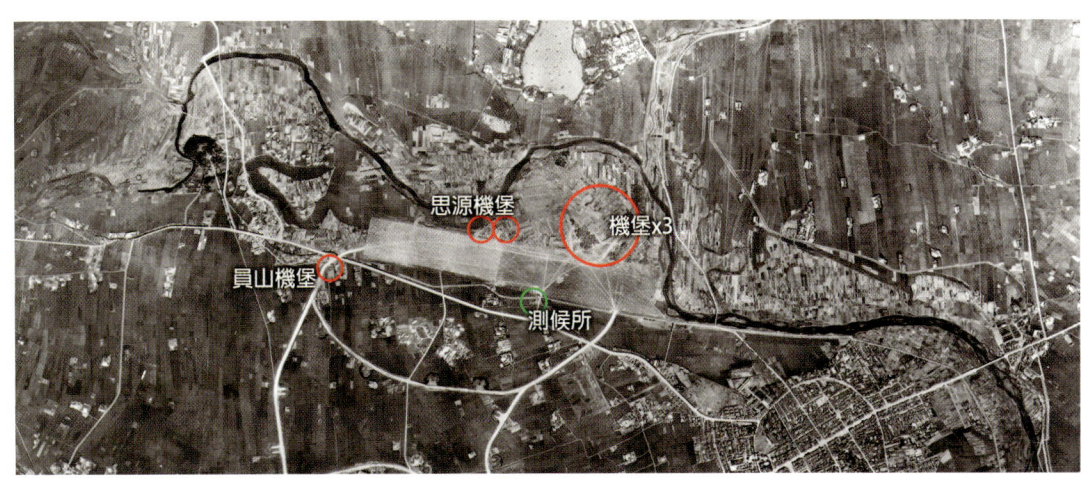

美軍拍攝於1945年5月17-19日的宜蘭(北)飛行場區域航照。圖中以紅色標出的是現存機堡位置，而以綠色標出的是宜蘭測候所飛行場宜蘭出張所。NARA-中研院GIS中心/提供

南延伸至當時正規的 1,500m，成為單一跑道的機場。

從戰後美軍由日軍側所獲得的紀錄中可看出，整個宜蘭地區幾乎就是連結在一起的大型航空要塞。該份美軍留下的紀錄中，北飛行場原本的 V 形兩條跑道，已經只剩下一條長 1,500m、寬 250m 跑道。而戰後國軍的紀錄中，這座宜蘭機場的跑道長寬與美軍相同，但還記載著整座飛行場面積 450,000m²，土質為砂質壤土，厚 30cm，可載重量 10 噸，標高 9m，有疏散道全長約 5,000m、寬 7m，掩體 20 座（可見只有美軍紀錄中的「特掩」有算在內），但無營建設施，無通訊無水電無夜航設備。國軍接收時，雖然排水不良，但跑道屬於可用狀態。

事實上，宜蘭飛行場是二戰最末期時，台灣島內日軍特攻隊的發進機場之一。終戰時的美軍記載裡，宜蘭（北）飛行場留有 1 架的一式戰（隼），20 架的三式戰（飛燕），13 架的四式戰（疾風）。依照美軍紀錄推算，該場內留有飛行分科為戰鬥的飛行第一零五戰隊（1944.7.25. 飛行第 105 戰隊設立，編成地台灣台中，代號 105FR）之飛機。

戰後，這座民航時代便已經啓用的宜蘭飛行場，部分區域恢復成宛如早年「練兵場」的功能，特別是早已消失的 B 滑走路格局遺跡，成為陸軍的金六結營區一部分，反而是後來有延伸的 A 滑走路雖軸線仍存，但沒有清楚且完整保留。不過，原機場旁的「宜蘭測候所宜蘭飛行場出張所」氣象站遺跡，大概算是宜蘭民航歷史上最後的完整見證，也難怪這棟建築會在 2002 年 6 月 21 日，由宜蘭縣府公告為歷史建築，與同時提列的二處日本時代思源里飛機掩體一起被保存。至於另一座員山機堡，也在地方努力下成為機堡公園；而在宜蘭河的金六結營區附近，也疑似有三座機堡存在，都是整個宜蘭地區相當珍貴的軍事遺跡。

淡水飛行場

現為陸軍淡水營區、氣象署淡水氣象站周邊

絕大部分的台灣民眾，大概都可以猜出台灣第一座民航用國際機場，是1930年代中期開業的台北飛行場（今松山機場），不過卻少人知道台灣的第二座民航國際機場是「淡水飛行場」。淡水的飛機場在哪兒？其實只要踏出捷運淡水站，在河邊往關渡方向望去，就可以看到水上機場的遺跡！

這座水上機場係利用過去淡水河中央曾存在的沙洲「浮線」與八里間的河道，作為水上飛機起降用的天然跑道。雖然說，淡水的水上機場興建晚到1941年才初步完工，但是淡水的航空歲月，以及倡議作為飛行場的用地，則早此約二十多年就已經開始，而且不止有被當成「渾然天成」水上機場的條件，甚至也曾考慮興建陸上機場。

在1919年總督府轄下的警察航空班設立後，因屏東的飛行場尚未完工，故初期的活動都以北部為主，特別是台北練兵場為其重要的起降基地。而伴隨的各種試驗飛行中，便曾於1920年6月時，於淡水河上的沙洲（浮線）試驗飛機的起降。這個試驗，是想利用河上的沙洲平坦地來作為

從淡水河口鳥瞰淡水河與淡水飛行場。2011.8.鄭羽哲／攝

美軍拍攝於1944年9月9日的淡水地區航照，可見淡水飛行場的陸上設施，大坪上也有數架飛機。
NARA-中研院GIS中心/提供

陸上機的起落，不過後來顯然並未成為正式的飛行場或著陸場。而在 1920 年代，日本海軍航空隊水上飛機試驗飛行，或者外國水上機的「洲際飛行」航空活動，都常用淡水河作為起降場所，並於淡水停泊實施運補作業。

儘管淡水河這渾然天成的河道適合作為水上機場，但一直並未有正式的相關配套陸上設施興建。事實上，在 1930 年代台灣航空起飛之時，淡水曾被評估是否作為「台北飛行場」的地點。大約 1931 年時，總督府方面的調查曾建議在淡水設立水陸兩用的國際飛行場。因為淡水河的河道作為水上機場的條件，是不用多加討論就已經眾所公認，故主要的討論點是在陸上機場是否適合設立於此。不過很顯然地，因為腹地有限的考量，最後北台灣的重要飛行場用地，是落在松山而非淡水。而雖然淡水作為水上機場的條件如此優秀，卻因為水陸兩用飛行場的計畫取消，因而連水上機場的建設也暫時停擺。

雖然說，北台灣正式的飛行場並沒有在淡水設立，但淡水仍然是水上機試驗飛行的熱門地點，各種內台間的試驗飛行，只要是水上機的部分，多以淡水作為試驗的起降場所。像是 1931 年 10 月委由日本航空輸送株式會社所執行的內台間一日連絡飛行，陸上機的「雲雀號」是飛抵台北練兵場，但水上機的「白鳩號」便是抵達淡水。在 1930 年代中期，日本海軍航空隊曾進行數次的水上機試驗飛行，北台灣使用的點雖有基隆與淡水，但如 1936 年佐世保海軍航空隊的調查報告顯示，基隆因為多雨且風大，在水上機的起降操作上，淡水的條件較佳。

雖然淡水的條件作為水上機場用地早被公認，但水上機場不止有渾然天成的河道即可，還需要有陸上的相關配套設施。

美軍拍攝於1944年7月12日的淡水地區航照，可見淡水飛行場的位置，以及以紅色標出的水上飛機起降水域。　NARA-中研院GIS中心／提供

因此，促成淡水飛行場正式興建的，則是如曾令毅在〈航空南進與太平洋戰爭：淡水水上機場的設立與發展〉一文中所強調，1936年由台灣總督府與海軍武官室所規劃，以「台灣為中心之國際航線計畫」中，「航空南進」政策的推波助瀾。這個計畫主要分成三個區塊，分別是往南支（往華南並延伸至中國大陸各地）、往「外南洋」（往香港、廣東與中南半島各地），以及往「內南洋」（往菲律賓馬尼拉與委任統治的南洋廳區域）的三個主軸，而與淡水籌設飛行場最有關的即是往南洋的路線。

為了讓內地日本與南洋間的定期航線能順利開設，主要規劃以水上機來飛行的航線，因整個航程太長，必須以淡水為中繼站來實施。因此，像是1940年11月由大日本航空株式會社的川西式四發飛行艇「綾波號」水上飛機所執行的新航線試驗飛行，便是嘗試從橫濱經塞班、帛琉，再經淡水回到橫濱，以飛行時間37小時12分，開展一共9,237km的新航路開拓調查飛行。

淡水飛行場的正式興建，事實上於1940年8月便展開調查與測量的工作，並於該年年底前完成了用地的收購，於隔年3月舉行動工的「地鎮祭」。因為水上機用的跑道屬天然的河面，故工程多在陸地的部分，約於1941年年中前完成，並曾因短暫開辦民航的國際線業務，而成為台灣歷史上第二座的民用國際機場。

這條國際航線，是由大日本航空所經營的橫濱、淡水至泰國曼谷載客路線。該線於1941年7月19日正式開設，每二週飛行一次。因為這條國際航線的開闢，讓淡水因而在台灣民航發展史上留名。不過，這條航線卻因為珍珠港事變的發動，而於同年12月草草廢止，讓淡水飛行場隨即轉為軍用的水上機場。

儘管淡水飛行場因為民航的停辦而轉為軍用（日本海軍使用），但因其一開始

日本讀賣新聞上，1940年11月從橫濱經淡水往帛琉的新航路開拓飛行新聞報導。

的民航身分，總督府氣象台方面早就已經配合籌辦淡水飛行場出張所之事宜。在昭和17年（1942年）10月1日，「台灣總督府氣象台淡水飛行場出張所」正式成立，首任所長為技師田邊三郎，而廳舍則於隔年3月完工。

淡水飛行場出張所的建築，三層高之風力塔係鋼筋混凝土造，而辦公廳舍則為外牆使用雨淋板的木造建築。這兩者間的距離相當近，但以簷廊相接，所以嚴格上來說，仍屬風力塔與辦公廳舍分開配置的格局。由於木造的辦公室部分在1970年代的颱風侵襲中倒塌毀損後拆除，如今僅能從戰後接收時的廳舍平面圖推知其狀況。大致上該廳舍是從正面玄關走入，左側是辦公事務用空間，而右邊為起居的各種房間；至於外側為當時稱做「露場」的觀測坪之地。

這座總督府氣象台的淡水飛行場出張所，在水上機場完全轉為軍用後成為一個很尷尬的存在。不過，依據氣象前輩周明德的回憶，在1943年各地飛行場悉數淪為軍用後，東港的海軍航空隊便派遣小型水上機進駐淡水飛行場，偶爾大型水上飛艇也會飛來加油。

從日本軍方「第一航空軍司令部」於1944年4月20日所調製的軍事極秘「飛行場記錄」的台灣部分來看，這座淡水飛行場的紀錄雖然較為簡陋，但也記載著該機場有信號柱與繫留浮標的照明設備；另關於水上飛機的起降區域，則記載為淡水河從關渡以降到出海口的河面，以及以淡水燈台為中心的半徑5,000m以內的海面。

在二次大戰的最末期，也就是昭和20年（1945年）5月13日，一架日本戰前航空史上最成功的大型水上飛機「二式大

擁有豐富歷史意義的淡水水上機場遺構，在2000年6月27日正式公告為台北縣的縣定古蹟（現為新北市所管），現存有圖中的水上機上下河面用滑走台。 2006.12.

戰後遺留在淡水飛行場內的日軍水上飛機。

由淡水捷運站即可眺望淡水水上機場遺構。2007.4.

艇」,被美軍攻擊而受創擱淺於淡水飛行場對岸、浮線之南邊,也就是八里米倉村一帶的淡水河面。據周明德前輩回憶,此二式大艇滿潮時只露出垂直尾翼,退潮時則露出上半部,一直到戰爭結束一個多月後才拆解。

二式大艇是日本二戰期間性能優異且量產的水上大型飛行艇,與較早開發出的九七式飛行艇一樣,都是由「川西航空機」所生產。此超越二戰中各列強的優秀水上飛艇,屬於四發的大型螺旋槳機,由菊原靜男技師主持設計工作。總計各款的二式大艇,一共有超過 167 架以上的生產,不過戰後殘存完整的僅 4 架,而其中 1 架後來曾長期展示於東京的「船の科學館」。然而,在 2004 年時,這架世上僅存的二式大艇被搬到鹿兒島的海上自衛隊鹿屋航空基地資料館展示,讓一般觀光客要看二式大艇的英姿,就不再像以前去東京台場那樣可以很輕易就看到。

依照戰後美軍從日軍側所獲得的紀錄顯示,淡水飛行場的海拔高 3m,深入河面至少 80cm 以上的斜坡道厚度有 25cm,耐重 25 噸,有可收納 200 人的兵舍,以及小型掩體 8 座。依照戰後的美軍紀錄顯示,該飛行場內留有 8 架的水上觀測機(全數狀況完備),但飛行場機能方面被認為屬「不時著場」。

至於國軍的接收紀錄,則將此水上機場稱為「北台空淡水基地」,位於台北州淡水郡淡水街,標高 3m,狀況為「使用可能」。該紀錄裡還記載著此機場營建設施完成於 1943 年 10 月 15 日,水上飛機上陸用的「滑走台」長 100m、寬 40m,大坪的範圍則為長 500m、寬 300m,全場面積約 120,800m^2,耐重 25 噸,誘導路(飛機疏散滑行道)長 300m、寬 20m,有掩體 6 座,排水狀況佳,有通信設備,土地所有權為官有地。

依照曾令毅與周明德的研究,戰後初期的 1945 年 9 月 10 日與 15 日,在盟軍特許下,淡水飛行場曾迎接二次相當特殊的

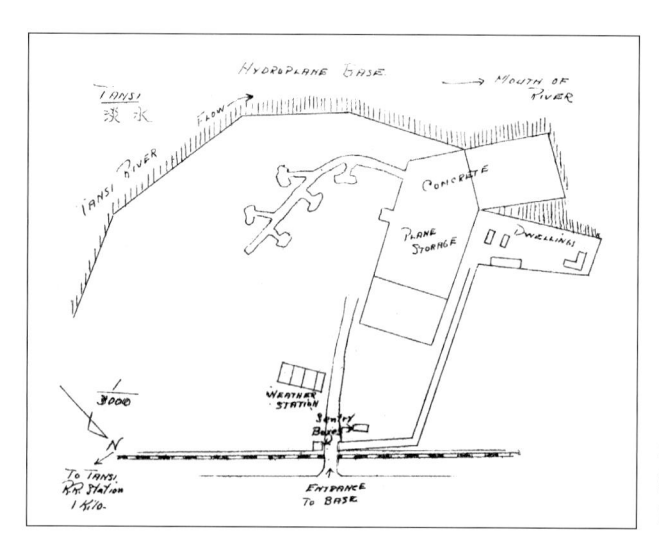

美軍在二戰後由日軍側所獲得的資訊，經整理後所得之淡水飛行場簡圖。
NARA／提供

「綠十字飛行」。這是日本戰敗後，為了戰後復員的關係，由日本政府向盟軍所提出，僅實施於1945年9月與10月的特殊飛行任務。因為使用飛機為了識別起見，機身必須塗白，並且在原本日本紅色圓形國徽處改以綠十字標示，故一般通稱「綠十字飛行」。這個以橫濱與淡水對飛的任務，可以說是戰後淡水飛行場最後的演出，主要乃為了載運總重約兩公噸，在日本印製提供引揚日人使用的台灣銀行券，而有了從橫濱飛往淡水的這最後飛行。

而隨著擱淺在淡水河面上的二式大艇被拆解，以及綠十字飛行的終止，淡水飛行場也結束了其航空歲月。該用地在戰後由空軍接收，並將氣象聯隊設置於此（目前已搬離）。儘管當年的水上機上下河面用滑走台，仍有淡水河潮汐上上下下日復一日地潮起潮落浸潤著歷史痕跡，但混凝土鋪成的機坪，卻早已沒有任何水上飛機再度上岸，徒留地上鑲嵌著磁磚作為引導飛機上陸滑行方向的指示，空等再也不會有的航空時代。

在淡水飛行場不再使用後，「總督府氣象台淡水飛行場出張所」在台灣省氣象局接收時，改稱為「淡水測候所」，之後伴隨著全台各氣象觀測站的名稱更迭，曾改稱為「淡水氣象測站」，而1989年8月起則改為今名「淡水氣象站」。值得特別說明的是，在氣象局觀測自動化並精簡人力的政策下，加上1970年代中因設立梧棲氣象測站借用淡水之人員編制，因而讓淡水氣象站雖持續氣象觀測，但卻已無人員實質駐守。

目前，擁有豐富歷史意義的淡水水上機場遺構，以及總督府淡水飛行場出張所風力塔，一起在2000年6月27日正式公告為台北縣的縣定古蹟（現為新北市所管）。同時提列為古蹟的，還有水上機場旁的「原英商嘉士洋行倉庫」，以及清代興建的淡水海關碼頭。這些珍貴史蹟的指定，算是淡水地區在快速開發之下，值得稱許的文化資產保存行動。

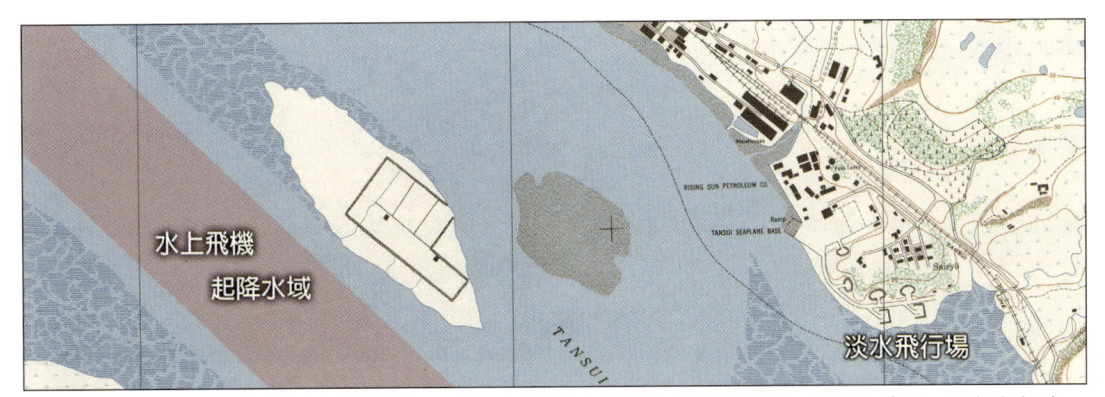

美軍在1945年所印製的淡水地圖（Tansui），可見淡水飛行場的陸上設施。以此為底圖，用紅色標出的是水上飛機之起降水域。

如今，總督府氣象台淡水飛行場出張所仍存當年日本時代所建的風力塔。2007.4.

總督府氣象台淡水飛行場出張所原貌的歷史照片。

淡水飛行場出張所如今已成為氣象署的淡水氣象站，不過屬於無人觀測的自動站。2007.4.

氣象台淡水飛行場出張所木造辦公廳舍已經消失，但樓梯與門柱仍存。2007.4.

曾經飛抵淡水飛行場的日本海軍二式大艇外貌。

夕陽下觀音山與淡水河面中的淡水飛行場滑走台。2006.12.

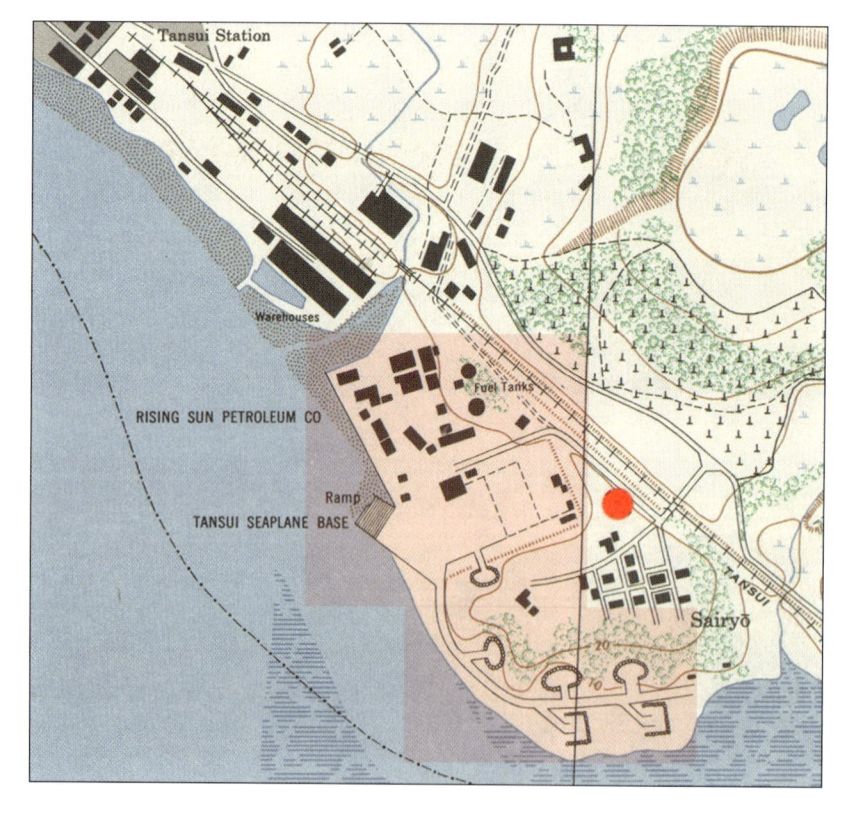

美軍在1945年所繪製的淡水地區地圖中，飛行場部分的放大（紅點為總督府氣象台淡水飛行場出張所位置）。

第三章

大東亞戰爭爆發前興建的台灣島內陸軍飛行場

湖口陸軍演習場→湖口飛行場

現為陸軍湖口營區　　　　　　　　　　　　　　　　ICAO 代號：RCHK

目前陸軍位於湖口地區的大片基地範圍，其歷史可以推到日本統治時代的陸軍演習場，不過這整塊位於湖口台地上的軍事設施，在二次大戰最末期的 1944 年末時，也曾增築為一座湖口飛行場，有著一條長 1,000m、寬 200m 的跑道。這座飛行場在戰後變成陸軍有名的大校場，許多的演習與華僑歸國參觀軍事展演的時機，都會使用這塊寬廣的場地。

從日方水路部於 1939 年左右所調製的「航空路資料第 10- 台灣地方飛行場及不時著陸場」中所述，這座「湖口陸軍演習場」，確實是在演習場時代就已經有飛機起降過。紀錄中，1937 年的演習時，便曾當過陸軍航空基地使用，讓重爆擊機、偵察機與戰鬥機多次起降。該演習場當時的

湖口陸軍演習場

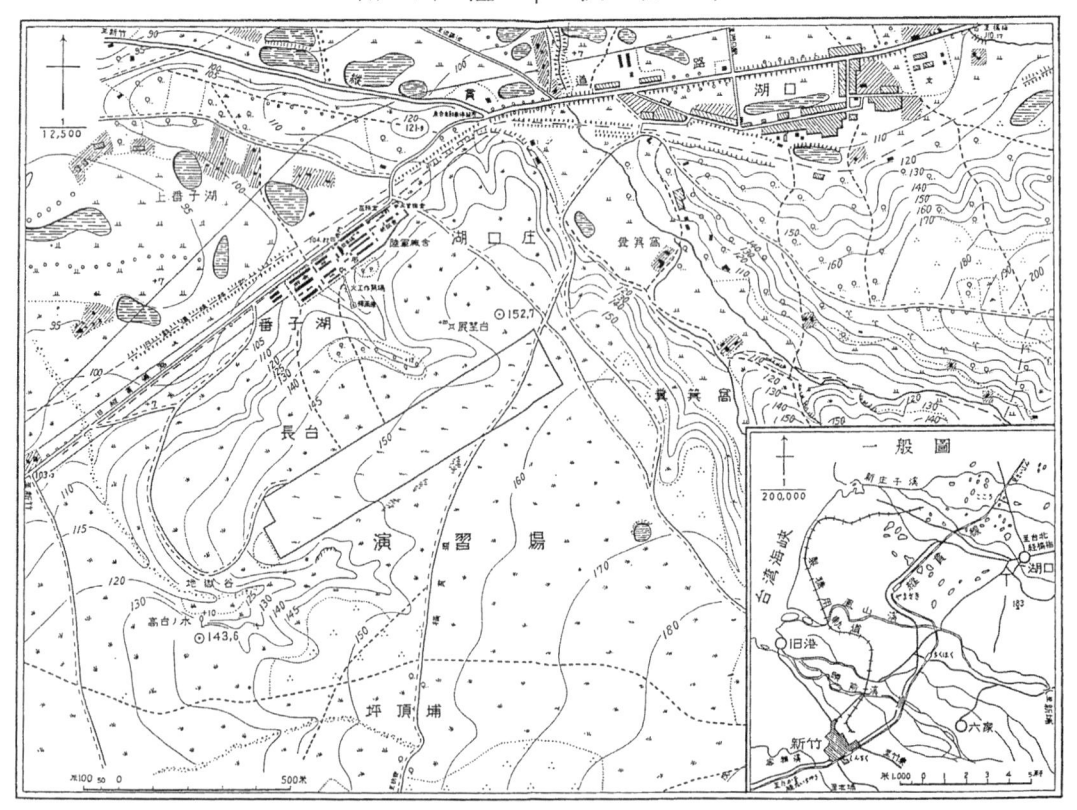

日本海軍水路部於1939年左右所調製的「航空路資料第10-台灣地方飛行場及不時著陸場」中的「湖口陸軍演習場」附圖。

美軍拍攝於1945年4月1日的湖口飛行場航照。NARA-中研院GIS中心/提供

狀況，東西長約 7km，南北約 2km，主要做為砲兵戰鬥射擊的演習場。不過，中央部位有塊東北/西南走向的長方形區域，長約 800m、寬約 200m，為主要的飛機起降著陸區。

這座機場在二戰末期，為了戰備所需，展開了飛行場的跑道與疏散滑行道增築。依照美軍在二戰後由日軍側所獲得的資訊整理後，對於此機場的描述中指稱此飛行場是「emergency landing field for special type liaison planes」（提供特殊連絡飛機使用之緊急降落飛行場），並且評為 seldom used（很少用）。不過依照所留存的資料顯示，該飛行場的跑道兩側都有滑行道（全長約 2,000m、寬 6m），連通往 10 座大型的夾狀飛機掩體。在終戰時的美軍記載裡，湖口飛行場留有 4 架的九七戰，8 架的九九高練，6 架的二式高練。

依照戰後國軍接收檔案內對於湖口飛行場的描述，指出此機場所在地位於新竹州新竹郡新埔庄，全場面積 200,000m2，跑道厚度為 20cm，可載重之重量為 8 噸。雖然國軍紀錄中對於這座飛行場的狀況以「使用可能」描述，但此機場無夜間設備，無通訊設備，排水情形不良，甚至飛行場內也沒有水電設備。

這座飛行場在戰後因為其周邊從日本統治時代起就是陸軍的演習場，也是北台灣一個很重要的戰略高地，故一直仍作為軍事基地使用，並且擁有 RCHK 的 ICAO 代號，在許多演習時，陸軍的直升機航空部隊也會飛至此參演。目前湖口地區的軍

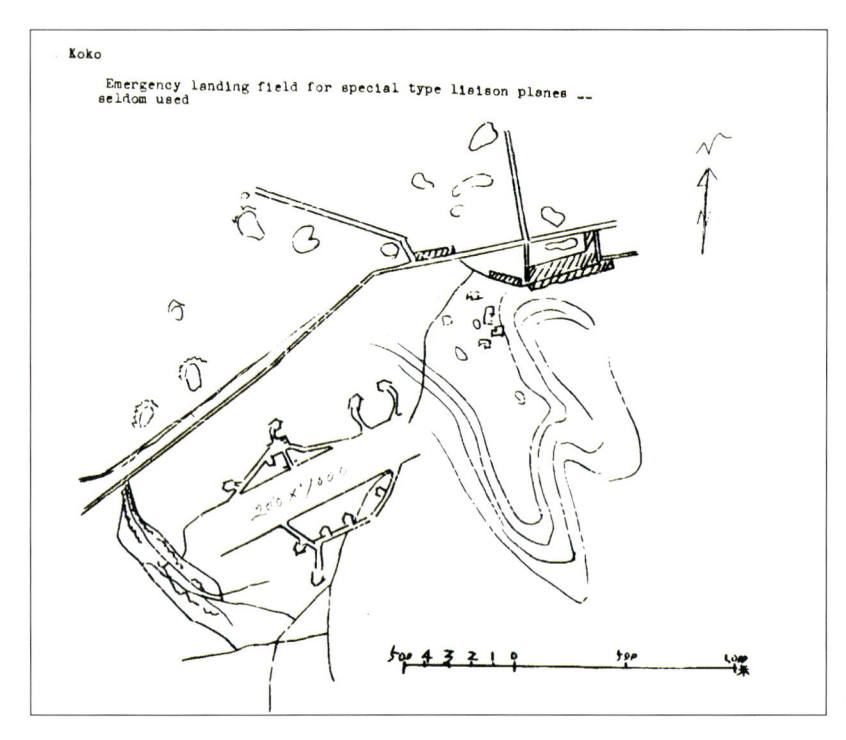

美軍在二戰後由日軍側所獲得的資訊，經整理後所得之湖口飛行場樣貌。NARA／提供

事部隊非常多，整個範圍比二戰時的湖口飛行場要大。過去的湖口飛行場位置，大致就是現在整個國家閱兵台，亦即中興台前一整片的用地。不過，比對過去的長1,000m、寬200m範圍，目前的閱兵台前整片用地要更為寬廣。至於飛行場時代的飛機滑行道與露天夾狀掩體，如今多已不存，僅中興台旁通往停車場的路，隱約可以比對出一點點痕跡。

為了推廣「全民國防」理念，陸軍湖口基地偶爾也會開放民眾參觀，並且安排許多演習的「表演節目」。2011.11.

過去的湖口飛行場位置,大致就是現在整個國家閱兵台,亦即中興台前這一整片的用地。2011.11.

如此大片的陸軍湖口基地,曾是二戰時的湖口飛行場。2011.11.

每次基地開放時,都會吸引許多民眾前來參觀。2011.11.

陸軍的湖口基地平常雖然已非作為機場使用,但仍擁有 RCHK 的 ICAO 代號,演習時也仍有陸航的直升機會飛來,重現當年「飛行場」的過往樣貌。2011.11.

台中飛行場 [水湳]

原台中水湳機場、現為台中水湳經貿生態園區　　　　　**原 ICAO 代號：RCLG**

在二戰時期以「台中飛行場」命名的機場一共有兩座，亦即如今國人熟知的清泉崗機場與水湳機場。清泉崗機場最早是屬於日本時代民航用的台中飛行場（後轉由日本海軍航空隊使用），而水湳機場則是屬日本陸軍航空隊所使用的機場。依照戰後國軍接收時的紀錄，該機場建於 1940 年 10 月，為大東亞戰爭開打前就已經籌備的陸軍飛行場。

從日本軍方「第一航空軍司令部」於 1944 年 4 月 20 日所調製之軍事極秘「飛行場記錄」的台灣部分來看，可以見到這個陸軍使用的台中飛行場在二戰中期以前的樣貌。當時，該機場主要的場面外型是個以南北長 1,400m 與東西寬 1,200m 組成的長方形，另外東南角突出一個方形區域為兵舍與各種附屬設施所在地，而西北角則有一個相當特殊，以半徑約 500m 所嵌入的圓形滑行道。當時的紀錄顯示，該飛行場有格納庫 3 棟，可收納兵員的兵舍數棟，並有修理場、燃料庫、材料庫、給水設備、水道設備等，特別是屏東陸軍航空支場台中分廠也設於此。

在戰後美軍調查時，由日本側得到的紀錄顯示，這座飛行場的東側已經往北擴建，故有一條主跑道長 1,500m、寬 100m，

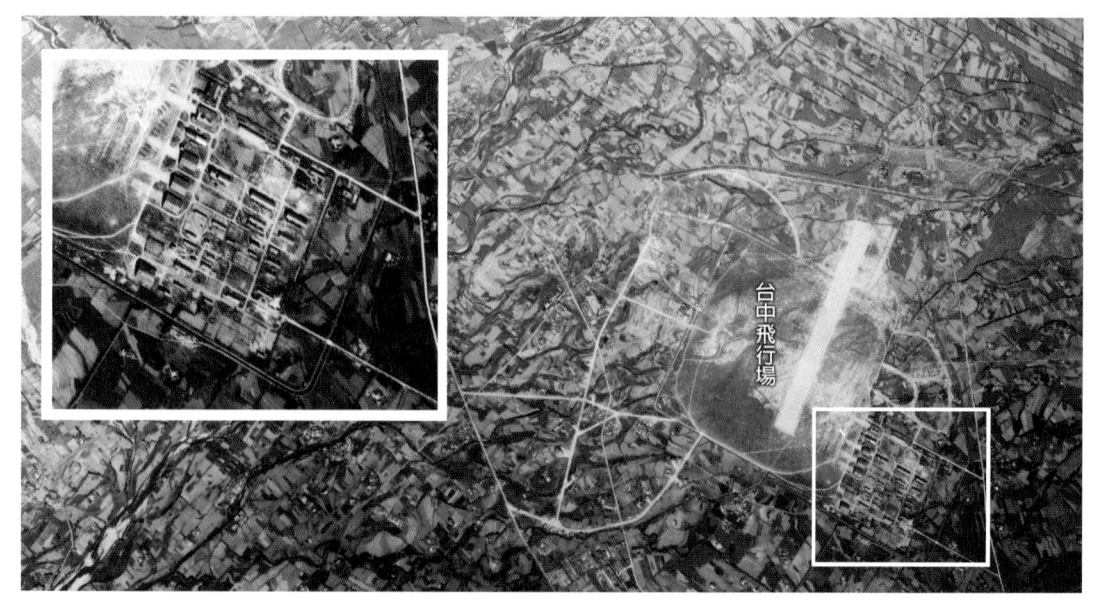

美軍拍攝於 1945 年 1 月 18 日的台中飛行場航照。圖中右下角框出的設施區放大顯示於左側。
NARA- 中研院 GIS 中心 / 提供

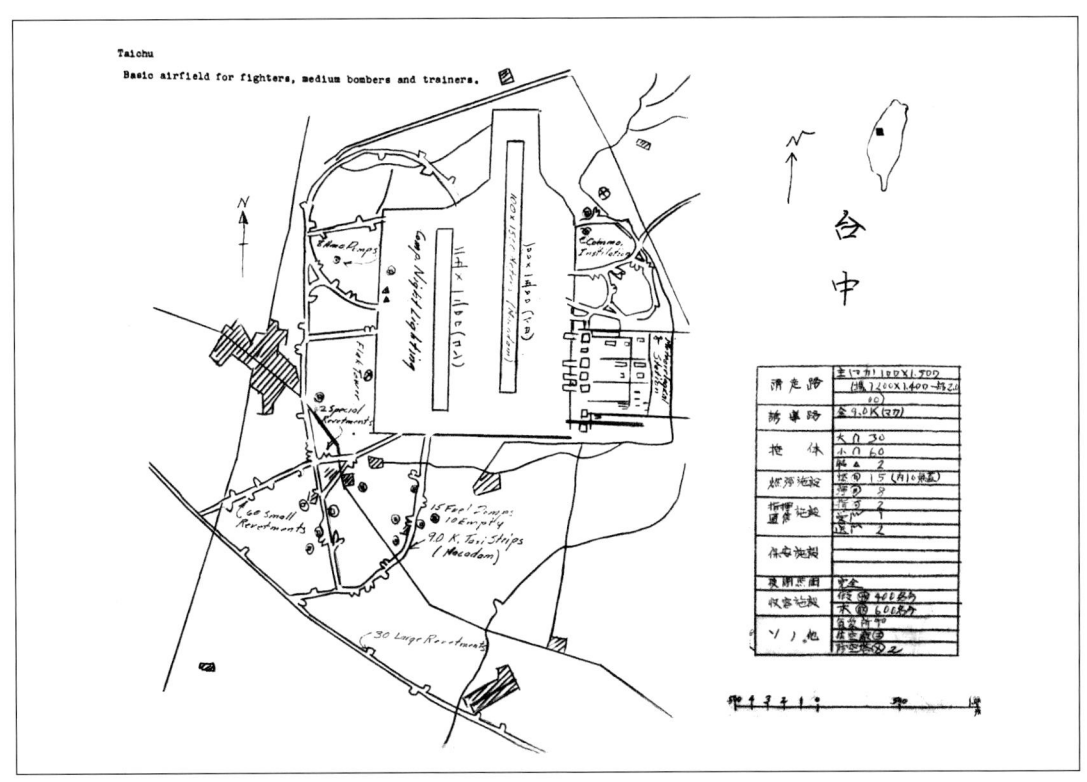

美軍在二戰後由日軍側所獲得的資訊，經整理後所得之台中飛行場樣貌。NARA／提供

另有一條副跑道長 1,200m、寬 25m，整個機場的場面外形已經因為跑道增長而往北突出而呈「酒瓶狀」。此外，這座台中飛行場另有全長約 9km、寬 10m 的疏散滑行道，分佈在機場的東側與西側。不過，因為該飛行場主要的附屬設施已經建於東南側，故主要的滑行道與掩體是以西側較多。其中，位於西北角的圓弧狀疏散道非常特別，只可惜其完整性於近年毀於水湳機場的開發案中。而在美軍紀錄裡，這座機場還有大型掩體 30 座，小型掩體 60 座，特掩 2 座（位於圓形疏散道與西側場面交接處）。另外，此機場有指揮所 2 處，受信通信所 1 處與送信通信所 2 處，且有兵舍、氣象所、航空廠、彈藥庫、燃料庫與防空塔。

在戰後的國軍接收紀錄中，這座機場是位於當時的台中州大屯郡，土地是屬國有地與借用土地，以最長處 2,000m 與最寬處 1,400m 構成主要的格局。機場內含南北向長 1,500m 寬 100m 的主跑道（材質為砂泥及石子），以及一條長 1,200m、寬 25m 的副跑道（材質為水泥鋪裝），與美軍紀錄相同。此外，還有共計全長約 9km 的飛機疏散道，各式掩體共 90 個，顯然將美軍記載中的大型與小型掩體合併計算。而這國軍的紀錄還指出，此機場標高 108m，土質為粘質，有營建設施（大部分損壞）與通訊設備（有收發報台），且有夜航設備（已損壞），接收時是屬於可使用的狀態。

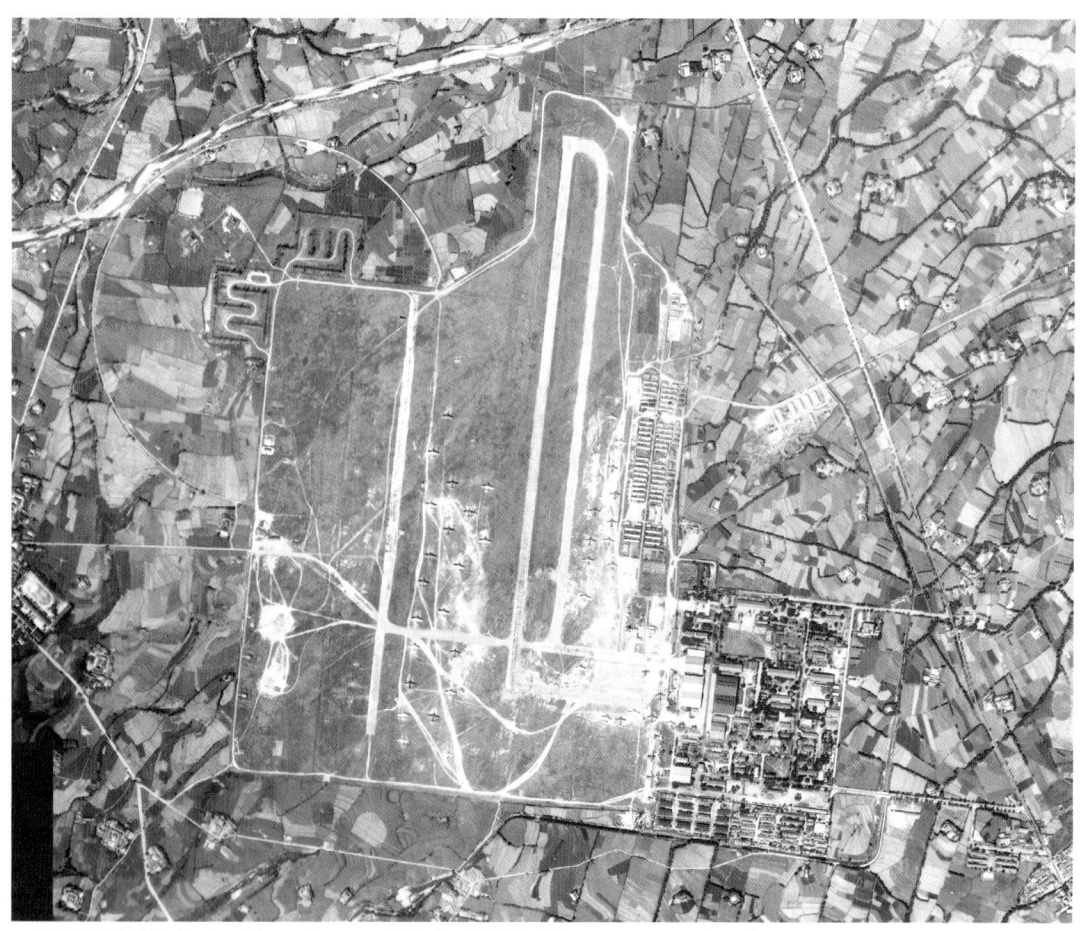

美軍拍攝於戰後1959年10月21日的台中水湳機場航照。NARA-中研院GIS中心/提供

　　終戰時的美軍記載裡，這座台中飛行場留有10架的一式戰（隼），1架的三式戰（飛燕），19架的四式戰（疾風），1架的九七重爆，4架的九九軍偵，3架的九九高練。依照美軍紀錄推算，該場內留有飛行分科為偵查與戰鬥的飛行第29戰隊（1939.7.15. 飛行第29戰隊設立，編成地日本各務原，代號29FR）的飛機。

　　戰後，台中飛行場由國軍所接收，後來在此基地內成立了空軍第二後勤指揮部與航空工業發展中心（航發中心），成為台灣航空工業發展的重鎮。在民航服務方面，水湳機場的民航業務在1972年2月重新開啟。依照民航局的說法，當時於水湳機場成立的是「候機室」，1993年1月才奉行政院核定變為「台中輔助站」，屬台北國際航空站監管；而後在1996年2月才又改為「台中航空站」。初代的航站建築，是個有著中國風護欄的圓弧狀設計，如今已經拆除。而從民航局的資料還可以看出，廢止前的水湳機場ICAO代碼是RCLG，跑道走向是18/36（正北正南），長度為1,620m。

　　水湳機場於2004年3月4日在高層政

戰後1946年時台中飛行場（水湳機場）內原日軍建物的受損情形。

策的壓迫下結束民航業務,「台中航空站」於隔日遷往清泉崗機場繼續營運,僅剩空軍在此機場用地內使用。到了2007年12月22日,在陳水扁總統主持下,正式將台中水湳機場由國防部交給台中市政府管理與後續都市更新及開發,僅剩空勤總隊還有直升機駐守在機場的一角,苟延殘喘維繫水湳的航空歲月。

事實上,水湳機場至此已經難逃被毀來做開發的命運。在2007年12月由國防部交給台中市政府接手開發後,除了拍攝李安電影《少年PI的奇幻漂流》時的棚廠,以及少數被指定留存的建物外,大部分的建築與格局都被拆除,而跑道也已殘缺不全。目前,與舊水湳機場相關,由二戰時期遺留迄今的建物已經不多,僅剩被以「陸軍36航空隊廠房及兵舍」為名,於2010年10月指定為歷史建築的3棟建物,以及

99

攝於1990年代中期的「台中航空站」。

攝於1990年代中期台灣天空開放之際的水湳機場（可見新航廈興建中）。

攝於1990年代中期的國華航空客機於水湳跑道上。

位於機場外，貿易九村入口旁的一座吊鐘形狀防空塔。

被台中市文化局列為歷史建築的3棟兵舍，最有代表性的就是在跑道邊的指揮中心建物。該建築為加強磚造結構，屋頂樑架為木造，上方設有閣樓為儲物間。空軍接收後經過多次改變，在裁撤前該建物的一樓為「過境接待室」，二樓為基勤中隊之中隊部及飛管分隊辦公室。此建物靠近跑道側有形狀特別的玄關狀構形，但側面較寬的長廊則是典型日本二戰時期在台灣的陸軍體系軍用建築樣貌，屬於「大東亞戰爭時期日本陸軍式樣」的制式軍事建築。類似的建築物據比對在水湳機場曾至少有4棟，另有後勤組大樓（基勤中隊辦公室）、士官兵寢室、中正堂等3棟，不過如今確定會保留的除了這棟指揮中心外，只剩另外的基勤中隊辦公室與寢室。

而與水湳機場有關的歷史建物，還包含位於機場外的一座吊鐘形狀防空塔。依照台中市文化局的建物指定說明，稱該建物「為戰爭陰影對土地與生命財產的威脅作有力之見證，對闡述人類和平理念具有正面宣揚之積極意涵」，而其特徵為「吊鐘形混凝土構造之結構體，底座直徑約10m，高約6~9m，壁體四周留有多處矩形窗口」，故於2006年時指定為歷史建築。事實上，這種防空塔是二戰後期時，台灣的築城防衛計畫中，用來保衛飛行場所蓋的，大台中地區的大肚山台地上也有類似的防空塔。

對比於這些少數殘存的建物，整個水

100

停用後的水湳機場候機室。2008.6.

水湳機場停機坪上的立榮航空客機。2004.1.

水湳機場廢棄後尚未被破壞時的大坪與滑行道。2012.7.

湳機場內大部分的機場設施，甚至曾有的基地紋理，都已經在開發下而消失。水湳的整個航空規模與大地紋理，原本可因保留跑道來加強都市通風，透過更有環境保護思維的規劃來建設與開發；但後來的操作方式，其實是相當暴力地以扭曲的公園形狀，配合周邊開發計劃毀棄既有紋理，可說相當可惜。

水湳機場的18跑道頭。2012.7.

水湳機場的客運航廈與跑道遠眺。2008.6.

水湳機場內軍方飛機棚廠仍未拆時的樣貌。前排三棟棚廠後方的兩棟雙重屋頂棚廠，為戰後從東港搬遷而來的。2008.6.

水湳機場廢棄後尚未被破壞時的棚廠樣貌（以紅色箭頭指出者為從東港搬遷來的仙桃形棚廠）。2008.6.

水湳機場內戰後初期的棚廠樣貌。

二戰後期遭受美軍轟炸後的台中飛行場（水湳機場）棚廠。

不敵開發而被拆除消失的水湳基地棚廠。2012.7.

水湳機場跑道西側的塔台區域。2008.6.

水湳機場內用到最後的空勤總隊棚廠。2012.7.

103

位於水湳基地旁的空軍第二後勤指揮部殘影。2008.6.

被台中市文化局列為歷史建築的跑道邊指揮中心建物。該建築為加強磚造結構，在裁撤前一樓為「過境接待室」，二樓為基勤中隊中隊部及飛管分隊辦公室。2012.7.

這棟指揮中心狀的建物，屋頂樑架為木造，上方設有閣樓為儲物間，空軍接收後曾經過多次改變。
2012.7.

這棟指揮中心狀建物的側面與背面。2012.7.

水湳機場內,同樣也被台中市文化局列為歷史建築的寢室建築。2012.7.

與水湳機場有關的歷史建物,還包含這座位於機場外的吊鐘形狀防空塔,於2006年時指定為歷史建築。2008.6.

嘉義飛行場

現為空軍嘉義基地、民航局嘉義航空站、嘉義機場　　　　　　　　**ICAO 代號：RCKU**

　　如今空軍的嘉義基地，其實是日本統治時代屬於日本陸軍的嘉義飛行場，位於當時的台南州嘉義郡水上庄，是座早於大東亞戰爭開打前，便已經設置的台灣島內機場。

　　依照戰後國軍接收時的紀錄，該機場的興建有三個日期記載，分別是「起工」於 1934 年 8 月，「使用期日」1936 年 4 月，「營建起工」1937 年 11 月。而依照戰後初期一份嘉義市政府回覆行政長官公署的文中，則將「徵收及建築期日」寫為 1937 年 8 月 22 日。然而，依照日本方面戰史的紀錄，飛行第 14 戰隊是在 1936 年時於嘉義編成，而海軍水路部於 1940 年的一份航空

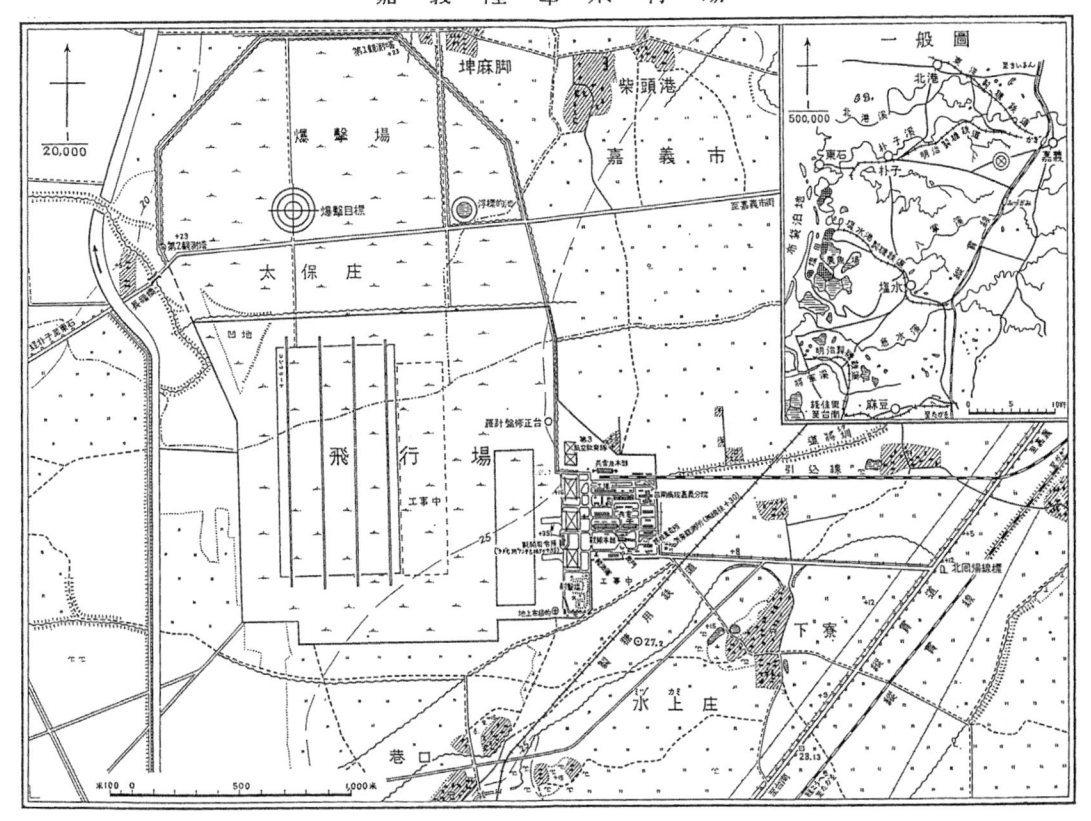

日本海軍水路部於 1939 年左右所調製的「航空路資料第 10-台灣地方飛行場及不時著陸場」中的「嘉義陸軍飛行場」附圖。

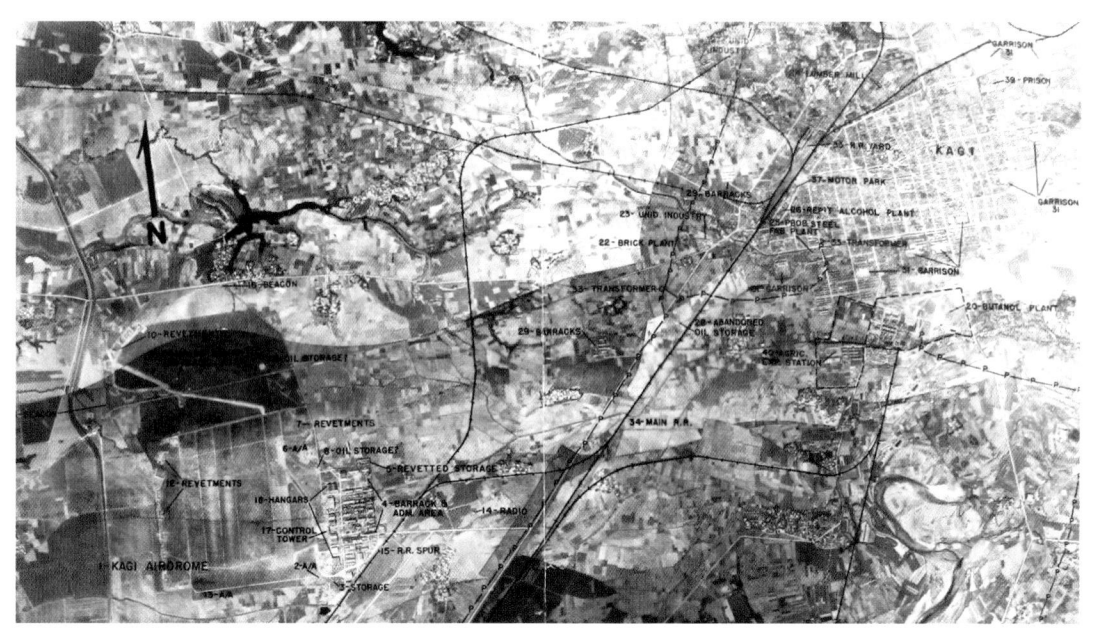

美軍拍攝於1944年3月6日的嘉義地區航照，其上並有重要設施之判讀。NARA-中研院GIS中心/提供

路資料裡則記載這座「嘉義陸軍飛行場」為飛行第14戰隊使用，於1936年12月1日開隊。因此，可以推估此座機場「開始使用」的時間，大致在1936年底至1937年間，因為日本時代不少飛行場都是在場內還有許多建物或設施尚未全部完工之際就開始使用，因此嘉義飛行場的開始有飛行大概就是1936~1937年間。這樣的興建背景，讓嘉義飛行場在大東亞戰爭開打之際，已經是台灣西部陸軍重要的航空軍事基地之一，並駐有飛行第14戰隊（重爆）參與開戰之初攻擊菲律賓的戰役。

依照日本海軍水路部於1939年所調製的「航空路資料第10-台灣地方飛行場及不時著陸場」（1940年4月刊行）中所述，這座「嘉義陸軍飛行場」是由台灣軍所管理，總面積為1,440,000m²，場面為東西長1,400m、南北長1,400m的正方形。依照該份資料內的附圖可以看出，場面當中較靠近西側有個南北長1,000m、東西寬500m的長方形區域，切分成三條起降帶，是主要的著陸起降區。另外靠近格納庫的東側，有塊長約700m、寬200m的長方形區域，是當時正在整地施工中，僅能提供小型飛機起降用的區域（該區預計於1940年春完工）。除此之外，該份資料還記載著這座飛行場的地表土質為黑色軟土，場內設施主要均分佈在飛行場的東側，南邊主要的建物為飛行第14戰隊所屬，北邊則為第3航空教育隊所屬。

飛行第14戰隊所佔面積較大，最靠近跑道邊的是格納庫3棟，每棟高約16m，開口約50m，往內深約84m，可以收容6架的「重爆」（重型轟炸機）。從這些格

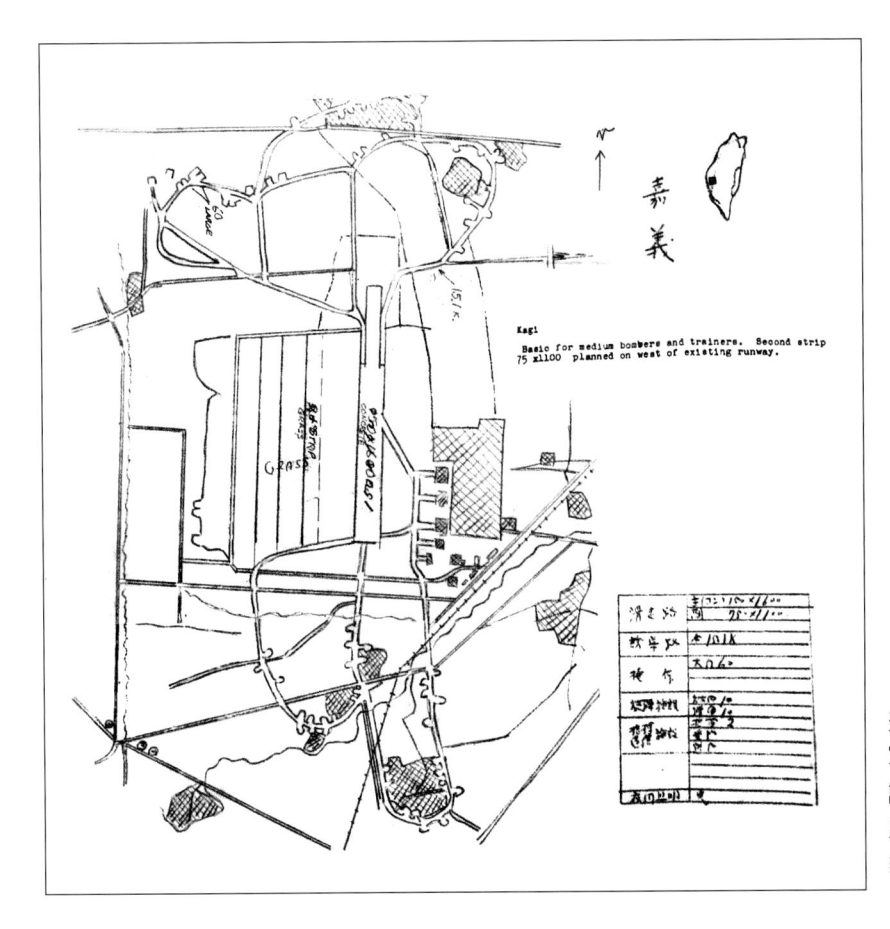

美軍在二戰後由日軍側所獲得的資訊，經整理後所得之嘉義飛行場樣貌。NARA／提供

納庫往東分佈，則有戰鬥司令部（包含最高的鐵柱共有 35m 高）、工場倉庫、戰隊本部、輕油庫、兵舍、台南病院嘉義分院、酒保、炊事場、將校集會所等。至於第 3 航空教育隊部分，也有兵舍與格納庫在北側，而在它附近的跑道周緣，還有個圓形樣貌的「羅針修正台」。此外，這座飛行場還有嘉義陸軍氣象觀測所，有高約 30m 的無線電柱子，位於如今嘉義基地一進門的右側。依照平面圖觀之，這座機場在當時北面是規劃成「爆擊場」，中間有「爆擊目標」，旁邊還有「浮標的池」，而周邊則有第一觀測塔與第二觀測塔，作為爆擊訓練之用。不過，從日本軍方「第一航空軍司令部」於 1944 年 4 月 20 日所調製之軍事極秘「飛行場記錄」的台灣部分來看，這個嘉義飛行場北邊上述的「爆擊區」以斜線標為「擴張可能地區」，顯見其為即將擴建的區域。至於最靠近棚廠的鋪裝跑道區，則為長 1,100m、寬 150m，已經比開戰前的小型機用規劃要延長一些。至於附屬設施方面，4,200m² 的格納庫有 4 棟（推測除了上述飛行第 14 戰隊的 3 棟格納庫，南方原射擊場處又增建 1 座），2,100m² 的格納庫 2 棟，不過這些格納庫的尺寸依照航照圖比對似乎規格不一，因此這處的面積紀錄恐怕與實際上有所出入。而該份紀錄還指出，嘉義飛行場有可收納約千名

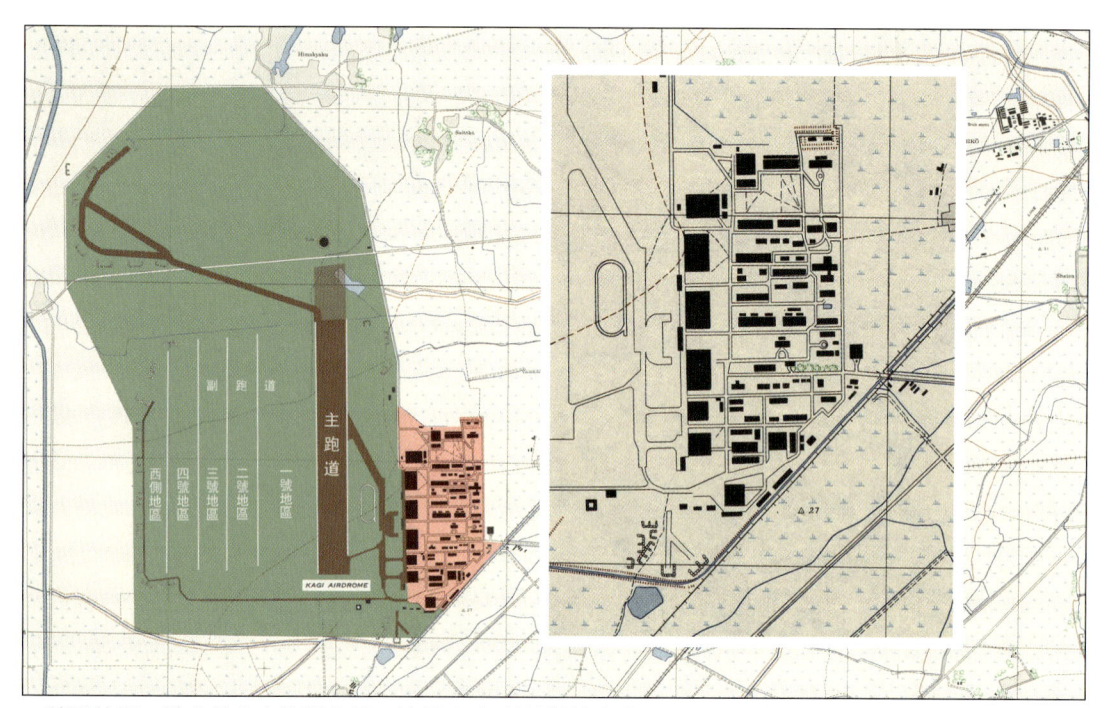

美軍依照二戰中的多次航照分析，於1945年所繪製的嘉義飛行場及周邊圖。以此圖為底所加上之紅色陰影區表示主要的建物區（放大於右側），而以綠色陰影標出部分即為嘉義飛行場的主要範圍，棕色標出者為主跑道與滑行道，另依照戰後國軍接收資料標出副跑道之分區。

兵員的兵舍，以及燃料庫、材料庫、給水設備、水道設備等，另有維修的嘉義分廠也設於此。

這座機場靠近東側附屬設施處的鋪裝跑道，很顯然在二戰後期往北側增長，並且在基地的北邊與南邊興建了許多躲藏飛機用的疏散滑行道和掩體。依照戰後國軍接收時的紀錄，嘉義飛行場內的主跑道長1,700m、寬150m、厚50cm，顯然就是增長後的規模。另依照附圖可以看出，共有四條平行但較短（僅1,100m）的副跑道，分為一號至四號地區，除一號地區寬300m，其餘均150m。這些跑道的可載重量，主跑道是15噸（雨季時為8噸），副跑道為8噸（雨季時無法使用），場面的土質為一般粘土質。這樣的五條平行跑道規模（一主四副）可以說是讓軍機能夠快速同方向起飛的設計。整座飛行場面積374.4公頃，標高26.92m，有疏散滑行道全長約15.2km（寬30m），各式掩體102個。

國軍紀錄裡機場的營建設施有中央指揮所、北側將校集會所、氣象本部、方向探知所（南、北）及北庫房（以上均完好），前三處重要的設施水電亦通。至於通訊設備狀況也尚屬良好，無線電、軍用與民用聯絡線都暢通。國軍接收時雖無夜航設備，但是屬於主跑道可用狀態，而副跑道因雜草太過茂密而無法使用。

比對戰後國軍的紀錄與美軍在二戰中的偵照結果，可以發現嘉義飛行場其實在

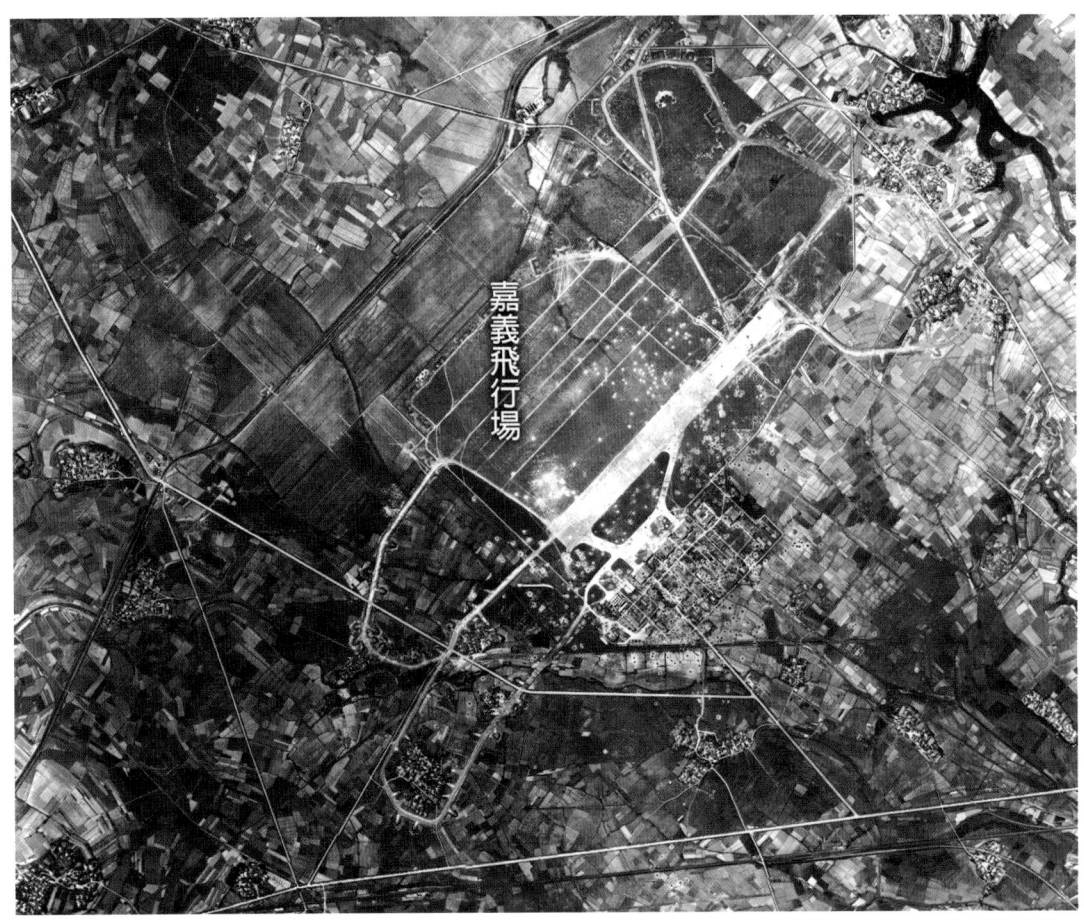

美軍拍攝於1945年4月15日的嘉義飛行場航照，可見二戰末期時該機場的情況。NARA-中研院GIS中心/提供

二戰後期一直處於擴建與增建的情況，不止主跑道一直在增長，南側與北側的疏散滑行道也持續擴建。而因為此飛行場內的營建設施主結構多未遭美軍轟炸徹底破壞，戰後國軍接收時，對於這些未滿十年的建物多整修後繼續使用，因此目前空軍嘉義基地內仍保留有非常多屬於「大東亞戰爭時期日本陸軍式樣」的制式軍事建築，例如作為空軍嘉義聯隊隊史館所在地的志開大樓，便是原飛行第14戰隊的兵舍，而其東南邊的戰隊本部，與更東側的將校集合所，甚至在如今基地一進門旁的原「嘉義陸軍氣象觀測所」也都健在。此外，嘉義基地的鋼構飛機棚廠骨架，也頗多是飛行第14戰隊時代留存至今的古董，其鋼骨身上甚至刻有日本有名之八幡製鐵所的標誌！

在美軍的判讀中，此機場是屬於供中型轟炸機與訓練機使用的日軍飛行場。而終戰時的美軍記載裡，嘉義飛行場留有22架的四式戰（疾風），12架的九九雙輕，8架的四式重（飛龍），2架的九八直協。

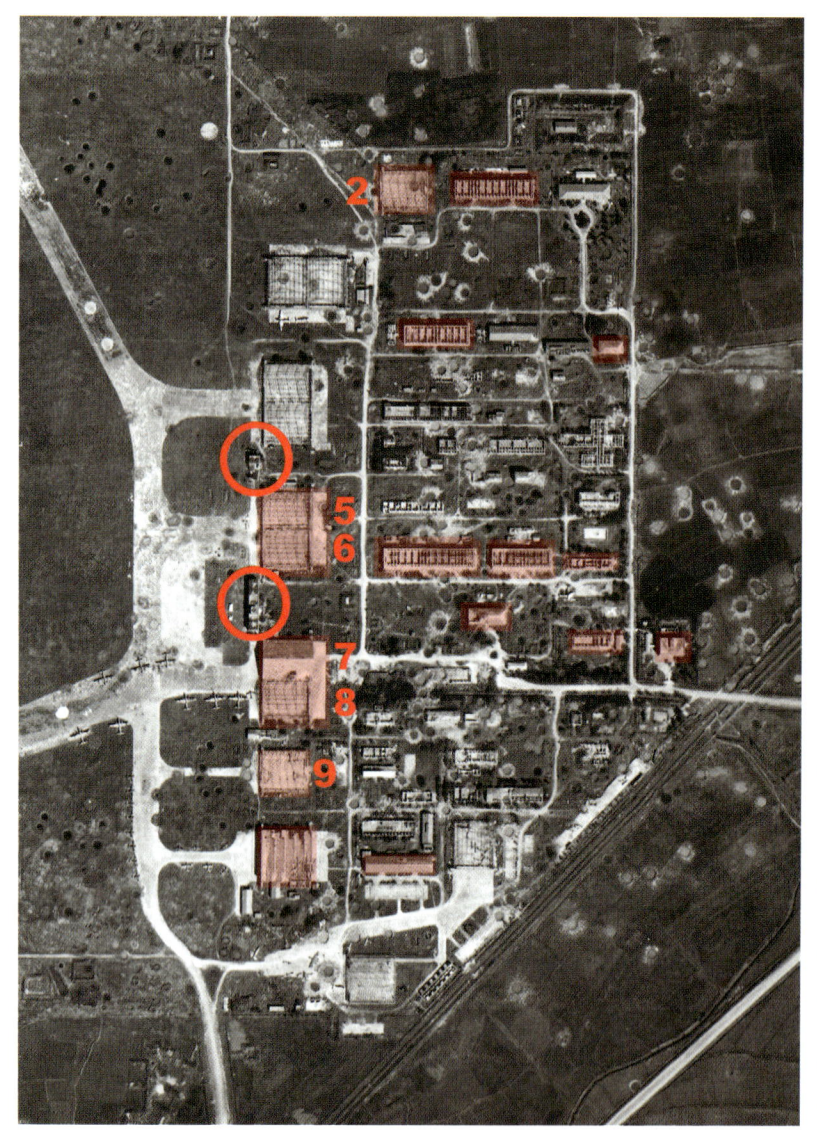

美軍拍攝於1945年10月22日的嘉義飛行場建物區航照，以紅色陰影標出的是推測戰後有重修使用的日軍建物，標上數字者為後來的棚廠編號。至於二個圓圈所標出者，戰後國軍接收之地圖上標為「本部」，推測是跑道邊的指揮所，現已不存。NARA-中研院GIS中心/提供

如今的空軍嘉義基地大門。2012.8.

位於空軍嘉義基地大門邊的這棟日本時代建物，是當年日軍的「氣象觀測所」。2012.8.

如今空軍嘉義基地內的五號與六號棚廠。2012.8.

如今空軍嘉義基地內的七號與八號棚廠。2012.8.

空軍嘉義基地之五號與六號棚廠內鋼架，有日本當年八幡製鐵所的標記。2012.8.

113

五號與六號棚廠內景。2012.8.

二戰時屬於「戰隊本部」的日軍建築。2012.8.

空軍嘉義基地內的戰後建築。2012.8.

二戰時屬於「兵舍」的日軍建築（如今稱為「志開大樓」）。2012.8.

空軍嘉義基地開放時，雷虎小組的飛行表演。2012.8.

空軍嘉義基地開放時，各種飛行表演的飛機在地上滑行姿態。2012.8.

嘉義機場如今仍有民航航班飛行（圖為立榮航空班機）。2012.8.

依照美軍紀錄推算，該場內留有飛行分科為戰鬥的飛行第50戰隊（1940.9.10.飛行第50戰隊設立，編成地台灣台中，代號50FR）與飛行分科為重爆的飛行第61戰隊（1938.8.31.飛行第61戰隊設立，編成地滿洲齊齊哈爾，代號61FR）之飛機。

　　戰後的日本陸軍嘉義飛行場，成為中華民國空軍嘉義基地，在二戰時日軍建設的基礎上持續擴充，除了軍用外也開辦了民航，目前是座軍民合用機場。依照民航局的紀錄，第一代的嘉義航空站啟用於1978年1月1日，但該航廈於1995年時改建而後使用迄今。嘉義機場ICAO代碼是RCKU，民航用的跑道走向是18/36（正北正南），長度為3,050m，有停機坪11,900 m^2，停機位3個。雖然在高鐵通車後國內航線運量持續萎縮，但嘉義機場至今仍有聯絡離島的民航班機在飛行。

如今的嘉義航空站外觀。2012.8.

大約於1990年代中期，空軍嘉義基地旁的嘉義民航用航站外貌。

嘉義基地開放時，總是吸引許多民眾前來「賞機」，連老嫗也進來參觀。2012.8.

潮州飛行場

現為潮州傘兵空降場、屏東縣潮州鎮光春路周邊

在日本時代所興建的軍方用飛行場中，有些並無特定跑道的設計，而是僅整出一大片空地，作為飛機起降之用。這當中，屬於日本陸軍體系，位於屏東地區的潮州飛行場便屬之。這座機場的歷史，較之許多二戰最末期所快速興建的飛行場要早。依照戰後國軍的紀錄顯示，這是一座二次大戰爆發前就已經開始興建的軍用機場，大約在1941年3月至1942年3月間興建。而有趣的是，這座機場的誕生時間背景，依照國軍紀錄，與佳冬飛行場是屬於同期的。

當時日本軍方的飛行場，不少在整地完後的全面完工前，便已經可以開始使用或提供訓練，因此這座機場推測在二戰開戰時便已經可以參與任務。紀錄中，第28飛行場大隊（輝第9924部隊）的略歷指出，該部隊於1941年10月10日抵達台灣潮州飛行場，並於該機場展開訓練與整備，直到11月23日與往菲律賓侵略的航空及地上先遣部隊一同從高雄港出發，才離開潮州飛行場，準備投入12月初的菲律賓攻擊。由此可見，潮州飛行場大致於開戰前已經存在是可以肯定的。不過，潮州飛行

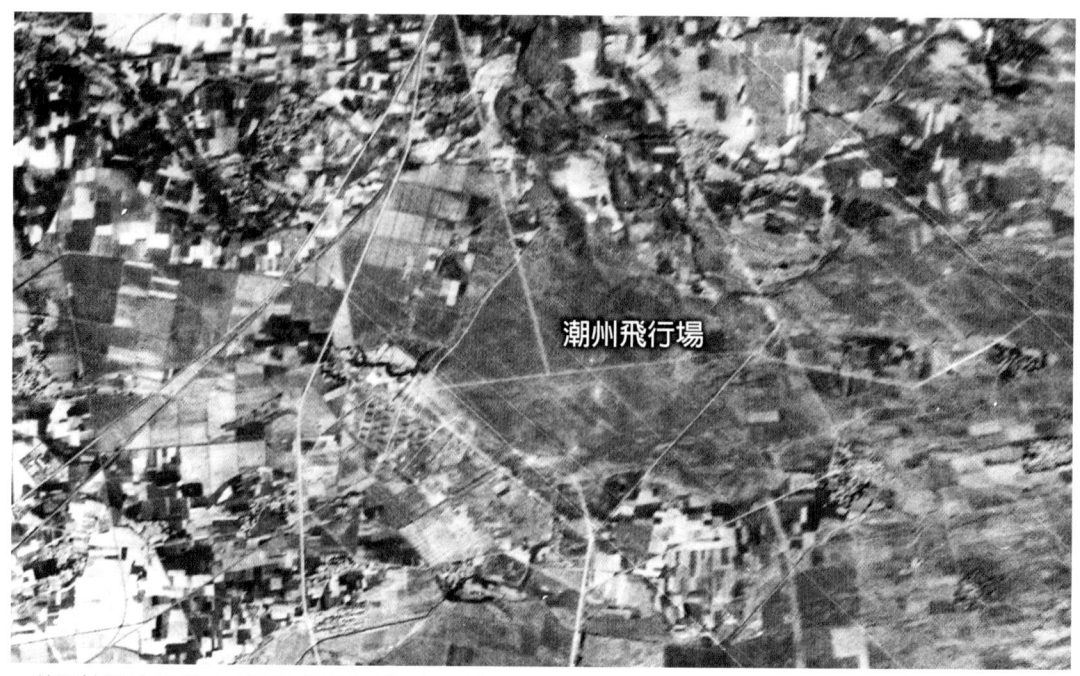

美軍拍攝於1945年1月31日的潮州飛行場航照。　NARA-中研院GIS中心/提供

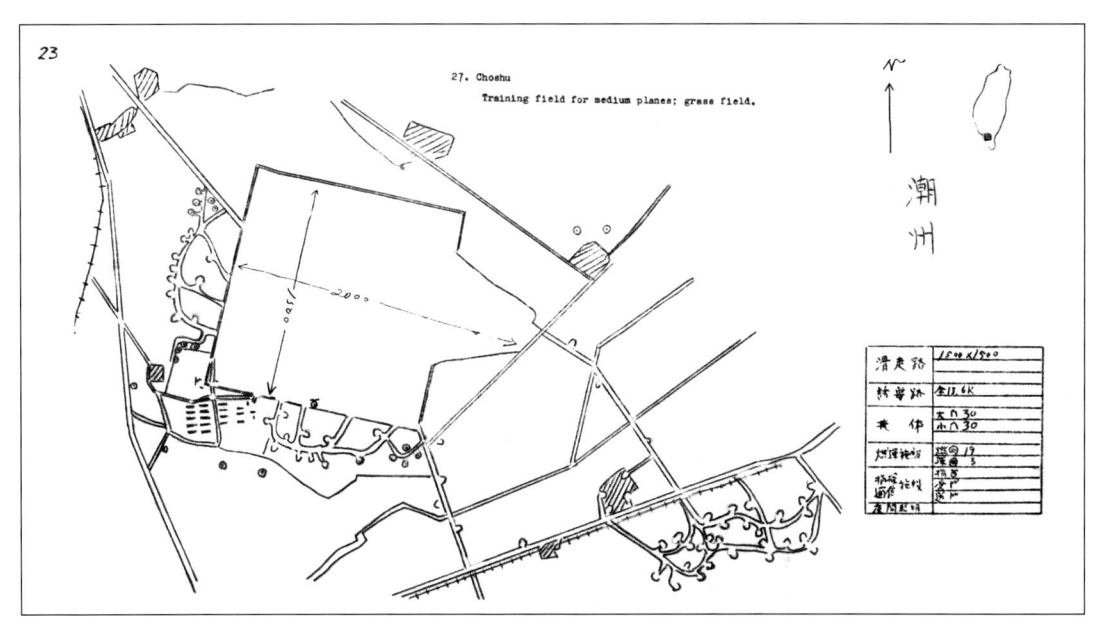

美軍在二戰後由日軍側所獲得的資訊，經整理後所得之潮州飛行場樣貌。 NARA/ 提供

場在二戰末期的 1944 年 8 至 9 月間，曾大量增建躲藏軍機用的疏散滑行道，因此後來的機場範圍比之開戰前要大些。

基本上，潮州飛行場從空中來看，其外型為一相當方正的正方形，長寬均為 1,500m，但在機場的東南角，則有突出的另一片用地。在戰後美軍接收時，由日本側得到的紀錄顯示，這一塊方正的正方形是以草坪的方式構成，並未有任何的鋪面施作。此外，潮州飛行場共有滑行道全長約 13.6km，大型與小型露天掩體各 30 座，分佈在機場的西側、南側與透過滑行道相連的東南側。另外，此機場有耐爆的受信通信所與送信各一棟，且有一座指揮所。目前，在整個機場範圍的南側中間，留有原指揮所遺跡，而在西南角也有一座方形的耐爆通信所存在。

依照國軍戰後的接收紀錄來看，這座機場位於當時的高雄州潮州郡潮州街，土地所有權主要屬官有地，但一部分為民有地，場面可載重量為 8 噸，有全長約 13.6km 寬 20m 的疏散滑行道。整座飛行場面積 2,527,000m²，土質為砂質壤土，標高 20m，掩體大型 30 個，小型 42 個，與美軍紀錄不同。此機場有通訊設備，裝於上述的耐爆通信所中，但無水電供應，也無夜航設備。國軍接收時，這座飛行場是屬於機場內草木繁茂但割草後可用，而部分疏散道則是破損的狀況。

事實上，比對日本軍方「第一航空軍司令部」於 1944 年 4 月 20 日所調製的軍事極秘「飛行場記錄」的台灣部分來看，可以見到 1944 年下半擴建滑行道前的潮州飛行場樣貌。該機場主要的場面外型同前所述是個 1,500m 的正方形，外側有深掘之水溝，場面中央則有盲暗渠作為排水，有

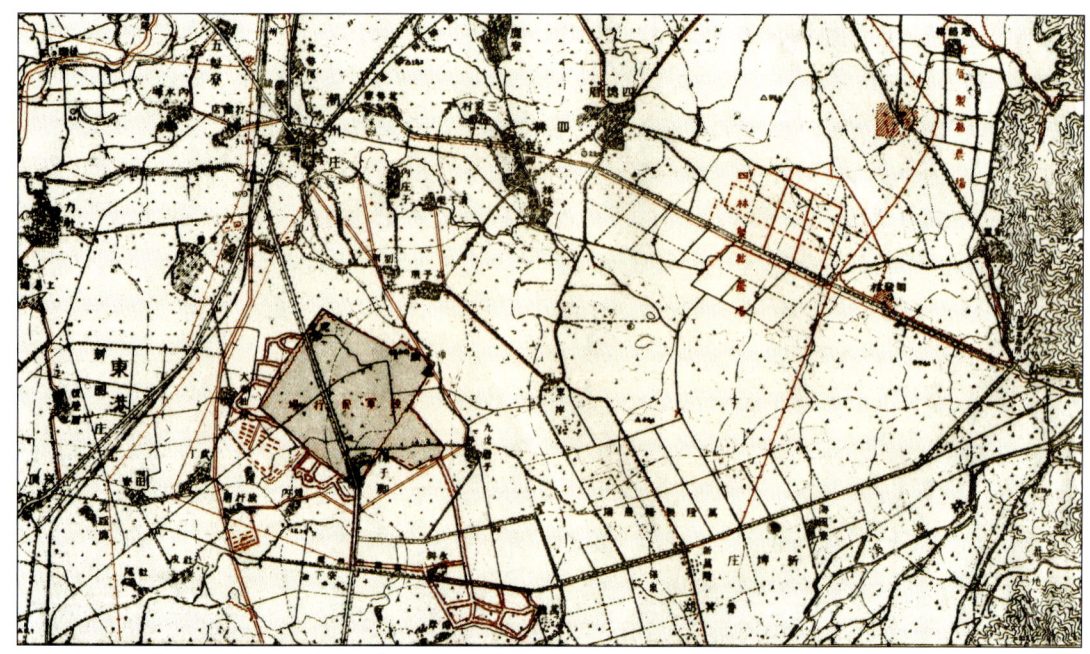

美軍在二戰後由日軍側所獲得，由台灣軍司令部於1945年1月所製作的五萬分之一地形圖（圖中可見二戰末期的潮州飛行場）。NARA / 提供

可供約百名官兵居住的兵舍16棟，並有燃料庫5棟，彈藥庫3棟，整個規模與佳冬飛行場類似。此飛行場在當時是由台灣軍經理部屏東出張所所管理，主要是日本陸軍所使用的機場，在1944年十號戰備時，為第22教育飛行隊的駐地。

潮州飛行場在二戰末期時的日軍地圖中，已經呈現出被一條從潮州市區往南通往恆春的道路（如今的光春路）所斜切。在二戰結束後沒多久，美軍於1946~47年間的航照圖中已經顯示，方正的飛行場格局用地內，多已經恢復成農田狀態。不過有意思的是，如今在這塊原本潮州飛行場範圍的中間，卻出現一整片有著綠油油草坪的長方形用地，為目前軍方使用中的潮州空降場，提供給傘兵訓練用。這樣的運用方式，也算是二戰時期飛行場撤廢後，還勉強維繫著與航空有關的一點相連。

如今的潮州飛行場，雖然周邊大部分的滑行道遺跡多已不存，但機場的正方形外圍輪廓卻依然可辨。特別是從光春路轉民安路時，那個沿著機場範圍邊緣的防禦用溝渠，仍然在台灣的土地上烙印下這處用地曾為飛行場的過往。此外，如今仍存的耐爆指揮所與通信所，也是這座機場曾經存在的歷史見證。儘管二戰後飛機已不從這裡起降，但傘兵的訓練，還是會有飛機飛來此處，這也算是二戰時的飛行場，在戰後獲得第二春的另一種方式。

目前軍方使用中的潮州傘兵空降場用地，前身就是二戰時的潮州飛行場。2014.7.

被如今之光春路所斜切的潮州飛行場遺跡。2010.5.

在過去潮州飛行場的機場範圍南側中間，留有日軍當年的耐爆指揮所遺跡。2014.7.

日軍當年興建的潮州飛行場，仍有一座耐爆通信所隱身於農園間。2014.7.

這整片的潮州傘兵空降場用地草坪，是二戰時潮州飛行場的遺跡。2014.7.

佳冬飛行場

曾為空軍之佳冬炸射場，現為屏南工業區一帶　　　　　　　　原 ICAO 代號：RCFS

　　幾年前因為電影《海角七號》暴紅之故，許多戲裡拍攝景點頓時成為影迷前往朝聖的地點。在電影中有出現的佳冬教會（屏東縣佳冬鄉萬建村忠孝街 78 號），也就拜電影之賜而有很多人造訪。不少觀光客在走訪佳冬教會時，都會發現旁邊的一座奇怪錐狀建物，而好奇為何這附近會有這樣一座二戰期間日軍的軍事遺跡。其實，這座防禦用的防空塔，與附近曾有的佳冬飛行場有著密切相關。

　　佳冬飛行場隸屬於日本陸軍，在依照美軍 1943~1944 年航照所調製的台灣城市地圖中，有一幅題名為 KATO 的圖，便是以佳冬飛行場為主要描繪對象。此圖有趣的是，它曾出現在齊柏林導演《看見台灣》紀錄片海報中當成底圖，因此又曾被地圖迷「肉搜」過。此圖中所繪製的佳冬飛行場，上面寫著「建設中」（under construction），不過這座機場的歷史，其實要早於此，甚至依照戰後國軍的紀錄顯示，還是一座二次大戰爆發前就已經開始興建的日本軍機場，大約在 1941 年 3 月至 1942 年 3 月間興建。不過，該機場在戰爭末期曾加以擴建，特別是為了分散躲藏軍機而築的疏散滑行道，大約是在二戰末期的 1944 年 8 月至 9 月間才闢建。

美軍拍攝於 1945 年 1 月 31 日的佳冬飛行場航照（a、b 與 c 為重要軍事建物區域的放大）。 NARA-中研院 GIS 中心/提供

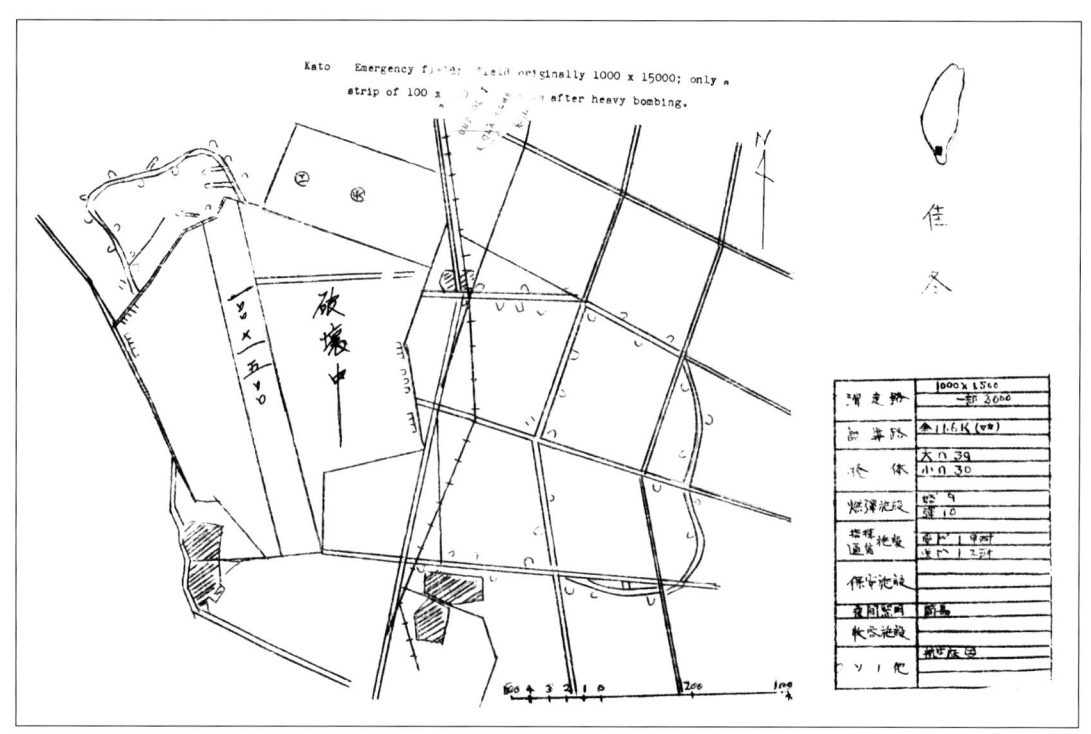

美軍在二戰後由日軍側所獲得的資訊，經整理後所得之佳冬飛行場樣貌。NARA / 提供

　　從戰後美軍接收時，由日本側得到的紀錄顯示，這座飛行場有一條長度為 1,500m、寬 100m 的跑道，及全長約 11.6km 的疏散滑行道，但整個機場的場面外型為不規則狀。此外，美軍紀錄裡這座機場還有大型掩體 39 座，小型掩體 30 座，且多為露天的掩體壕型態，分置於機場外圍。另外，此機場有耐爆的受信通信所與送信所各一棟，且有航空廠與簡易夜航設施。

　　而在戰後國軍的接收紀錄中，這座機場位於當時的高雄州東港郡佳冬庄，土地所有權的記載中，主要的機場用地為官有地，但疏散道則屬製糖會社的民有地。雖然美軍紀錄裡依稀有畫出一條長度為 1,500m 的跑道，但是國軍紀錄卻稱此機場「無跑道」（場面可載重量為 8 噸），僅有全長約 11.6km、寬 20m 的疏散滑行道，除一小部分在西側，大多位於機場東邊。整座飛行場面積 2,623,000m²，土質為砂土壤土，標高 19.5m，掩體大型 20 個，小型 39 個，與美軍紀錄不同。整座機場無通訊設備，也無水電供應，更無夜航設備。而國軍接收時，這座飛行場是屬於機場內有戰車壕等設備而使用困難的狀況。

　　事實上，比對日本軍方「第一航空軍司令部」於 1944 年 4 月 20 日所調製的軍事極秘「飛行場記錄」的台灣部分來看，可以見到 1944 年下半擴建前的佳冬飛行場樣貌。該機場主要的場面外型是個不規則狀的五角形，寬度大約是 1,550m~1,650m，在機場北側，有可供約 100 名官兵居住的兵舍 16 棟，並有燃料庫 5 棟，彈藥庫 7 棟。

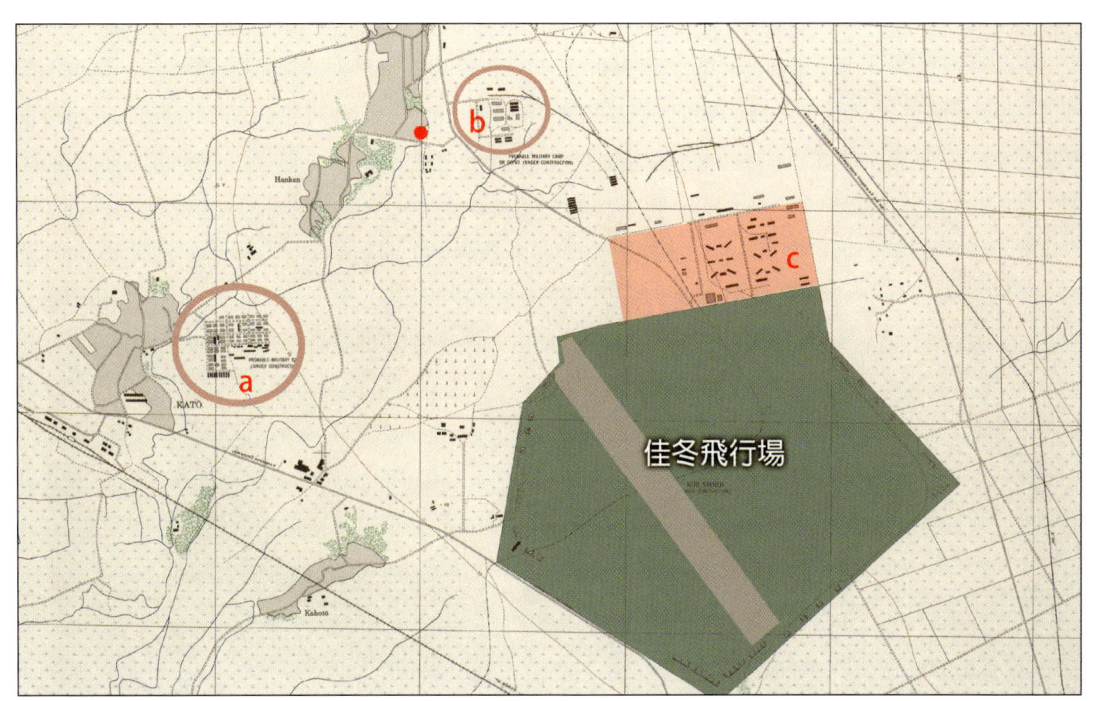

美軍依照二戰中的多次航照分析，於1945年所繪製的佳冬飛行場周邊地圖。圖中以紅色陰影標出部分，即為當時佳冬飛行場主要的兵營區域，至於a與b為推測為軍營之處，而圖中的紅點，則是現存位於佳冬教會旁的防空塔。

此飛行場在當時是由台灣軍經理部屏東出張所所管理，主要是日本陸軍所使用的機場，在1944年十號戰備時，為第二十一教育飛行隊的駐地。

佳冬飛行場在戰後由空軍接收使用，但因考慮若沒有處理未爆彈的話會過於危險，且該處機場已無使用必要，故大約在1950年代將此飛行場改為空對地靶場，不過部分土地曾在飛行場廢棄後當作農場使用，大約在1980年代時約有三分之二的土地由屏東縣府接收，變身為「屏南工業區」，另外三分之一則仍做為軍事演習時的炸射場，亦即「佳冬爆擊演習場」。不過到了1996~1997年間，空軍考量到附近工業區的安全，因此不再於此處做炸射任務。依照研究者盧景猷在1996年前後的調查，佳冬飛行場在戰後仍留有不少日軍遺留的軍事遺跡，例如曾做為海軍陸戰隊、海岸巡防司令部使用的營舍建築，或者是倉庫、水塔等。在佳冬炸射場範圍內，甚至還有軍機的殘骸。

依照2014年7月時的現地調查，原飛行場北側的機場軍營建物幾乎已經不存，僅有道路、圳溝以及碉堡等尚可見少數遺跡，反而是位於佳冬的文化三路旁，轉東鎮路上的一群磚造軍事建築，形制完整，戰後當成空軍眷村與退舍而保有二戰時樣貌。此外，依照美軍在二戰末期所繪製的地圖分析，位於機場北側原本亦有一處可能是軍營的區域（推測可能為軍方病院），

佳冬飛行場的部分用地，如今已經變成屏南工業區。2010.5.

位於佳冬教會旁的二戰時陸軍前進觀測塔。2010.5.

則在戰後變為屏東縣立玉光國小，用地外圍輪廓（例如民學路）尚可見道路之空間痕跡，但已無建物留存。當然，除了這些跟機場有關的軍事遺跡外，因《海角七號》爆紅的佳冬教會旁錐狀陸軍前進觀測塔，大概是佳冬飛行場外圍最有名的一處二戰遺構。

陸軍前進觀測塔形狀特殊，是佳冬地區觀光景點。2014.7.

陸軍前進觀測塔的槍口特寫。2014.7.

二戰時所興建的陸軍前進觀測塔。2014.7.

原本佳冬飛行場北側的軍營區，大多數建物均已不存，僅留圳溝遺跡。2014.7

位於佳冬文化三路旁，轉東鎮路上的一群磚造日本時代軍事建築，形制完整非常珍貴。2014.7.

日軍磚造軍事建物特寫。2014.7.

佳冬飛行場北側雖無兵營建物留存，但卻仍有戰後 1949~1950 年間所建造的碉堡。2014.7.

除了磚造建物，其旁做為眷舍使用的還有這批外表糊上混凝土的建築。2014.7.

佳冬這批日軍磚造建物2014年調查時保存雖佳，但前途未卜。2014.7.

磚造軍事建物的屋頂木架。2014.7.

恆春飛行場 [五里亭]

現為民航局恆春航空站、恆春機場（五里亭機場）　　　　ICAO 代號：RCKW

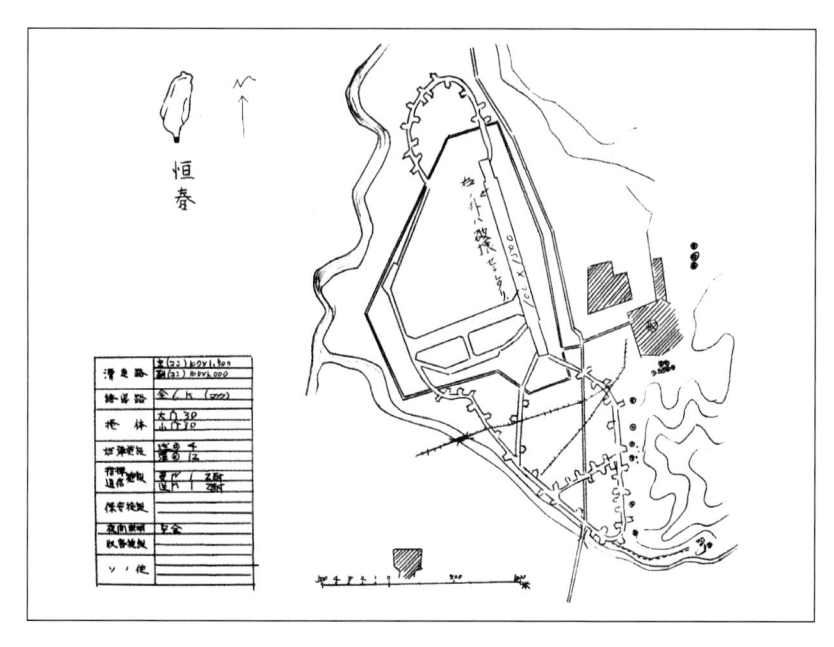

　　地理位置上在台灣本島最南端的機場，當屬目前民航局所經營的「恆春航空站」。這座民航使用中的恆春機場（地方上往往又稱「五里亭機場」），有一條方位為 14/32 的 1,700m 跑道，但因深受落山風之影響，機場關閉頻仍，實際使用的頻率不高。另因客源有限，並非每天都有班機起降，開始營運之後便風波不斷，並常被媒體笑稱為「蚊子機場」。在官方紀錄上，這座民航機場是於 2000 年 7 月動工整建，2004 年 1 月完工啟用，但實際上恆春機場的歷史，卻可溯至日本統治時代的恆春飛行場。

　　恆春飛行場的興建時間，雖然國軍戰後接收資料寫的是 1943 年 8 月，但推測真正的開始使用，是在日本發動太平洋戰爭前。從一份第 4 野戰飛行場設定隊（輝第 9951 部隊）的略歷中可以看出，該部隊於 1941 年 9 月 2 日從大連港出發，於 9 月 5 日在台灣鳳山港上陸，從事屏東、佳冬與恆春飛行場的「設定作業」，而後於該年 12 月 5 日從鳳山港出發，於日本發動珍珠港事變同時的菲律賓攻擊作戰中，在 12 月 10 日於呂宋島上陸，繼續飛行場的開闢任務。因此可以推斷在大東亞戰爭開打前，日本軍方就已經為了南進而在整備恆春飛行場。此外，在日本發動珍珠港事變的同時（美國夏威夷時間 1941 年 12 月 7 日，台灣與日本時間 1941 年 12 月 8 日），亦

美軍在二戰後由日軍側所獲得的資訊，經整理後所得之恆春飛行場樣貌。NARA / 提供

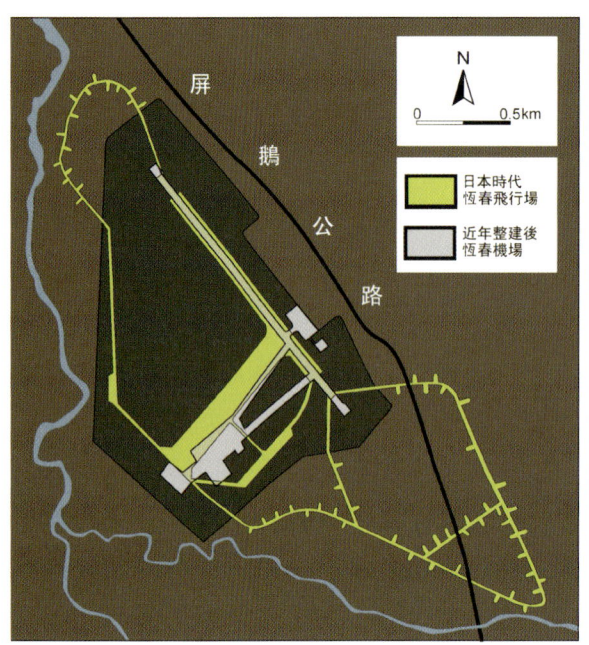

恆春飛行場日本時代跑道與如今恆春機場跑道的疊圖比較。

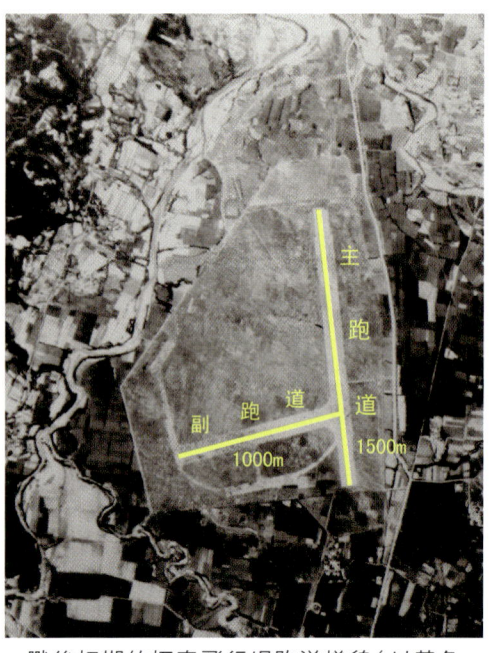

戰後初期的恆春飛行場跑道樣貌（以黃色標出兩條跑道）。

有飛機從台灣起飛往南攻擊菲律賓之任務。此次行動中，恆春飛行場做為台灣最南端的飛行場，相當程度提供了日本軍方在往南行動時，飛機油料補給上的關鍵協助。

以日本軍方較為機密的軍事行動紀錄來說，日本的國立公文書館（National Archives of Japan）之亞細亞歷史資料中心（Japan Center for Asian Historical Records）資料庫內，留存的海軍「飛行機隊戰鬥行動調書」，便記錄著海軍航空隊如何在二次大戰爆發的首日，在恆春飛行場的燃料補給下執行菲律賓攻擊行動。

在大東亞戰爭開打的首日，也就是昭和16年（1941年）12月8日，日本發動珍珠港奇襲之時，同步在台灣由日本海軍的高雄航空隊（簡稱「高雄空」，駐地為今空軍岡山基地）、台南航空隊（簡稱「台南空」，駐地為今之空軍台南基地）、鹿屋航空隊（簡稱「鹿屋空」，開戰前移往高雄岡山）、第1航空隊（一空）與第3航空隊（三空），出發前往菲律賓呂宋島攻擊美軍的二處航空基地（Clark 與 Iba）。這次行動的主要攻擊是由高雄空的一式陸攻、一空與鹿屋空的九六陸攻負責轟炸攻擊任務。第一攻擊隊負責進攻美軍的 Clark（克拉克）基地，而第二攻擊隊則負責另一處的 Iba 基地。除了這二個以轟炸為主的攻擊隊外，隨同的還有由台南空與三空所組成的零戰戰鬥機第一戰鬥機隊與第二戰鬥機隊擔任掩護。這當中，三空的零戰從海軍高雄飛行場（岡山）出發，而台南空零戰機隊，則有36架從台南飛行場起飛，另9架因編入三空的任務編組中參與作戰，故是由高雄飛行場（岡山）出發。

美軍拍攝於1945年1月31日的恆春飛行場航照。NARA-中研院GIS中心/提供

　　由於日軍在開戰前已經反覆模擬與訓練整個攻擊流程，故此次任務從岡山出發的飛機大多能在油料足夠的情況下安返高雄空在岡山的基地，反而是台南空的部分有些因油料問題，必須利用恆春作為燃料補給之中繼站。依照台南空的「飛行機隊戰鬪行動調書」顯示，攻擊當日早晨10:45時從台南出發的36架零戰，除1架因起落架無法收起而折返，其餘在午後13:40至14:20間進入Clark基地的戰場攻擊，而後返回台灣，其中有29架都因油料問題而在17:00時降落恆春做燃料補給，才再繼續北上返回台南。至於從高雄出發，支援三空的9架零戰，也大約在相同時間抵達菲律賓的Iba戰場，並於攻擊後返回；但當中也有5架零戰因為燃料關係，在16:20飛抵恆春降落。因此，從這些大東亞戰爭開打初日的紀錄，再加上隨後幾天的菲律賓攻擊行動來看，都可以清楚理解恆春飛行場作為日軍南進攻擊時的重要軍事地位。

　　恆春飛行場主要隸屬於日本陸軍，但也有海軍的營舍與使用紀錄。在戰後美軍調查時，由日本側得到的資料顯示，這座飛行場有一條主跑道長1,500m、寬100m，另有一條副跑道長1,000m、寬100m，兩者呈九十度交角，整個機場的場面外型為不規則狀，略呈梯形。此外，恆春飛行場另有全長約6km的疏散滑行道，分佈在機場的北側與南側。而在美軍紀錄裡，這座機場還有大型掩體30座，小型掩體30座，但多為露天的掩體型態，分布於機場外圍。另外，此機場有耐爆的受信通信所與送信通信所各1棟，且有燃料庫與彈藥庫於機場的外圍。

戰後初期的氣象局恆春測候所。
恆春氣象站/提供

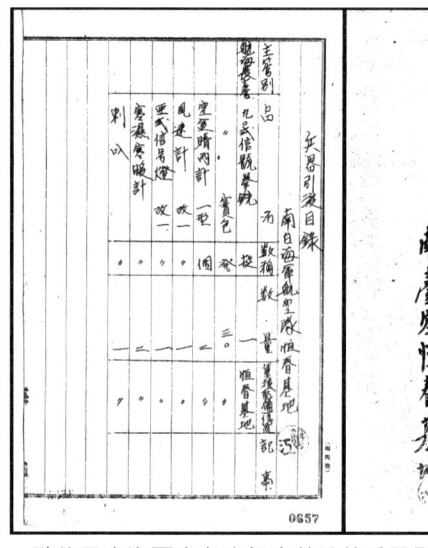

戰後日本海軍南台空恆春基地的兵器引渡目錄。國立公文書館亞細亞歷史資料中心/提供

　　在戰後國軍的接收紀錄中，這座機場位於當時的高雄州恆春郡恆春街，土地所有權的紀錄中，主要的機場用地為官有地，但一部分屬民有地。國軍紀錄與美軍紀錄對於跑道的長寬完全一樣，而場面可載重量為 10 噸，有全長約 5.7km、寬 20~30m 的疏散滑行道，除一小部分在北側，大多位於機場南邊，連接大型掩體 30 個。整座飛行場面積 1,900,900m2，土質為粘土質，標高 15m。國軍接收之際，這座飛行場是屬於無通訊設備、夜航設備、水電供應，且排水不良，跑道一部分無法使用的狀況。

　　事實上，比對日本軍方「第一航空軍司令部」於 1944 年 4 月 20 日所調製之軍事極秘「飛行場記錄」的台灣部分來看，可以見到擴建前的恆春飛行場樣貌。當時，該機場主要的場面外型是個不規則狀的梯形，兩條有鋪裝的跑道分別為長 1,100m、寬 100m 與長 1,000m、寬 100m，有兵舍 6 棟，並有「掩體野外集積所」。此外，從地圖上還可以看出，位於機場東側靠虎頭山邊，有一排「海軍所管建物」。根據 1945 年 11 月 27 日台灣地區日本官兵善後連絡部所呈送的「台灣地區日本海軍部隊駐地位置及概況」一覽表，可查出日本海軍二戰時在恆春也有兵力佈署，亦即為南台海軍航空隊恆春派遣隊。因此，珍珠港事變時，日本在岡山的海軍飛機，會把恆春當油料補給或者是油料不足時的緊急降落機場，也非全然是巧合，主要是因其地理位置在台灣本島最南端，海陸軍都希望能使用這座機場之故。

　　此飛行場最特殊的地方，或許是恆春地區強勁的落山風這個氣象因素。該機場的兩條跑道，西北/東南向的跑道在起降時較無受到地形影響限制，但若使用東北/西

目前的恆春航空站外貌。2007.1.

南向的副跑道，往東起飛就會立刻碰到山，故往東離陸相當危險。而根據 1944 年「飛行場記錄」內風場的分析可知，使用西北／東南向風場的跑道主要在雨季時，但可用的季節並不長，絕大多數時候的盛行風都是東北風，特別是 9 月至 3 月更有強勁的落山風，往往導致使用較無地勢影響的西北／東南向主跑道時，會有強烈側風（落山風）的潛在危害。

二戰後，恆春飛行場受制於周邊環境的影響與落山風的威脅，正如日軍提交國軍之恆春飛行場要圖內所述，「東側與西北側有山，因而氣流狀況頗為惡劣」。在失去了南進的軍事考量因素後，恆春機場的存廢就一直備受爭議。近年新建的民航用恆春機場，雖是利用日本時代恆春飛行場加以擴建，但增長使用的只有那條西北／東南向主跑道，另一條與其垂直的較短副跑道，則在整建時並未增長使用，考慮的因素應為東側之虎頭山，與必須徵收民地之故。比對二戰時恆春飛行場與如今恆春機場的地面設施來看，日軍時代主要的機場建物與大坪是以副跑道側為主，但近年改建的恆春航空站卻是以靠近屏鵝公路的跑道邊用地來興建。因為恆春地區冬季東北季風盛行時的落山風，常造成這條 14/32 配置的西北／東南走向跑道，剛好與落山風呈現垂直的側風交角，讓航班因為側風風速過強而不得不停飛。

由於恆春機場受落山風季節側風影響

135

恆春航空站內部。2007.1.

停於恆春機場內的華信航空福克五十飛機。2007.1

南國天空下的恆春機場，是台灣本島最南端的飛機場。2007.1.

恆春機場的大坪。2007.1.

恆春機場內的氣象觀測坪。2007.1.

至鉅，導致 2004 年民航啟用後營運狀況越來越糟，近年來民意多傾向廢止，而當地政府也曾苦思如何活化與應用這座機場。由於恆春機場前身的恆春飛行場，是大東亞戰爭開打首日曾參與戰役的日軍基地，又是台灣島上地理位置最南的飛機場，是近代史上重要的軍事遺跡。政府不妨好好善用恆春機場的歷史意義與空間資源，初期至少先將如今已不使用的副跑道與過去的日軍飛行基地大坪，改建成一座二戰軍事航空博物館，陳列歷史飛機與軍事文物，延續這座蚊子機場的航空壽命。

第四章

大東亞戰爭爆發前興建的台灣島內海軍飛行場

新竹飛行場

現為空軍新竹基地、新竹機場　　　　　　　　　　　　　　**ICAO 代號：RCPO**

　　目前空軍新竹基地所在的新竹機場，其實是二次大戰爆發前日本海軍就已經興建的北台灣重要航空基地。依照戰後國軍接收時的紀錄，是將該機場稱為「北台空新竹基地」，位於新竹州新竹市樹林頭。國軍紀錄裡，這座機場建設於 1941 年 10 月 1 日，而營建設施則完成於 11 月 24 日，土地是官有地，跑道呈現方正排列，外加中間一條橫切對角線的大規模方式。不過根據相當多的資料研判，新竹飛行場其實是早於二戰爆發前就已經開始使用，不過在二戰時曾經經過擴張，因此美軍在二戰末期偵照所探知之狀況，其實是已經擴張後的情形。

　　依照戰後 1946 年 10 月由新竹市府發文給台灣省行政長官公署民政處的一份「新

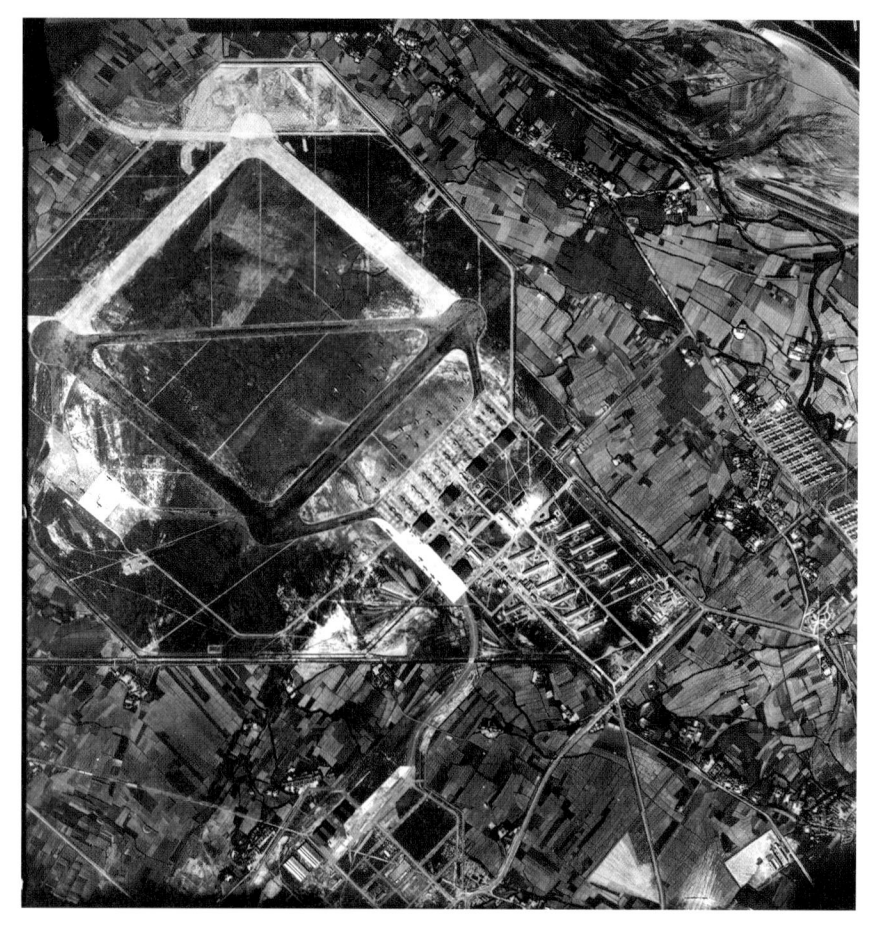

美軍拍攝於 1943 年 11 月感恩節大轟炸前的新竹飛行場狀況。NARA-中研院 GIS 中心／提供

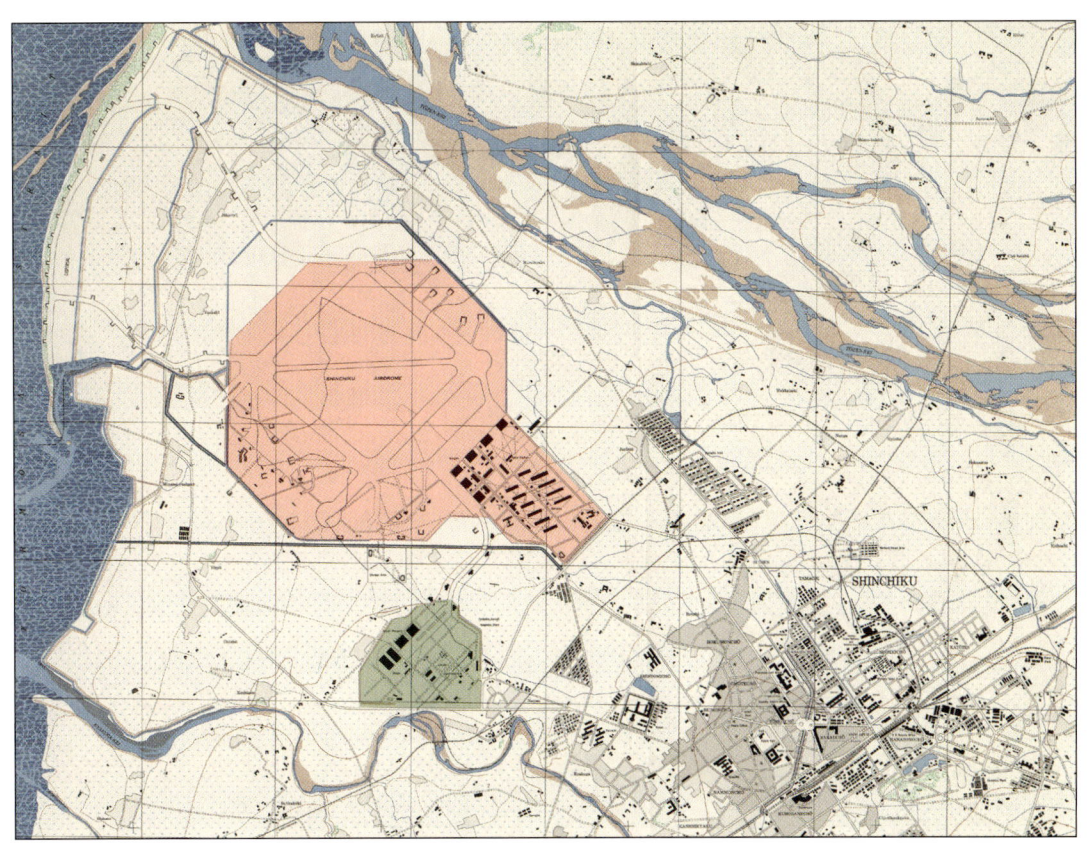

美軍依照1944年多次航照後於1945年所繪製的新竹飛行場圖。圖中以紅色陰影標出範圍為新竹飛行場初期的範圍樣貌。綠色陰影部分為海軍第61航空廠新竹分工場的位置。

竹市轄境內機場實況調查表電送案」可知，機場是在 1939 年 5 月徵收並興建，戰後是由駐在新竹的空軍第 36 地勤中隊接收與管轄。依照曾令毅論文〈二次大戰前日軍在台航空兵力發展之初探（1927-45）〉所述，日本海軍受限於從 1920 年代開始的《海軍軍縮》影響，直到 1936 年 12 月退出軍縮協議之前，均無法在台灣展開航空基地的建設。因此由此判斷，海軍的飛行場興建，應是在 1937 年之後，故新竹飛行場的誕生也是晚於此時，但一定早於二戰的爆發。因為，在中日戰爭開打後，日本海軍成立了 6 個陸上攻擊機的部隊，作為往中國大陸轟炸攻擊，與對美、對英戰爭時的陸上攻擊部隊之用。這當中，於 1941 年 4 月 10 日在新竹飛行場開隊的「第 1 航空隊」便是一個擁有九六式陸上攻機 36 架，九六式艦上戰鬥機 24 架的戰鬥部隊。因此，以該隊能於 1941 年春在新竹開隊的情況來看，此機場一定在二戰爆發前便已經可以使用。不過，隨著日本偷襲珍珠港前的準備，該隊的戰鬥機隊全於 1941 年 12 月 1 日移轉給台南海軍航空隊，而僅剩下轟炸機的陸攻部隊。該隊於大東亞戰爭開打後征戰各地，在 1942 年 11 月 1 日時，改稱為「第 752 海軍航空隊」，之後的任務與行動便少

139

美軍拍攝於1945年7月11日的新竹飛行場航照，可見其場面已經被轟炸得面目全非。NARA-中研院GIS中心/提供

與新竹有關。

事實上，在大東亞戰爭開打後，日本海軍曾於新竹飛行場內成立以新竹為名的「新竹海軍航空隊」。該隊於1942年4月1日成立，主要作為陸上攻擊機部隊的鍊成與教育為目的。不過在1943年11月25日，新竹飛行場首度被美軍的第14航空隊所突襲攻擊，損失慘重，後於1944年1月1日正式解散。

日本海軍在1944年7月10日正式導入「空地分離」的制度，而「台灣海軍航空隊」便是日本海軍最初的一批「乙航空隊」，是種相對於以飛機作為作戰任務的「甲航空隊」外，主要從事航空基地防衛與相關支援體系維持的陸上部隊。該航空隊以新竹為主要根據地，掌管台灣島內許多的海軍航空基地，作為為了菲律賓防衛而進出之作戰飛機部隊的中繼站。

台灣海軍航空隊於1945年6月15日二戰的最末期，被分割成「北台海軍航空隊」與「南台海軍航空隊」後，以新竹為基地的北台海軍航空隊，司令為原「台灣空」的鈴木由次郎，繼續掌管北台灣的海軍航空基地直到終戰。這樣的源由，也就是戰後國軍紀錄裡，會註明該機場為「北台空新竹基地」的原因。

美軍於二戰結束後的1945年10月29日在新竹飛行場內所拍攝的整群報廢日本軍機。 NARA/提供

　　新竹飛行場最初的設計樣貌，只能從日本軍方「第一航空軍司令部」於1944年4月20日所調製之軍事極秘「飛行場記錄」的台灣部分來看。該份資料內的新竹海軍飛行場圖相當簡陋，也無相關的文字資料，不過對於機場的場面，很簡單地呈現一個正八角形的外貌，而南北與東西最長處，則有2,000m。整個場面，於東南角延伸出約1,000m長的營舍區域。這個正八角形的飛行場設計非常有趣，與花蓮港（南）飛行場的配置極為類似。不過花蓮港（南）飛行場的八角形場面，雖然東北西南向的長度也是2,000m，但是寬度則只有1,600m，比新竹飛行場的要縮小一些，因此並不如新竹飛行場一樣為正八角形。但依照美軍在1943年轟炸新竹飛行場時的航照來看，可以得知此機場在後來有了些許的修改，而且1943年底整個機場也正在進行擴張的工事。依照航照圖與美軍地圖上周邊圳溝的一些痕跡，以及2,000m與1,000m這兩個數字的比對，大致可知修改的部分是東南角的設施區域。雖然從大坪旁格納庫（棚廠）往基地最東南角的長度依然是1,000m，但整個範圍縮短、也縮小了一些。不過，八角形的東西長與南北長，依然是在2,000m的設計規模上。而1943年時的航照也顯示，新竹飛行場正在進行擴張的工程，主要的場面擴大是北側與西北側，因此這兩邊的舊有圳溝雖然從航照上的遺跡可見，但整個飛行場的外圍圳溝已經因為擴建而讓此正八角形的場面有所改變。有趣的地方是，這座由八角形所擴建的飛行場，已經增加方形相連的數條跑道，宛如一座棒球場的外貌。

　　這個方形跑道的分佈，推測是由東北／西南向的1,200m兩條跑道，與西北／東南向的1,200m跑道所框成，而其中間，則有一條約1,680m的東西向跑道。這幾個跑道長度非常有趣，因為整個場面是以約略1,200m正方形所形成，因此中間那條的長度就是以一個等腰三角形的方式來計算，亦即1,200m乘上根號2，如果以1.4來計算，長度正好是1,680m。這幾個長度與戰後的國軍紀錄不謀而合，不過因為二戰中

美軍於二戰結束後的1945年10月29日在新竹飛行場所拍攝的飛機掩體。NARA/提供

目前空軍新竹基地內仍現存有日本時代的掩體，特別是從機場往原本海軍第61航空廠新竹分工場間的滑行道旁。2005.11.

後期的飛行場擴張，將東北/西南向的跑道往西南側增長，故長度上略有差異。國軍的接收紀錄中，有1,680m跑道一條（東西向）、1,600m二條（東北/西南向）、1,200m（西北/東南向）2條，可載重量為每平方米20噸。整座飛行場面積1,571,590m2，土質為赤粘土，標高海拔4m，有疏散滑行道全長約1.4km（寬40m），有蓋飛機掩體（乙式耐爆）共27座。戰後的記載中，新竹飛行場有通訊設備，也有夜航設施（探照燈8座），場內有紅磚與鋼筋混凝土造的U型下水溝以供排水，有自來水設備與電力供應。國軍接收時，這座新竹飛行場是屬可以使用的狀態。

而在美軍戰後從日本側獲得的紀錄中，大部分的記載與國軍數據大同小異，比較大的不同是各式掩體108座（紀錄中標示「特」44座，「小」64座），高射砲29座，有可供3,500人容納之兵舍。此外，該紀錄裡還記載著新竹飛行場留有8架完備及1架待修，共9架的戰鬥機、3架待修的艦爆機、10架完備的艦攻機，以及8架完備的偵查機，但型式皆不明。

因為日軍於二戰的後期節節敗退，在正規戰法都已無法達到有效戰果的情況下，不得不以「特攻攻擊」的自殺式戰法突入敵艦以確保敵軍的損傷。然而，國人熟知的「神風特攻隊」，其實只是海軍航空隊「神風特別攻擊隊」的簡稱，陸軍的特攻隊以及部分的海軍特攻隊，並未冠上「神風特攻隊」之名；也就是說，不能將所有的特攻隊都歸類為「神風特攻隊」。此外，並非所有台灣島內的飛行場都在這大戰的末期投入特攻攻擊的序列中；以日本海軍為例，主要是以新竹、台中、台南，以及陸軍航空隊之宜蘭飛行場為發進基地居多。

在日軍戰後的紀錄裡，這些從台灣出發的特攻攻擊中，以新竹出發的次數最多。這當中冠以「神風特別攻擊隊」為名的，有「忠誠隊」（1945.4.1.，彗星1架，搭乘員2名，屬第765航空隊；1945.4.3.，彗星1架，搭乘員2名，屬第765航空隊；1945.4.6.，

空軍新竹基地內仍現存的日本時代掩體背面。2008.6. 黃威勝/攝

彗星 3 架,搭乘員 6 名,屬第 765 航空隊；1945.4.16.,彗星 1 架,搭乘員 2 名,屬第 765 航空隊；1945.4.28.,彗星 1 架,搭乘員 2 名,屬第 765 航空隊；1945.5.4.,彗星 1 架,搭乘員 2 名,屬第 765 航空隊；1945.5.9.,彗星 1 架,搭乘員 2 名,屬第 765 航空隊）、「歸一隊」（1945.5.3.,天山 1 架,搭乘員 3 名,屬第 765 航空隊）、「振天隊」（99 爆 2 架、97 艦攻 1 架,搭乘員 7 名,屬第 12 航空隊；1945.5.4.,99 爆 1 架,搭乘員 2 名,屬第 12 航空隊；1945.5.13.,97 艦攻 1 架,搭乘員 3 名,屬第 12 航空隊；1945.5.15.,97 艦攻 2 架,搭乘員 6 名,屬第 12 航空隊；1945.5.29.,97 艦攻 2 架,搭乘員 4 名,屬第 331 航空隊及第 381 航空隊）、「第三大義隊」（1945.4.3.,零戰 1 架,搭乘員 1 名,屬第 250 航空隊）。

由於二戰最末期的新竹飛行場,是北台灣少數仍可運作的海軍大型飛機場,因此其作為北台空防重鎮的軍事地位,也持續到戰後的接收,以及後續中華民國空軍繼續使用這座基地的決定。

民國 38 年（1949 年）,國民黨政府自大陸撤退來台。此時,新竹機場是空中交通的一大樞紐,不只是人員撤離的落地處,也是故宮國寶空運來台之下機處。事實上,從民國 37 年起,大陸的局勢越來越亂,由新竹往返中國大陸的運輸機亦越來越多。由於新竹機場與大陸最近,又是個可靠的軍用機場,因此重要物資的撤退都以它為起降機場。運輸機每天大陸、新竹兩邊跑,第一天飛往大陸,隔天便又載著撤退的人員與物資回來,「撤退班機」幾乎是天天都有,絡繹不停。

戰後的美軍協防時代,新竹機場有了大規模的改建,05/23 的主跑道是以原本南側的那條東北/西南向跑道加以延長所構成,其他日本時代的跑道雖然部分遺跡仍可見,但已經不做為跑道使用。

目前新竹機場內仍有許多二戰時的軍事遺跡,包含不少日軍飛機隱蔽用的有蓋掩體,以及ㄇ字形的無蓋掩體。此外,整

日本時代的飛機掩體如今多已封起另做他用。2010.12.

個基地內的棚廠格局,也是延續當年的規模。

雖然日軍時代的主要二層樓兵營建築（二聯隊成立時的聯隊部,虎風樓）已經拆除,但遭美軍轟炸後又重建的數排一樓拱圈外觀房舍,如今依然在拉皮改為紅瓦後繼續使用。這些有著拱圈的軍事建築,是日本海軍在台灣的制式型態,類似的建物在許多海軍的軍事基地內也都可見。此外,在如今的新竹機場外圍,則有許多吊鐘狀的防空塔存在,甚至過去從新竹通往飛機場的鐵路,雖然拆除後改為一般道路,但卻以「鐵道路」命名,也算是新竹飛行場的軍事遺跡。

新竹機場內殘留的「新竹飛機場線」鐵路末端遺跡。2010.12.

鐵道路與境福街口現狀。2010.12.

有拱圈的這類單層紅瓦建物，是典型日本海軍的建築式樣。2010.12.

空軍新竹基地大門。2012.6.

這些有拱圈的紅瓦兵舍，是二戰時美軍空襲破壞後又重修使用迄今的歷史建物。2010.12.

空軍新竹基地配屬的四九九聯隊，亦即為二聯隊，可見其隊徽為一個大大的2字。2012.6.

「虎風樓」三個字是外號王老虎的王叔銘將軍所題。

如今已經拆除，日本時代所建的「虎風樓」。

新竹機場開放時，總是吸引國人前往參觀。1995.8.

新竹機場內的露天掩體，其內曾擺置的F-100是做為偽裝機用。1995.8.

新竹機場內露天掩體後期已經不擺偽裝機。2010.12.

新竹機場內的棚廠。1995.8.

二戰期間新竹飛行場遭受美軍轟炸時的情形。 NARA/提供

新竹機場內舊的飛管大樓。2010.12.

新竹機場的棚廠內景。2012.6.

新竹機場內滑行中的IDF。2012.6.

新竹機場內目前使用中的許多機堡多為戰後才興建的飛機掩體。1995.8.

雷虎小組在空軍新竹基地開放時的表演。2012.6.

目前新竹空軍基地配屬的是幻象2000戰機。2012.6.

新竹機場北跑道頭。2010.12.

149

位於空軍新竹基地外的「黑蝙蝠中隊文物陳列館」，保留有相當多當年黑蝙蝠中隊派駐於新竹機場的歷史文物。2012.3.

新竹飛機場線當年仍在行駛時的境福街口風景。1994.

新竹飛行場外圍目前現存的日本時代中型防空塔。 2008.10.

新竹機場內有一些二戰時的建物遺跡，用途不明。2010.12.

台南飛行場

現為空軍台南基地、民航局台南航空站、台南機場　　　　ICAO 代號：RCNN

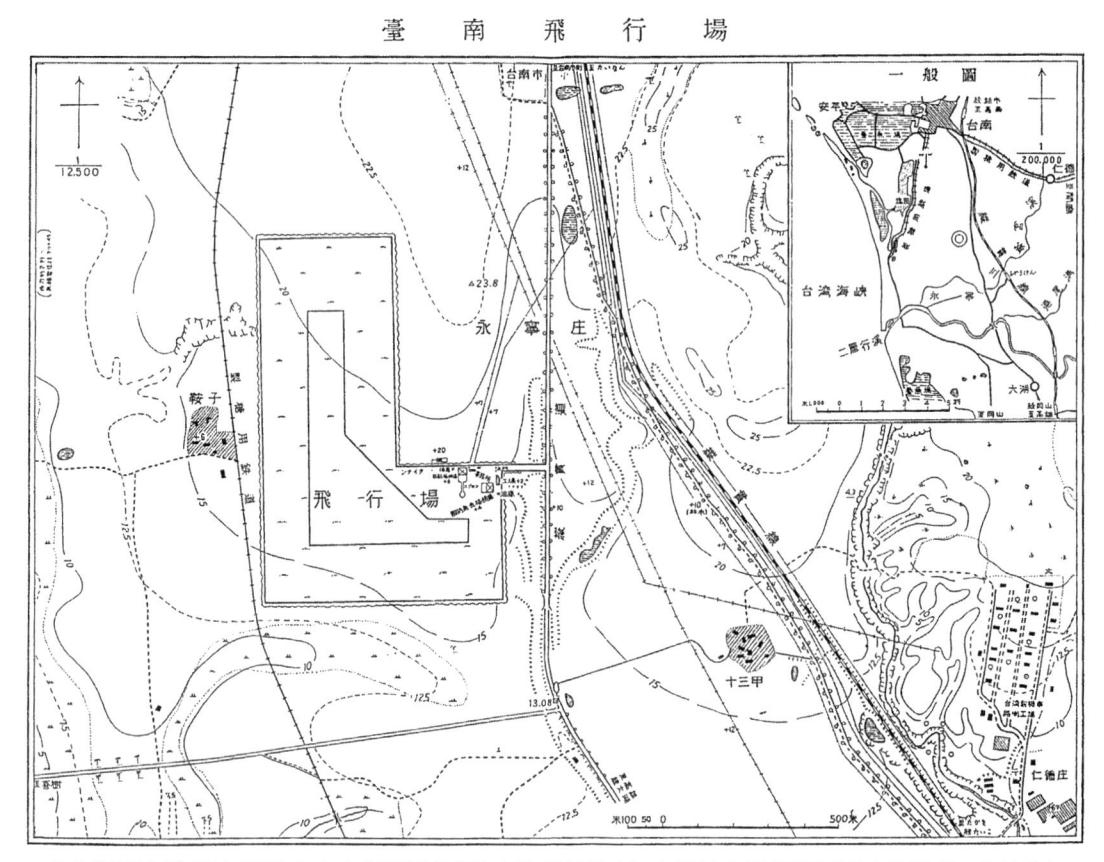

如今民航與軍方所共用的台南機場，是日本統治台灣時期，最早於台南地區所興建的飛機場。這座機場的出現，與 1936 年 8 月開啓的島內民航定期航空有關。雖然說，台南州早於 1935 年末時就已經爲了島內民航的定期旅客郵便飛行，在尋找「台南飛行場」的候選用地，然而直到 1936 年夏島內定期航空開闢時，民航西線在台南州與高雄州仍無可用的民航機場，因此只能以高雄海軍用地充作飛行場起降。而在高雄州這邊一直無法對於飛行場用地定案的情況下，台南州搶先一步，於 1936 年 12 月底通過台南飛行場的興建預算，確定於新豐郡永寧庄鞍子之處，興建面積約十八

日本海軍水路部於1939年左右所調製的「航空路資料第10-台灣地方飛行場及不時著陸場」中的「台南飛行場」附圖。

美軍拍攝於1944年8月25日的台南飛行場狀況。NARA-中研院GIS中心/提供

萬坪的民航用飛行場，計畫於半年後啟用。事實上，這座台南飛行場的興建，要到1937年1月30日才在該預定地舉行地鎮祭，而後於2月開始，在岩淵組的執行下開啟整地與興建工程，而後於該年5月下旬大致完成，預計於6月啟用，而原本島內定期航線的西線終點高雄，則可以移轉至這座新完成的台南飛行場。

依照報紙的報導，1937年6月1日時，第一架抵達的飛機在台南市上空盤旋三圈後，於10:07降落在這座新完成的飛行場，受到民眾熱烈的歡迎。而島內的定期航空，也順勢更改了時刻表以及票價，下行的時刻表為台北8:00出發，台中8:50到9:00發，最後於台南9:50到，至於上行的回程是台南13:00發，台中13:50到14:00發，台北14:50到。票價方面，除了台北、台南間為20元，台北、台中間或台中、台南間則均

為10元。雖然說，這座台南飛行場於6月1日便實質啟用，但開場式則要到6月27日才舉行，連台灣總督府的啟用告示，也是從1937年6月26日起才設置。

台灣總督府於1937年8月10日的告示第百六十九號，正式設立了這座民航用的台南飛行場。該告示的內容翻譯後大致如下：一、設置之目的：公共用。二、經營者之名稱及住所：台南州。三、飛行場用地所有者之名稱及住所：台南州。四、飛行場名及所在地名：台南飛行場，台南州新豐郡永寧庄鞍子及十三甲。五、陸上、水上或水陸兩用飛行場之類別：陸上飛行場。六、面積及地形：154,214坪。滑走區域，東西700m，南北1,000m，L字型，滑走區域之地平坦。七、盛行風向：北。八、設備之概要：信號柱。九、設置期間：自1937年6月26日至1957年6月25日。

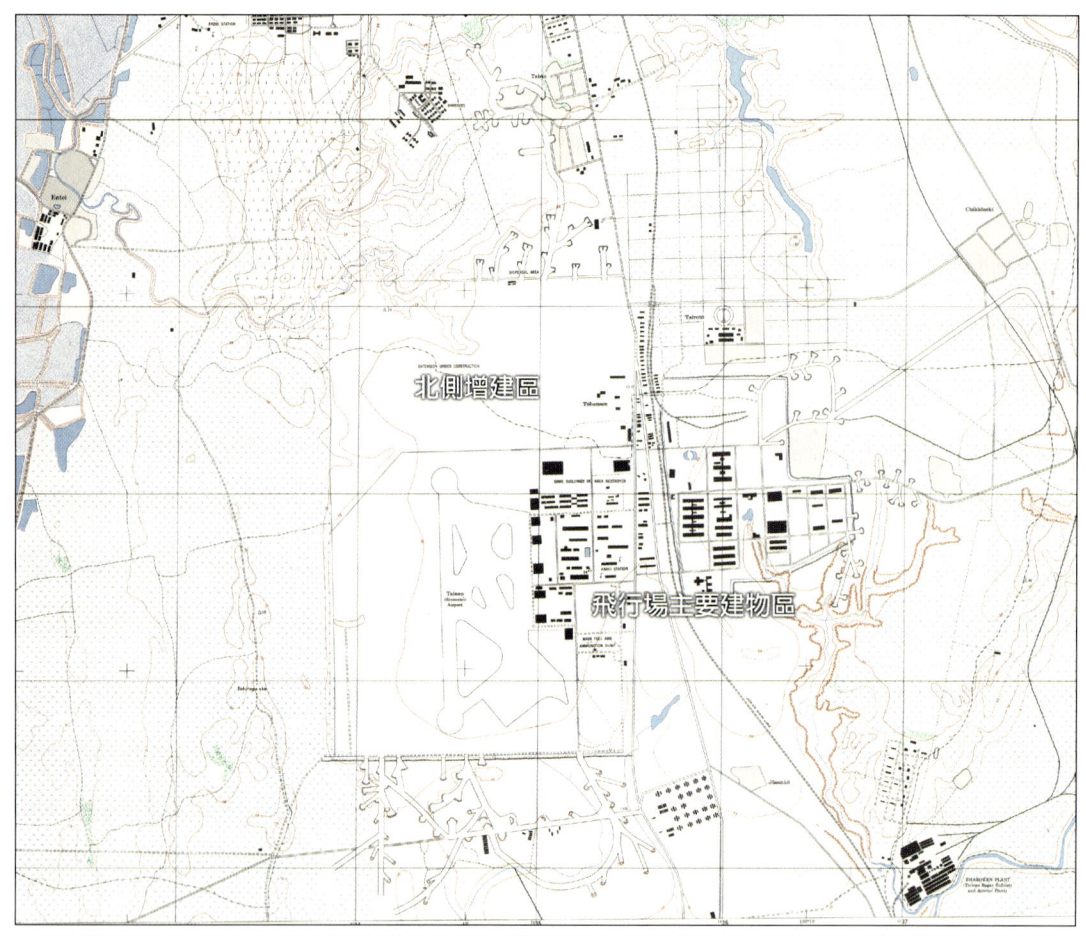

美軍依照1943~1944年多次航照後於1945年所繪製的台南飛行場圖。圖中可見飛行場的主要建物區，以及北邊的增建區。整個飛行場的南北與東側，都有延伸出的疏散滑行道。

這座民航用的台南飛行場，其實使用沒多久，就因為計畫轉為日本海軍使用，並擴大建設為航空基地，而有了在永康新建另一座民航用機場的轉移計畫。位於永康的民用台南飛行場是在1939年中開始興建，於1940年1月20日完工舉辦開場式，而後民航上的「台南飛行場」便由在永康的新機場所取代。因此，若依照戰後接收的各方資料來看，大多數的日本海軍用台南飛行場狀況，都是在海軍接手後大肆擴建下的結果，初代民航時期的情況就較為不明朗。不過，在日方海軍水路部於1939年左右所調製，1940年4月刊行的「航空路資料第10-台灣地方飛行場及不時著陸場」中，對於初代民航用台南飛行場的狀況有所描述，剛好可以一窺這座機場完工後到日本海軍擴建完成前的一個基本樣貌。依照該份資料所述，當時台南飛行場是由台南州所管理，海拔約17.5m，總面積為509,000m²，南北長約1,000m、東西約400m，形狀略成一個L字形（寬度約300~370m）。可起降的離著陸地區一樣呈

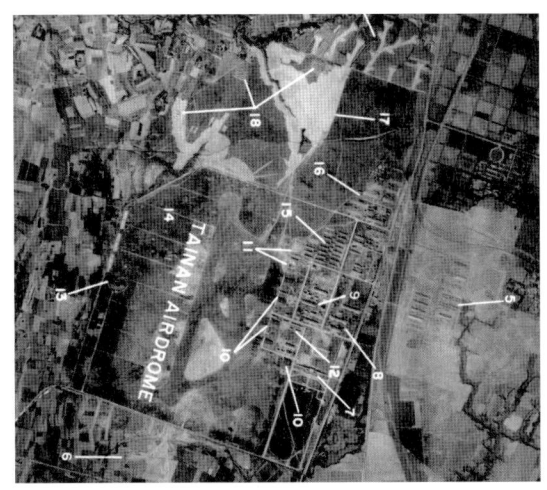

美軍在二戰期間對於台南飛行場的偵照調查航照。NARA-中研院GIS中心/提供

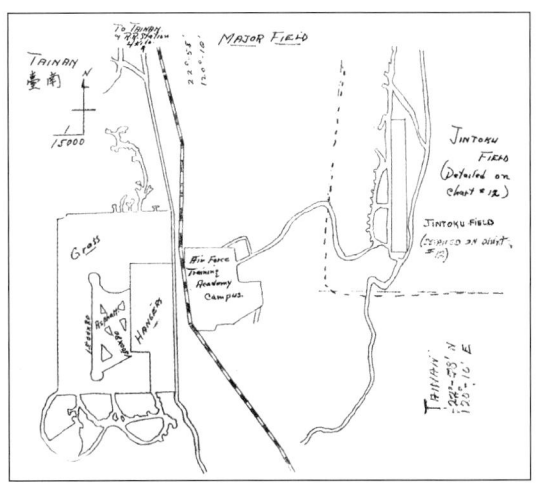

美軍在二戰後由日軍側所獲得的資訊，經整理後所得之台南飛行場樣貌。NARA/提供

戰後1959年時成排C-119運輸機於台南訓練之情形。 1959.4.劉峻正/提供

空軍第一聯隊（於台南）攝於1956年的聯隊長歡迎與歡送合照。 1956.2.劉峻正/提供

現L形，南北跑道長600m、寬約100m，東西跑道長450m、寬約65m，L形的最右端北側區域是大部分的飛行場建物所在地。該飛行場的地表土質為砂壤土（混合粘土之砂地），為耕地整地碾壓後而成的平坦場面，機場周圍有寬約0.5~3m的1~1.5m深「場周排水溝」排水避免積水。

而該份資料還詳細列出飛行場設施有大日本航空株式會社格納庫（高約4.5m，開口23.7m，深20m，面積約472m2）、國防義會格納庫（高約3.8m，開口14.6m，深20m）、國防義會修理工場（高約2.7m）、事務所、油庫。此外，在大日本航空株式會社格納庫西側有座高約20m的信號（吹流）柱，而在其西側則有地名標示「タイナン」。

這座原本由民航使用的台南飛行場，在1940年初位於永康的新台南飛行場啟用後，轉為軍用，並開始大範圍擴建，不止原本位於縱貫鐵道西側的機場範圍擴大，甚至還往縱貫鐵道的東側擴張。從日本軍方「第一航空軍司令部」於1944年4月20

155

攝於1990年代初期的台南機場情形。

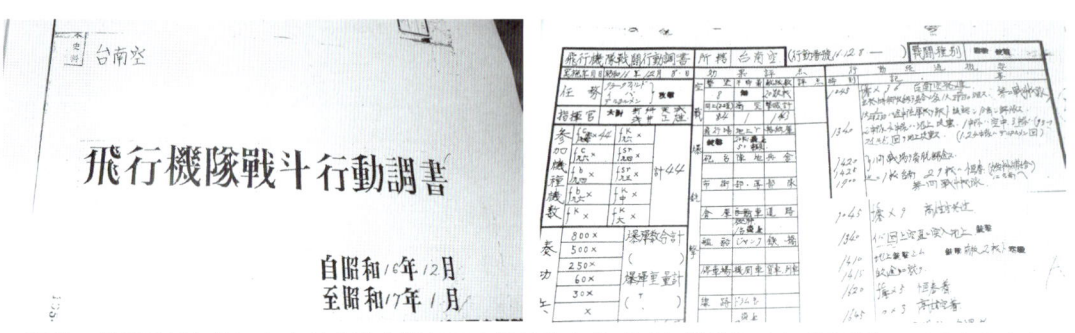

記載二戰開戰最初期，台南航空隊參與首日攻擊菲律賓的《飛行機隊戰斗行動調書》。 國立公文書館亞細亞歷史資料中心 / 提供

日所調製之軍事極秘「飛行場記錄」的台灣部分來看，這座台南飛行場為了與位於永康的新機場有所分別，被改以台南（南）飛行場稱之，而機場的範圍則呈現一個東北側缺角的長方形貌，南北長2,600m、東西寬1,500m，標註為「海軍飛行場」，其餘資訊一概省略。

依照不同時期的地圖比對，台南飛行場在轉由日本海軍擴大建設時，整個場面的格局丕變，目前現存的兵營與棚廠等都是全新建造，原本的民航用建物區域，位於一座新設操場的南邊，為主要的加油區，推測是油庫並未更換位置所致。而相當有趣的是，如今的台南機場民航站，使用的航廈呈現東西的長形走向，幾乎就是這座機場在1937年當作民航開啟時的主要設施用地。

依照戰後美軍從日本側所獲得的台灣機場資料中，可以看到這座日本海軍使用的台南飛行場在戰後初期的狀況。該資料指出，台南飛行場海拔高26m，全場面積有3,090,000m²，其中滑走路面積有360,000m²，包含跑道有：北向（N）長1,500m寬80m一條，西北向（NW）長1,500m、寬100m一條，厚度20cm，耐重15噸。有6棟格納庫（全壞），並有整備力屬第一級的航空廠與修理工場。在防空設備方面，有12.7cm的高射砲4門，12cm的高射砲12門，並有150cm的探照燈9座。至於掩體方面，有特掩42座，大型掩體26座，小型掩體32座。依照美軍的紀錄，顯示戰後該飛行場內留有8架戰鬥機（6架狀況完備），7架的艦爆機（4架狀況完備）與2架的艦攻機（1架狀況完備），6架的陸爆機（5架狀況完備）與28架的練習機（全數狀況完備），但細目則不明。

位於空軍台南基地內的「崇誨大樓」，是原日本時代海軍航空隊的建物，有典型的日本在台海軍標準圓拱圈建築特色。2013.8.

目前空軍台南基地內仍存有許多日本海軍航空隊時代的兵舍建物，這些單層建築都有日本在台海軍的標準圓拱圈特色。2013.8.

　　同樣的這座機場，在 1946 年 1 月日軍向國軍所提出的「台灣日本海軍航空隊台南區飛機場呈繳清冊」，則也有相當深入的記載。該份飛機場呈繳清冊，呈繳人是南台海軍航空隊司令增田正吾大佐，點交人是整備主任伊藤一秀大尉，保管人是海軍少尉森尻正；呈繳給中國空軍第 22 地區司令張柏壽，點收人是空軍第 25 地勤中隊中隊長詹本善。用印上，是寫著「南台海軍航空隊」。這份呈繳資料中寫著，這座台南飛機場，其所在地是台南市鞍子，土地所有權屬日本海軍；跑道共二條，分別是長 1,300m 與 1,230m 各一條，寬分別為 80m 與 100m，厚 60mm，有寬 30m 的疏散道長 8,750m，連接有蓋掩體 29 座，無蓋掩體 30 座，並有夜航設備（包含場周燈 12 個、風向燈 9 個、障礙燈 17 個）。該基地全場面積有 2,820,000m^2，標高海拔 23m，排水的橫斷溝渠 14 條，盛行風向冬季北風、夏季南風。

這些日本時代留存至今的兵舍，在拱圈外圍的方柱結構。2013.8.

日本時代留存至今的兵舍間，有木造簷廊相接。2013.8.

已經整修後改為紅瓦的日本時代兵舍，其旁有庭園與水池。2013.8.

這些日本時代留存至今的兵舍，外部僅有少數構件有木造的部分。2013.8.

此外，在另一份飛機呈繳清冊中還寫明，戰後在台南的這座航空基地，存有一些僅要簡單整備或修理即可飛行的妥善機，例如銀河陸上轟炸機、二式練習戰鬥機、試製紫電、九九式艦上轟炸機、零式練習戰鬥機、零式艦上戰鬥機、九六式戰鬥機、九三式中間練習機……等。除此之外，還有各式狀況不良而全壞的日本軍機，包含彗星、紫電、九零式練習戰鬥機等，置於台南基地的北掩體。

台南飛行場在二次大戰的歷史上，曾因有過「台南航空隊」（簡稱台南空，1941年10月成立）的組成而聲名大噪。台南空掛著台南之名，於1942年1月移防至最前線的新幾內亞時，在該年4至7月間，共51次的出擊，擊落盟軍飛機201架，但本身只有20架的損失，可說戰果輝煌。而台南航空隊中的坂井三郎，更是戰後在西方世界中相當有名的日軍「擊墜王」。因此，台南飛行場因為台南航空隊的緣故，在二戰戰史上可以說是另類的「台灣之光」。

而在二戰的最末期，台南飛行場也成為日本海軍神風特攻隊在台灣島內的一個重要出發基地。紀錄中，從台南出發並冠上「神風特別攻擊隊」之名的有「新高隊」（1945.1.21.，彗星5架，搭乘員10名，屬第765航空隊）、「第一航空艦隊零戰隊」（1945.1.21.，零戰2架，搭乘員2名，屬第221航空隊）、「勇武隊」（1945.4.6.，銀河1架，搭乘員3名，屬第765航空隊）、

這些建於日本時代的兵舍，都屬日本在台典型的海軍風格制式建築，如今經過空軍的整修，也統一成紅瓦洗石子外觀。2013.8.

「第3大義隊」（1945.4.3.，零戰2架，搭乘員2名，屬第250航空隊）。

戰後的日本海軍台南航空基地由中華民國空軍接收繼續使用，除了軍事用途外，一直也都有民航業務的開辦，像是早期的民航空運隊，或者遠航的運報班機都有飛航台南。不過台南機場民航場站的經營管理，戰後一直是由航空公司自行辦理，直到1975年8月民航局才成立了台南民航候機室、1993年1月成立台南輔助站（站務由高雄國際航空站派員管理與督導），1994年1月成立業務獨立運作之丙種航空站，直到1997年9月升為乙種航空站，2011年6月更被核定為出入國機場，並列為兩岸直航的機場之一。

而這座機場除了台南空軍基地、民航的台南航空站外，還有在越戰時期相當重要的亞洲航空（簡稱亞航），也位於其機場的範圍內。亞航在美軍協防台灣時，是美軍飛機維修的一大重鎮，如今則轉型從事客機與部分直升機的維修業務。

台南飛行場的歷史，從1930年代中後期台灣民航的起飛開啟，歷經了多重的身分轉換與不同階段的建設，但如今機場內外，仍有不少二戰時代殘存迄今的兵舍、飛機掩體與吊鐘形防空塔，縱貫鐵道以東的二空區域也有砲塔與戰後興建之眷村等軍事遺跡，可說都是台南地區航空重要的歷史遺跡，值得國人好好珍惜。

五號棚廠與後方之塔台。2013.8.

空軍台南基地開放時，人山人海的情況。2013.8.

亞航的英文字體AIR ASIA相當有復古味。2013.8.

位於台南空軍基地旁的亞航，曾是越戰時期美軍重要的軍機維修地點。2005.11.

空軍台南基地開放時，雷虎小組的飛行表演。2013.8.

如今台南空軍基地的棚廠。2013.8.

台南空軍基地開放時,可見的各式空軍軍機。2013.8.

163

改建前的民航用台南航空站。　　　　　　　　　　如今的民航用台南航空站外貌。 2010.1.

空軍台南基地內的日本時代龜狀防空洞。2013.8.

位於台南基地旁，縱貫鐵道以西的「二空眷村」。2014.2.

二空眷村內殘留一座砲台。2014.2.

如今空軍台南基地內仍存有日軍時代的飛機掩體與吊鐘狀防空塔。2010.1.

空軍台南基地內的日本時代吊鐘狀防空塔。2010.1.

空軍台南基地內展示的空軍各式飛機與裝備。2013.8.

台南機場如今仍有民航班機飛行。2013.8.

高雄飛行場 [岡山]

現為空軍岡山基地、岡山機場、空軍官校　　　　　　　　　　　　　　ICAO 代號：RCAY

自從中華民國政府從中國撤退來台以後，中華民國空軍的搖籃一直就在高雄的岡山。岡山之所以被選為空軍的大本營，主要乃因此地在日本統治時代，便已是台灣南部的航空重鎮。除了透過滑行道相連的飛機製造廠「海軍第 61 航空廠」在戰後成為空軍通校外，日本海軍的高雄飛行場航空基地，也成為空軍官校的校地與機場。這些戰前的航空設施建設，讓這處曾在二戰時期因「高雄海軍航空隊」（簡稱「高雄空」）聲名大噪的航空基地，在戰後繼續成為中華民國空軍的重要養成與訓練場所。

隸屬於日本海軍系統的「高雄飛行場」位於岡山，與如今所廣為熟知的高雄小港機場（原隸屬於日本陸軍）並不相同。這座機場的倡議興建，依照 1936 年 5 月 26 日《台灣日日新報》的報導，乃是台南州與高雄州所共同期待興建的國際空港計畫中，高雄州側屬意的地點（位於彌陀、路

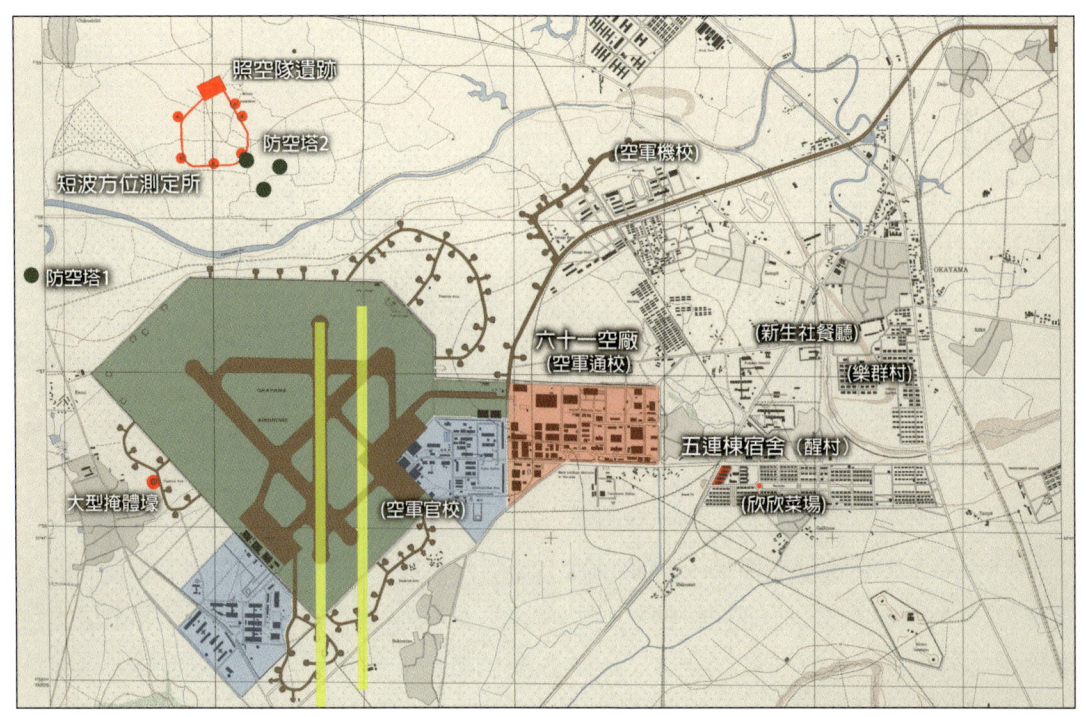

美軍依照1944年多次航照後所繪製的岡山飛行場圖。圖中以淺藍色陰影標出機場內主要的建物區，以紅色陰影標出海軍第61空廠區域範圍，兩條黃色直線為如今的跑道。圖中亦標示出一些如今仍存的二戰遺跡。

美軍以拍攝於 1944 年 1 月 12 日的岡山飛行場航照,加以判讀各設施的紀錄。NARA- 中研院 GIS 中心 / 提供

竹與岡山三個庄的所在地);不過該報導也指出,因為此機場根本都還未興建,故預定於該年夏開啟的島內定期航線,則只能使用「海軍飛行場」(其實是「高雄海軍用地」)加以替代。

事實上,日本海軍在岡山所興建的這處大型航空基地經過,與 1934 年前後日本海軍原本要在高雄港邊戲獅甲一帶興建「高雄新飛行場」的填海造機場建設計畫有關。因為這個戲獅甲的飛行場建設,會限制住高雄發展中的工業地帶往南推展,因此在高雄市反對下,積極與海軍方面希望達成換地的磋商,所以後來才有日本海軍決定將航空基地設於岡山,並廢止原本在戲獅

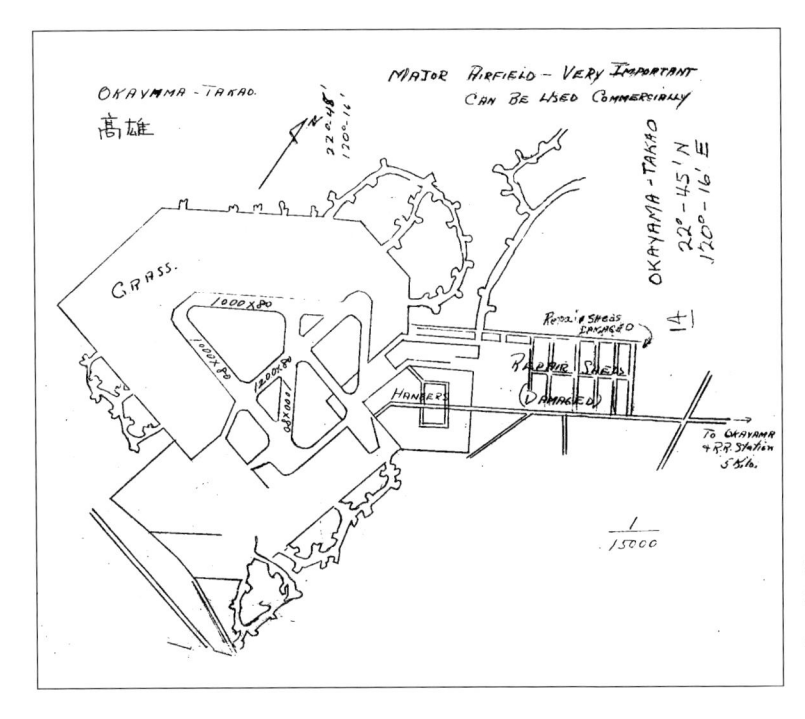

美軍在二戰後由日軍側所獲得的資訊，經整理後所得之高雄飛行場樣貌。
NARA / 提供

甲之飛行場興建計畫的演變。而這個關鍵的時間點，是 1937 年 3 月。

岡山的海軍機場用地於 1937 年春開始整地，推測在 1938 年 4 月「高雄海軍航空隊」開隊時便已經可以初步使用。值得特別說明的是，在那個時代，飛行場的開始使用，與名義上真正的「開場」或「落成」往往有落差。亦即在所有設施都完工前，其實已經可以逐步使用，因此「高雄海軍航空隊」在 1938 年的開隊，大概就是岡山飛行場約略已經成形且可使用的時間。

雖然說，這座位於岡山的高雄飛行場，是由日本海軍所興建與運用，但依照《台灣日日新報》的報導可知，1939 年 12 月 1 日時，已有第一班的大日本航空客機抵達，受到州民的歡迎與感激，並且期待日後在設施擴張後，能夠作為與中國大陸民航相接的機場。到了 1940 年 2 月，另有報紙報導指出，為了之後大型飛行機於該年 4 月的加入營運，高雄飛行場勢必要「用地擴張」，但是當局希望這個飛行場擴張的工事能夠在一期稻作收割後才展開，於是就會有二至三個月的時間，新的大型飛機無法降落高雄飛行場的問題等等。

其實，究竟擴張前的高雄飛行場場面狀況為何，至今仍不得而知。因為從日本軍方「第一航空軍司令部」於 1944 年 4 月 20 日所調製之軍事極秘「飛行場記錄」的台灣部分來看，該份資料內的高雄海軍飛行場圖相當簡陋，也無相關的文字資料，只寫著滑走地區東西 1,800m、南北 2,000m，其餘一概闕如，但對於機場場面的形狀，則已經與有海軍第 61 空廠後的增建完成貌相似，故難以推斷原本未擴張前之狀況。

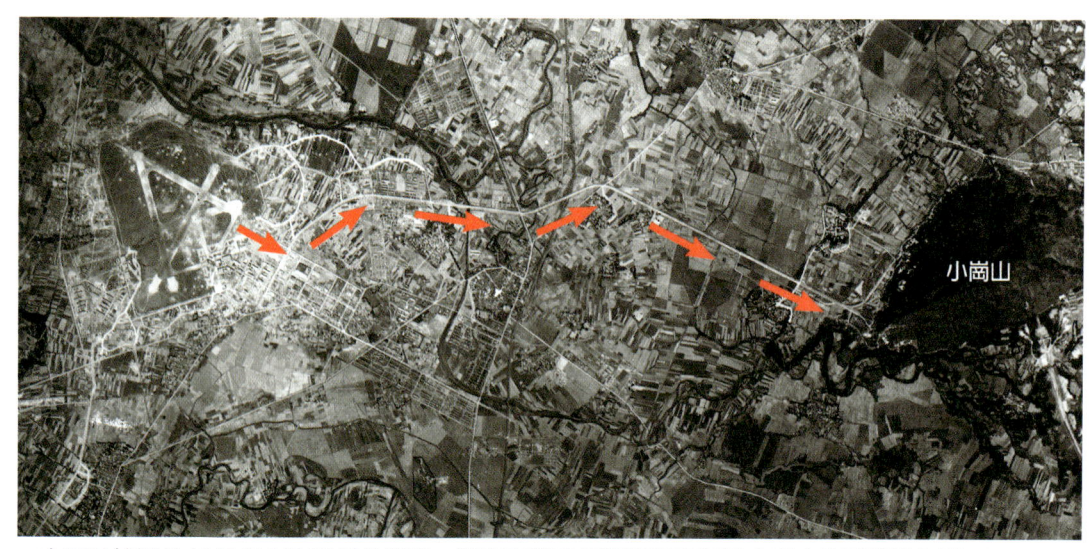

本圖以拍攝於1945年1月31日的航照，標出高雄飛行場往東直通至小崗山的飛機滑行道。NARA-中研院GIS中心 / 提供

不過，依據海軍第61空廠從1941年10月才開始決定興建的事實，可以推斷在此之前的高雄飛行場，其規模較小（雖然周邊用地都已經劃歸屬海軍），但目前能掌握的該機場紀錄，多為已經有空廠規劃時的狀態。依照戰後的調查，高雄飛行場的跑道形狀相當特別，類似於棒球場之特殊外觀，且有著四條交錯的跑道。這樣互相交叉的跑道配置在台灣為數眾多的日軍機場中實屬少見，推測原因是本飛行場臨接之「海軍第61航空廠」為組裝與維修飛機之工廠，有飛機出廠性能測試之需求，因此多方向的跑道將可提供不同側風狀況之測試，故有此跑道的安排。類似的跑道格局，在新竹飛行場亦可見到。

在戰後國軍的接收紀錄中，將此機場稱為「高雄海軍航空基地」，地點在高雄州岡山郡彌陀庄，包含第一滑走道長1,550m、寬80m（內未鋪裝350m），第二滑走道長1,500m、寬80m（內未鋪裝500m），第三滑走道長1,000m、寬80m（完全鋪裝）與第四滑走道長1,400m、寬80m（內含未完成300m），厚度均為7~10cm，可載重量為每平方米12噸。整座飛行場面積2,444,000m^2，土質為砂粘土，標高海拔5m，有疏散滑行道全長約5.7km（寬30m，厚20~30cm），為無鋪裝的硓𥑮石碾壓。此外，該機場還有藏飛機的大型有蓋掩體16座、小型有蓋掩體11座與無蓋掩體57座。戰後的記載中，該飛行場之有線電話、無線電信都完備，也有夜航設施（場周燈、障礙燈、風向標示燈、指導燈），場內有屬高雄海軍航空隊、第二高雄海軍航空隊的營建設施，土地所有權為海軍省，機場建築日期記為1938年10月。國軍接收時，是屬於被害區域逐步復舊中的狀態。

不過，同樣的這座機場，依照美軍戰後從日本側所獲得的紀錄指出，高雄飛行

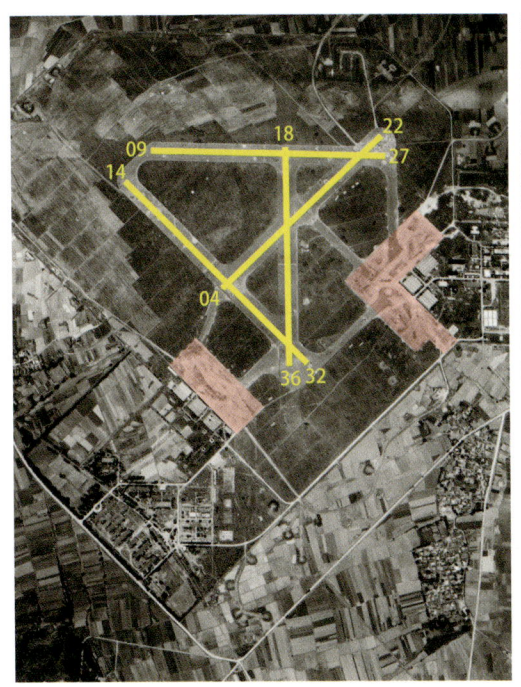

本圖以美軍拍攝於戰後1951年6月18日的航照，標出岡山機場在戰後初期的四條跑道編號（號碼有標於跑道頭）。此外，並以紅色陰影標出主要的二個大坪。NARA-中研院GIS中心/提供

日本偷襲珍珠港同時，從高雄飛行場出發攻擊菲律賓時所留下的珍貴寫真。1941.12.

場的海拔高17m，全場面積有2,514,900m²，其中滑走路面積有351,400m²，包含跑道有：北向（N）長1,200m、寬80m一條，東向（E）長1,000m、寬80m一條，東北向（NE）長1,000m、寬80m一條，西北向（NW）長1,000m、寬80m一條，厚度均為20cm，耐重15噸。此外，該機場還有12棟格納庫（半壞），並有整備力屬第一級的航空廠與修理工場。在防空設備方面，有12.7cm的高射砲4門，12cm的高射砲8門，並有150cm的探照燈7座。至於掩體方面，有特掩26座，大型掩體57座。

從日本方面多數戰史的紀錄可知，在此飛行場所成立的「高雄海軍航空隊」（簡稱「高雄空」），是於1938年4月正式開隊，為日本海軍繼木更津海軍航空隊與鹿屋海軍航空隊後，第三個成立的陸上攻擊機部隊。而「高雄空」也是第一個於1941年5月啟用一式陸攻的部隊（一式陸攻的「一式」，指的就是皇紀2601年，亦即1941年所發展出的陸上攻擊機），並於日本發動珍珠港事變時，同步從台灣起飛攻擊菲律賓。不過，原本的高雄空在1942年11月改稱為「第753海軍航空隊」後，以飛行練習生訓練為目的，而在此飛行場成立的第二代「高雄海軍航空隊」，則配備零式艦上戰鬥機與九六陸攻，除了提供飛行練習生訓練外，也兼做台灣周邊的對潛

↑↗位於高雄飛行場內日本時代興建的廳舍，戰後變成這棟「志航大樓」。劉峻正/提供

志航大樓如今被拉皮後的樣貌。 2008.8.

哨戒任務。此外，在大戰最末期的 1944 年，亦有第二高雄海軍航空隊的成立，主要配備九三中練這種練習機。

不過，日本海軍在 1944 年 7 月 10 日正式導入所謂的「空地分離」制度，亦即將相對於以飛機作為作戰任務的「甲航空隊」外，另外成立了一批「乙航空隊」，主要從事航空基地防衛與相關支援體系維持的陸上部隊。「台灣海軍航空隊」是日本海軍最初所成立的一批乙航空隊，該航空隊以新竹為主要根據地，掌管台灣島內許多的海軍航空基地，作為菲律賓防衛而進出之作戰飛機部隊的中繼站。但台灣海軍航空隊於沖繩戰後 1945 年 6 月 15 日二戰最末期，被分割成「北台海軍航空隊」與「南台海軍航空隊」，北台海軍航空隊以新竹為主要根據地，而南台海軍航空隊則以高雄岡山為根據地。

依照戰後的美軍紀錄顯示，高雄飛行場內留有 3 架戰鬥機（全數狀況完備），16 架的陸上爆擊機（15 架狀況完備）與 2 架的陸上攻擊機（全數狀況完備）。但若根據戰後日軍呈繳的更精確飛機清冊，則可以發現高雄飛行場在終戰時，有 2 架一式陸攻 11 型（製番三菱 706,326），2 架一式陸攻 24 型（製番三菱 2572,12057），以及 10 架屬於「良品」等級的銀河陸上爆擊機 11 型（另有 3 架損品，1 架全壞品放在「格納庫」內）。目前殘存的一些二戰時代有蓋機堡（特掩等級），可以說是擺放

拍攝於1990年代中期的岡山機場樣貌。

這些軍機的海軍型掩體代表，相當值得保存。

如今，當年日軍原本四條跑道中的一條，已被加長成為現今使用的 36L/18R 跑道，不過其他三條跑道的遺跡仍然可見，特別是呈現L形的大坪更是其特色。至於官校內的飛機棚廠，以及一些主要建築，也多是從二戰留存至今的重要軍事遺跡。此外，在現今的基地範圍外，也都還有許多當年的軍事建物留存。例如：位於岡山市區內，戰後稱為「醒村」的日軍宿舍，以及狀似吊鐘的防空塔、「短波方位測定所」遺跡……等。

在戰後稱為「醒村」的五座超過70年歷史二層洋樓式建築，以及周邊的一些單層眷舍，據傳是當年的日軍宿舍，在2007年時差點被拆除而不保，但幸好有文史團體請命而苟延殘喘留存，於2009年以「原岡山日本海軍航空隊宿舍群（醒村）」之名公告為歷史建築。此外，位於岡山街上，隸屬於國防部福利總處附屬之新生社餐廳（高雄縣岡山鎮柳橋西路1號），其實也是典型的日本在台海軍拱圈造型建築，值得保存。至於在高雄市岡山區忠孝里樂群村的16棟日式宿舍，也在2010年時以「原岡山日本海軍航空隊編號A1~A16宿舍群（樂群村）」之名登錄為古蹟，因這群建物是岡山地區少數僅存的日本海軍航空隊軍官宿舍群，加上現況保存良好故完整指定保存。不過相對於此，其他非眷村相關

如今岡山基地內的塔台。2008.8.

圖中建築推測為原日軍時代高雄飛行場指揮所的所在位置。2008.8.

興建於日本時代的一號棚廠（格納庫）。2008.8.

興建於日本時代的二號棚廠（格納庫）。2008.8.

興建於日本時代的三號棚廠（格納庫）。2008.8.

興建於日本時代的三號棚廠（格納庫）側面波浪狀結構特寫。2008.8.

三號棚廠（格納庫）的不同角度特寫。2008.8.

原日本海軍高雄飛行場時代興建的大型飛機掩體內部。2008.8.

的軍事遺跡雖然倖存，但卻較少被注意。

像是類似吊鐘形狀的防空塔，是日軍方在二戰後期於台灣築城防禦時，所特有的一種防禦用軍事建物，在台灣島內一些重要機場與要地旁均可見。此外，在機場周圍的「短波方位測定所」（研究者盧景猷所推測），是一種相當值得特別關注的軍事遺跡。這一組用小路繞一圈相連的短波方位測定所，依照美軍在二戰時所測繪的地圖判斷，應該由六個建物串起（目前僅五個清楚存在）。只不過戰後中華民國空軍接收後，它們均被改成倉庫放置物品而失去功能。不過，在經過將近70年後的今天，這繞成一圈的短波方位測定所居然大部分健在，實在也是相當難得。至於圓形小路所連接的方形地區，根據當地耆老提供的線索，指出過去曾擺設探照燈，是做為夜間照射敵機之用，應是照空隊陣地的遺跡。

事實上，就如同鳳山為二戰後中華民國陸軍的重鎮一般，岡山即成為空軍的重要根據地。除了空軍軍官學校就是利用日軍原高雄飛行場的航空基地加以建設而成外，連接其旁的日本海軍第61航空廠用地與部分建築，也成為空軍通信電子學校（空軍通校，今與空軍機械學校合併成為「空軍航空技術學院」）的校址，其內有數棟建物推測均為日軍時代遺留至今（包含明教樓）。

整體而言，雖然近年來因為國軍眷改而讓岡山的許多航空遺跡消失，但不管是基地內、軍校內或機場內外，都仍有許許多多的重要軍事遺跡值得探訪與研究。期待未來岡山的航空軍事遺跡與歷史，能夠更為國人所瞭解，而這些歷史遺跡，也能被好好重視與保存。

一號棚廠（格納庫）的大門結構特寫。2008.8.

興建於日本時代的一號棚廠（格納庫）內部鋼骨結構特寫。2008.8.

於2009年以「原岡山日本海軍航空隊宿舍群（醒村）」之名公告為歷史建築的日軍建物外觀。2008.6.

醒村二層宿舍建築的樓梯與二樓情況。2014.2.

醒村建築內推測為原本天花板的特寫。2014.2.

戰後醒村的二層日軍宿舍建築,如今已經相當殘破,很多木構的二樓地板已經坍塌。2014.2.

醒村二層日軍宿舍建築的外貌,有典型日本在台海軍的拱圈造型特色。2014.2.

位於岡山圓環欣欣菜場以東的日軍宿舍區，戰後成為岡山的眷村，不過大部分建築都已經拆除。
2014.2.

位於岡山圓環欣欣菜場旁，目前仍存的殘破幾棟單層圓拱日式建築內外情況。2014.2.

殘存於如今岡山基地外的日軍時代大型飛機掩體。2008.8.

新生社餐廳建築在2008年調查時的內外情形。2008.8.

新生社餐廳內圈的建築，2008年時的拱圈樣貌。2008.8.

新生社餐廳內圈的拱圈在2014年調查時，上部已經被封起。2014.2.

位於岡山街上，隸屬於國防部福利總處附屬之新生社餐廳（高雄縣岡山鎮柳橋西路1號），其實也是典型的日本在台海軍拱圈造型建築。2014.2.

在高雄市岡山區忠孝里樂群村的這16棟日式宿舍,在2010年時以「原岡山日本海軍航空隊編號A1~A16宿舍群(樂群村)」之名登錄為古蹟,因這群建物是岡山地區少數僅存的日本海軍航空隊軍官宿舍群,加上現況保存良好故完整指定保存。2014.2.

位於岡山圓環中的「欣欣菜場」，是週遭眷村多已拆除後，少數倖存而仍在營業的奇蹟。其上的「欣欣菜場」四個字，為 1959 年夏所題。2014.2.

位於岡山機場以西彌陀區的大型吊鐘狀防空塔（本篇第一張地圖中標示防空塔1之處）。

位於岡山機場北側阿公店溪以北的大型平頂防空塔（本篇第一張地圖中標示防空塔2之處）。2008.8.

位於岡山機場北側阿公店溪以北的小型平頂防空塔（本篇第一張地圖中標示防空塔2之處）。2008.8.

位於岡山機場北側阿公店溪以北的「短波方位測定所」遺跡。2008.8.

位於岡山機場北側阿公店溪以北的「短波方位測定所」遺跡。2008.8.

「短波方位測定所」的上部結構特寫。2008.8.

岡山機場周邊有這樣不知名的結構物，推測與軍事用途有關。2008.8.

推測大約為1950年代後期時的空軍通校十週年時明教樓外貌。

日本海軍第61空廠的廳舍主建築於戰後變成空軍通校的明教樓。

空軍通校如今已經改名為空軍航空技術學院，其校區內的明教樓也被拉皮重修成如此樣貌。2012.3.

位於原日本海軍第61空廠用地內，推測為日軍二戰時期所留存的幾棟建築。2012.3.

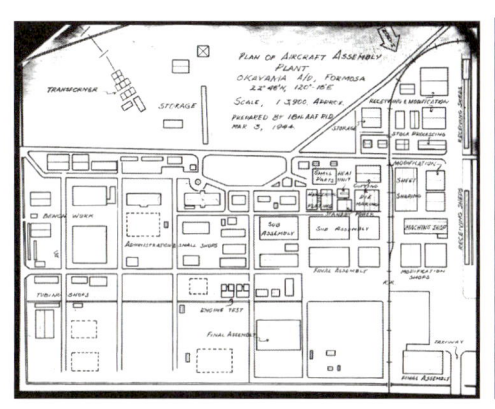

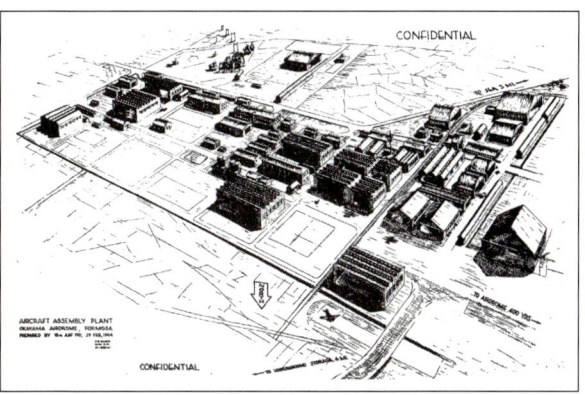

二戰期間美軍對於日本海軍第61空廠的建物分布想像圖。NARA/提供

東港飛行場

<u>現為大鵬灣國家風景區、大鵬灣國際賽車場</u>　　　　　　　　　　ICAO 代號：RCMJ

　　在二次大戰時的台灣，島內規模最大的一座水上機場，要算是位於如今屏東大鵬灣內、原屬日本海軍的東港飛行場了。東港地區的這座水上機飛行場，現稱為大鵬灣之地，在日本時代叫做「大潭」，大約1937年末日本海軍退出軍縮協定後，便開始水上機場的規劃與興建。

　　整個東港飛行場的工程，包含水上飛

以美軍拍攝於二戰時期的航照為底圖，用戰後國軍接收時的圖資加以分析的東港飛行場狀況。綠色區域為航空隊使用之飛行場，紅色區域為海軍第61空廠東港分工場。深藍色標出的是兩條主要的水路跑道，綠色圓點為目標燈（起降導引用），紅色圓點為水域燈（指出起降水域的周邊範圍）。NARA-中研院GIS中心 / 提供

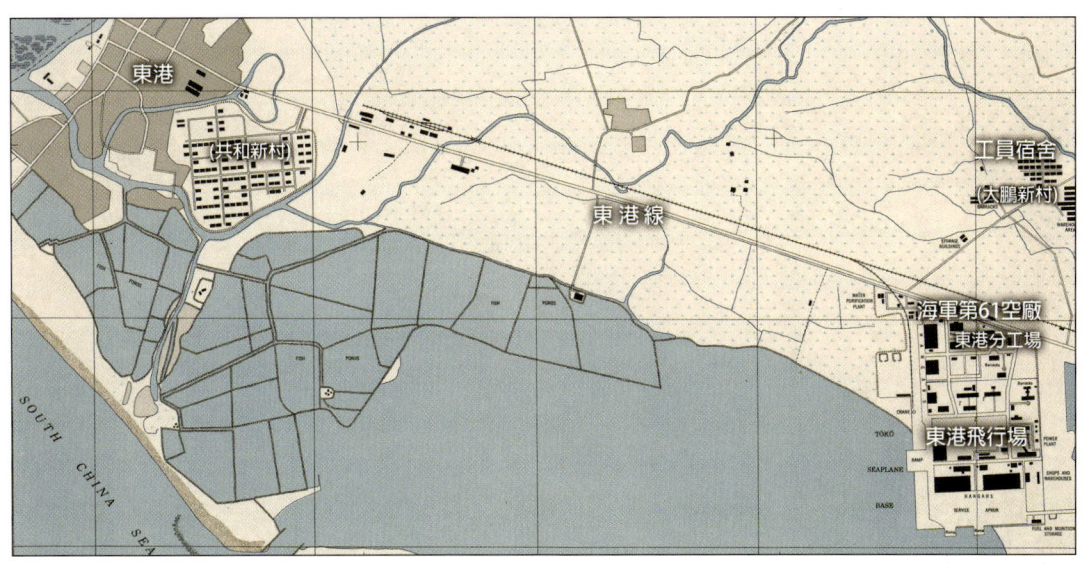

美軍依照1943-1944年間多次航照調查後，於1944年所繪製的東港飛行場周邊圖。圖中除了東港線與東港市街外，也清楚畫出周邊的宿舍區。

機起降區域的疏浚、填土圍出方正基地範圍，以及陸上設施的興建等部分。而為了這座大型水上機場的建設，鐵道部從屏東線的社邊（今名鎮安）分歧出一條東港線鐵路（1938年3月17日舉行「起工式」，1939年車站完工，1940年7月19日開始載客營運），中間又分叉出駛進軍方機場內的軍用支線以供資材運輸。

東港飛行場的建設在1938~1939年度持續進行，到1940年時大致已經可以使用。當時日本海軍的航空隊，主要分為兩類，一類是以空母（航空母艦）為單位的飛行機隊，另一類為冠上編成地名的航空隊。以東港為名的「東港海軍航空隊」（簡稱「東港空」）於1940年11月15日正式開隊，便是屬於冠上地名的航空隊。該隊編成初期，機隊是以九七大艇（九七式飛行艇）這種水上飛機為主，到了戰爭後期才開始使用二式大艇（二式飛行艇）。

東港海軍航空隊在成立初期，特別是大東亞戰爭開打前主要是以東港為基地做開戰的準備。但到了1941年末之後，便開始密切地往南洋進出。這時，該隊雖然隊名掛著「東港」，但未必一直以東港為駐地。在1942年11月時，日本海軍將這類冠以地名的航空隊改以數字番號稱呼時，800字頭的數字代表的即是「飛行艇航空隊」，因而東港空被改編為「第851海軍航空隊」，直到1944年9月併入第801海軍航空隊後而解散。

依照戰後國軍接收時的紀錄來看，整個東港地區的陸上營建設施部分，較靠近南側突出水面的三分之二是屬於航空隊使用，而靠近內陸的三分之一則為航空廠用，亦即本部設於岡山的海軍第61空廠東港分工場。這兩者間，有一條東西向的圳溝加以區分，用地相當容易分辨。

這座水上機場的水上起降水路，主

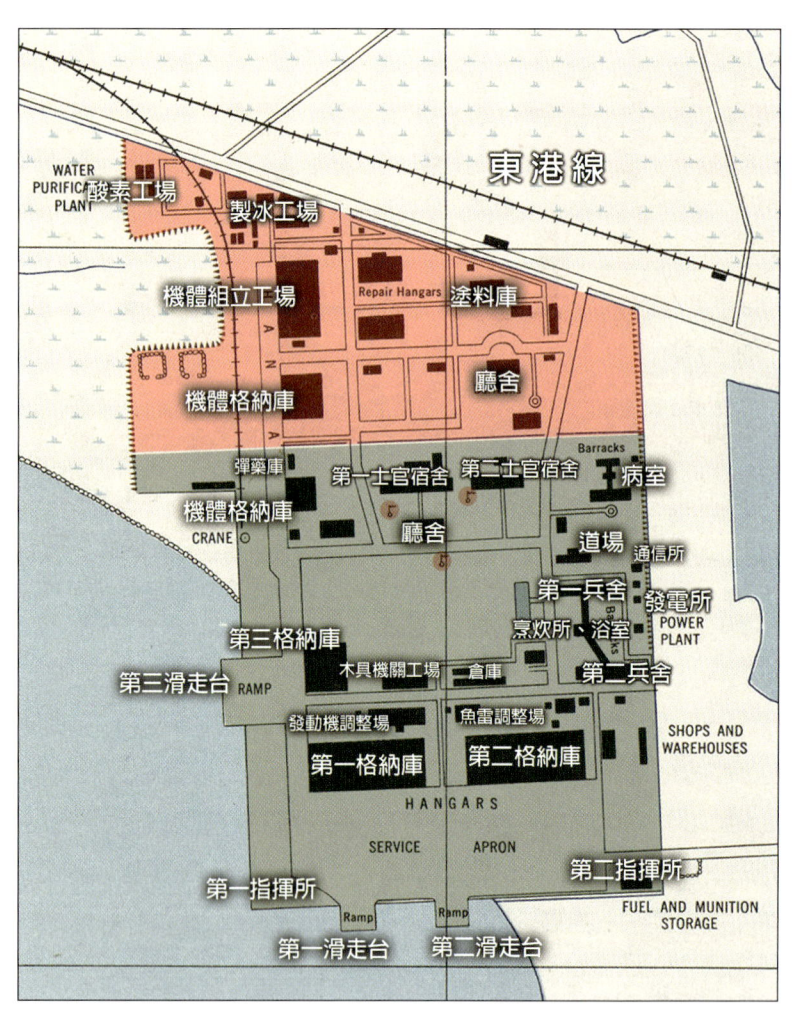

以美軍於1944年所繪製的東港飛行場圖為底，配合戰後接收的引渡資料加以比對後所繪製的建物分布圖。綠色區域為航空隊使用之飛行場區，紅色區域為海軍第61空廠東港分工場之區域。

要有兩條，分別為一條西北／東南向，長3,000m、寬500m的長水路（A），與一條南北向，長2,000m、寬1,100m的短水路（B），平均水深約4.5m。依照國軍接收時的附圖可以看出，主要的長水路，在靠近台灣海峽側有從岸邊突出的一整排「水域燈」，作為標示起降水路的左側邊界。而右邊因為水域較寬，故無這類整排的水域燈。不過這條水上跑道在西北端有接續兩個的水域燈，應該是用來標示起飛時務必拉起的水上「跑道頭」，而在其左側有一個「目標燈」，推測是讓飛行員作為對正跑道之用。至於另一條短水路，北面與南面均有「目標燈」，可見短水路給小型水上機使用時，兩個方向都可以起降。但相對的，長水路只有往西北起飛的方向設有目標燈，因此這條長水路的水上跑道，應該一般只有使用從東南往西北起飛的這個程序。

至於這座機場的陸上大坪設施部分，主要分成兩塊，較大的一片是稱為「誘導路前庭（a）」，位於整個基地的南端，長

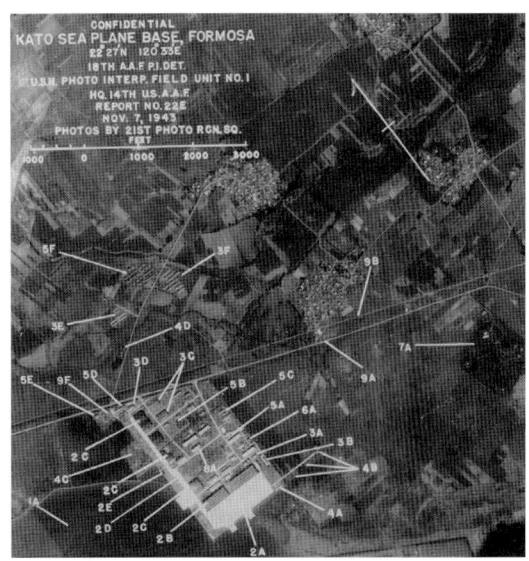

美軍以拍攝於1943年11日7日的航照加以判讀的東港飛行場各種設施。NARA-中研院GIS中心/提供

50m、寬150m，呈現東西向。至於側邊長800m、寬60~80m，標為「誘導路橫庭（b）」的，則呈南北向。兩者均為厚度有23cm的鋼筋混凝土鋪裝，可以耐重30噸（每平方米）。

從大戰後期美軍依照航照圖所測繪的精密地圖，配合國軍接收紀錄與現況可以比對出，這整個水上機場有三處供水上飛機上岸的滑走道，稱為「滑走台」或「滑溜台」（ramp）。位於南端的兩座，在西側的是「第一滑走台」，上陸後面對的是第一格納庫。至於在其東側的「第二滑走台」，上岸後接的是第二格納庫。第一格納庫的後面有「發動機調整場」（戰後先改為宿舍，後改為餐廳，屋頂為木構），而第二格納庫的後面則有「魚雷調整場」與倉庫。至於位於基地西側的，則還有一座「第三滑走台」，上陸後接的是「第三格納庫」，其後則有「木具機關工場」。

這三棟主要的飛機格納庫（棚廠），均為鋼骨波浪方形構造，與大約同一時間興建，位於岡山的高雄飛行場（今空軍岡山基地）內飛機格納庫的構造類似。

而在整個陸上設施的西南角與東南角，還分別設置了指揮所，西南側的是「第一指揮所」，東南側的是「第二指揮所」。目前這些指揮所都仍存在，但在解說牌中被叫做「塔台」，而前述提到的3座大型鋼骨格納庫，則已在戰後拆除而消失。

此外，在東港飛行場的航空隊範圍內，目前還保留有數棟兵舍建築、彈藥庫、防空掩體與鐵塔等。例如靠近航空隊與航空廠交界處的三棟建物，分別是航空隊的主要廳舍、第一與第二士官宿舍。該廳舍建築戰後為「指揮部」又稱「莊敬樓」（一號樓），整體外觀與空軍岡山基地現存的志航樓是同一個設計，屬大東亞戰爭時期日本海軍標準式樣的軍事建築。另外第一

191

美軍轟炸東港飛行場後的航照，可見中彈的棚廠與停於大坪的水上飛機。NARA-中研院GIS中心/提供

與第二士官宿舍則在戰後稱為自強樓（二號樓）與孝慶樓（三號樓），前者有三層，後者僅二層。

另在基地的東側，兩棟二層建物分別是北邊的第一兵舍（戰後稱「四號樓」）與南邊的第二兵舍（戰後稱「五號樓」），中間夾的一棟建物是兵員烹炊所與浴室，亦即戰後所稱的「舊餐廳」（中正樓）。這幾棟位於基地東側的建築雖然被留下來，但因為交由廠商拉皮經營成高級度假旅館，故外觀已經被拉皮修改得面目全非，相當可惜。另外緊鄰新設的「大鵬灣飛行俱樂部」，其旁也有一條18/36的輕航機跑道，但該跑道為全新鋪設，與原本的飛行場無關。

在整個東港飛行場的區域裡，那條東西向的圳溝北邊，也就是較靠近公路側，是屬於海軍第61空廠的東港分工場的部分。目前該處僅存的一棟有拱圈陽台二層建物，位於區域內的東側，經比對是作為事務室用的「廳舍及事務所」。該建築面積有 1,164m^2，為磚造二樓建物，戰後情形為「屋頂小破」。而此建築的拱圈外觀，亦屬大東亞戰爭時期日本海軍在台的另一種標準式樣。這棟建築曾在戰後做為空軍幼校之科學館，防砲部隊進駐時則改為本部連。

而經過二戰末期美軍航照的比對，也可以理解這個區域內，目前已經消失的航空廠建物。這些建物當中，最明顯的是在轉入的支線鐵路邊，由北往南的二棟相連鋼骨建成「機體組立工場」（面積有 6,224 m^2），以及由其往南，同為鋼骨結構所構成的第一與第二機體格納庫（面積共 5,399 m^2）。此外，這區內原本還有汽罐場、防護室（地下室）、酸素工場、藥品庫、製冰工場、塗料庫等面積較小建物，如今都已不存。

空軍幼校十七期十五教室師生合影於莊敬樓前。1970.6.

東港的水上飛機場，以及航空廠的用地，在戰後由中華民國空軍所接收，此區域內曾設立了參謀大學、空軍幼校……，而從1978年起，該地則變為防砲訓練基地。很顯然地，水上機場的功能老早就已經不存，那些美軍在二戰末期繪製圖中曾出現的飛機棚廠也早不復見。不過，空軍的氣象聯隊一直在東港維持有施放探空氣球的觀測作業，是戰後相當長一段時間氣象人員作氣象分析與預報時，都要參考的大氣垂直剖面資料。

在2003年時，大鵬灣軍事設施由大鵬灣國家風景管理處接手開發，在原本的機坪上，還蓋出了一座仿二式大艇水上飛機的偌大建築物；而整個園區內殘存的軍事設施，像是水上飛機上岸用的滑走坡道，以及當年飛行場內的鐵塔、指揮所、碉堡、防空洞、小型艇碼頭、鐵道月台……等軍事遺跡，都是這處日本二戰期間台灣最大水上飛機場在終戰將近六十年之後，一般民眾才得以一窺其貌的殘留遺構。

2007年年中，大鵬灣內的許多軍事建物，均被列為文資法內的歷史建築加以保存，是台灣軍事建築保存上的重要一步。不過，近幾年這個區域內相繼蓋了大鵬灣國際賽車場以及輕航機的跑道與飛行俱樂部，除了「不得不」保存的建物外，原本的地面格局與紋理幾乎被賽車道給毀得面目全非，不少建築也被經營的高級度假旅館亂修到原貌不存。整個東港飛行場的軍事遺跡，可說被惡搞到不忍卒睹的地步，讓這些好不容易留下的建物，孤立在基地內令人難過，也是所謂的「大鵬灣國家風景管理區」最丟臉的遺構。

莊敬樓是原日本時代東港海軍航空隊的主要廳舍。2014.12.

莊敬樓於2007年時的樣貌。2007.7.

莊敬樓於2014年時的樣貌。2014.12.

莊敬樓背面旁緊鄰日本時代所建的通訊用的鐵塔。2007.7.

莊敬樓內部走廊與房間。2014.12.

莊敬樓的地下有通道與耐爆的空間。2014.12.

興建於日本時代的三層壯觀「第一士官宿舍」是戰後的自強樓。 2007.7.

自強樓如今依然宏偉。2014.12.

自強樓的端面特寫。2014.12.

↑↗自強樓外觀特寫。2007.7. 　　自強樓各樓層均有外側走廊。2014.12.

自強樓的玄關與樓梯。2014.12.

自強樓一樓的走廊與空間特寫。2014.12.

彷彿時空凍結的自強樓內部。2014.12.

如今依然宏偉的自強樓外貌。2014.12.

自強樓內的三樓層部分空間是防砲部隊的寢室,如今仍有木床遺跡留存。2014.12.

興建於日本時代的「第二士官宿舍」,戰後叫做「孝慶樓」。2007.7.

孝慶樓端面特寫。2014.12.

孝慶樓側面。2014.12.

孝慶樓的中央出入口。2014.12.

孝慶樓的走廊有著成排的洗手台。2014.12.

孝慶樓樓梯間。2014.12.

孝慶樓的內部走廊與隔間狀況。2014.12.

日本時代的第二兵舍是戰後的四號樓。2007.7.

四號樓在軍營撤離後的狀況。2007.7.

四號樓在委外經營旅館後，被拉皮成有設計感的外貌。2014.12.

五號樓是日本時代的第一兵舍，此為軍營撤離後的狀況。2007.7.

五號樓在委外經營旅館後，被拉皮成這種有設計感的外貌。2014.12.

日本時代的兵員烹炊所與浴室，是戰後所稱的「舊餐廳」(中正樓)。2007.7.

舊餐廳委外出去後被拉皮成如此樣貌。2014.12.

委外經營的舊餐廳內部。2014.12.

狹長格局的餐廳外貌。2007.7.

原本為餐廳的狹長建築,其內部的木造屋頂結構相當特別。2007.7.

東港營區內的大水塔為戰後所建。2007.7.

大水塔與自強樓。2007.7.

東港飛行場的飛機停駐用大坪。2007.7.

在東港飛行場大坪上所蓋的模擬二式大艇建物。2007.7.

如今已經被賽車道給毀掉的東港飛行場大坪景觀。2007.7.

原本空軍氣象聯隊使用的東港探空班遺構。2007.7.

日本時代東港飛行場的「第二指揮所」遺跡。
2007.7.

日本時代東港飛行場的「第一指揮所」遺跡。
2007.7.

203

第一指揮所的內外樣貌。2007.7.

第一指揮所的 T 形塔與屋頂砲座，其旁的山牆是戰後拆除相連建物後所剩的遺跡。2007.7.

第三滑走台比較保有原貌。2012.8.

第一與第二滑走台的外觀被加蓋物給遮蔽了。2007.7.

當年鐵道運輸的軍運上鐵皮用平台。2012.8.

205

彈藥庫的內外特寫。2007.7.

整個東港飛行場的基地內，據說地下有許多通道與空間，因此除了出入口外，仍有許多通氣孔留存。
2007.7.

這座日本海軍第61空廠東港分工場的廳舍，戰後曾做為空軍幼校之科學館，防砲部隊進駐時則改為本部連。2007.7.

日本時代興建的通訊用鐵塔。2007.7. 　　　東港飛行場內耐爆的通訊所。2007.7.

屬於海軍第61空廠東港分工場的主要廳舍。2012.8.

這棟日本海軍第61空廠東港分工場的廳舍整修後之樣貌。2014.12.

東港共和新村眷村中的日式宿舍建築。2011.8.

東港共和新村內刻有海軍標誌的消防栓。2011.8.

東港共和新村內的丸龜狀防空壕。2011.8.

第五章

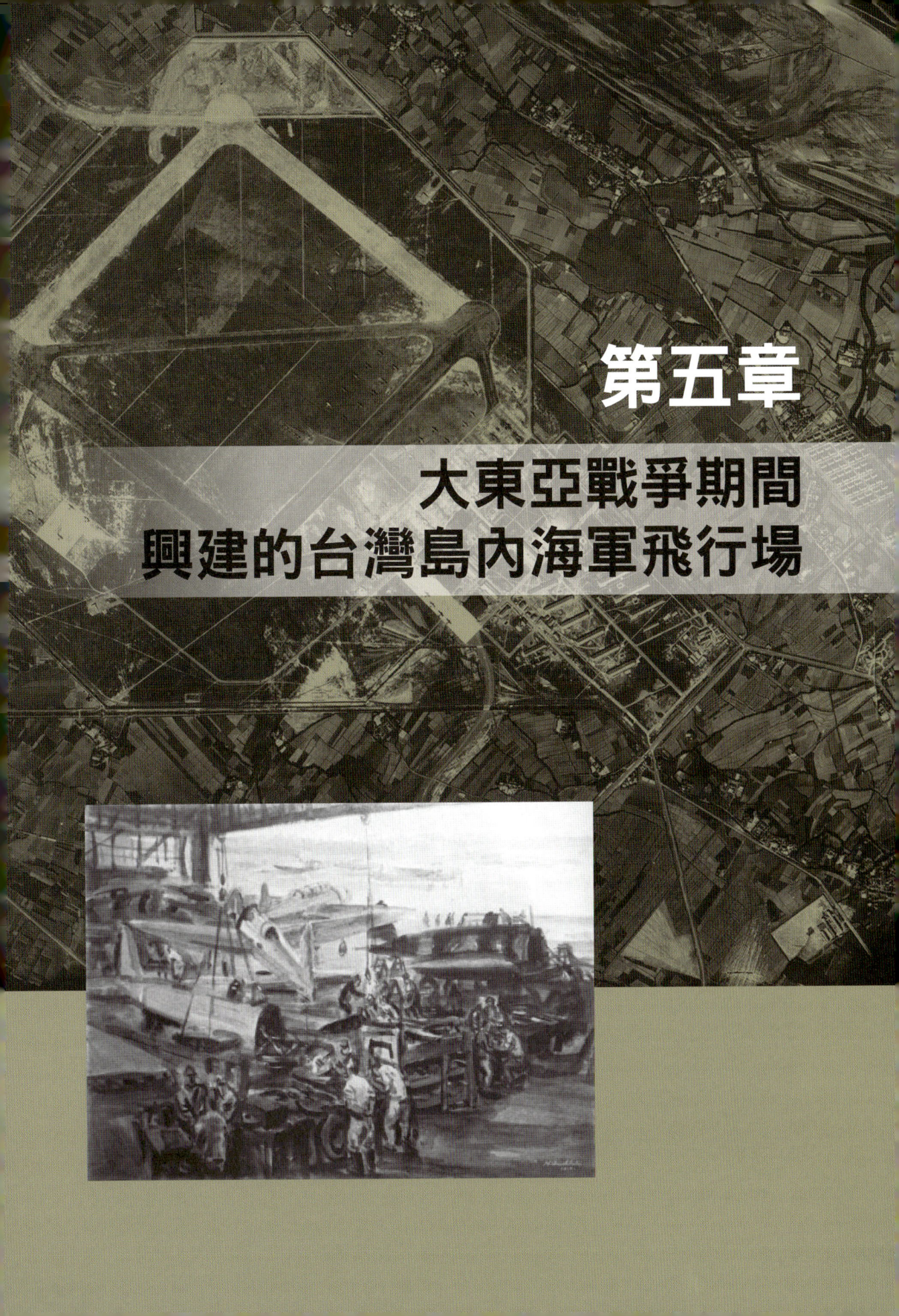

大東亞戰爭期間興建的台灣島內海軍飛行場

紅毛飛行場

現為新竹縣新豐鄉 117 縣道南側，退輔會彰化農場附近

位於新竹縣新豐鄉 117 縣道南邊，現退輔會「彰化農場」附近的紅毛飛行場，是二次大戰後期日本海軍所興建的一座陸上機場。依照戰後國軍接收時的紀錄，是將該機場稱為「北台空紅毛基地」，且記載其完成於 1944 年 4 月 20 日，屬日本海軍在大東亞戰爭開打後才開始興建的飛行場。

從國軍接收的紀錄中可以得知，這座機場的土地大部分是官有地，僅少數營建敷地與疏散滑行道是向民間借用。整個場面呈長方形，範圍大概有長 1,500m、寬 600m，而中間則有一條 1,300m 的主跑道，可載重量為每平方米 20 噸。整座飛行場面積 780,000m^2，土質為赤色粘土質，標高為海拔 29 至 34m，有疏散滑行道全長 3,380m 連接掩體（雖然國軍記錄寫無掩體，但圖卻有畫出）。整座機場內無通訊設備，無夜航設備，場內跑道有盲暗渠設備以供排水，場外則設有素堀排水溝，無自來水設備，但有井水與電力供應。國軍接收時，這座紅毛飛行場「雜草密生」故無法使用。

但同樣的一座機場，在美軍戰後從日本側所獲得的紀錄，與國軍的記載略有不同。其主跑道為東北向，全長 1,300m、寬 80m，碎石跑道面，厚 15cm，耐重 7 噸。由主要的方形場面往東南延伸有全長約 3,380m 的飛機疏散滑行道，連接國軍沒有

美軍拍攝於 1945 年 4 月 15 日的紅毛飛行場航照，可見其場面與疏散滑行道的範圍極大。NARA-中研院 GIS 中心／提供

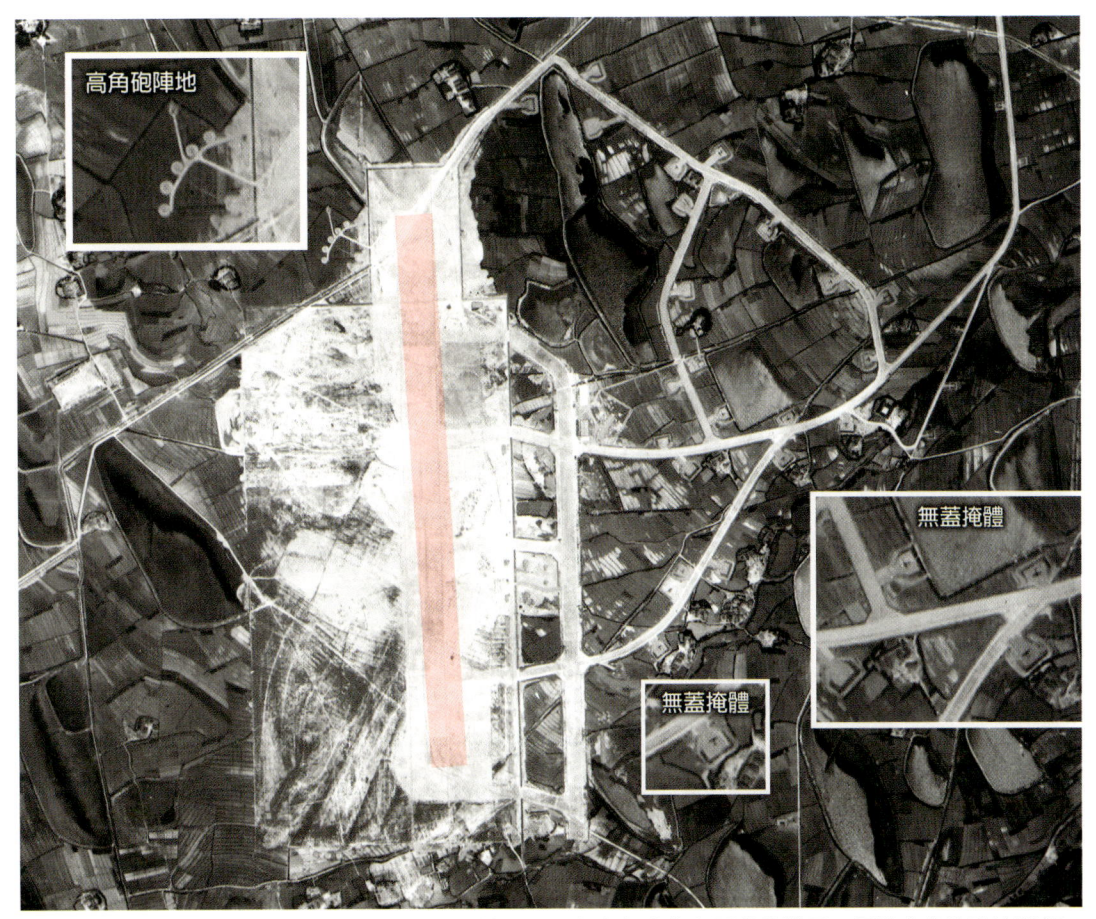

美軍拍攝於1945年4月15日的紅毛飛行場航照。以紅色標出為主要的跑道區，另將高角砲陣地與部分無蓋掩體放大顯示（可見軍機停於其內）。NARA-中研院GIS中心/提供

記錄的各式掩體32座（特掩10座、大型15座、小型7座）。戰後初期的民國35年（1946年）11月，台灣行政長官公署曾發文給新竹縣府調查其轄內的飛機場狀況，在這份回文中對於紅毛飛行場的描述是，設備方面只有戰壕2處，一條長約1km、寬50m的大小石頭舖裝跑道，其餘場面全為草埔，未被人民侵佔，由空委會第30地勤中隊分隊長保管。

依照後來的使用觀之，紅毛飛行場的用地多轉為農田使用。1961年時，為了安置退伍農民，國軍退除役官兵輔導委員會於這裡成立了「新竹農場」，大約有榮民130人於此建築房舍、開闢農場、種植作物。1998年時，因農民數減少而縮編，被併入彰化縣溪州鄉同屬退輔會管轄的彰化農場，這也是為何舊紅毛飛行場跑道遺跡入口處會見到「彰化農場」的招牌。目前，在紅毛飛行場長條形跑道上，有著成排的農舍建築。而在跑道東方原本兵營的位置，則有一個「高槽給水塔」留存。此水塔的外觀設計與虎尾飛行場的為同款設計，均屬難得一見的二戰時代軍事遺跡。

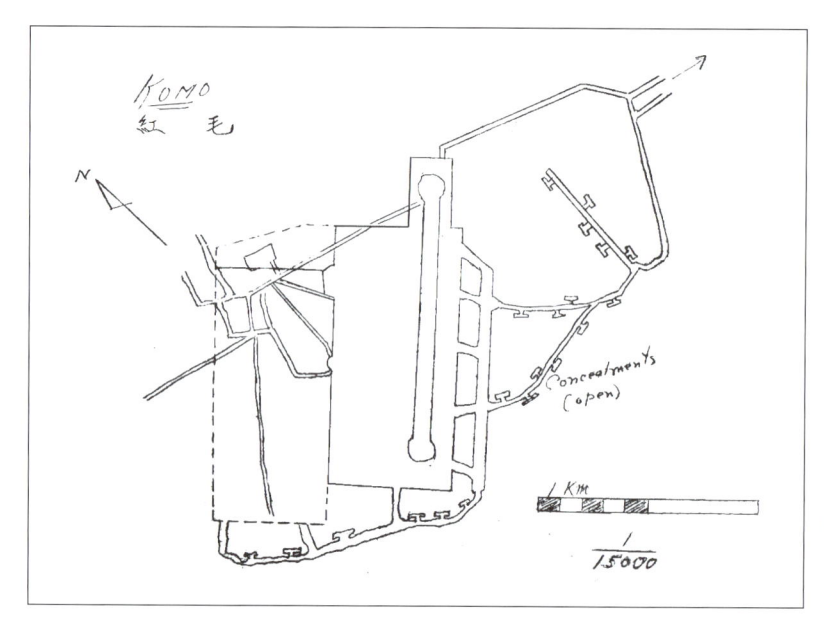

美軍在二戰後由日軍側所獲得的資訊，經整理後所得之紅毛飛行場樣貌。NARA／提供

紅毛飛行場的用地戰後轉為農田使用，如今在跑道遺跡入口處會見到「彰化農場」的招牌。 2012.6.

原本紅毛飛行場的跑道位置。2012.6.

原紅毛飛行場跑道東方的兵營位置，仍有一個「高槽給水塔」留存。2012.6.

高槽給水塔的紅磚結構特寫。2012.6.

高槽給水塔的附近是當年紅毛飛行場的兵營區域。2012.6.

213

後龍飛行場

現苗栗縣後龍鎮大山腳路一帶

　　與如今新竹縣新豐鄉之紅毛飛行場格局相當類似的，是在其南邊位於如今苗栗縣靠近海邊的一座後龍飛行場。這座機場是二次大戰後期日本海軍所興建的一座陸上機場，依照戰後國軍接收時的紀錄，是將該機場稱爲「北台空後龍基地」，且記載其完成時間爲1944年4月25日，屬日本海軍在大東亞戰爭開打後才開始興建的飛行場。

　　從國軍接收的紀錄中可以得知，這座機場位於當時的新竹州竹南郡後龍庄，土地全爲官有地。整個場面呈長方形，範圍大概有長1,300m、寬650m，面積780,347 m^2，可載重量爲每平方米8噸（國軍紀錄與附圖中無跑道）。整座飛行場土質爲砂混粘土，標高海拔6m，有疏散滑行道連接無蓋（土壘式）掩體25座。整座機場內無通訊設備，無夜航設備。國軍接收時，這座後龍飛行場「雜草密生故使用不能」。

　　但同樣的一座機場，在美軍戰後從日本側所獲得的紀錄，與國軍的記載略有不同。美軍紀錄中指出，後龍飛行場的全場面積有1,056,400m^2，其中滑走路耐重8噸，至於掩體方面，有小型掩體25座。戰後初

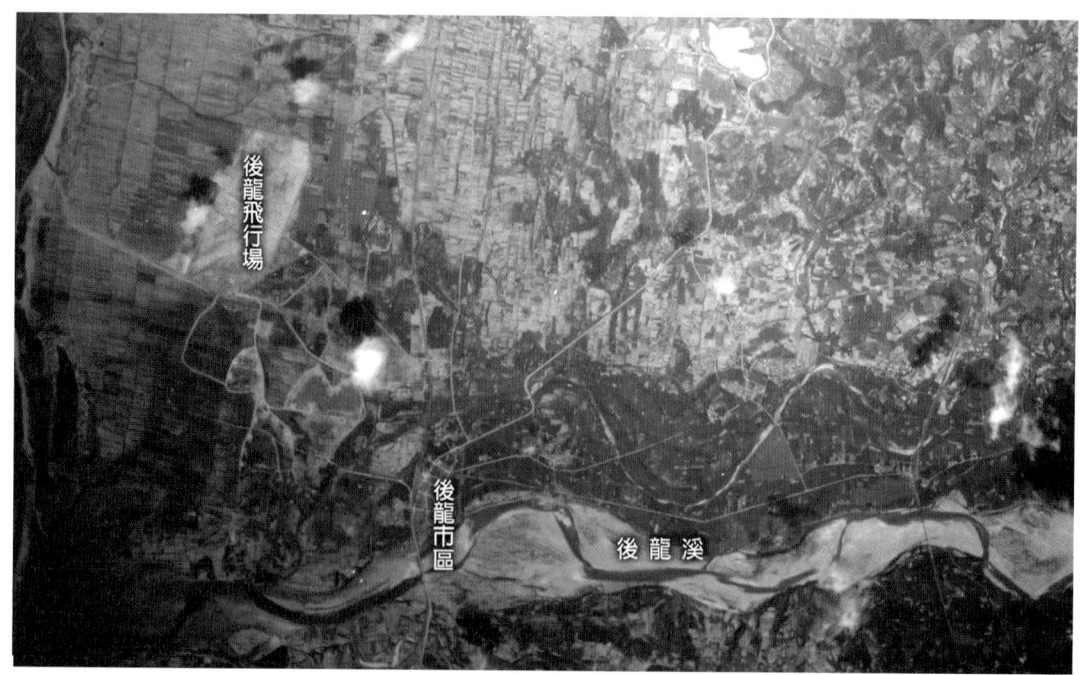

美軍拍攝於1944年9月9日的後龍飛行場航照，可見其飛行場範圍與周邊情況。NARA-中研院GIS中心/提供

以美軍拍攝於1945年6月15日的後龍飛行場航照，標示出一些如今仍殘存的遺跡分布位置。NARA-中研院GIS中心/提供

期的民國35年（1946年）11月，台灣省行政長官公署曾發文給新竹縣府調查其轄內的飛機場狀況，在這份回文中對於後龍飛行場的描述是，該用地徵收前為水田，徵收時間為1943年11月，機場無設備亦無建築，場面全為荒野，無人管理。

依照後來的使用觀之，後龍飛行場的用地很快在戰後又轉變回農田使用，因而場面的部分幾乎沒有痕跡可尋，僅有疏散飛機用的滑行道有不少如今變成鄉間道路留存著。然而，雖然國軍接收紀錄，或者美軍得自日軍的報告中，都載明此機場並無營建設施，但事實上在此機場的南側疏散滑行道邊，留有數處尚有遺跡的區域，特別是丸龜狀的防空壕掩體，以及管狀的防爆掩體，均是可以躲避空襲的遺構。此外，在推測為二戰時的一處兵舍旁，也有疑似蓄水設施的遺跡留存，均為這座存在時間極短的飛行場留下歷史見證。

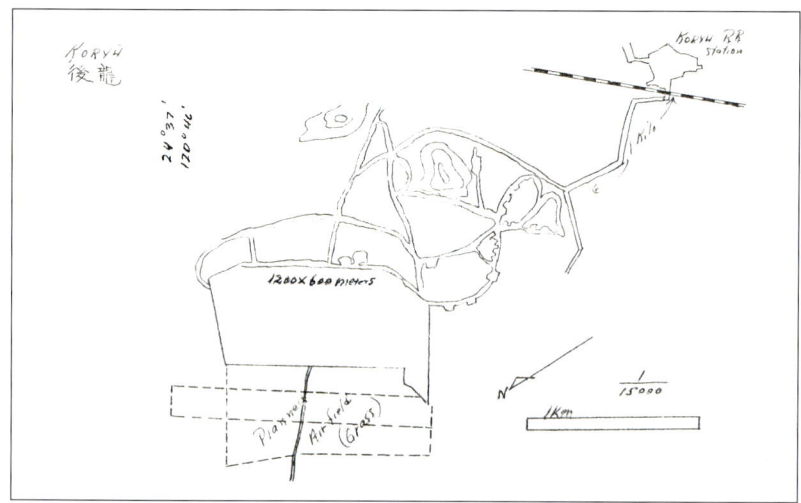

美軍在二戰後由日軍側所獲得的資訊,經整理後所得之後龍飛行場樣貌。NARA/提供

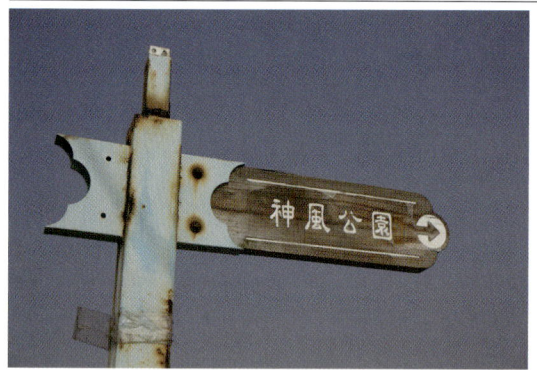

位於如今後龍火車站附近靠近北勢溪橋旁的「神風公園」的指標。 2015.1.

這些有弧度的道路,其實是當年後龍飛行場的飛機疏散滑行道,周邊曾有一些可以躲藏飛機的掩體。 2015.1.

原屬於後龍飛行場的掩體遺跡。2015.1.

後龍飛行場目前留存有這種「丸龜狀」的特殊造型防空壕掩體。2015.1.

丸龜狀防空壕掩體內部。2015.1.

丸龜狀掩體表面材質特寫。2015.1.

原屬後龍飛行場，但部分被土所掩埋的一座「丸龜狀」造型防空壕掩體。2015.1.

位於如今仁德醫護專校的後面，一個結構呈半圓形的1950年半永久式丙種步槍堡。2015.1.

這座機槍堡有嚴重的暴筋現象，可見其結構。2015.1.

位於過去後龍飛行場南端跑道頭的一個管狀掩體外貌。2015.1.

新社飛行場

現為陸軍新社基地、新社機場　　　　　　　　　　　　　　**ICAO 代號：RCWK**

　　如今為陸軍新社基地的陸航新社機場，是二次大戰最末期時，日本海軍所興建的陸上飛機場。依照戰後國軍的接收紀錄，是將此機場稱之為「北台海軍航空隊新社基地」，位於當時的台中州東勢郡新社庄水底寮。

　　從戰後國軍的接收紀錄可以推知，該機場建於 1944 年 12 月 15 日，而營建設施則完成於 1945 年 3 月 15 日，可說是二戰最末期所興建的機場之一。該飛行場的土地所有權為官有地，場內的跑道有兩條，一條長 1,800m，另一條長 1,200m，可耐重量為 20 噸。整座飛行場面積 370,000m^2，土質為砂質赤粘土，標高 294m，有疏散滑行道全長 4,800m（寬 20m），無蓋掩體 28 個。整座機場無通訊設備，排水狀況在雨期不佳，有水電供應，但無夜航設備。國軍接收時，這座新社飛行場是屬於跑道碾壓後可使用的狀態。

　　而同樣的這座機場，在戰後美軍從日軍側所獲得的紀錄與國軍的記載大致相同，但部分較為詳細。例如美軍記錄中，

從空中看當年新社飛行場的位置（以黃色標出舊有範圍）。

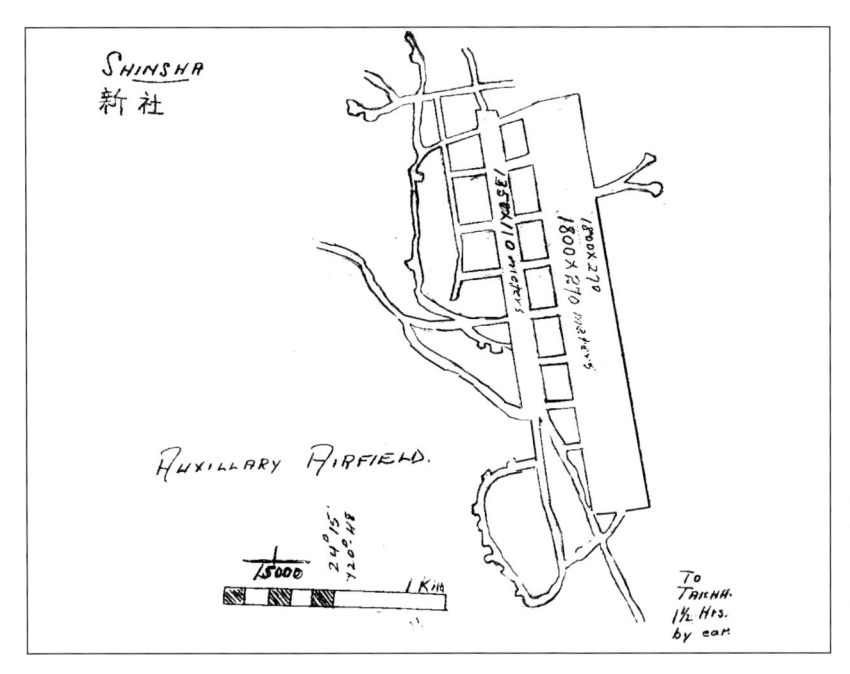

美軍在二戰後由日軍側所獲得的資訊，經整理後所得之新社飛行場樣貌。NARA／提供

新社飛行場全場面積有 370,000m²，而其中滑走路面積有 240,000m²，包含北北西向（NNW）跑道二條，分別是長 1,800m、寬 100m 一條，與長 1,200m 寬 50m 一條，均厚 20cm，耐重 10 噸。該機場屬整備力為第二級的基地，有航空廠與修理工場之設施。在防空設備方面，有 12cm 的高射砲 4 座；至於掩體方面，有中型掩體 28 座，與國軍紀錄相同。

在戰後 1946 年 12 月中旬台中縣境內機場實況調查中，新社機場的記載關於徵收前的土地使用是以農田，種植甘蔗、甘藷與花生為主，土地是在 1944 年 10 月中徵收，戰後並無飛機飛來使用，機場也無偽裝。雖然說，才戰後一年，整個機場的用地中，40% 已由台灣省蔗苗繁殖場出租給居民耕種，但有另外 60% 為荒蕪狀態。該機場之前的用地所有者雖為總督府大南庄蔗苗養成所，但戰後初期的保管者為空軍第 22 地區司令部地勤第 2 分隊。

如今的新社飛行場，已經由原日本海軍北台海軍航空隊的基地，變成中華民國陸軍的新社龍翔營區。原本的跑道範圍雖然仍存，但已經縮短為適合陸航飛機用的格局。而早年延伸於機場周圍，連接二十幾個露天掩體的滑行道，則尚存遺跡，特別是興社街二段旁已經成為新社區公所一帶的道路即是，而該地也是近幾年新社吸引許多觀光人潮來訪的賞櫻名所。

新社龍翔營區開放時，引人注目的還有這群「動態使用中」的UH-1H。2011.11. 傅子訓/攝

日本時代的新社飛行場在戰後改由陸航接收使用。2011.11. 傅子訓/攝

原日本海軍北台海軍航空隊的新社飛行場,如今已經變成中華民國陸軍的新社龍翔營區,圖為基地開放時的陸軍直升機隊表演。2011.11. 傅子訓 / 攝

223

二林飛行場

現彰化縣芳苑鄉大同農場一帶

位於如今彰化縣的二林飛行場，是二次大戰後期日本海軍所興建的一座陸上機場。不過這座機場很特別的是，戰後國軍的接收紀錄中並無記載，但在美軍從日軍側所獲得的紀錄卻有這座機場；而日本方面也有戰爭時期，由大日本帝國陸地測量部依照1945年2月攝影之航照，再以紅色加印的軍極密地圖留存，均指出此機場之位置位於二林聚落的西側，亦即舊社以西，路上厝以東的地點。

在美軍戰後從日本側所獲得的紀錄中，關於這座二林飛行場則有較多一些的記載。該紀錄裡，二林飛行場的海拔高5m，全場面積有900,000m²，其中滑走路面積有150,000m²，包含跑道有南北向的長1,500m、寬100m一條，厚度15cm，耐重8噸。在美軍側所留存的飛行場簡圖觀之，該機場的格局是個約略正方形的樣貌，並無往外延伸的疏散滑行道。不過依照美軍二戰末期的航照與前述的日軍軍極密地圖來看，二林飛行場的外貌雖屬方正的機場格局，但是在東側則往南與往北都有延伸，彷彿是座陸上航空母艦的樣貌。類似的機場格局，在麻豆飛行場也可以看見。

雖然說，這座機場國軍接收紀錄裡並無檔案，但是在1946年12月16日由台中縣政府（戰後初期該地屬原台中州管區所改制之台中縣）發文，向台灣省行政長官

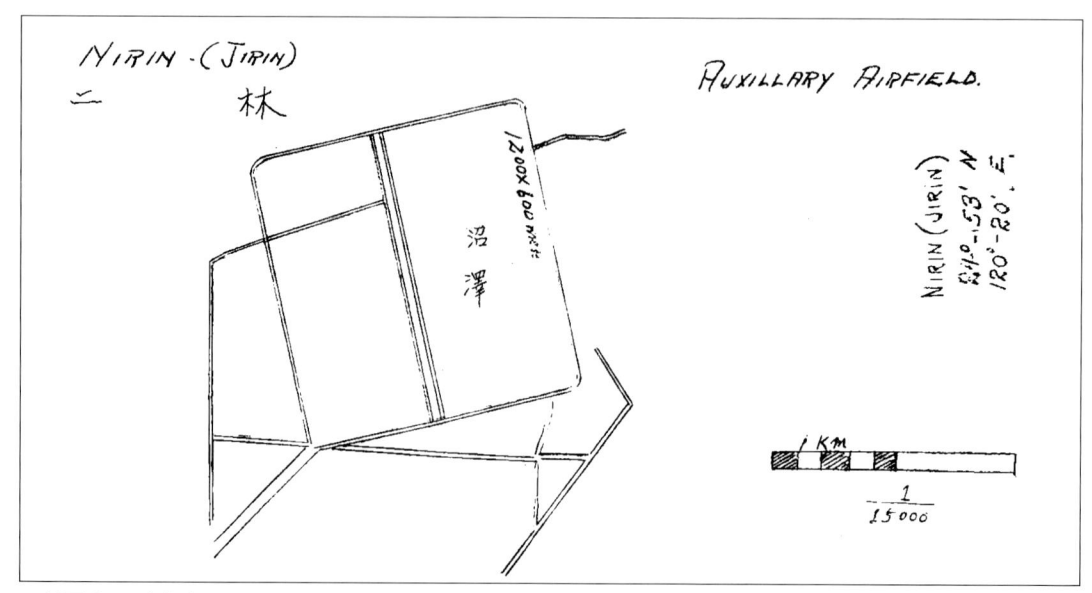

美軍在二戰後由日軍側所獲得的資訊，經整理後所得之二林飛行場樣貌。NARA／提供

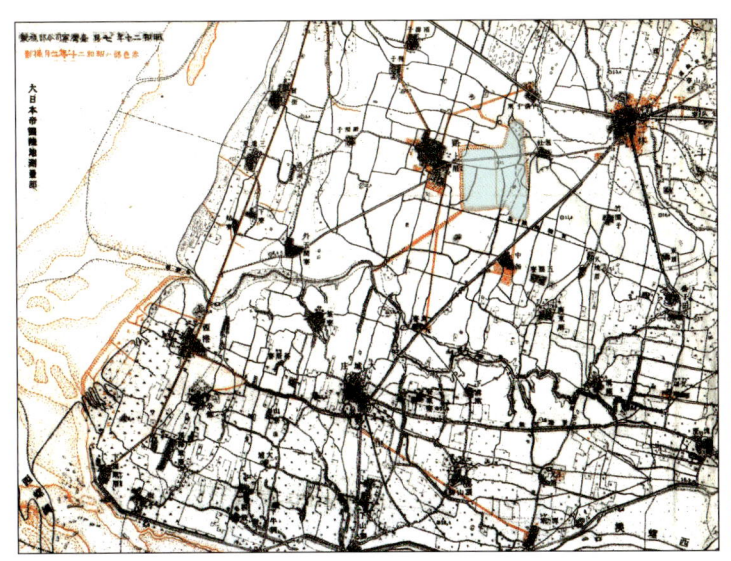

二戰最末期由大日本帝國陸地測量部所繪製的二林飛行場附近地圖，該圖於1945年7月發行，圖中紅色部分為以該年1月航照所修改的增補。本書利用此圖將二林飛行場部分以淺藍色底強調。NARA / 提供

二戰後美軍拍攝的二林飛行場航照（以淺藍色底表示處為二林飛行場範圍）。

公署民政處地政局所呈送的該縣境內機場實況調查表裡，卻有這座機場的基本資料。該份文件內指出，此機場位於當時芳苑區的路上厝，佔地約131甲，徵收前的使用狀況全為農耕用，於1944年6月15日徵收，可見此機場的興建時間是在二戰的後期。該表還特別指出，此機場無廠房、加油設備或兵舍等建築，調查時屬於不能使用的狀況，而當時其用地全部為人民佔耕而無出租情形。至於是否有軍隊接收保管，則直接寫著「不明」。

依照戰後的使用狀況來看，大部分的機場用地均回歸農田使用而少有痕跡，但是飛行場的西側邊界，因為緊鄰上林路路上段279巷旁的數百公尺水道而有遺跡可尋。至於較靠近東側，原本的跑道則有斷續的遺跡可見，特別是位於舊社旁邊，上林路路上段的一處「大同農場」，便是直接設於原本的跑道用地上。

這個「大同農場」，據說是戰後政府關給榮民居住，並且分配周遭土地以供耕作的農場。那南北方向一整排，左右各一棟分列的建物，就是坐落於二林飛行場的跑道跡之上，算是如今仍能清楚標示出原機場跑道方位的重要空間軸線。至於Facebook 上「二林舊社故事館」關於飛機場的回憶文章中，則指出原本在該機場用地上曾有的水泥製「海軍基地」界碑，則如今已經不存。不過之所以會刻著「海軍基地」，乃因這座二林飛行場是屬於日本海軍航空隊使用，而非陸軍之故。

二林飛行場最東側的邊界圳溝，圖中左側為當年飛行場用地。2015.1.

二林飛行場最東側的邊界圳溝的最南端，圖中右側為當年飛行場用地。2015.1.

二林飛行場當年跑道北側如今已經成為退輔會的「彰化農場路平養豬專業區」，該門柱為黎玉琢場長於1974年所題。2015.1.

退輔會養豬專業區的豬圈內部。 2015.1.

養豬圈舍外圍的圍牆有著當年的標語。2015.1.

二林飛行場當年北側跑道用地，戰後成為一整排左右各一成排分列的簡易水泥隔板斜屋頂建物當成豬圈。2015.1.

虎尾飛行場

曾為空軍虎尾基地、虎尾機場，高鐵雲林站附近重劃區　　　**原 ICAO 代號：RCSC**

在如今高鐵雲林站的附近，以及很多鐵道迷喜歡拍攝高鐵與糖鐵立體交叉的虎尾一帶，正是過去日本海軍航空隊的虎尾飛行場。該機場的範圍極大，主要分為一個較大正方形的跑道區（範圍是 1,500m x 1,475m），以及一個較小略成方形（775m x 625m）的建物區。而整個虎尾一帶，因為這座機場的設立，也有很多機場外的軍事設施及眷村，像是戰後所稱的建國一村、二村與三村，便有非常多殘存的軍事設施。虎尾飛行場的興建時間，在國軍的接收紀錄中並無記載，不過依照日本方面軍史的

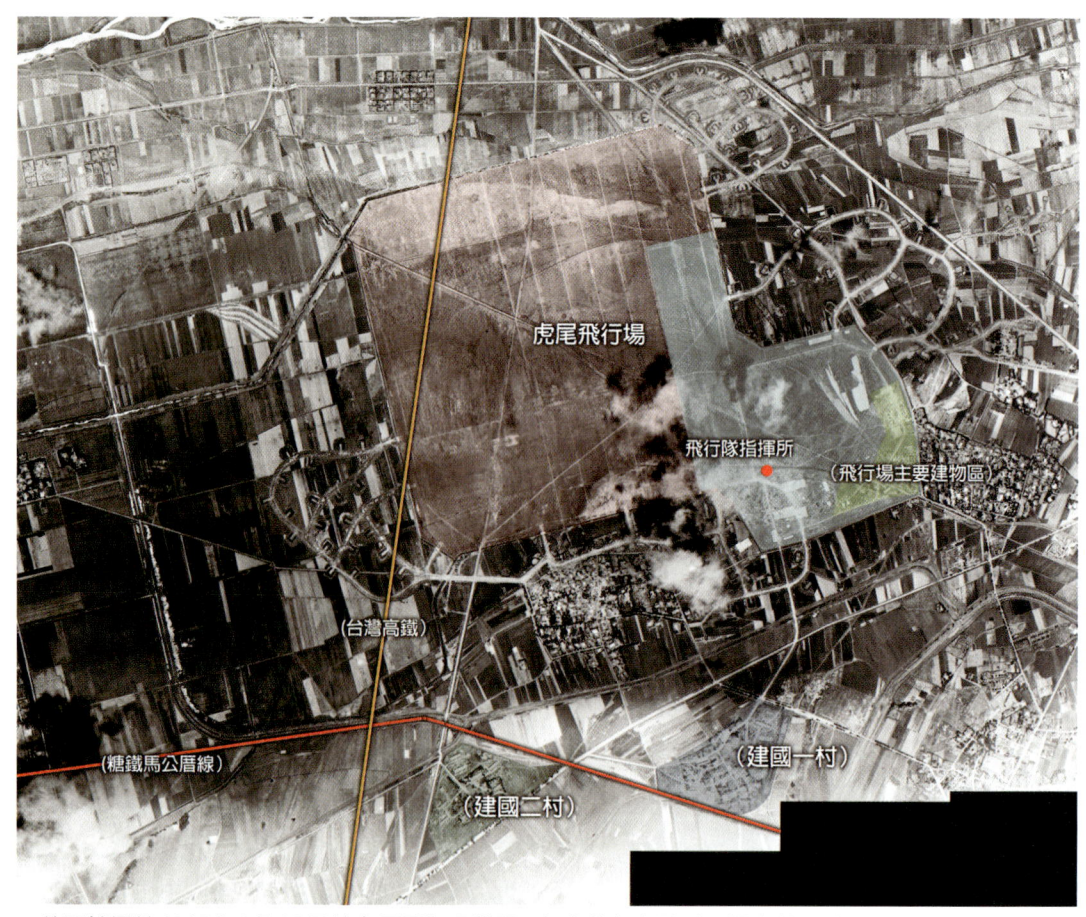

美軍拍攝於 1945 年 6 月 29 日的虎尾飛行場航照。加上的紅色陰影是過去整個機場的範圍，藍色區域是後期空軍僅剩的虎尾基地區域，黃色部分則是日本時代飛行場內主要的建物區。圖中還標出如今通過該地的台灣高鐵，以及南邊的糖鐵馬公厝線。NARA-中研院 GIS 中心 / 提供

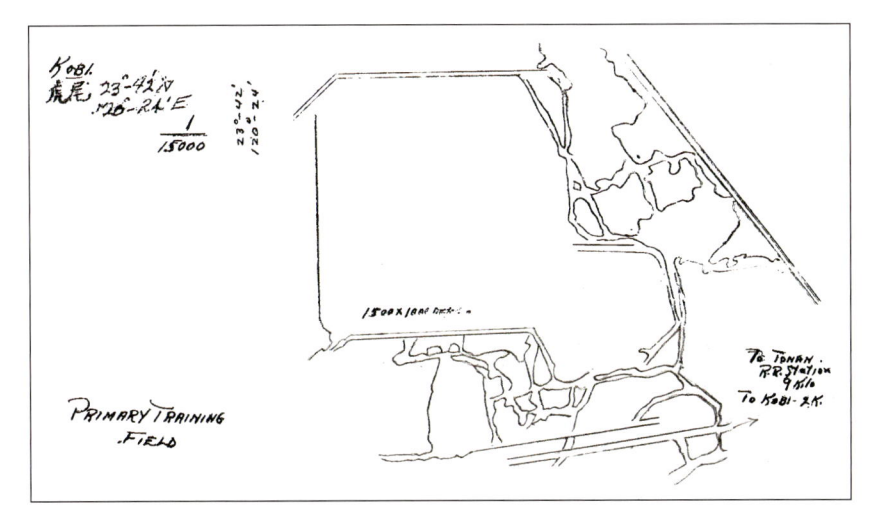

美軍在二戰後由日軍側所獲得的資訊，經整理後所得之虎尾飛行場樣貌。
NARA / 提供

推斷，「虎尾海軍航空隊」這個冠以虎尾地名的航空隊在 1944 年 5 月 15 日正式開隊，可以視為虎尾飛行場在此之前勢必已經可以使用的證據。這個以教育為目的所設立的航空隊，是在大東亞戰爭開打後，日本海軍為了航空兵力的擴展，針對最初級飛行訓練生在「予科練」畢業後，進一步進入飛機初步練習課程為目的所設立的練習航空隊，隸屬於高雄警備府轄下。

虎尾海軍航空隊在 1944 年年中到年底，陸續訓練了幾批的飛行員，使用的飛機大部分是有「紅蜻蜓」（赤とんぼ）稱號的九三式中間練習機。不過隨著戰事的演變，飛機、燃料與人員等資源越來越吃緊，日本海軍乃決定將這些訓練用的飛行場轉給實際作戰的部隊使用，因而虎尾海軍航空隊在 1945 年 2 月 15 日解散，多數人員經由空路與海路送回日本內地；但屬於該隊的士官有 50 名在 3 月從基隆搭船「南京丸」回日本時，卻在海面遭擊沉而全員溺斃。至於殘留於台灣的人員，則編入台灣海軍航空隊，參與之後的「天號作戰」與「菊水作戰」；另原屬於該隊的飛機，則轉為特攻隊「忠誠隊」使用。

當年在虎尾飛行場使用的主要飛機，就是這款俗稱「紅蜻蜓」的九三中練。

229

以美軍拍攝於1945年6月29日的虎尾飛行場航照放大的主要建物區。　NARA-中研院GIS中心/提供

　　終戰後美軍從日本側所獲得的紀錄中，這座屬於日本海軍的虎尾飛行場，全場面積有 2,173,750m²，可載重量為 10 噸，標高 22m，有疏散滑行道及特種（水泥造）有蓋掩體 3 座，小型土疊式無蓋掩體 82 座，4 座高射砲但無探照燈。該機場屬於第二級整備力的機場，戰後殘留有艦爆機 9 架（完好者 8 架），以及練習機 135 架（完好者 129 架），是個屬於初步練習機使用的訓練機場，設備推估有兵營約可容納 700 人，虎尾街的和式旅館約可容納 50 人，以及醫院可收容 150 人。

　　依照戰後國軍接收時的虎尾飛行場狀況來看，在基地內其實有條糖廠鐵路分歧入內，直接連通至「燃料置場」，因此此機場有鐵道連接運輸的狀況由此可見。此兵營內的設施有士官舍、士官烹炊所、整備員兵舍、兵員烹炊所、小病院、便所、水源池及唧筒室、自力發電所等。而靠近大坪的旁邊，則有木具金屬工場、螺旋槳整備場、計器試驗場等。這些設施與殘跡，主要位於興中路以西的基地中。而基地範圍內較為古老的一棟建築，則是二戰結束時被國軍標為「飛行隊指揮所」，一座類似塔台的樓狀眺望建物。此建築在戰後初期應也是做塔台用，可從老照片中看到上面寫著「虎尾」、「海拔 25 公尺」的字樣。不過，後來該樓的窗戶被封死，殘留著建物本身見證著此處曾經是飛機場的過往。

　　雖然虎尾的整個機場範圍，隨著該地失去實質飛機場用途後而逐漸縮小，但主要的軍事基地區仍維持在那個較小略成方形的用地周邊，曾為空軍防砲部隊以及新訓中心使用。這整個區域內，除了日本時

寫著「親愛精誠」的空軍虎尾基地大門。
2008.8.

殘留的「空軍防砲警衛司令部」標誌。2008.8.

代殘留下的建物外，也有不少新建的軍事建築。不過，這些建物在軍方完全撤出後，大約 2013 年底前都已經全數拆除，相當可惜。

而這座虎尾飛行場在二戰時的範圍，其實比戰後空軍接收後使用的虎尾基地區域還大，而且關於軍營及兵舍的建物分布，也擴及後來位於基地外的建國一村、二村與三村內。目前這些區域仍殘存有相當多的飛行場相關軍事設施遺跡，非常值得加以研究並保存。

根據國軍接收時的紀錄，在飛行場相關兵舍與建物方面，分別分成一區、二區與三區的建物聚集處，亦即後來的建國一村、二村與三村。建國一村與建國二村剛好位於目前全台僅存的糖廠運蔗鐵路，虎尾糖廠馬公厝線的兩邊：建國一村位於糖鐵的東北側，建國二村位於糖鐵的西南側，至於建國三村距離較遠，亦即後來的拯民國小位置。

在原本的飛行場建物聚集處的一區部分，其佔地外型輪廓呈現弧狀分列，在糖鐵路線邊即可見到當時提供水源的設施，包含「高槽給水塔」，以及水源池及唧筒室遺跡。類似的水塔在其他海軍體系的飛行場中，亦曾在台灣出現過（例如紅毛飛行場）。而在其旁的草堆裡，則可見當年的電信所與發電所遺跡。這個「電信所」之名，見於戰後國軍接收時的紀錄，推測日本時代是稱為耐爆通信所。該建物以半地下式的紅磚建構，在其他飛行場也曾出現過類似建築。另外一座國軍接收地圖上標為「自力發電所」的建物，其實是以地下掩體方式存在，應該就只是一處可以放置發電機組的掩體。類似的建物在建國一村的西北側也仍有一座存在。基本上，在這一區內仍有相當多的軍事建築遺構，像是病院的殘跡都仍在，值得深入調查。

至於二區（建國二村）部分，整體分布的形狀呈現一個三角形，在文科路旁也有類似的「高槽給水塔」與水源池遺跡。這個半圓形筒狀分列的水源池，比建國一村的要更清楚可辨識。至於第三區，也就是後來的建國三村內，則包含一座原「空軍總司令部附設虎尾小學」的拯民國小。該校是於民國 55 年 8 月移交雲林縣府接辦時，以紀念空軍先烈葉拯民之功勳，乃以「拯民」命名。後來因為學生人數過少，

廢棄後的空軍虎尾基地內部狀況，如今大部分的建物都已經拆除。2008.8.

遭整併為大屯國小拯民分校。不過比對接收時的國軍紀錄，這第三區內有當年日本海軍的 4 棟「練習生兵舍」以及 2 棟「整備科兵舍」，是虎尾飛行場作為海軍航空隊練習生機場的一個重要地景遺跡。

由於戰爭的關係，這三區內都有許多的防空洞，並且是種造型相當特別的「丸龜狀」外觀，有大有小，非常有趣。目前虎尾的眷村已經逐漸凋零，虎尾飛行場相關的遺跡也日漸傾頹，甚至因為高鐵附近特定區的開發，連飛行場的外圍輪廓也漸漸消失，實在是相當可惜。

這棟建物就是日本時代虎尾飛行場的「飛行隊指揮所」。2008.8.

這棟飛行隊指揮所的建物仍可看出封閉的窗戶痕跡。2008.8.

戰後攝於虎尾機場的照片，可見背後的「塔台」，正是這座「飛行隊指揮所」。

這棟戰後的「塔台」底層內部情況。2013.3. 安桑／攝

233

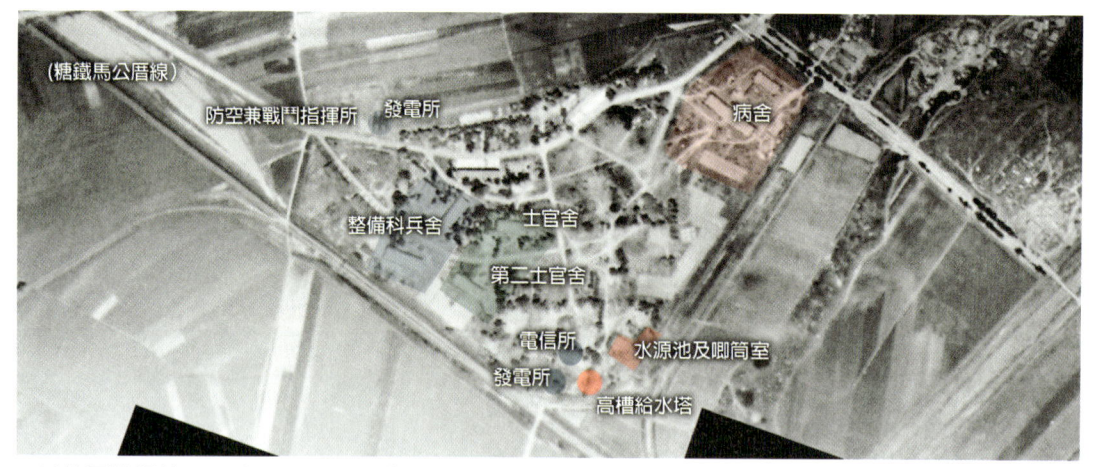

以美軍拍攝於1945年6月29日的虎尾飛行場航照放大後的戰後建國一村區域。 NARA-中研院GIS中心/提供

位於如今建國一村邊緣的高槽給水塔。2008.8.

高槽給水塔的下部是以紅磚砌成。2010.12.

高槽給水塔的內部。2010.12.

如今高槽給水塔的表面仍留有許多彈痕。2010.12.

建國一村內高槽給水塔旁的水源池。2008.8.

建國一村內高槽給水塔旁的地上遺構。2008.8.

建國一村內的耐爆通信所遺跡。2010.12.

建國一村內的疑似發電所遺跡出入口特寫。2010.12.

建國一村內的疑似發電所遺跡。2008.8.

如今建國一村內殘留的掩體。2010.12.

建國一村邊緣的病舍遺跡。2010.12.

以美軍拍攝於1945年6月29日的虎尾飛行場航照放大後的戰後建國二村區域。 NARA-中研院GIS中心/提供

建國二村附近，這個半圓形筒狀分列的水源池，比建國一村的要更清楚可辨識。2010.12.

建國二村在文科路旁的「高槽給水塔」與水源池遺跡。2010.12.

建國一村與二村仍留有許多眷村建物。2010.12.

建國一村與二村仍留有非常多的丸龜狀防空壕。2010.12.

如今在建國一村邊緣仍有糖鐵馬公厝線經過。2010.12.

馬公厝線的名景就是這個高鐵與糖鐵的立體交叉。2010.12.

237

大林飛行場

曾為嘉義縣大林鎮社團新村與陸軍飛彈基地

位於嘉義縣大林的大林飛行場，是二次大戰後期日本海軍所興建的一座陸上機場。戰後國軍的接收紀錄中，僅有一張沒有寫上任何詳細紀錄的「大林飛機場要圖」。該圖以藍曬圖為底圖，畫出一條南北向的機場範圍，中間則是寫著「飛行場」的跑道。此圖標示的機場範圍有長1,800m、寬300m，四個角是呈現圓弧轉彎的情況，而其中間的跑道則有長1,500m、寬100m。此外，圖中還特別以紅色畫出疏散滑行道，分成往西北的1區，往東的2區，與往西南的3區。除了這些資訊外，這座日本海軍的大林飛機場國軍紀錄幾乎付之闕如。

但同樣的這一座機場，在美軍戰後從日本側所獲得的紀錄，則有較多一些的記載。該紀錄裡，大林飛行場的海拔高52m，全場面積有255,000m²，其中滑走路面積有150,000m²，包含與國軍紀錄一樣的跑道，南北長1,500m、寬100m 一條，厚度15cm，耐重8噸。

大林飛行場的用地，中段在戰後曾作為勝利女神飛彈基地，而北段則在1950年代中期，設立了一個相當特別的眷村「社團新村」。該眷村是在1950年代由蔣夫人宋美齡號召各界捐款的4,000幢國軍眷舍之一。為了感謝捐款較多的團體，故特別徵

戰後美軍拍攝於1951年6月18日的大林飛行場地區航照。加上的紅色陰影是中央的跑道區，綠色區域是整個飛行場的範圍，數字為國軍接收要圖內所標記的位置。NARA-中研院GIS中心/提供

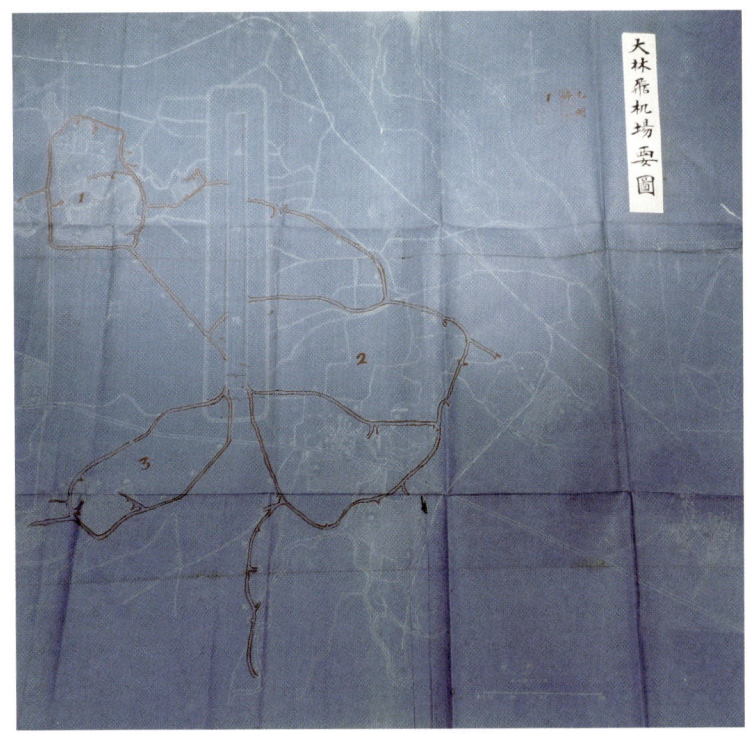

戰後國軍的接收紀錄中，只有這張沒有寫上任何詳細紀錄的「大林飛機場要圖」。
檔案管理局 / 提供

原本大林飛行場的用地上，如今蓋有一座在社團新村旁的居民活動中心。2015.1.

詢各主辦捐款單位意見之後，擬具各眷區新村名稱，呈奉蔣夫人核定。社團新村的200戶眷舍，之所以命名為「社團新村」，便是因為「社會團體」捐建經費之故。這些眷宅大約在1957年的3月陸續完工並經軍眷住宅籌建委員會及工程監督委員會諸委員驗收，交由國防部接管通知軍眷入住。由於4,000幢的眷舍數目相當多，且分散在西部台灣各地，故海陸空軍與聯勤，甚至政工幹校或國防部直屬單位都有分配到，而社團新村的200幢就是劃歸為陸軍之軍眷使用。

此眷村以方正格局興建，分左右兩列，眷村的大門也有蔣宋美齡所親題的「社團新村」四字。而除了眷村的眷舍以外，伴隨成立的還有診療所與活動中心，以及為了眷村小孩而設的「社團國小」。

然而，隨著飛彈基地的撤廢，原大林

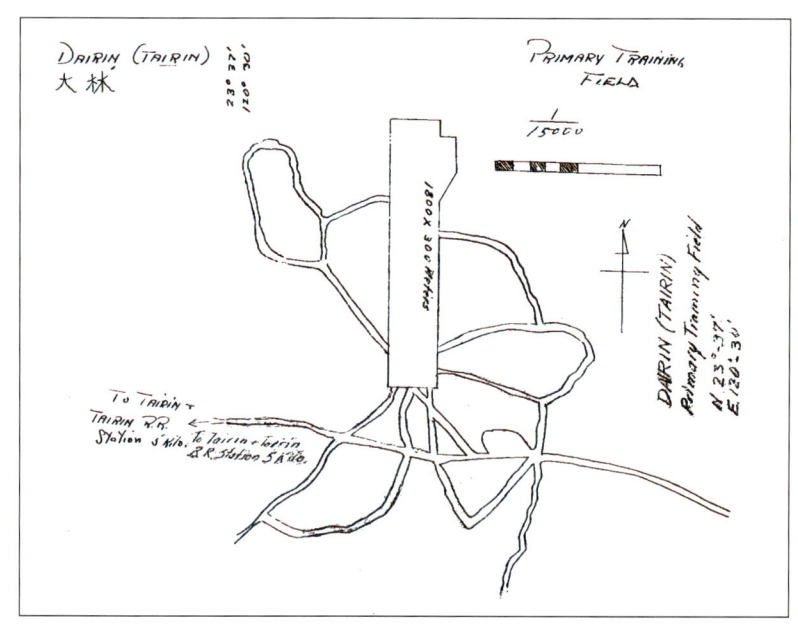

美軍在二戰後由日軍側所獲得的資訊，經整理後所得之大林飛行場樣貌。NARA / 提供

位於原大林飛行場用地上的社團國小。2015.1.

飛行場跑道中段本來是營區的部分早已無人駐守，而北邊的眷村，因為國軍眷改條例的通過，社團新村國有地上的住民也被搬遷離開，如今也已全部拆除。但是社團新村出過林青霞與徐乃麟這兩位明星，而且該地也曾用來拍攝公共電視《再見，忠貞二村》之電視劇，故在台灣眷村歷史上有著較為特殊的地位。

但在眷村文化不受政府重視，雖賴民間努力保存下仍不敵歲月的侵蝕，如今社團新村已成一片空地與圍籬，僅剩社團國小與少數的建物，以及其旁非屬國有地的眷村住戶尚未拆除，大部分的遺跡都已不存。儘管如此，大林飛行場的跑道格局，以及南北向飛行場的外圍輪廓，則依然保存著，甚至圍牆邊還有軍事碉堡仍然可見。至於在跑道東邊的一棵老茄苳樹，樹齡號稱超過五百年，當地耆老表示在二戰末期時日軍會把飛機推到樹下躲藏，也是當地所留下的一些戰爭軼事。

社團國小的操場。2015.1.

社團新村的眷舍如今已經全部拆除相當可惜。2015.1.

位於原本社團新村旁，非屬國有地的住戶尚有一些建物尚未被拆除，保留了一點社團新村的記憶。
2015.1.

在原本大林飛行場跑道東邊的這棵老茄苳樹,樹齡號稱超過五百年,當地耆老表示在二戰末期時日軍會把飛機推到樹下躲藏。2015.1.

大林飛行場的跑道格局,以及南北向飛行場的外圍輪廓依然保存著,甚至圍牆邊還有軍事碉堡仍然可見。2015.1.

大林飛行場的用地，中段在戰後曾作為勝利女神飛彈基地，因而留下了一些軍營的建物。2015.1.

曾為飛彈發射基地的軍事建築。2015.1.

麻豆飛行場

位於台南市麻豆區寮子廊

在 2011 年的 4 月 12 日，漢光 27 號演習於中山高的麻豆戰備道舉行二代戰機的起降操演。原本的高速公路，變成軍機的臨時起降跑道，參與軍演的空軍 IDF、幻象 2000、F-16，還有陸航的各式軍機，讓麻豆戰備道成為一處各種飛機齊聚一堂的臨時機場。麻豆戰備道位於國道一號的新營交流道與麻豆交流道間，全區位於台南市的下營區，與麻豆其實有段距離。不過，經過這次演習，一般人或許就知道「麻豆戰備道」之名，但卻不知道在二戰時期，麻豆地區卻真正有一座在下營南方，麻豆西北側，屬於日本海軍的「麻豆飛行場」存在。

依照戰後 1946 年 1 月日軍呈繳給中國空軍第 22 地區司令張伯壽的「台灣日本海軍航空隊台南區飛機場呈繳清冊」內的紀錄，這座麻豆飛行場，所在地位於當時的台南州曾文郡麻豆街，紀錄上此機場並無跑道，全場面積約 423,000m^2，有飛機疏散滑行道長 6.8km、寬 125m，土質為 Makadam（碎石），衛生情形良好，土地所有權屬於海軍，距四周機場的距離分別為台南 29km、歸仁 24km、虎尾 50km、仁德 26km。這份紀錄中寫著此機場營建設施、掩體、夜間設備、通信機關、排水設施、水道與電氣均無，而標高、跑道能載重量、附近障礙之距離與高度都是「不明」，關

麻豆飛行場（左）的場面外觀與格局，與二林飛行場（右）非常類似。

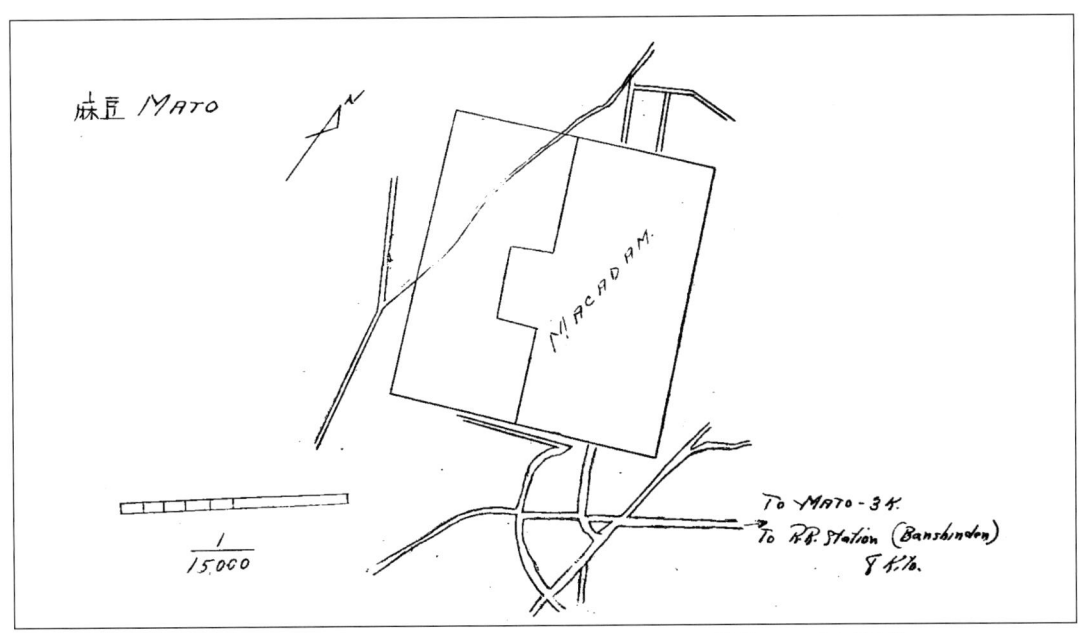

美軍在二戰後由日軍側所獲得的資訊，經整理後所得之麻豆飛行場樣貌。NARA / 提供

鍵的機場建築日期寫著未完成，戰後接收時狀況為「使用不能」。

但同樣的一座機場，在美軍戰後從日本側所獲得的紀錄，與國軍的記載略有不同。美軍的紀錄中顯示，麻豆飛行場的海拔高 5m，全場面積有 1,590,000m²，呈現一個約略正方形的樣貌，其中滑走路（跑道）面積有 100,000m2，為一條北北西向（NNW）的跑道長 1,000m、寬 100m，厚度 15cm，耐重 7 噸。至於掩體方面，則有小型掩體 17 座。

雖然日軍呈送給美軍的機場要圖並無標示跑道，但文字紀錄卻已經記載這條長約 1km 的跑道存在。依照戰後初期約 1946-47 年間的航照圖來看，麻豆飛行場的範圍內確有一條南北向的跑道痕跡，而且南北兩端的跑道頭已經突出於原本的正方形場面外，推估跑道全長大約 1,700m，位於如今寮子廊的北方。而依照美軍在二戰時轟炸麻豆飛行場的航照圖顯示，該飛行場在西南角有非常多的 U 形露天掩體，可見這座機場確實在終戰時又有更多設施的興建。

在戰後初期 1946 年 11 月一份台南市政府回覆台灣省行政長官公署民政處關於轄區內機場的實況調查中，所附的「台南市轄境內機場實況調查表」裡記載著這座麻豆機場的面積約 423,000m2，與日軍當時的呈繳清冊一致，但徵收前狀況、徵收及建築時間均屬不明，而且還寫明此機場「從無飛機往來」，推測是指戰後就沒有飛機起降（因為同表內還包含永康飛行場，但該機場日本時代確有飛機起降，因此這個「從無飛機往來」的敘述應只是指戰後的情形）。而對於此機場的現況則表示雖無人民佔耕情形，但機場是屬於不能使用的狀況，當時由空軍第 25 地勤中隊保管。類

美軍於1945年1月4日轟炸麻豆飛行場時所攝的空照圖。

麻豆飛行場中間疑似跑道的軸線如今已經變成這條道路。2010.12.

似的紀錄，另一份 1947 年 5 月 30 日時，「台南縣麻豆鎮飛機場空軍營房營地調查表補報案」中也指出，這座機場位於台南巿麻豆區寮子廍，軍用營地約 48 甲，當時是由台南空軍第 25 地勤中隊管理，因此戰後初期至少到 1947 年間，麻豆飛行場的用地還是由空軍所保管。不過依照後來的航照與地圖觀之，此飛行場還是遭到撤廢，並且用地回歸成農地使用，因此如今已經幾乎無法找到痕跡，只剩跑道的軸線大致留存於該地的小路上。

仁德飛行場

位於中華醫事科技大學與其附近

　　如今已經消失，幾乎沒有什麼遺跡可尋的日本海軍航空隊仁德飛行場，其實是一座相當單純，僅有一條南北向跑道的機場。該機場是屬於日本海軍航空隊在大台南地區的一個飛行場，但因為整個用地與格局並不大，故非屬重要的航空基地，推測的興建時間應該是二戰爆發後，甚至是二戰中期至後期所完成。

　　依照戰後1946年1月由日軍所撰的〈台南地區飛機場呈繳清冊〉指出，其跑道承載重量為15噸，長1,460m、寬60m，不過美軍從日軍側所獲得的紀錄，則指出這條跑道長1,180m、寬60m、厚8cm，耐重8噸，長度略短，且該機場整備力屬第二級，機能方面則被歸為「不時著場」，亦即臨時起降之用。值得說明的是，仁德飛行場的跑道，與其東邊約4km處的歸仁飛行場之南北跑道是平行的設計，兩者均為磁差2度偏西的走向。

　　依照戰後國軍接收時的紀錄指出，仁德飛行場的所在地在當時是位於台南州新豐郡仁德庄，標高海拔25m（美軍記錄海拔21m），全場面積為350,000m^2。而該機場有位於跑道西側的飛機疏散滑行道（寬30m）全長4,450m，而相連的無蓋飛機掩體則有15座。這疏散滑行道的走向，大致是如今的文華路三段，白崙仔附近。此飛行場當時並無夜航設備，通訊情形雖沒有

美軍於1944年8月25日所攝的航照圖，可見台南飛行場與仁德飛行場的相對位置。　NARA-中研院GIS中心／提供

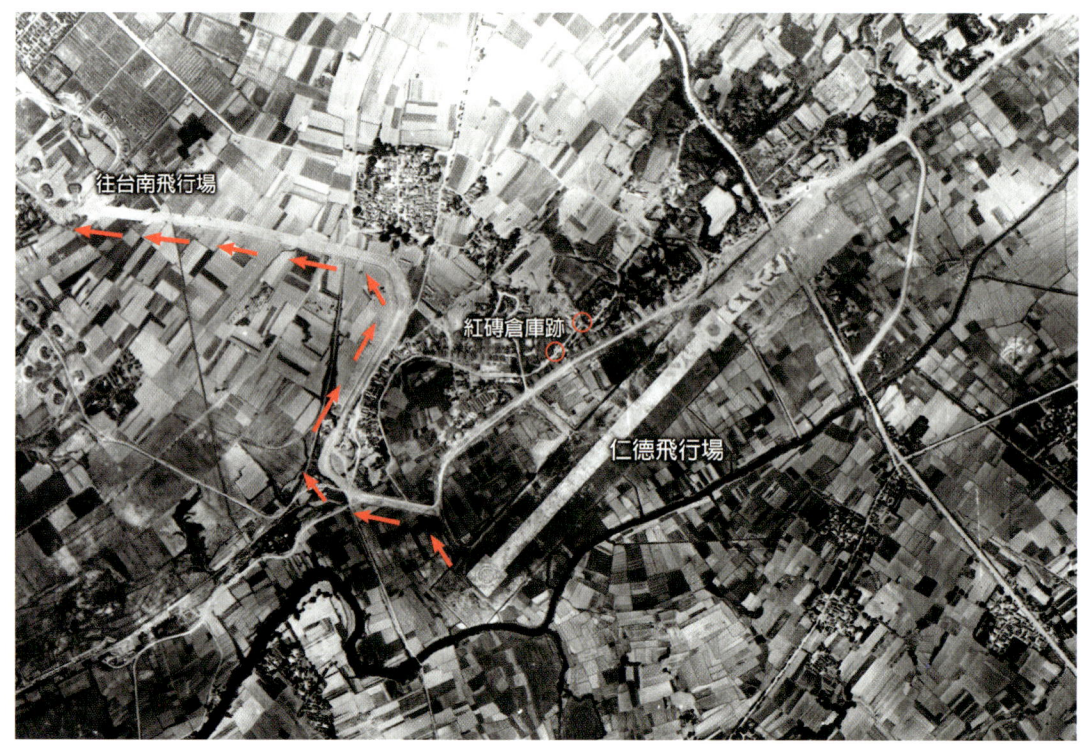

美軍於1945年2月2日所攝的仁德飛行場航照特寫。圖中標出現存的兩棟紅磚倉庫遺跡位置，以及當時可通往台南飛行場的滑行道。 NARA-中研院GIS中心/提供

無線電信，但有有線電話裝備可以對外聯絡。因為仁德飛行場的土地所有權屬於民間所有，這或許是戰後飛行場會遭到撤廢返還民間的原因之一。

這座機場在二戰結束時，是屬於狀況極佳，可以使用的飛行場。依照當時日軍的呈繳紀錄，這座機場有一些日軍飛機報廢留存，包含雙發的夜間戰鬥機「月光」與九七式艦上攻擊機，可見這座機場在當時的狀況，應該算是有在使用的日本海軍航空隊飛行場。

目前機場跑道南端是屬於中華醫事科技大學的校地，跑道北端是下中山高仁德交流道後的傢俱大賣場，至於跑道西側文華路三段的小路旁，則有二棟疑似倉庫的建築，推測可能與飛行場有關。此外，在當年與台南飛行場的連通滑行道旁，也有疑似軍營遺跡並有一輛戰後才引進台灣的美製M8自走砲殘存。而在機場的南邊，也有一座外觀為三角形的疑似彈藥庫遺跡。

雖然二戰時的仁德飛行場已經走入歷史，但在其東南邊約3km處的中山高，則有段「仁德戰備跑道」，曾在2004年時首度於漢光20號演習中「復活」使用，也算是一種神奇的仁德飛機場時空交錯。

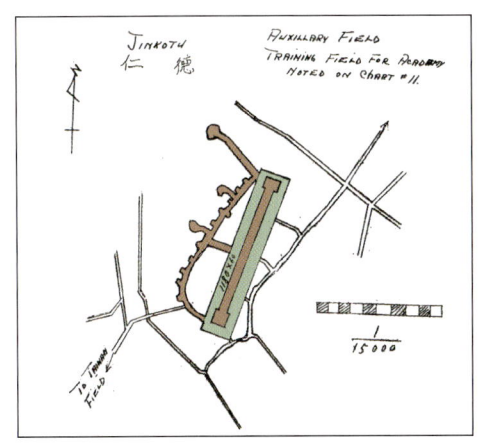

美軍在二戰後由日軍側所獲得的資訊，經整理後所得之仁德飛行場樣貌。NARA／提供

當年的仁德飛行場南端用地，為如今的中華醫事科技大學校地。2011.4.

由傢俱大賣場往南望的這個角度，即是當年仁德飛行場的南北向跑道。2011.4.

這棟位於原本機場旁的紅磚倉庫建物，如今已經傾頹。2011.4.

這棟經過整修的紅磚倉庫建築，保存狀況較佳。2011.4.

249

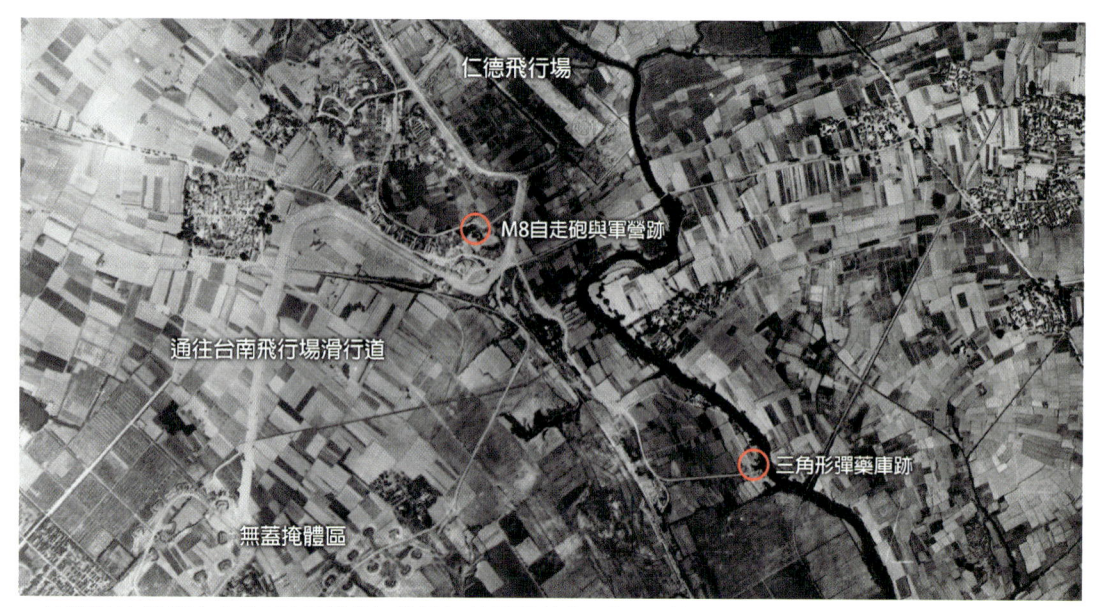

以美軍於1945年2月2日所攝的仁德飛行場航照特寫，標出該機場南端現存的彈藥庫遺跡位置，以及一處留有一輛M8自走砲的軍營位置。 NARA-中研院GIS中心／提供

位於仁德飛行場南端的一座三角形彈藥庫跡。 2011.4. 郭俊麟／攝

在當年的仁德飛行場旁，也曾有座軍營，如今有一輛美製M8自走砲留存。2011.4. 郭俊麟／攝

歸仁飛行場

現為陸軍歸仁基地、歸仁機場　　　　　　　　　　　　　　ICAO 代號：RCXY

如今仍為中華民國陸軍航空部隊所使用的歸仁基地，其實是日本統治時代後期，在二戰時所興建的一座場面造型非常特殊，跑道為十字形的日本海軍航空隊飛行場。依照民國 35 年（1946 年）1 月日軍所提交的〈台南地區飛機場呈繳清冊〉指出，該份資料的呈繳人是南台海軍航空隊司令增田正吾大佐，點交人是整備主任伊藤一秀大尉，保管人是海軍少尉森尻正。呈繳給中國空軍第 22 地區司令張柏壽，點收人是空軍第 25 地勤中隊中隊長詹本善，用印上則是寫著「南台海軍航空隊」。

歸仁飛行場的所在地在當時是屬於台南州新豐郡歸仁庄，在戰後雖由空軍接收，但後來則為中華民國陸軍的航空部隊使用。依照當年飛行場的呈繳紀錄指出，該機場的面積有 149,000m^2，磁差 2 度偏西，跑道承載重量為 15 噸，無夜航設備，通訊情形雖沒有無線電信，但有有線電話裝備可以對外聯絡。

美軍於1945年2月2日所攝的航照圖，可見歸仁飛行場的十字形跑道樣貌。以紅圈標出者為半圓桶狀防空壕的位置，藍色區域是當年成排的兵舍區域。圖中還可以見到，主要的疏散滑行道與掩體，位於機場的東側與南側。NARA-中研院GIS中心/提供

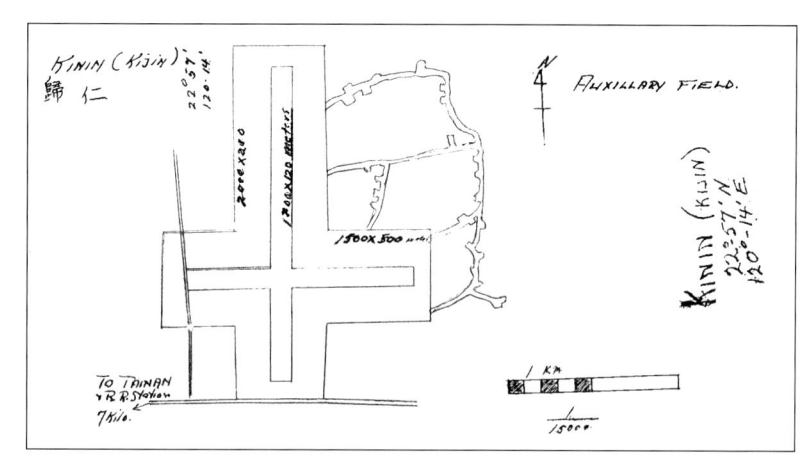

美軍在二戰後由日軍側所獲得的資訊，經整理後所得之歸仁飛行場樣貌。NARA / 提供

　　同樣的這座機場，在戰後日軍呈繳給美軍的紀錄中，則與上述的紀錄有些出入。從該份資料的附圖中可以看出，這座飛行場有著台灣相當少見的 90 度交叉兩條跑道，其場面範圍大致為南北向長 2,000m、寬 500m（表格記載錯誤為 200m），東西向長 1,500m、寬 500m，而中間則有較細的跑道呈現十字交叉，推測南北向的跑道約長 1,800m、寬 120m，較短的東西向則長 1,500m、寬 100m，厚度 15cm，耐重 5 噸。美軍的紀錄中還指出，歸仁飛行場的海拔高 20m，全場面積有 1,500,000m^2，其中滑走路面積有 310,000m2，屬於整備力第二級的基地。至於該機場的飛機疏散滑行道與掩體，是位於十字形跑道的東北側，相連有小型掩體 50 座。

　　目前陸航歸仁基地的南北向跑道仍然使用中，並且從高鐵上就可以看到，但東西向的跑道則蓋有棚廠、營房或者眷舍（慈光二十二村）。雖然機場內似乎沒有二戰時的機堡掩體留存，但外面卻有好幾個雙拼的半圓桶狀防空壕，依照等距離的方式排列，位於如今南丁路的兩邊，是歸仁飛行場相當重要的二戰遺跡。

　　這座機場在二戰結束時，是屬於狀況極佳，可以使用的飛行場。而依照當年日軍的呈繳紀錄，這座機場還留有一些日軍飛機，包含艦上偵察機「彩雲」、夜間戰鬥機「月光」與九六式艦上爆擊機，可見這座機場在當時的狀況，應該是比一些急造的簡易飛行場要有規模得多。而這，也難怪在戰後此機場會由陸航接手，繼續延續其飛機場的角色直到今天。

日本時代海軍的歸仁飛行場,如今成為中華民國陸軍的歸仁基地。 2011.4.

如今陸軍歸仁基地仍有不少建物是蓋在當年十字形跑道中,東西向的東端處。2011.4.

如今的南丁路因為會穿過當年十字跑道東西向的西端,故中間某段是兩邊均有軍營圍牆的情形。2011.4.

當年日軍歸仁飛行場時代所建的機場周邊溝渠仍有多段存在。2011.4.

在如今不用的東西向跑道東端,蓋有慈光二十二村眷舍。2011.4.

253

如今歸仁飛行場仍留有許多二戰保存至今的半圓桶狀防空壕，是該機場重要的軍事遺跡。2011.4.

左營飛行場 [F 要地應急跑道]

現為海軍左營基地、左營軍港　　　　　　　　　　　　ICAO 代號：RCRA

　　左營也有「飛機場」？我相信一般人都不知道左營有飛機場，但是 2008 年 8 月底一次空軍超級空前的烏龍事件，卻讓海軍左營軍港內的機場跑道因此曝光。而事實上，左營軍港是屬於日本統治台灣後期，於南台灣所構築的「F 要地」軍事計畫中的重要部分，除了軍港，更有飛行場的建設。

　　說到這個發生在 2008 年 8 月 29 日的飛機誤降左營事件，其實是一架隸屬於台南基地的 1626 號 IDF 雙座戰機，要被派往岡山參加於隔日所舉行的岡山空軍官校基地開放活動。這架飛機於上午九點多從台南起飛後，執行完例行訓練任務，即前往岡山空軍基地當隔日開放時的「展示機」。不過當天在岡山基地上空飛機入雲，穿雲而出後看到地面跑道與棚廠，飛行員便以為是岡山基地，即跟塔台要求落地。但是

　　這架 IDF 戰機在放下起落架且後輪準備接觸跑道時，卻發出撞擊聲音（應是撞到跑道燈），此時飛行員發現狀況不對，

美軍於1943年12月20日所攝的航照圖，可見左營軍港內飛行場的部分正在興建中的情況。圖中還可以見到半屏山旁的海軍第六燃料廠。NARA-中研院GIS中心/提供

美軍於1944年8月25日所攝的航照圖，可見左營軍港內飛行場部分的「F要地應急跑道」已經大致成形。NARA-中研院GIS中心/提供

美軍於1944年10月15日所攝的左營軍港航照圖特寫，可見「F要地應急跑道」已經完成。圖中還以紅圈標出當時的高雄警備府廳舍，以及現存的菇狀碉堡位置。至於戰後所立之「海軍九二一台海勝利紀念碑」，因正好位於跑道的南端軸線上，故特別標出。NARA-中研院GIS中心/提供

重新加足馬力拉起，而後再度降落岡山。

雖然說，這架IDF戰機因為飛行員誤認海軍左營軍港內的跑道而差點降落，但最終還是沒有真的落於左營，而是緊急又拉起轉往岡山。儘管如此，卻意外讓左營軍港內有條供海軍直升機使用，長度據媒體報導僅3,500呎的跑道因而曝光。

事實上，海軍左營軍港內有飛機跑道的事實，是在日本時代後期興建左營軍港時便已有紀錄。依照戰後1946年1月由日軍所撰的〈台南地區飛機場呈繳清冊〉指出，

立刻這座被稱為「F要地應急跑道」的飛行場，位於高雄市左營，其跑道的紀錄寫著一條長1,500m、寬150m，一條長1,400m、寬50m。但根據各種地圖與航照的研判，這個紀錄應是指機場跑道較寬的外圍輪廓，與中間有鋪裝而較厚的部分，而非真的是兩條跑道。而這份資料還指出，該飛行場有疏散道全長約4,350m、寬30m，全場面積370,000m^2，承載重量不明，狀況屬於「使用可能」，無掩體、無夜航設備、無營建設施、無通訊機關、無水道電氣設施，海

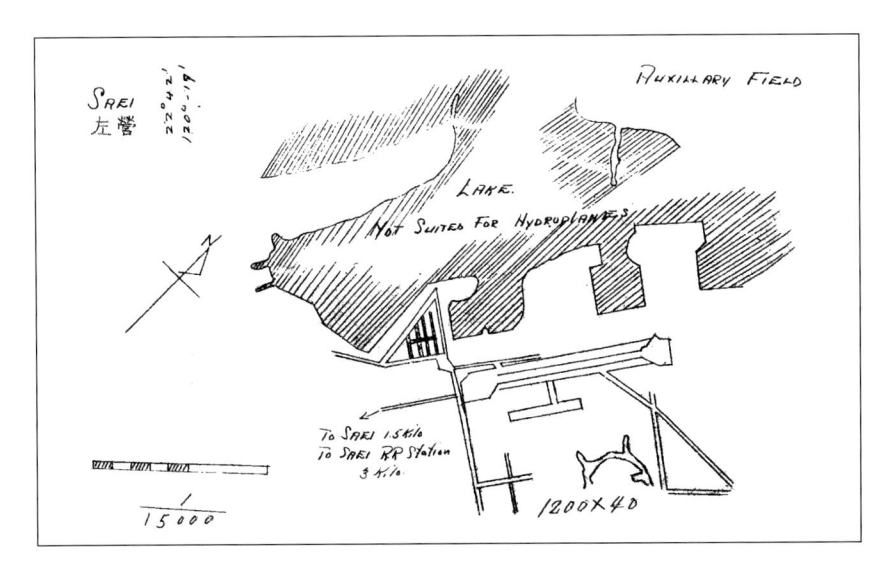

美軍在二戰後由日軍側所獲得的資訊，經整理後所得之左營飛行場（F要地應急跑道）樣貌。
NARA／提供

拔高度、土地所有權與機場建築日期均不明。值得說明的是，這座機場的跑道方位，與仁德飛行場或歸仁飛行場之南北跑道是平行的設計，均為磁差2度偏西的走向。

但同樣的這座機場，在戰後美軍從日軍側所獲得的紀錄，則指出左營飛行場的海拔高 18m，全場面積有 322,000m²，其中滑走路面積有 48,000m²，包含一條長1,200m、寬40m，厚度15cm，耐重13噸的跑道。在防空設備方面，有12.7cm口徑的高射砲4門，12cm的4門，10cm的4門，並有150cm的探照燈7座。在飛行場機能方面，是被歸類為不時著場，亦即屬緊急時使用。雖然說，不管在上述哪一份資料中，對於這座飛行場的飛機掩體都沒有記載，但是根據航照圖的比對，在此機場的疏散道旁確實有露天ㄇ字形掩體的存在。

至於這座飛行場的建設時期，依照1943年12月20日的美軍航照顯示，當時整個左營軍港仍在興建中，雖然許多陸上設施已經出現，例如左營基地內的大圓環與不少筆直道路都已可見，但是飛行場跑道的區域與碼頭岸壁卻仍然在施工中，特別是後來做為飛行場的地區都仍呈現整地中的狀況。而到了1944年8月25日的美軍航照則顯示，飛行場跑道區域整地已經大致完成，但機場應該仍未完工。到了1944年10月15日的航照，整個F要地應急跑道（左營飛行場）就大致已經完成，連靠山側（東側）的疏散滑行道與露天掩體亦均可見，岸壁旁也已經可看到小型船舶，唯圖中並無飛機的身影。1945年1月的航照則顯示大致相同的狀況，整個軍港的北側仍屬未完工狀態。

這一座位於軍港內陸地岸上的飛機場，美軍曾以航照判讀，以為港區內水域可供水上飛機使用，並在以偵照判讀繪製的地圖上，將一處伸入海中的斜坡道標為「probable seaplane ramp」（可能是水上飛機「滑走台」或「滑溜台」）。因此，國內曾有研究者依此稱這座機場為台灣在日本時代曾有的六座水上機場之一。事實上，

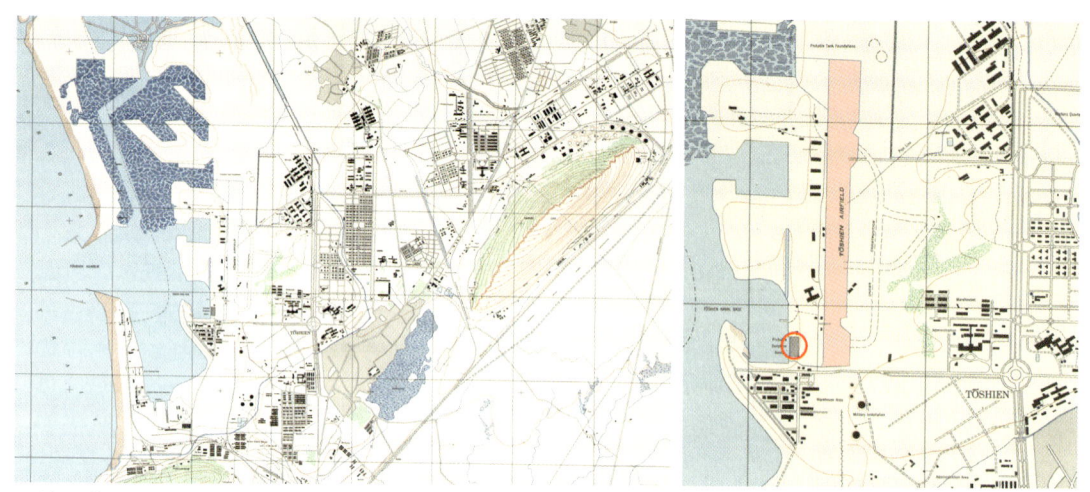

美軍依照1944年多次航照後於同年所繪製的左營桃子園（TOSHIEN）圖。左圖可看出整個軍港以及周邊一直連接到海軍第六燃料廠的軍事設施，而右圖是將港區部分放大，並以紅色陰影標出飛行場的範圍樣貌。紅色圈圈框出為一斜坡道，為當時美軍誤以為是水上機場「滑走台」之處（probable seaplane ramp）。

水上機場並非只要有水上飛機起降過的水面就算，嚴格定義必須包含起降的水域以及陸上的機場配套設施，否則日本時代許多曾有水上飛機起降的地點不就都是水上機場？左營這座飛行場雖然在軍港內，但一直沒有水上機場的證據證明這裡有水上飛機起降，主要的原因在於海軍已經有一個完善的東港飛行場，而左營軍港內的水域在當時並不適合做水上飛機的使用。戰後美軍依照對日軍訪談後所做的機場資料整理中，明確標示軍港內的水域「Not suited for hydroplanes」（不適合水上飛機使用），因此左營的這座機場，幾乎可以證明不是一座水上機場，甚至作為一座陸上機場的實績，都還值得推敲。因為這座機場在戰後並無飛機留存的紀錄，僅存的航照也都還未看過有飛機在上，不過若以完成度論，卻是一座已經可以使用的機場跑道。

儘管如此，如今的左營機場跑道已經搬移，位於當年跑道的東北側；雖然跑道的方位相同（18/36），但位置已經更改過。依照戰後美軍航照判讀，至少早於1959年之前機場便已遷移。因為當時日本時代的跑道已經成為一條道路，而兩旁也蓋滿許多建物，反而是新的機場區可見飛機與跑道、滑行道。這座軍港內的機場，目前已經擴建為左右兩條的南北向跑道，專供海軍的直升機隊使用。

如今的左營軍港內，仍留有當年高雄警備府的拱圈迴廊二層建築。在碼頭邊則有菇狀機槍碉堡存在，一座「海軍九二台海勝利紀念碑」的位置，往北延伸的道路即是日本時代左營飛行場「F要地應急跑道」的跑道軸線。至於目前營區內，也保留有一個上面刻有「昭和17-5 佐港 No. 11」字體，顯示為1942年5月製造的繫水鼓用錨遺物，算是這座二戰結束時仍在興建的海軍軍港一些重要的文史遺物。

日本時代的高雄警備府廳舍戰後初期樣貌，如今該建物依然存在。

於1964年由蔣中正總統所立的「海軍九二台海勝利紀念碑」，其位置正好位於當年飛行場跑道南端的軸線上。2014.11.

於1964年所立的「海軍九二台海勝利紀念碑」。2014.11.

位於左營軍港的碼頭邊，有一座菇狀機槍碉堡存在，是該營區內貴重的二戰遺跡。 2014.11.

259

左營軍港難得對外開放,在這開放區域的後方,是當年的左營飛行場跑道區。2014.11.

左營軍港內一景。2014.11.

左營軍港開放時港區內停放的軍艦以及空中表演的直升機。2014.11.

如今的中華民國海軍,直升機為其空中機隊的大宗。2014.11.

目前左營軍港營區內，保留有一個上面刻有「昭和17-5 佐港 No. 11」字體，顯示為1942年5月製造的繫水鼓用錨遺物。2014.11.

左營軍港開放時展出的國軍古董LST「中訓艦」208號。2014.11.

大崗山飛行場

現為高雄市阿蓮區復安里陸軍裝甲旅

搭乘台灣高鐵列車時，乘客可以在沿途經過許多二次大戰時期的日軍飛行場舊址。例如，列車從左營北上開出後，經過的大崗山地區，便是當年日本海軍的大崗山飛行場所在地。雖然目前該機場幾乎沒有遺跡可尋，但當年所留下的機場範圍輪廓，卻仍隱身在環球水泥阿蓮廠的周邊。

這座日本海軍使用的大崗山飛行場，依照戰後美軍從日軍側獲得的紀錄上可以看出，其海拔高170m，跑道長1,200m、寬50m，厚度15cm，耐重5噸，全場面積有300,000m2，其中滑走路面積有60,000m^2。至於掩體方面，有小型掩體22座，均位於靠近大崗山山腳的一側。

而從國軍接收的檔案中，則可以看到較為詳細的紀錄。這座機場在國軍所留存的圖中是被稱為「大岡山航空基地」，土地屬於海軍省，機場建築於1944年4月，位於當時的高雄州岡山郡阿蓮庄。整個機場主要就是一條跑道，長2,100m、寬150m（跑道南側有一小段是屬未完成的增建地），厚20~30cm，材質為無鋪裝的硓砧石碾壓而成，可載重量為每平方米12噸。整座飛行場面積315,000m^2，土質為砂粘土，標高海拔25m（與美軍紀錄落差極大），有疏散滑行道全長3,060m寬30m，連接21座的無蓋掩體。該機場水電完備，通訊設備方面，有有線電話、但沒有無線電信。機

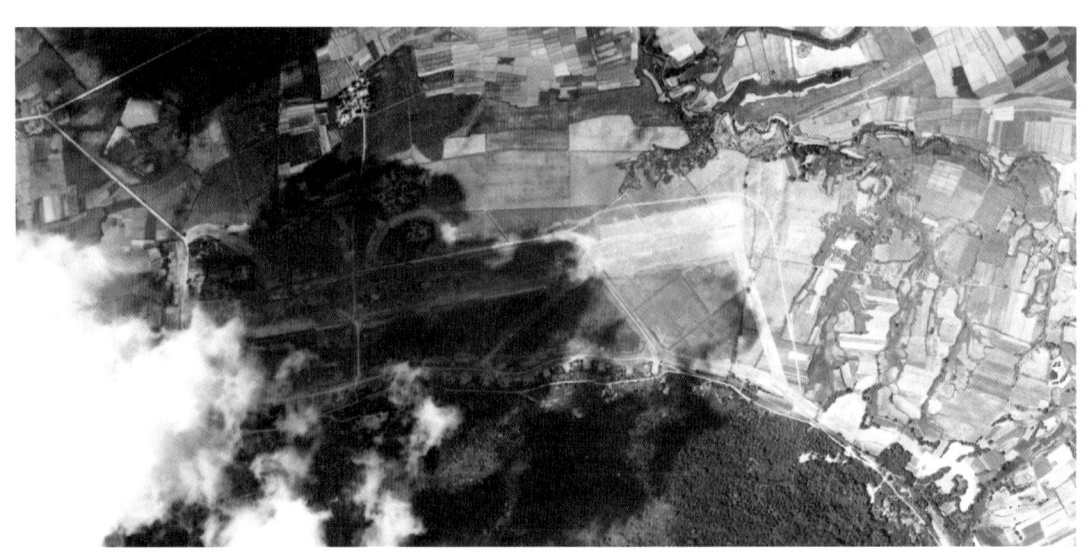

美軍於1944年10月15日所攝的航照圖，可見大崗山飛行場的樣貌（本圖北邊為向右）。NARA-中研院GIS中心／提供

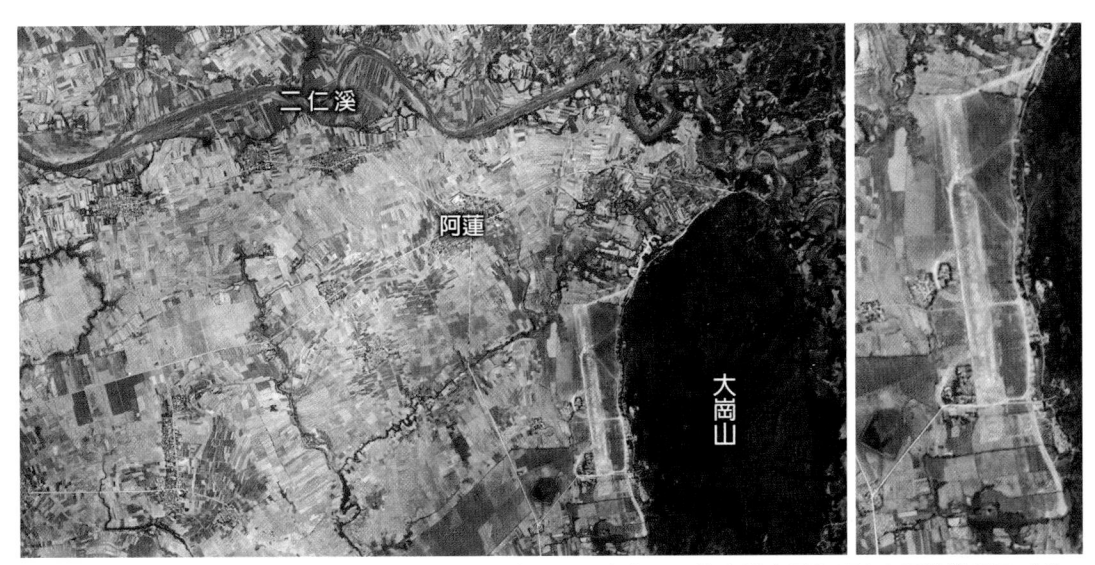

美軍拍攝於1945年1月31日的航照圖，可見位於大崗山山腳下的大崗山飛行場（右圖將機場區域放大）。NARA-中研院GIS中心/提供

場無夜航設備，排水不良，國軍接收時，是屬於「雨期泥濘使用不能」的狀況。

依照國軍接收的附圖可以看出，此基地的部隊大門在西南側，進到基地後往東靠近大崗山山腳側為主要的掩體與兵舍所在地。地圖中還標示了舊本部、新本部，以及兵舍三個主要的營建設施區域。至於飛行場的跑道，雖然表格紀錄是寫著「無鋪裝硓砧石碾壓」，但圖上卻又寫著「混凝土」鋪面，因此不知跑道材質究竟為何。如今，搭乘高鐵列車由南往北行，抵達大崗山一帶時，當列車慢慢遠離山邊之際，便可見到遠處的環球水泥阿蓮廠。環球水泥是在1960年設立，選定高雄市大崗山為採石礦區，並於路竹區甲南里環球路設立大湖廠。1973年時，環球水泥在阿蓮區設立第二座之阿蓮廠，其地點便是在這座大崗山飛行場所在地旁。因此，如果要在高鐵上看這座機場的原址，只要找到環球水泥阿蓮廠的建物後，在其東側便是過去飛行場的所在地了。

不過，其實大崗山飛行場的大多數用地，在戰後仍持續作為軍營使用，是南部重要的裝甲部隊營區，位於高雄市阿蓮區復安里204號旁的陸軍裝甲旅即是使用這座飛行場用地所變身成的軍營。

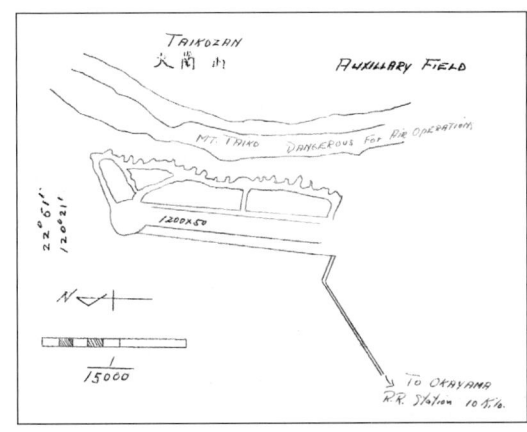

美軍在二戰後由日軍側所獲得的資訊，經整理後所得之大崗山飛行場樣貌。NARA/提供

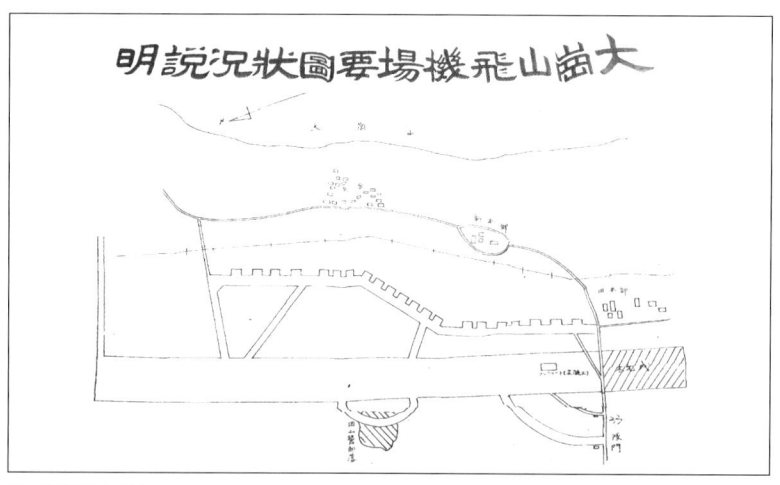

戰後國軍接收時的「大崗山飛機場要圖」。 檔案管理局／提供

由高鐵上所見的大崗山與左前方之環球水泥阿蓮廠，日本時代的大崗山飛行場就位於水泥廠的後方。2009.8.

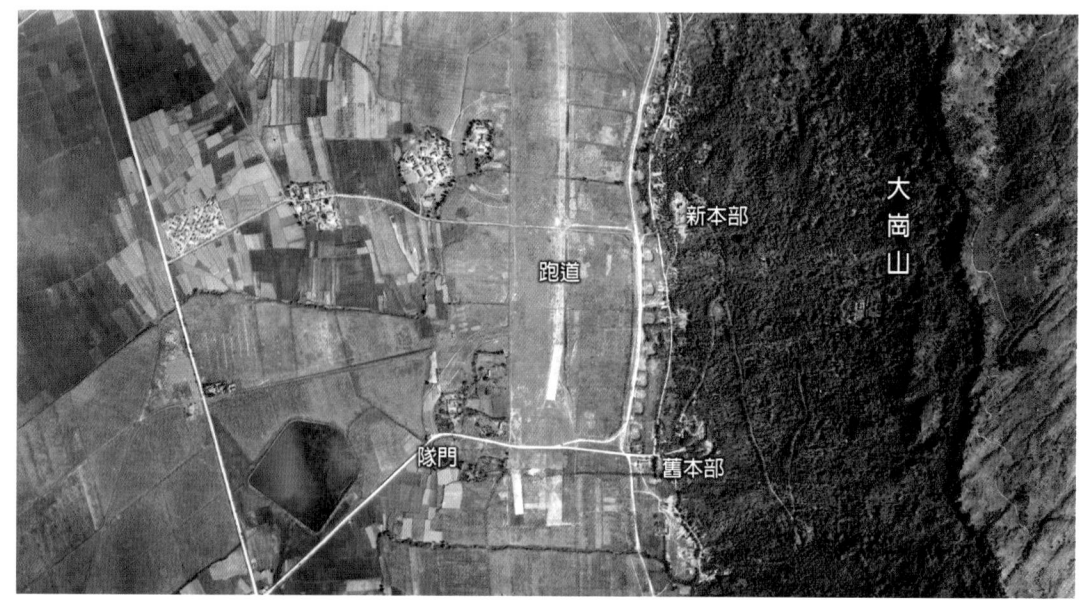

美軍拍攝於戰後1945年10月22日的航照圖，可見終戰時大崗山飛行場的情況。NARA-中研院GIS中心／提供

第六章

大東亞戰爭期間興建的台灣島內陸軍飛行場

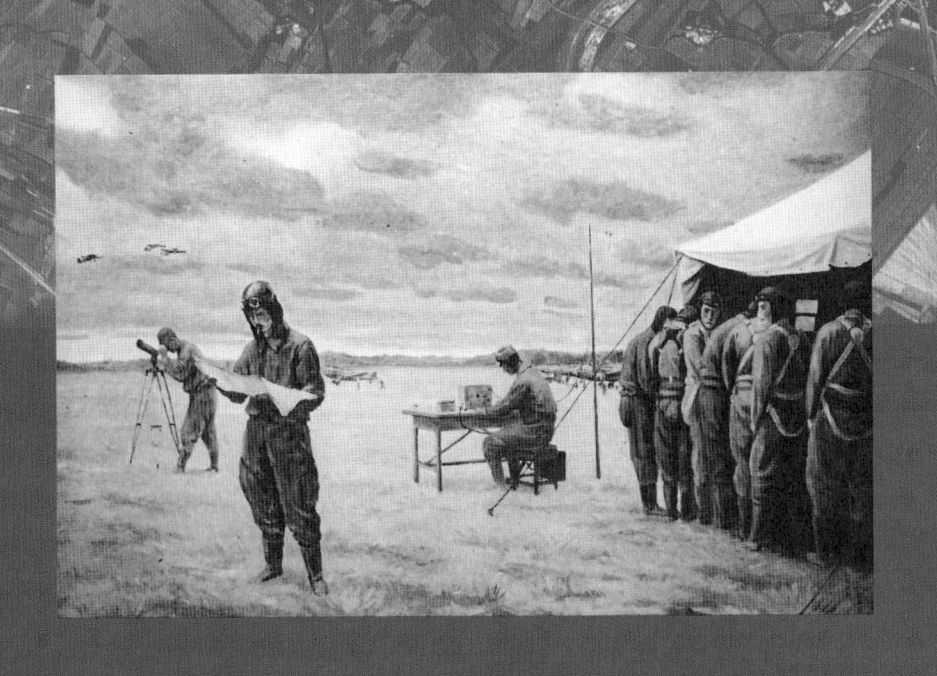

宜蘭（南）飛行場

曾為宜蘭機場，現為宜蘭科學園區計畫區　　　　　　　　　　　原 ICAO 代號：RCMS

在二次大戰的末期，宜蘭的航空設施範圍極大，可以說是個面積驚人的航空要塞。從美軍在大戰後期配合航照圖所畫出的宜蘭地區精密地圖可以窺知，整個宜蘭可說是被大範圍的各種軍方航空設施所環抱，除了距離較遠而作為秘匿用的西飛行場外，主要的北飛行場與南飛行場間，有許多互相連結的滑行道與隱藏軍機用掩體，讓整個宜蘭地區的航空要塞化非常徹底。

宜蘭之所以會有如此大規模的航空基地建設，乃因該地位處台灣的東岸，是一處可供日軍飛機從陸地起飛往太平洋方向出擊的極佳位置，因此才會有如此面積驚人的航空要塞建設。從戰後日本側的戰史紀錄顯示，台灣在 1944 年進入十號戰備的時期，由台灣軍經理部所負責興建的宜蘭（南）飛行場正在趕工中，預計作為教育與防空之用。

事實上，宜蘭在民航開啓時期就有一座機場在北側，但在日本陸軍對於飛行場的設置概念於 1943 年 5 月起，由「多數分散」改為「少數集約」之後，便開始以航空基地的方式重新部署與興建飛行場。台灣島內一些原本就有機場的地區，開始興建所謂的「第二飛行場」，即是此「少數集約」概念下，作為規劃大型航空基地的產物。因此，在進入 1944 年的十號戰備時，宜蘭（南）飛行場便已經在積極興建中。

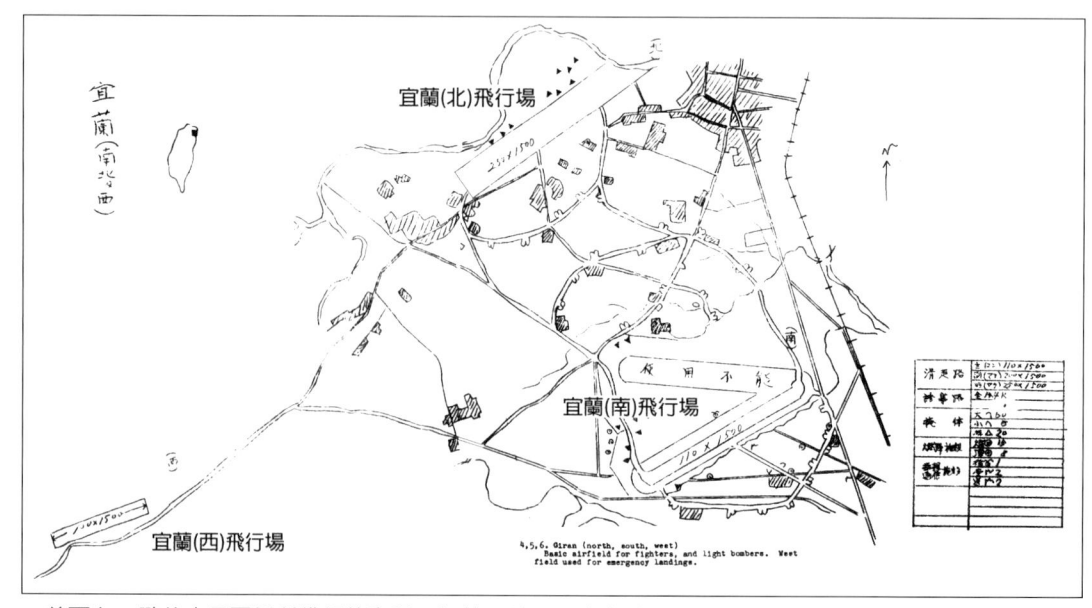

美軍在二戰後由日軍側所獲得的資訊，經整理後所得之宜蘭地區飛行場樣貌。NARA／提供

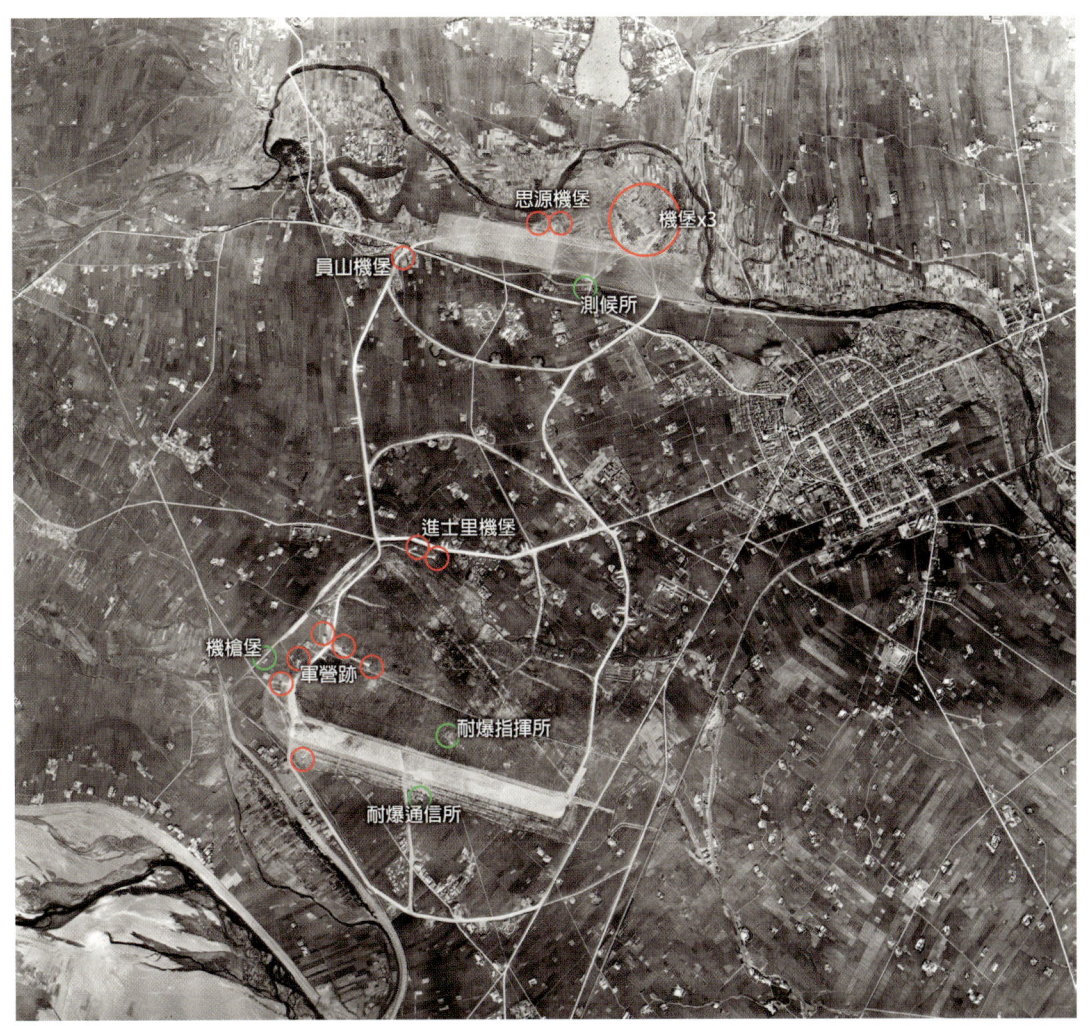

以美軍拍攝於1945年5月17-19日的宜蘭地區航照拼接後所見的宜蘭地區南北飛行場。以紅色圈出的機堡為如今現存者，綠色圈出的則是現存的重要軍事遺跡。NARA-中研院GIS中心/提供

依照戰後國軍接收時的紀錄顯示，該機場的完工時間是1944年11月，土地有國有地也有民有地。

國軍戰後的接收紀錄與圖可以看出，宜蘭（南）飛行場內有兩條跑道呈V字形，一條跑道長1,500m、寬200m，另一條跑道則長1,500m、寬60m，均是厚30cm，可載重量15噸。整座飛行場面積3,000,000m²，土質為砂質壤土，標高8m，有疏散滑行道全長約10km（寬7m），掩體大型40個。機場內無營建設施，無通訊、無水電、無夜航設備。國軍接收時，這座宜蘭（南）飛行場排水不良，但跑道屬於可用狀態。

在戰後美軍從日軍側獲得的紀錄中，是把宜蘭的南飛行場與北飛行場及西飛行場畫在一起，不過圖中南飛行場的部分，一樣是有兩條呈現V形的跑道，且主跑道為混凝土道面，另一條為碎石地的副跑道。

267

以美軍拍攝於1945年5月17日的宜蘭地區航照所見的宜蘭(南)飛行場有蓋掩體(特掩)特寫。
NARA-中研院GIS中心/提供

值得說明的是，美軍紀錄裡的跑道長寬與國軍紀錄略微不同，主跑道長1,500m、寬110m，副跑道長1,500m、寬200m。在美軍的紀錄中，此機場是屬於基本的日軍飛行場，駐有戰鬥機、輕型轟炸機（basic airfield for fighters and light bombers）。此外，整個宜蘭地區，尚有耐爆的指揮所1座、受信通訊所與送信通信所各2座；至於飛機掩體，則有大型60座，小型5座，特掩20座。

依照美軍的這份紀錄分析，在南飛行場的主跑道中段，北側有一座耐爆的指揮所，南側則有一座耐爆通信所。這兩棟建築，如今都被留了下來，成為文資法保護下的建物。北側的指揮所，被以「南機場八角塔台」這個名稱，於2002年公告為宜蘭縣歷史建築。在文化部文化資產局的網站中，對於此建物有如下的描述：「塔台之確實興建年代不詳，但可推測應於1943年日軍在宜蘭建築軍用機場（南機場）以因應太平洋戰事之時，在南機場興築塔台做為引導軍機起降之用。鋼筋混凝土加強磚造之八角塔台外觀為三層樓高之建築，但實際室內樓層僅有二層，第三層為僅具屋頂之半開放式觀測台。後期於塔台旁增建之附屬物破壞了原有的八角形平面，現已廢棄無人使用。」不過，依照現場對於此建物的調查，並且以桃園飛行場內類似的建物加以比對，可以推估目前的外觀是經過戰後增築的結果。因為原本的八角一樓平台，其上興建的二樓中心其實有個內圈並有射口的突起，因此可知外圈是戰後

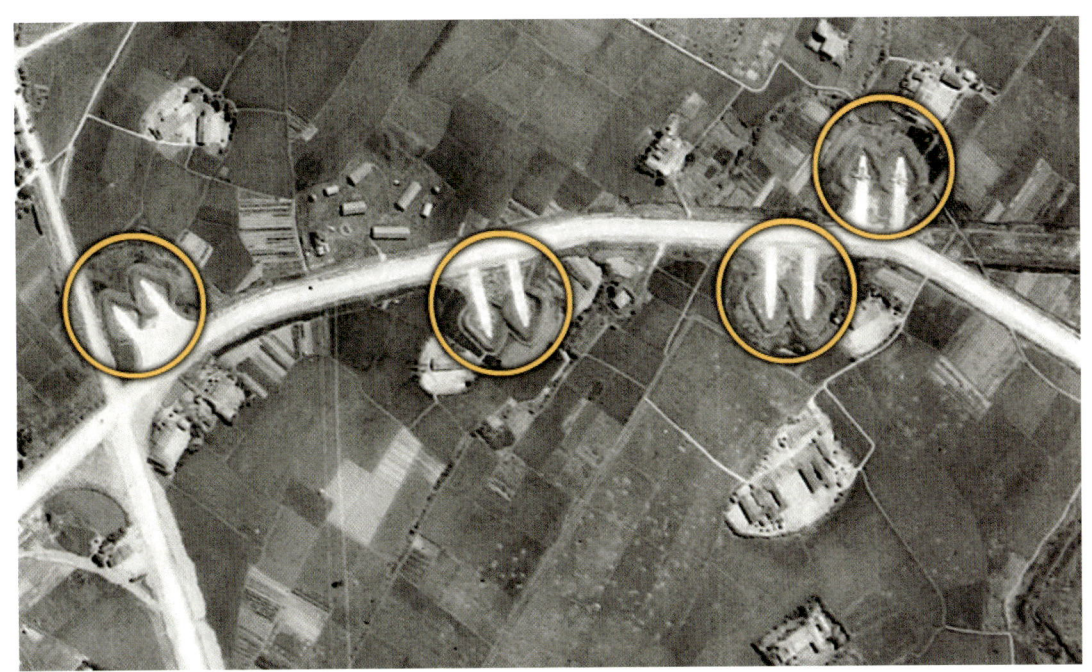

以美軍拍攝於1945年5月17日的宜蘭地區航照所見的宜蘭（南）飛行場夾狀無蓋掩體特所。NARA-中研院GIS中心/提供

增築。此外，二戰時類似宜蘭這樣的飛行場，其實不需要用「塔台引導」飛機起降，因此該建物應是作為指揮所，而非如今所認知的航管用塔台。

至於與其遙遙相對，位於跑道對面南側的，則是一座耐爆通信所，被以「南機場風向帶」這個奇怪的名稱，於2005年公告為宜蘭縣定古蹟。在文化部文化資產局的網站中，對於此建物有如下的描述：「機場風向帶建築於日治時期，作為量測飛機起降所須之氣候資料之用」，「南機場風向帶為磚砌方形建築，磚牆厚約144cm，牆上開設兼具通風與防禦之效的長形窗。屋頂以混凝土築成，其上覆土成倒梯形以達欺敵掩飾之效。混凝土屋頂上架設木桿，以懸掛探測風向之旗子。建築本體高約5.5m，若含木桿則高約12m。入口位於東側，入口前方並設立一道磚牆及混凝土牆，作為阻擋彈殼砲屑之用。建築結構體保存尚佳。」事實上，以此建築的內外觀之，是屬於1944年時日本軍方一種相當制式的耐爆建物格局。主要的側邊結構是以紅磚建造，屋頂則以鋼筋混凝土構築以防爆。同樣的建築，可以作為通信用，亦可作為氣象觀測所，特別是測報風場風向之用。因為設計的格局是以相同的構件與作法來組合，故可依據各地不同需要加以拉長或縮短。同樣類似的建築，也出現在同期所建造的桃園飛行場中，是屬於進入二戰中後期時，水泥管制條件下陸軍飛行場的一種重要制式建物樣態。

在宜蘭（南）飛行場附近，除了上述

宜蘭（南）飛行場的跑道，其軸線正對龜山島。 2006.8.

在耐爆指揮所（塔台）旁的軍事建物。2006.8.

宜蘭（南）飛行場的舊跑道殘跡。
2007.6.

在耐爆指揮所（塔台）旁的軍事建物。2006.8.

這兩座建物被以文資法列入古蹟或歷史建築保護外，宜蘭縣政府在 2002 年 6 月 21 日時，也曾公告二處「進士里飛機掩體」為歷史建築。不過，整個大宜蘭地區現存的機堡掩體還有相當多，像是北飛行場附近的員山機堡與二座思源機堡，都已經重修「活化」保存，至於南機場東北側南橋里一帶，也有好多座軍方營區用到最後的機堡存在，只不過其中一座竟在 2012 年時被軍方以要「清空地上物」將土地歸還給

被以「南機場八角塔台」這個名稱，於2002年公告為宜蘭縣歷史建築的耐爆指揮所。2006.8.

被以「南機場八角塔台」這個名稱，於2002年公告為宜蘭縣歷史建築的耐爆指揮所內部。2006.8.

這座耐爆通信所，被以「南機場風向帶」這個奇怪的名稱，於2005年公告為宜蘭縣定古蹟。2006.8.

耐爆通信所的外觀，可見鋼筋混凝土與紅磚的結構。2015.2.

國有財產局而拆除，實在是相當可惜。至於南機場一條正對著龜山島約1.5km的跑道，雖然極具意義，近年卻已經因為開發而只留存道路方位而消失；不過在其旁的廢棄軍營裡，則仍保存著一個當年滾壓跑道時用的滾輪，訴說著跑道興建的故事。

事實上，宜蘭地區在二戰最末期時，是重要的日軍特攻攻擊出發基地，而這些總數超過十座以上的現存機堡（日文稱「掩體壕」），確實是重要的軍事文化資產。根據日方的紀錄，在1945年3月下旬開始，日軍大本營為了抵抗逐步逼近日本本土的美軍，開啓了「天號作戰」的計畫，而沖繩戰（或稱菊水作戰）亦包含在這段期間

在南橋里旁的廢棄軍營裡，仍保存著一個當年滾壓跑道時用的滾輪，訴說著跑道興建的故事。2015.2.

內。當時，日本陸軍的第 8 飛行師團（1944 年 6 月 10 日設置，主要負責台灣與沖繩、南西諸島方面的航空抵禦任務），在特攻攻擊成為日軍最後的頑強抵抗策略下，其所轄的飛行部隊也成立了許多以「誠」字為名的陸軍航空特攻隊。

依照 1945 年 7 月時對於誠部隊在天號作戰期間的特攻紀錄來看，3 月下旬到 6 月上旬間，共有 228 名平均年齡僅 23.3 歲的飛行員因特攻而犧牲，使用機種有 221 架，包含九七戰（6 架）、九八直協（39 架）、一式戰（架）、二式複戰（21 架）、九九軍偵（38 架）、三式戰（54 架）、四式戰（37 架）。任務使用飛行場共計 54 回，其中日本內地 4 回，沖繩 3 回，先島（宮古與石垣）14 回，但台灣就有 33 回。這些從台灣出發的誠部隊特攻攻擊中，島內各陸軍飛行場的使用次數包含：宜蘭（11 回）、八塊（7 回）、台中（6 回）、花蓮港（4 回）、桃園（4 回）、龍潭（1 回）。這當中，宜蘭位於台灣的東北部，出發進擊的次數是當中最多的。

從日本方面戰後的統計可以看出，屬於日本陸軍第 8 飛行師團的特攻隊，從宜蘭出擊的便有第 19 飛行戰隊（三式戰）、第 20 飛行戰隊（一式戰）、誠第 26 飛行戰隊（一式戰）、第 105 飛行戰隊（三式戰）。而雖然宜蘭的飛行設施是屬於日本陸軍，卻依然有屬於日本海軍航空隊，並冠以「神風特別攻擊隊」之名從宜蘭出擊的紀錄，像是「忠誠隊」（1945.5.9.，彗星 2 架，搭乘員 4 名，屬第 765 航空隊；1945.5.13.，彗星 6 架，搭乘員 11 名，屬第 765 航空隊；1945.5.15.，彗星 2 架，搭乘員 4 名，其中 1 名振天隊隊員，屬第 765 航空隊；1945.5.17. 彗星 1 架，搭乘員 2 名，屬第 765 航空隊）、「振天隊」（1945.5.9.，99 爆 3 架，搭乘員 4 名，屬第 12 航空隊，其中 1 名第 765 航空隊）、「第 16 大義隊」（1945.4.28.，零戰 1 架，搭乘員 1 名，屬第 205 航空隊）、「第 17 大義隊」（1945.5.4.，零戰 8 架，搭乘員 8 名，屬第 205 航空隊）、「第 18 大義隊」（1945.5.9，零戰 5 架，搭乘員 5 名，屬第 205 航空隊）等。

終戰時的美軍記載裡，宜蘭（南）飛行場（美軍紀錄中記載為「西」飛行場，但因西飛行場場面極小，推測不可能留有

宜蘭地區日本陸軍型的掩體壕（機堡）外觀示意圖。 洪致文/繪

如此多的飛機，且該紀錄內無「南」飛行場，故推斷此紀錄應為南飛行場較為可能）留有16架的一式戰（隼），13架的四式戰（疾風），3架的九九軍偵。依照美軍紀錄推算，該場內留有飛行分科為戰鬥的飛行第24戰隊（1938.9.1.設立，編成地滿洲哈爾濱，代號24FR）的飛機。

雖然說，日本時代民航開啓時，宜蘭的北飛行場是主要的民航用機場，但戰後因北機場一地成為金六結的營區，因而眞正使用的宜蘭機場反而是南機場。二戰後的宜蘭南機場，其實並非立即廢棄不用，而是一直作為宜蘭地區遭逢颱風等災害時，政府運補物資的重要轉運站。

在1960年代時的災區運補模式，往往是以空軍C-47運輸機把物資運到宜蘭機場，然後再轉由直升機送到宜蘭各偏遠鄉鎮。1978年7月10日，蔣經國總統也曾在東部視察完後，從宜蘭機場搭機北返。1989年時，當時的交通部長張建邦，曾想要整修宜蘭機場為民用機場，開闢台北至宜蘭航線解決北宜高完成前的交通問題。1993年時海軍也曾想採購A3雷鳴攻擊機，與S-2T反潛機一起駐守宜蘭機場掌握制海戰力；甚至到1997年時，國防部原則同意將宜蘭機場撥交給民航局使用，但前提還是需與海軍共用此機場。這些傳聞與構想，其實最後都不了了之，1999年5月內政部公告解除宜蘭市軍用機場重要軍事設施管制的規定，南機場45公頃用地與過去因飛安而管制的數百公頃私有農地全部解除禁令。儘管前幾年漢光演習仍短暫使用南機場跑道操演，但宜蘭機場的航空歲月，其實已經走入歷史。

如今，宜蘭殘留的就只有散落在各處的航空相關軍事遺跡，例如為數極多的二戰機堡，以及耐爆的指揮所與通信所等。不過，如果仔細比對當時的地圖，則可發現不少飛機的疏散滑行道，都變身成道路存在，甚至跑道的軸向與格局，也都在開發時意外地保存著。如果說要在全台找一處較為完整的二戰日本陸軍航空基地遺跡，宜蘭絕對是當中一個非常重要的存在。

宜蘭地區現存的二戰時日本陸軍型機堡。2015.2.

戰後這些宜蘭地區的日軍機堡，多被軍方加以改造持續利用。2015.2.

宜蘭地區日本陸軍型機堡的後端結構特寫。2015.2.

戰後宜蘭飛行場留存的日軍飛機。

位於宜蘭南機場旁南橋里附近的廢棄營區建物。2015.2.

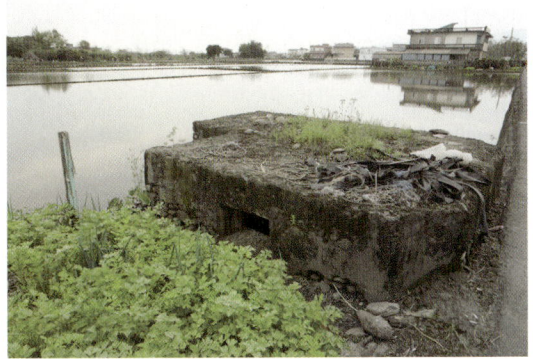

位於南橋里附近的廢棄機槍堡，係 1950 年第三期工事的半永久式乙種機槍堡。2015.2.

桃園飛行場

曾為空軍、海軍之桃園基地、桃園（軍用）機場　　　　原 ICAO 代號：RCGM

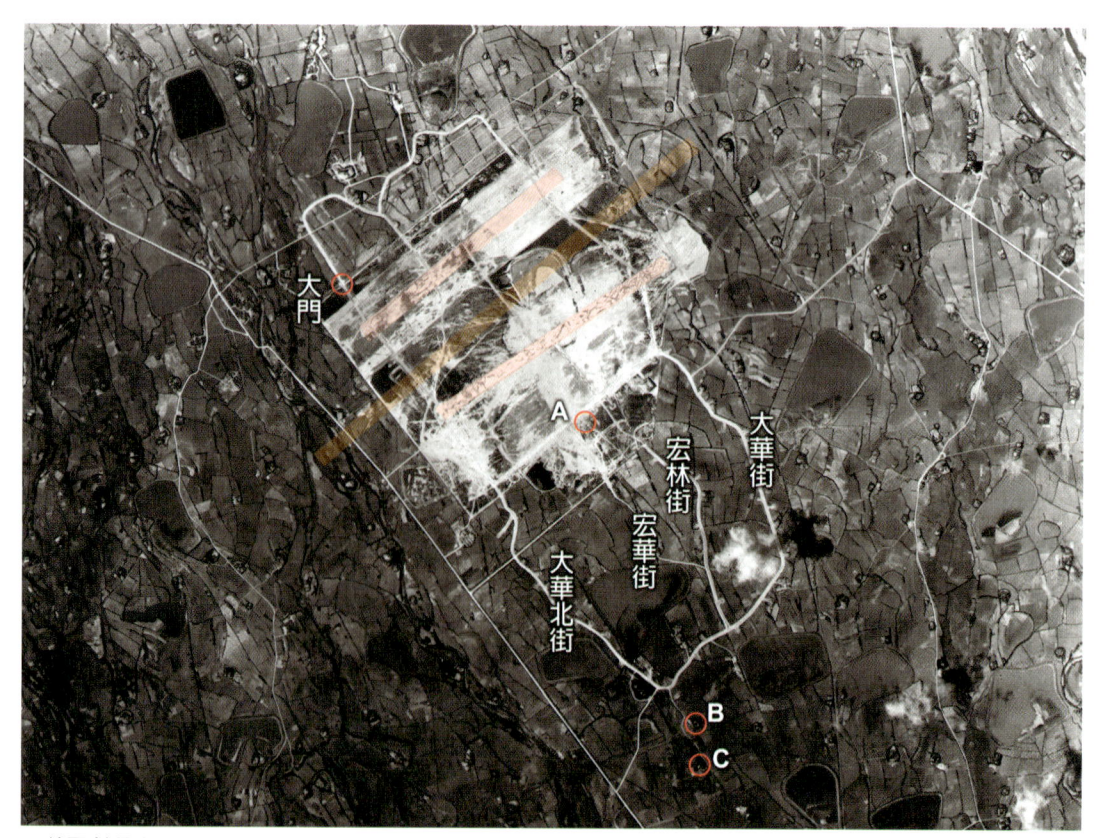

如今已經退役的海軍桃園基地，其實是台灣島內經歷非常特殊的一座機場。日本時代，這一座飛行場是屬於日本陸軍使用，戰後很長一段時間，則為中華民國空軍的基地，但後期卻又轉手給海軍，可以說同一座機場，海陸空三軍都曾接手駐防過。

這座機場的興建背景，是在日軍於太平洋戰爭中逐步敗退，大本營針對絕對國防圈內開啓的作戰準備態勢下，於1944年春展開之「十號戰備」中的航空基地建設。依照當時台灣軍經理部於1944年5月下旬時的規劃，這座將屬於日本陸軍使用的桃園飛行場，預計於年中完工後交給新編成的第八飛行師團「第三鍊成飛行隊」常駐。而該年6月底時的紀錄，桃園飛行場派駐

美軍拍攝於1945年4月15日的桃園飛行場航照。以紅色圈出的A點為目前基地內的耐爆指揮所與氣象觀測所位置，B與C點則為位於基地外的耐爆通信所，另標為大門處為後來軍方基地的正式大門處。本圖亦標出當年疏散滑行道所變身成的道路，並寫上如今的路名。NARA-中研院GIS中心/提供

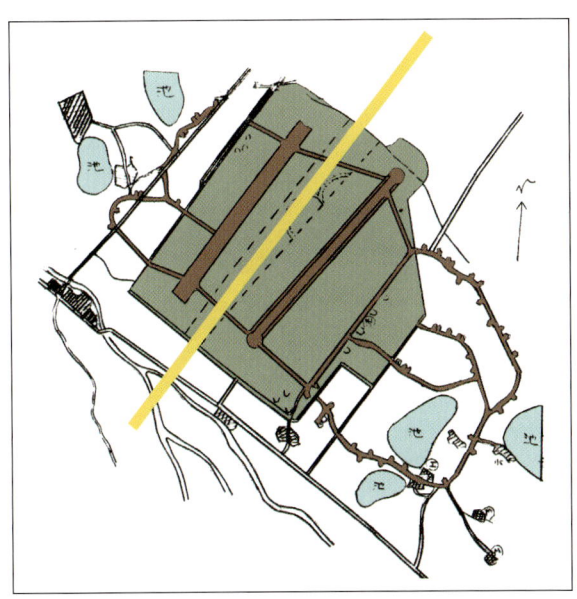

美軍在二戰後由日軍側所獲得的資訊，經整理後所得之桃園飛行場樣貌。以黃色加上之線條為戰後興建的跑道位置。NARA / 提供

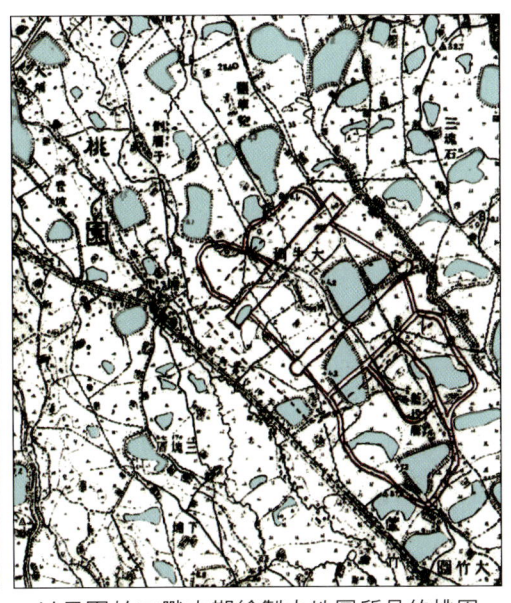

以日軍於二戰末期繪製之地圖所見的桃園飛行場狀況，可見該區星羅棋布的埤塘。NARA / 提供

的部隊正是「第三鍊成飛行隊」，主要職司二式複戰（屠龍）之鍊成教育。

在 1944 年 7 月展開的「捷號作戰準備」中，派駐桃園飛行場的第三鍊成飛行隊共有二式複戰（屠龍）19 架，約 120 名的飛行員中有大約 100 名仍為學生，可見此機場在當時的教育訓練功能。雖然此飛行場在 1944 年年中時雖未全部完工就已經開始使用，但依照戰後國軍接收的紀錄顯示，該機場的完工時間是 1944 年 11 月，位於當時的新竹州桃園街，土地有國有地也有私有地。

從日本軍方「第一航空軍司令部」於 1944 年 4 月 20 日所調製之軍事極秘「飛行場記錄」的台灣部分來看，該機場的範圍左右寬為 1,500m，南北長則介於 1,500~1,800m，可見原本主要的場面設計是一個 1,500m 的正方形，不過為了右側主跑道的往北延伸，故有此突出設計。不過這份資料的調製時期桃園飛行場仍在施工，故除了簡圖以外，其他資訊完全闕如。而依照戰後初期接收的桃園飛行場圖來看，該機場的場面外型又比這份 1944 年年中的圖要擴大了許多，特別是往東延伸的疏散滑行道，範圍極大。

國軍戰後的接收紀錄裡指出，桃園飛行場內的主跑道（位於東側）長 1,500m、寬 160m、厚 20cm，另一條副跑道（位於西側）則長 1,500m、寬 100m，可載重量均為 15 噸。整座飛行場面積 2,240,000m²，約呈現方形，標高 50m，有疏散滑行道全長約 12km（寬 8m），大型掩體 50 個，小型掩體 20 個。機場的營建設施大多被破壞，無通訊設備，但排水良好，有水電供應，

仍為海軍使用時的桃園機場，可見駐防於此的 S-2T 反潛機。2010.6.

以及夜航設備。國軍接收時，這座桃園飛行場，是屬於主跑道可用狀態，但疏散滑行道卻無法使用。

在美軍從日軍側所獲得的紀錄中，桃園飛行場一樣是有兩條近乎平行的跑道。主跑道為混凝土道面，另一條為碎石地的副跑道。值得說明的是，美軍紀錄裡的跑道長寬大致與國軍紀錄相同，唯一例外是主跑道的寬度。該紀錄內原本也是寫 160m 寬，但後來畫掉成為 60m，對照圖內的寬度，似乎以 60m 比較正確。在美軍的紀錄裡，此機場是屬於基本的日軍飛行場，駐有夜間戰鬥機、輕型轟炸機與訓練機。此外，飛行場內尚有耐爆的指揮所、氣象觀測所、受信通信所與送信通信所各一。

依照 2014 年的現地調查發現，相當意外地，耐爆的指揮所、氣象觀測所、受信通信所與送信通信所通通健在。耐爆指揮所與氣象觀測所位於桃園基地內，靠近東側的滑行道邊。耐爆指揮所下層已經淹水而無法進入，但上層的多角結構與機槍射口型態，與列為歷史建築的宜蘭飛行場「南機場八角塔台」極為類似。宜蘭的「八角塔台」事實上也是同樣格局的耐爆指揮所，只不過戰後外層有加蓋過，因而外型與桃園這座略有不同，而桃園的這棟反而保存較為完整的原貌。而在此建物一旁的，是推測為野戰耐爆的氣象觀測所。此建物的主結構是鋼筋混凝土構造，但側壁則以極厚的紅磚加以施做，並有方形開口。其頂是以鋼筋混凝土建構，上面還有一個方形塔，塔上有鐵塔基座痕跡，以及可綁鋼纜之 U 形突起。推測此建物就是作為風力塔使用，上面可架風速觀測儀器，甚至架設風向帶鐵柱的地點。

事實上，除了耐爆指揮所設有機槍射口，並以近似圓圈狀蓋成角形外，氣象觀測所與另外兩棟位於戰後桃園基地外的受信通信所與送信通信所，都是一種主結構以鋼筋混凝土構造，但側壁用極厚紅磚加以施做的制式軍用建築。這類建物因為主結構與屋頂以鋼筋混凝土建構，所以戰時可以耐爆，但側面以紅磚砌成，說明了二戰末期水泥已經成為重要管制品，能省則省的時代背景。這類耐爆建物，可說是 1944 年左右興建的台灣島內陸軍飛行場軍

海軍的S70C於桃園基地內。2010.6.

滑行出去走向桃園基地跑道頭的S-2T。2010.6.

用制式建築標準型態，宜蘭縣以「南機場風向帶」這個奇怪名稱列為古蹟的建物，便是一座耐爆通信所。

以宜蘭現存的這棟「南機場風向帶」古蹟與桃園飛行場的另外兩棟耐爆通信所加以比對，可以發現該類建築因為設計的格局是以制式的固定單位來組合，故可依據各地不同需要加以拉長或縮短。這類建物都有方形的開窗，以木構外包鐵皮的方式製作防爆窗，內部空間則依照任務所需加以規劃。桃園的現地調查發現，空軍的通信部隊在戰後以這類建物當成電信通訊房使用，直到通航統一遷回基地內才搬離。故日軍當年規劃時，特意把防爆通信所蓋於基地外的設計，也在戰後留用了數十年之久。

桃園飛行場雖然完工的時間相當晚，但在日本誠部隊的天號作戰特攻報告裡，卻是戰爭最末期時特攻作戰的使用機場之一，共有4次的出擊紀錄。終戰時的美軍記載中，桃園飛行場駐有日本陸軍的飛行第21戰隊，接收時機場內留有21架的二式複戰（屠龍），2架的百式司偵，2架的四式襲擊。

戰後的桃園飛行場，曾在美軍協防時代大力擴充，新的跑道軸線維持大致上相同的方位，位於原本主跑道與副跑道的中間。如今搭乘台灣高鐵時，可以看到過去曾為疏散滑行道的東側。由於桃園台地的農業特色是灌溉用的埤塘林立，桃園飛行場興建時也填平了好幾座的埤塘在場面中央。若從當年的地圖來看，狀似滿天星的埤塘，可說是桃園飛行場的特色。如今，少數的埤塘依然存在於機場的周邊，有著一些二戰末期時興建的疏散滑行道包夾著。

未來，桃園飛行場恐將因為桃園航空城的計畫，遭到相當大程度的破壞，既有紋理也終將難逃被毀的命運。不過，位於高鐵側的原黑貓中隊U2棚廠，已於2010年由當時的桃園縣府以「蘆竹空軍三十五中隊飛機棚廠暨減壓室附屬設施」公告為歷史建築，因這座建於1961年的建物，以當時引進台灣的力霸鋼架構築，且因黑貓中隊之名而極具保存價值。此外，同時被提列為歷史建築保存的，還有「大園空軍照相技術隊營舍」。不過，比較新的一些

原本日本時代的桃園飛行場舊跑道,如今仍存遺跡。2014.3.

照技隊建物,雖有完整庫房的遺跡,但未來是否保存仍屬未知。由於黑貓中隊棚廠一帶已經被劃歸歷史建築的文資保存區,故桃園機場航空科學館在 2014 年 3 月閉館後,保存機也於 2015 年的二二八連假起以約六天的時間,將展示機透過聯絡道搬置於黑貓中隊棚廠附近用地與機堡內停放,等待未來新館的規劃與展示。至於整個桃園基地,也曾因舉辦地景藝術節或路跑等活動而對外開放,甚至兩架遠航的七五七客機,也搬移至原基地棚廠內修理。不過,這整座完整的軍事基地,經虛華的航空城規劃後,多少建物與航空文史遺跡會受到保存,在執政的政黨輪替過程中,成為一個持續變動的未知。

桃園基地內戰後興建的一號棚廠外觀。2015.5.

桃園基地內的一號棚廠鋼材上可見日本八幡製鐵所的英文刻印。2015.5.

桃園基地內的一號棚廠內部結構。此棚廠的鋼材推測為日本時代之遺物，但應為戰後才移設至此，並非二戰前就已經建於桃園飛行場內。2015.5.

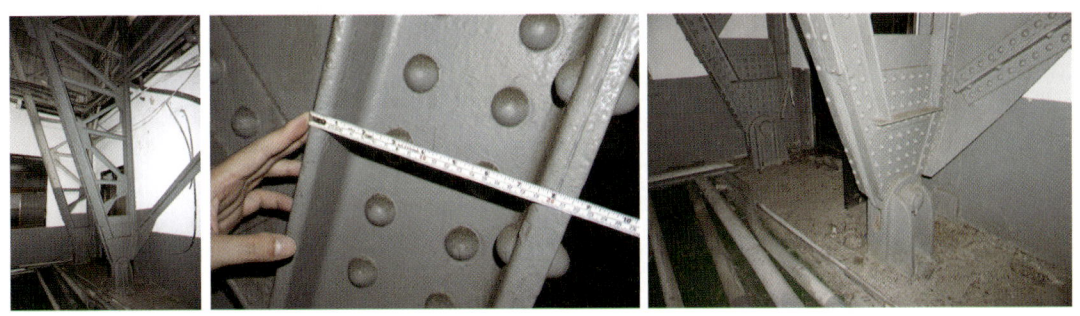

桃園基地內的一號棚廠鋼材結構，為使用英制的尺寸。2015.5.

桃園基地內的二號棚廠，為戰後所蓋的較新式建物。2015.5.

桃園基地內的二號棚廠內部全景。2015.5.

桃園基地內的三號棚廠內外。2015.5.

桃園基地內的三號棚廠，推測也很可能是由其他飛行場搬遷過來的建物。2015.5.

桃園基地內的三號棚廠內部。2015.5.

桃園基地內的三號棚廠內部鋼材特寫。 2015.5.

興建於二戰時期的桃園飛行場耐爆氣象觀測所，可見其高聳的風力塔。2014.3.

耐爆的氣象觀測所結構特寫。2014.3.

耐爆的氣象觀測所內部。2014.3.

耐爆的氣象觀測所頂部暴筋狀況。2014.3.

興建於二戰時期的桃園飛行場耐爆指揮所外觀。
2014.3.

耐爆指揮所入口。2014.3.

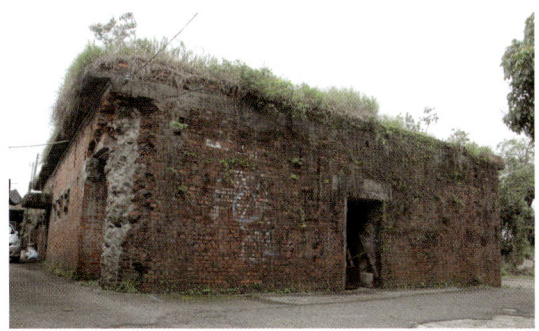

位於桃園飛行場外的耐爆通信所外觀。2014.3.

這桃園飛行場的耐爆通信所因有民眾居住，故保持得還不錯。2014.3.

尚未拉皮前的桃園基地塔台。2009.5.

拉皮後貼上磁磚的桃園基地塔台。2014.3.

從桃園基地塔台下望的景色。2014.3.

從桃園基地塔台可以望見遠方行駛的高鐵列車。2014.3.

已於2010年由當時的桃園縣府公告為歷史建築的「蘆竹空軍三十五中隊飛機棚廠」。2014.4.

原空軍三十五中隊飛機棚廠內部。2014.4.

原三十五中隊棚廠旁的廢棄建物。2014.4.

桃園基地內也已經被提列為歷史建築保存的「大園空軍照相技術隊營舍」。2014.3.

照技隊庫房內存放底片筒的檔案室木架間。2014.3.

照技隊檔案室庫房的內部空間。2014.3.

照技隊檔案室庫房的外觀。2014.3.

桃園基地內的空軍戰後制式三層樓兵舍。2014.3.

位於桃園基地內戰後興建的機堡。2014.4.

桃園基地內戰後興建的機堡。2014.3.

在桃園基地內舉辦的桃園地景藝術節，展出了霍夫曼所設計的觀月玉兔。2014.9.

桃園地景藝術節時以黑貓中隊為意象所做的展出。2014.9.

兩架遠航的七五七客機,透過聯絡道送至桃園基地棚廠內修理。2014.4.

桃園機場航空科學館在2014年3月閉館後,保存機於2015年的二二八連假起以約六天的時間,將展示機透過聯絡道送進桃園基地內存放。2015.3.

原桃園機場航空科學館的保存飛機,吊掛入黑貓中隊棚廠外的一塊空地。2015.3.

停放在桃園基地大坪上的遠航飛機。2014.4.

桃園機場航空科學館的保存飛機,都被放置於這個暫存空地上等待不知的未來。2015.3.

彰化飛行場

現彰化縣福興鄉番婆村與外埔村一帶

在一般造訪遊客印象中，位於如今彰化縣福興鄉番婆村與外埔村一帶的一座二戰機場，往往因在鹿港市街東南側而被誤認為是「鹿港飛行場」，但其實是正式名稱為「彰化飛行場」（Shoka）的二戰時日本陸軍機場。這座機場的跑道與大片用地

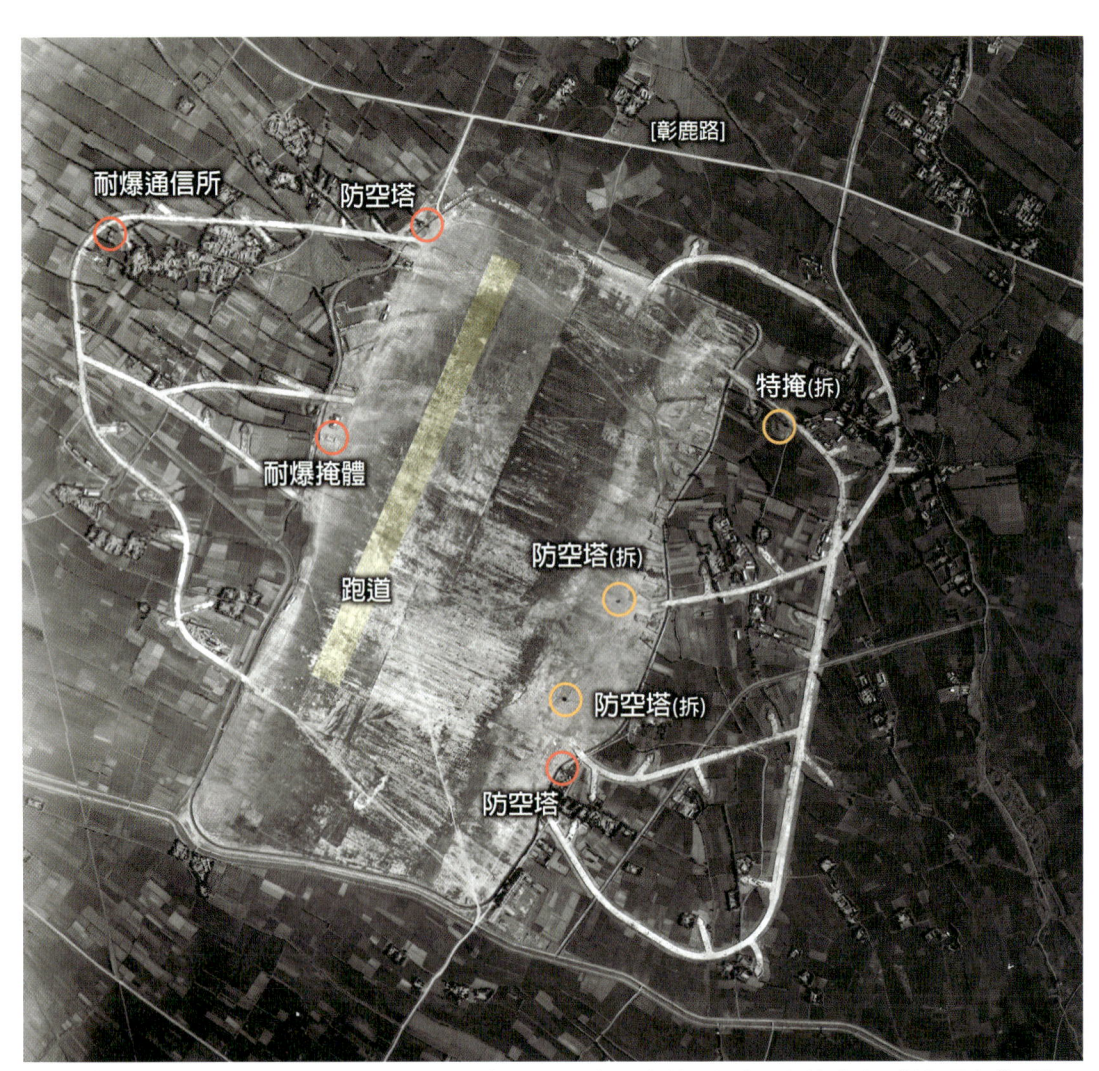

美軍拍攝於1945年6月25日的彰化飛行場航照。以紅色圈出的是如今現存的遺跡，橘色圈出的則為已拆的重要建物。本圖亦以淺黃色標出跑道走向，以及如今的彰鹿路位置。NARA-中研院GIS中心/提供

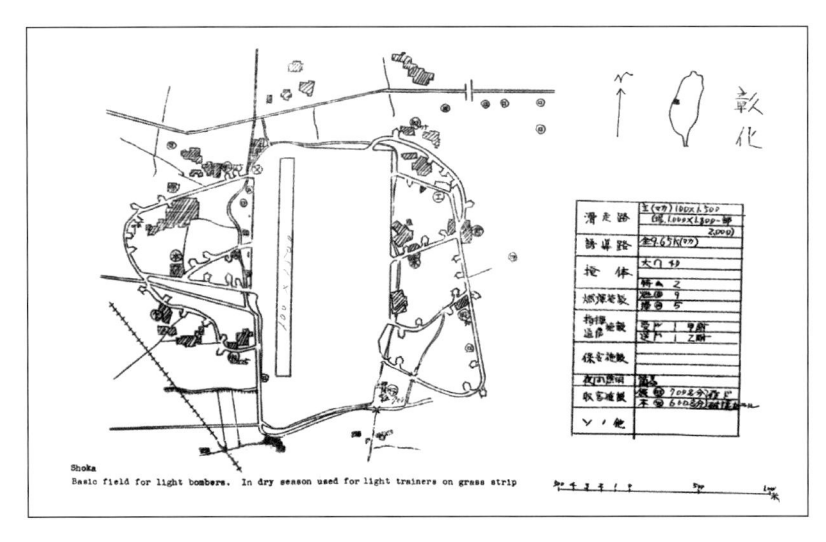

美軍在二戰後由日軍側所獲得的資訊，經整理後所得之彰化飛行場樣貌。NARA / 提供

雖已變回農田，但周邊守護機場的吊鐘形狀防空塔，卻透過文資審議而登錄為彰化縣的歷史建築。

這座彰化飛行場是興建於二戰中後期，

在 1944 年春開啟十號戰備時，彰化飛行場仍在進行興建的工程，預定 6 月上旬完工後由第 22 教育飛行隊進駐使用。不過依據國軍戰後紀錄指出，此機場的完工時間為 1944 年 10 月，當時已進入「捷號作戰」階段。這座機場的場面造型為大片平坦地形，而非只有起降跑道而已，故可知這是屬於一座比較傾向在教育使用上的陸軍型飛行場。

在國軍戰後的紀錄中，彰化飛行場位於當時的台中州彰化郡秀水庄，場面範圍為長1,800m、寬1,000m，面積1,800,000m²，其中包含主跑道長 1,500m、寬 100m，材質為砂泥與石子，可載重量為 10 噸。這整座飛行場，土地是屬於國有地與民有地，標高 80m。飛行場有飛機疏散滑行道全長 9,700m（寬 7m、材質為砂泥與石子），掩體42 個。在機場東西誘導路地區有兵舍（可收容 1,000 名），無通訊設備，也無夜航設施，但國軍接收時，這座彰化飛行場是屬於可使用的狀態。

在戰後日軍呈繳給美軍的報告中，這座機場的跑道為南北向，長寬與國軍紀錄者同，僅飛機疏散滑行道較短些，總長 9.65km。不過，戰後美軍紀錄中特別註明著此機場為：basic filed for light bombers. In dry season, used for light trainers on grass strip，顯示這座屬於基本類別的飛行場，是可駐防輕型轟炸機，並可在乾季時，利用草地起降輕型的練習機。此外，美軍紀錄中有更精確的飛機掩體記載，分別為標為「特」的特掩 2 座，大型的 40 座，另有受信與送信通訊所各一，並有簡易夜間照明。終戰時的美軍記載裡，彰化飛行場留有 4 架的一式戰（隼），7 架的九九雙輕。

事實上，在 1946 年 12 月 16 日由台中縣政府（戰後初期該地屬原台中州管區所改制之台中縣）發文，向台灣省行政長官

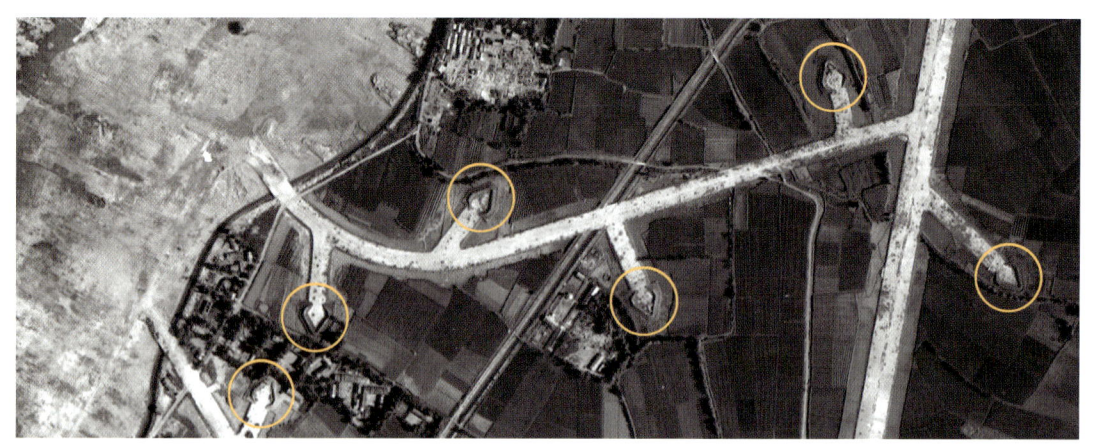

以美軍拍攝於1945年6月25日的彰化飛行場航照，放大所見的無蓋掩體與疏散滑行道。NARA-中研院GIS中心/提供

公署民政處地政局所呈送的該縣境內機場實況調查表裡，有這座機場的基本資料。該份文件內指出，此機場位於台中縣彰化區福興鄉的外埔村，佔地約310甲，徵收前的使用狀況為居民住戶以及田地，於1943年3月15日徵收，可見此機場的開始興建時間約在二戰的中期。該表還特別指出，此機場有兵舍2棟、電氣變電所1棟、修理間2處（設在場外），高射砲台2個，調查時機場狀態是「飛機發著路全部石頭灰砂混合凝固，設備跑道受炸破壞，相當不能使用」，且「草埔變成牧場」，周圍約有5甲地被人民佔耕使用。至於是否有軍隊接收保管，則表示係由空軍第30地勤中隊上尉隊長戴邦模所保管，並駐屯12名兵看守飛機場及附屬建築物。

雖然戰後初期這座機場是有軍方接收與保管，但後來顯然已經不再做機場使用。該機場的用地範圍，如今已經僅存周邊的稻田圳溝輪廓有些許遺跡可尋，但飛行場相關的建物，卻有兩座吊鐘形狀的「防空塔」留存，成為彰化縣的歷史建築，為該機場重要的歷史見證。這兩座防空塔，一座位於福興鄉番婆村番婆街51之12號旁，一座位於福興鄉外埔村復興路28號前。這二座吊鐘形狀防空塔，是二戰時台灣非常典型的機場防禦設施。依照二戰後期的「台灣島築城計畫」來看，這類防空塔主要設於機場附近，或者重要的戰略高地，作為防空守衛之用。其內分成三層，最上層是個圓弧狀包裹但留有對空孔洞的空間，可裝設對空之防空機槍（MA），中層有射口可裝設平射之機槍（MG），而下層則可以裝設更大型之戰砲。在其下層，亦即地下的空間，可以放置彈藥與資材。

在2003年時，彰化縣府曾因這二處防空塔的緣故，將番婆社區納入新故鄉營造計畫社區，當時的翁金珠縣長甚至還曾登上防空塔眺望，期望能善加利用這樣的文化資產，使之成為農業休閒園區的觀光據點。於是，彰化縣府後續於2004年10月20日，將這二座防空塔以「原福興外埔機場防空砲台」之名指定為歷史建築。2008年6月時，曾有一位1945年2月11日在

以美軍拍攝於1945年6月25日的彰化飛行場航照，放大所見的軍機用無蓋掩體（橘色）、有蓋掩體（紅色）與疏散滑行道。NARA-中研院GIS中心/提供

這處飛行場演練，卻遭美軍擊落的日軍飛行員佐藤勉後人，來此飛行場遺址與防空塔周邊憑弔。佐藤勉所屬的47部隊當時是配屬在這處飛行場，其殉職後隊長永岡良一曾寫信告知佐藤的家屬事情經過，因此才促成了這超過一甲子後的重回機場尋跡與憑弔。

如今，彰化飛行場的機場設施除了二座防空塔外，尚有一座耐爆的通信所及一棟較小的方形紅磚造建物留存。這棟耐爆的通信所是以鋼筋混凝土為主要建築骨架基礎，再以紅磚堆砌而成。歷經這麼多年，卻還能屹立於飛行場周邊的土地上，確實是個相當令人驚訝的奇蹟。

防空塔當年的大射口已被裝上窗戶。2008.6.

如今現存於彰化縣福興鄉番婆村的防空塔與加蓋的鐵皮屋。2010.12.

如今防空塔內牽有電線，外部也有外露的鋼筋。2008.6.

295

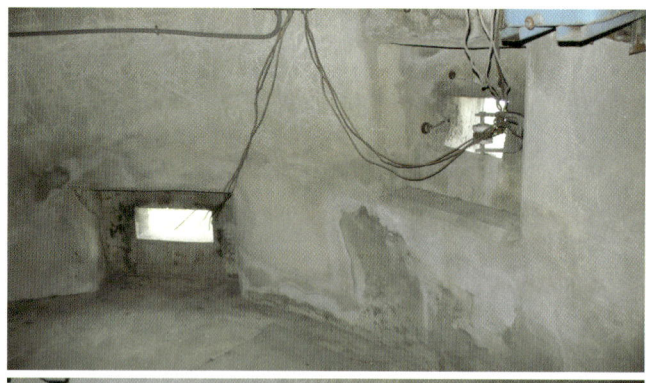

防空塔的內部。2008.6.

防空塔的頂部與外望的風景。2008.6.

如今現存於彰化縣福興鄉外埔村復興路28號旁的防空塔。2010.12.

外埔村的防空塔射口特寫。2010.12.

位於彰化縣福興鄉番婆街38-15號附近的一座現存耐爆通信所外觀。黃保羅/攝 2015.3.

位於彰化縣福興鄉番婆街48號之66附近的一座不知用途軍事建物。黃保羅/攝 2015.3.

北斗飛行場

現彰化縣埤頭鄉與竹塘鄉一帶

在進入到二次大戰的中後期時，日本軍方大本營在面對美軍逐步突破「絕對國防圈」的攻勢下，不得不於1944年春開始沖繩與台灣方面的作戰準備，此乃「十號戰備」的開始。日本陸軍傳統上對於飛行場的概念是「多數分散式」，但這樣的廣域分布在資材越來越緊迫，補給、防空、情報、通信、人員等等方面的調度越來越吃緊的情況下，在1943年5月開始，航空本部總務部長遠藤三郎中將乃參考盟軍的措施，改為建設主要「航空要塞」的「少數集約式」來設定飛行場。「十號作戰準備要綱」便是在這樣的背景下所產生，選定數個核心飛行場作為航空基地，以極力集約方式來維持飛行場運作。

不過，為了當有大批敵機來襲時，能將資材迅速轉移，而有了將這集約下航空基地的物資以「空中列車」方式快速轉移的構想。當時台灣軍的航空參謀三浦辰夫少佐，1944年6月底時有了一個想法。亦即，在台灣的北中南各設立一個飛行師團等級的大型航空基地，當有敵軍從南方來攻時，除了對戰外，重要的物資可以迅速往北部的航空基地轉移，躲避敵軍的攻擊。而為了快速地轉運物資，乃計畫在大型基地間設立可供「空中列車」滑翔機使用的

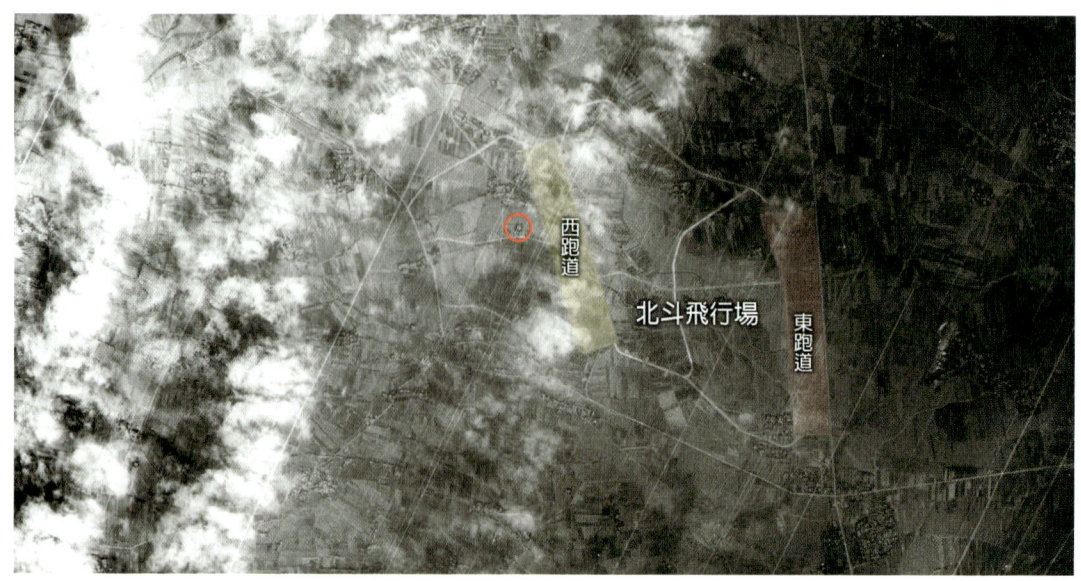

美軍拍攝於1945年1月13日的北斗飛行場航照。以紅色圈出的是如今現存的耐爆通信所遺跡。本圖亦以淺黃色標出西側跑道，淺紅色標出東側跑道。NARA-中研院GIS中心/提供

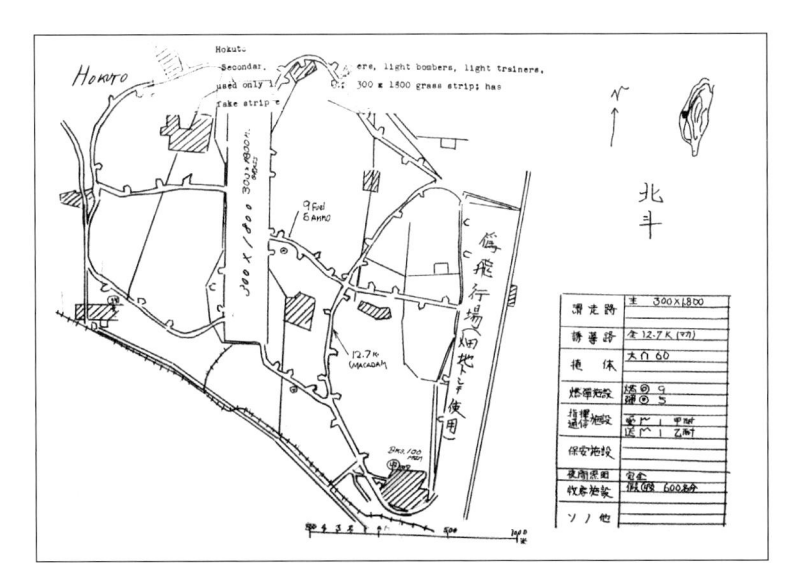

美軍在二戰後由日軍側所獲得的資訊，經整理後所得之北斗飛行場樣貌。NARA / 提供

飛行場，作為軍需品快速轉移的轉場之用。在這樣理念下，物資轉運之「空中列車」用機場，乃有三座在台灣的西部平原誕生，由北到南分別是北斗、北港與塩水。

這三座機場有許多共同的特色，像是分別都有二條分開的跑道，中間再以滑行道相接。而其中都有一條跑道，似乎都是為了「欺敵」用，而為假的「偽裝跑道」，戰後初期的調查都指稱是「假機場」，並表示其實是農地。不過，從接收的資料來看，「假機場」旁卻有倉庫與兵舍等建物，似乎是「計畫中止」後跑道沒有使用所造成，而非一開始就設定為「假跑道」。此外，為了通訊上的需要，這轉場用機場還有相當特殊，結構強化的「耐爆通信所」。以北港與塩水來看，還分成耐爆送信所與耐爆受信所，亦即收訊與送訊是分開的。至於最北端的北斗飛行場，美軍紀錄中有寫出應有送信與受信通信所各一，但位置沒在附圖中顯示，而國軍接收紀錄則無此記載。不過，依照現地調查，目前在竹塘慈航宮以南約兩百公尺的光明路旁，便有一座形式上與北港及塩水非常相同的「耐爆通信所」存在，更加確認了這三座機場在興建背景上一致的推斷。

這一座如今已經有入口處裂開，頂部也部分「開天窗」的耐爆通信所，從露出的鋼筋結構，剛好可以看到進入二戰後因資材不足，見證了台灣鐵道史上一個很有趣的「鐵軌出征」情況。在二戰時因為鋼材不夠，紀錄上有拆除鐵軌以供軍用的說法，例如給民眾搭車去泡湯用的新北投支線鐵軌，就曾被迫「出征」，將資材提供出去。這些被拆除的鐵軌，有些就是變身到軍事建築的結構裡。這座北斗飛行場殘存的耐爆通信所，正巧露出鐵軌的骨架，證明了「鐵軌出征」的歷史紀錄。

此外，從現存的北斗飛行場平面圖來看，這座機場主要的跑道分成東西兩條，彼此間則有滑行道相接。依照戰後國軍的紀

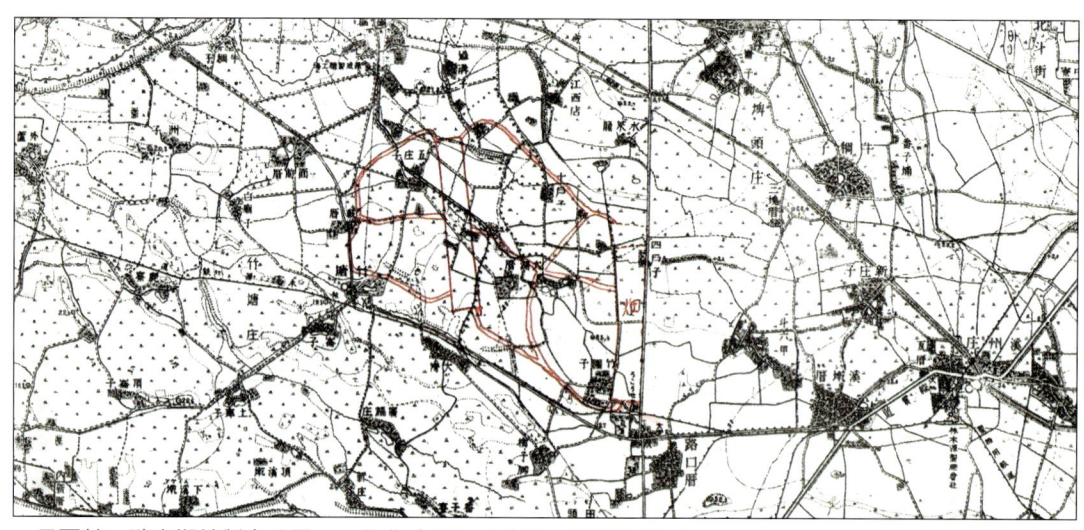

日軍於二戰末期繪製之地圖，可見北斗飛行場位置。NARA / 提供

錄可知，北斗飛行場當時的行政區是位於台中州北斗郡路口厝，二條跑道中之西跑道長 1,800m、寬 300m，東跑道長 1,800m、寬 250m（戰後日軍呈報給美軍的紀錄中，表示此東跑道為「偽飛行場」），材質為砂泥及石子，全場面積為 1,140,000m²。而在這二條跑道周邊，有寬 6m 的飛機疏散滑行道長 12.7km，連接一共 60 座的飛機掩體。這座機場紀錄上是於 1944 年 11 月完工，整個建設時間不滿半年，其簡易與速成的特性由此可見。

在美軍方面的接收紀錄中，這座機場是以「北斗」（Hokuto）飛行場稱之，並註明此為次要等級的飛行場，且東邊的跑道是屬於偽機場。儘管如此，終戰時的美軍記載裡，北斗飛行場留有 13 架的一式戰（隼），8 架的九七戰，1 架的九八直協，1 架的九九高練，顯示這座機場還是有飛機在使用。

如同許多二戰末期時徵用民地緊急闢建的飛行場一般，北斗飛行場在戰後也出現原地主希望拿回原所有地的陳情。以一份 1947 年 2 月 25 日台中縣北斗地政事務所的公文可以看出，此機場是在 1944 年夏在「不給購地資於民，強制充為機場」，而戰後國軍接受後也無使用，一片荒蕪，希望政府儘速還地於原地主。或許因為這塊飛行場用地實屬緊急闢建，產權又未解決，因此後來就很快地還地給原地主，故在戰後不多久，整個機場的輪廓範圍快速消失，於今已經難以尋找遺跡。

北斗飛行場東側跑道（彰水路二段）附近的現況。2015.1.

北斗飛行場現存的耐爆通信所外觀。2015.1.

如今仍存的北斗飛行場耐爆通信所外貌。2015.1.

耐爆通信所的紅磚外觀。2015.1.

耐爆通信所建物如今暴筋的狀況，可見當時的無節鋼筋。2015.1.

耐爆通信所的內部與結構特寫。2015.1.

耐爆通信所結構所露出的鋼軌，見證了二戰時「鐵軌出征」的說法。2015.1.

位於道路邊的北斗飛行場現存耐爆通信所外觀。2015.1.

北港飛行場

現雲林縣北港鎮好收與水林鄉一帶

　　在嘉南平原上曾經存在，屬於日本陸軍的北港飛行場，是一座 1944 年實施「十號戰備」的背景下，為了建立連結南北大型航空基地所設立的「空中列車」型態飛行場之一。同樣理念下所規劃的機場共有 3 座，分別是北斗、北港與塩水。因此，這 3 座飛行場的格局相當類似，都是有著兩條跑道，彼此間以滑行道相連的規劃。

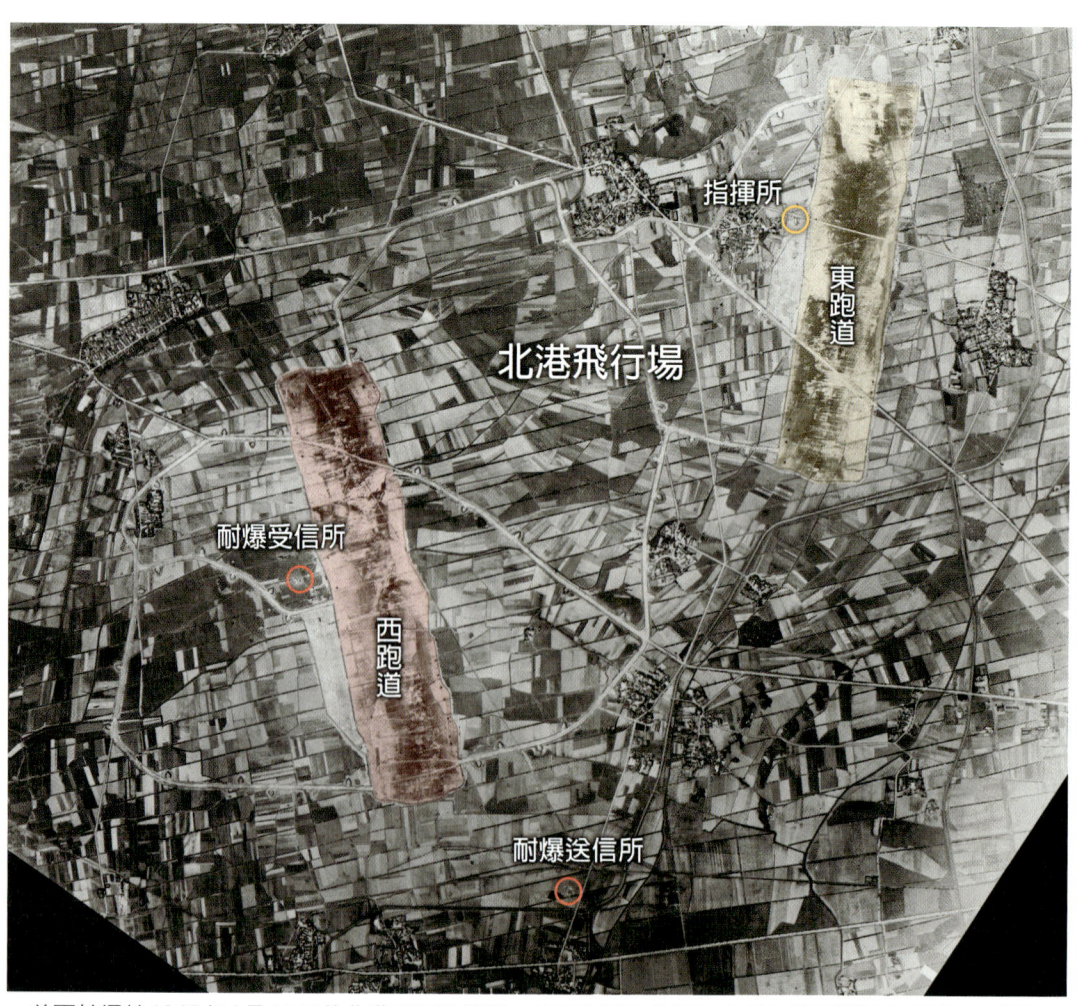

美軍拍攝於 1945 年 4 月 15 日的北港飛行場航照。以紅色圈出的是如今現存的耐爆通信所遺跡，橘色標出的是已經消失的指揮所位置。本圖亦以淺橘色標出東跑道，淺紅色標出西跑道。NARA-中研院 GIS 中心/提供

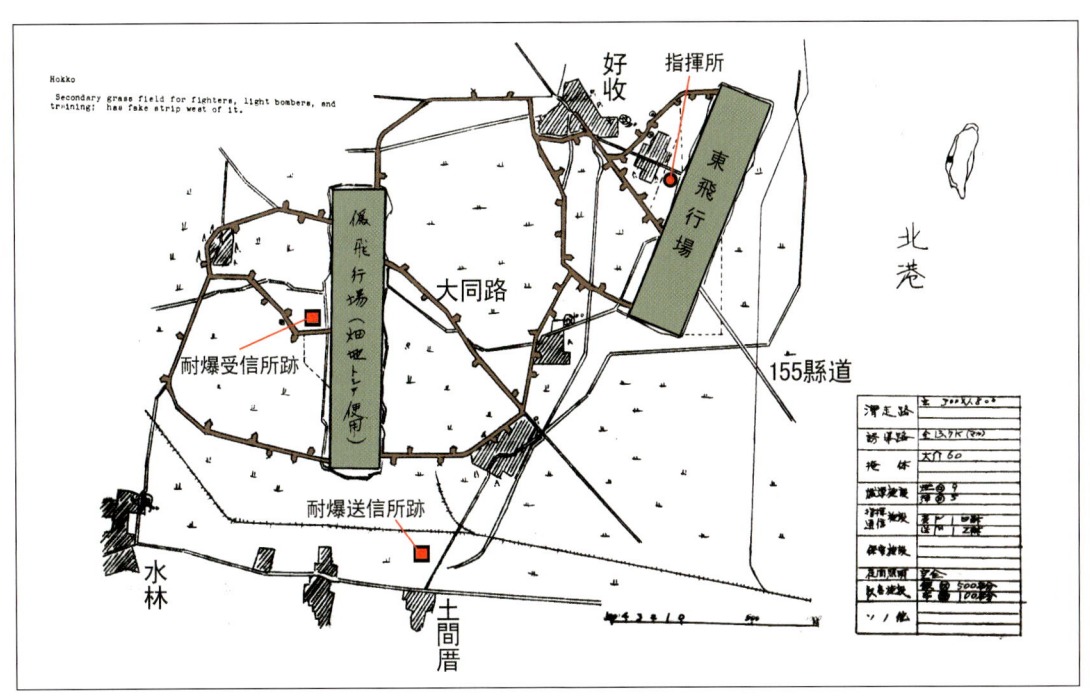

美軍在二戰後由日軍側所獲得的資訊，經整理後所得之北港飛行場樣貌。NARA / 提供

　　從這座機場的平面圖來看，主要的跑道分成東西兩條，彼此間則有滑行道相接。不過該飛行場的西跑道，依照日軍於接收時對美軍所報告的說法，是屬於欺敵用的假跑道，甚至還沒等到戰後正式接收，就已經把田地發還給農民耕種。所以，北港飛行場真正使用的機場部分，是屬於東側的跑道與用地。

　　也就因此之故，這座北港飛行場的機場使用區分，實質上是可以分成北港東飛行場與北港西飛行場二部分。東飛行場位於如今北港鎮出來往西北方走，沿著155縣道在抵達好收之前的一塊地。依照戰後接收時的說法，這附近有機場的指揮所與營房。至於西飛行場，雖然號稱是屬於欺敵的偽機場，但實際上現存的遺跡多在西飛行場附近。西飛行場位於雲林縣的水林鄉，沿著曾為飛機疏散滑行道的大同路走，就會抵達跑道的地點。在西飛行場跑道中央旁，是一座保存非常良好的半地下建物遺跡。這種形制的建築，與同樣理念所規劃的北斗與鹽水飛行場留存者非常類似，都是屬於通訊用的耐爆通信所。位於西跑道中央旁的，是做為「耐爆受信所」用，同樣的建築，還有另一座在西跑道南端糖鐵土間厝火車站旁的「耐爆送信所」。這類的耐爆通訊用建物，一半的空間位於地下，一半突出於地平面上，外側有許多突出的陶管遺構，均說明其當年耐爆的結構與通訊發報收報功能。

　　依照戰後國軍的紀錄與現地調查可知，北港飛行場的二條跑道方向有點不同，東飛行場的跑道方位大致是北北東 / 南南西，長 1,800m、寬 300m。至於西飛行場的偽跑

以美軍拍攝於 1945 年 4 月 15 日的北港飛行場航照，放大所見的無蓋掩體（橘色圈出）、耐爆受信所（紅色圈出）與疏散滑行道及跑道情形。NARA-中研院 GIS 中心 / 提供

道方向是南北向，長 2,000m、寬 400m。二條跑道均屬於一般土碾壓而成；而在這二條跑道周邊，有寬 20m 的飛機疏散滑行道共長 13.7km，連接一共 58 座的飛機掩體。這座機場紀錄上是於 1944 年 8 月起工，10 月就完成了，因此其簡易與速成的特性不言可喻。

在美軍方面的接收紀錄中，這座機場是以「北港」（Hokko）飛行場稱之，並註明著：secondary grass field for fighters; light bombers and training; has fake strip west of it，顯示這座屬於「次要」等級的飛行場，還是有戰鬥機、輕型轟炸機與訓練用飛機在使用，但西邊的跑道則是屬於偽機場的跑道。終戰時的美軍記載裡，北港飛行場留有 23 架的九七戰，4 架的九九高練，18 架的二式高練。

雖然目前的北港飛行場位置，跑道外圍輪廓痕跡還依稀可見，但殘留的遺跡已經不多，像是原有位於水林鄉外環道旁的吊鐘狀防空塔已在數年前拆除。目前，在飛機場用地附近，可見一坐由雲林縣長豎立的土地重劃碑。這個立於 2002 年的碑，名稱是「雲林縣水北農地重劃區建設誌」，裡面有提到本重劃區坐落於水林鄉，其範圍東至北港重劃區及西機場重劃區，可說是一處直接烙印下「機場」之名的紀錄。至於現存的耐爆送信所與耐爆受信所，則是少數直接與機場相關的歷史建物，相當值得好好保存。

位於北港飛行場西側跑道旁的耐爆受信所遺跡，仍十分完整。2010.12.

北港飛行場的耐爆受信所外表狀況仍完整。2010.12.

位於北港飛行場西側跑道南邊，糖鐵土間厝站附近的耐爆送信所狀況較差，除了頂部坍塌，側邊也露出內部的紅磚結構。2010.12.

從北港飛行場耐爆送信所所露出的結構，可以看到用鐵軌為骨架的二戰時「軌道出征」遺跡。2010.12.

位於北港飛行場附近的糖鐵土間厝車站遺跡。2010.12.

這座立於 2002 年的「雲林縣水北農地重劃區建設誌」碑，裡面有提到本重劃區坐落於水林鄉的西機場重劃區內，可說是一處直接烙印下「機場」之名的紀錄。2010.12.

塩水飛行場

現嘉義縣鹿草鄉與義竹鄉一帶

在嘉南平原上,與北斗及北港飛行場屬同樣目的所興建的塩水飛行場,是座1944年實施「十號戰備」的背景下,所建立之連結南北大型航空基地「空中列車」型態飛行場之一。與北港飛行場類似地,塩水飛行場也有兩條平行(一北一南)的跑道,中間再以滑行道相連。依照戰後國軍的紀錄,此機場起工興建於1944年8月,而於同年11月便完工。

這座日本陸軍航空部隊使用的塩水飛行場,其實距離塩水市區尚有一段距離,位置是在如今嘉義縣鹿草鄉東後寮、龜佛

美軍拍攝於1945年6月29日的塩水飛行場南跑道航照。以紅色圈出的,是位於東後寮附近,如今已經不存的耐爆送信所。NARA-中研院GIS中心/提供

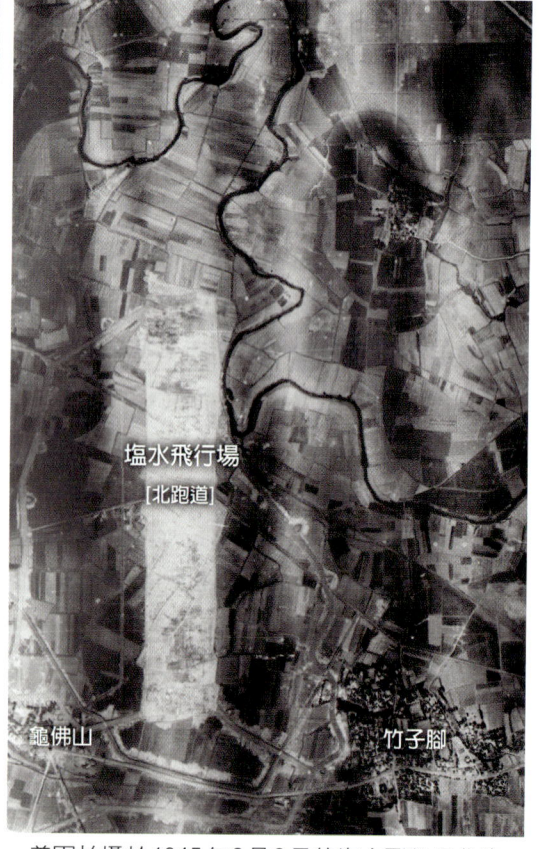

美軍拍攝於1945年2月2日的塩水飛行場北跑道航照。NARA-中研院GIS中心/提供

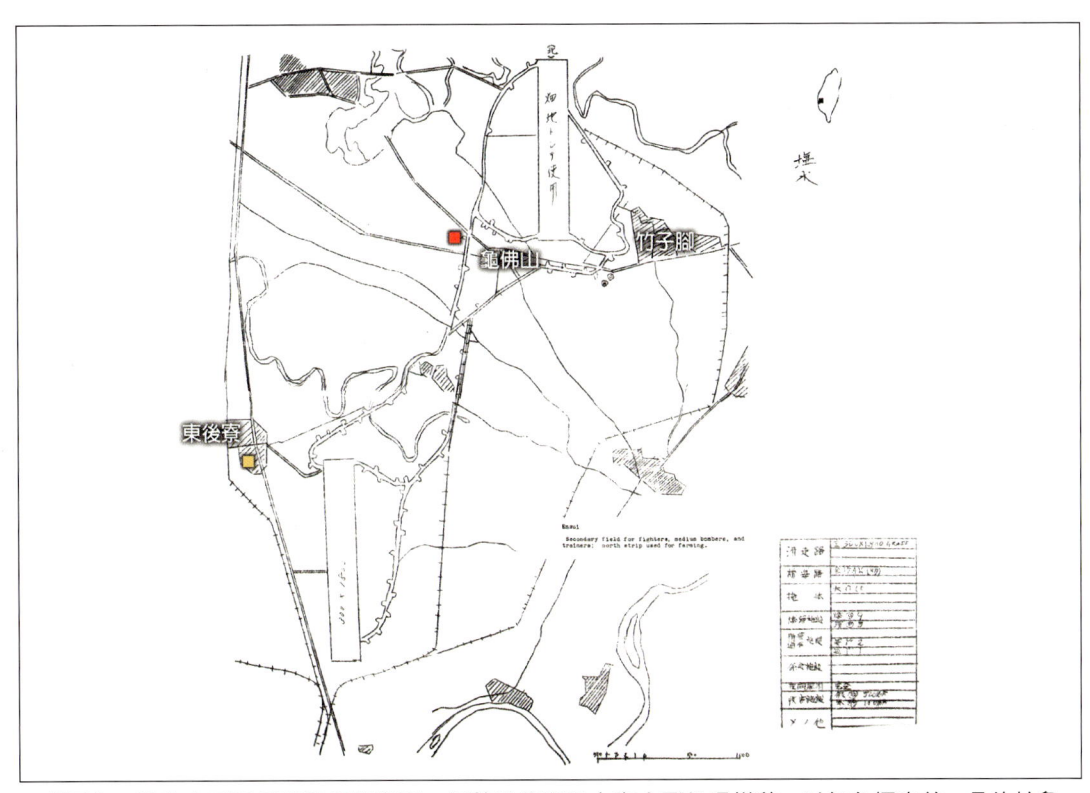

美軍在二戰後由日軍側所獲得的資訊，經整理後所得之塩水飛行場樣貌。以紅色標出的，是位於龜佛山附近現存的耐爆受信所，至於以橘色標出的是位於東後寮附近，已經消失的耐爆送信所。NARA /提供

山與竹子腳附近。不過在日本統治當時，行政區是屬於台南州所轄。這座機場的南跑道，是在東後寮聚落的南邊，從台19線轉進去後，跨過廢棄的糖鐵遺跡就是當年跑道的位置，只不過如今幾乎無跡可尋。至於北跑道位於龜佛山與竹子腳間，大致上是在龜佛山聚落的東北向側，不過同樣也無遺跡留存。

這二條跑道均為南北向，長1,800m、寬300m。在戰後日軍的呈繳報告中，南邊靠近東後寮聚落的為主跑道，北邊龜佛山的跑道則標示為農田。這兩個跑道以滑行道相連，並有許多從跑道延伸出的疏散滑行道，夾雜著一些露天的飛機掩體，總長共計有15.4km。儘管整個機場佔地面積極大，但或許是當時僅簡易地整地施作完工，因而在戰後很快又恢復成農地。

在國軍的機場接收報告圖中指出，塩水飛行場所在地位於台南州東石郡鹿草庄與義竹庄，北跑道長1,800m、寬300m，南跑道長2,000m、寬300m，跑道厚度20cm，為一般土碾壓而成。此外，機場還包含寬20m全長約15km的疏散滑行道，以及飛機掩體60個。營建設施方面，在機場西方有「北兵舍」4棟與倉庫3棟，此外還有耐爆送信所（機場南跑道西北方）、

南跑道

以美軍拍攝於1945年6月29日的塩水飛行場航照，放大所見的無蓋掩體（橘色圈出）與疏散滑行道及跑道情形。NARA-中研院GIS中心/提供

耐爆受信所（機場北跑道西方）、簡易整備工場與可收容約200名官兵的臨時兵舍。戰後國軍的紀錄中，這座飛行場的狀況是「雜草繁茂使用不能」，且無夜間設備，無通訊設備，沒有軍用、民用電話。

在美軍方面的接收紀錄中，這座機場是以「塩水」（Ensui）飛行場稱之，並註明著：secondary filed for fighters; medium bombers and trainers; north strip used for farming，顯示這座屬於次要等級的飛行場，還是有戰鬥機、中型轟炸機與訓練用飛機在使用，但北邊的跑道則被當成農地。這樣的狀況，或許也解釋了為何這座機場戰後很快消失，甚至連農地的輪廓範圍也與跑道無關。

雖然目前的塩水飛行場位置，幾乎完全看不出跑道痕跡，但在龜佛山的聚落附近，也就是北跑道的西側，卻留有一座半地下式的掩體，亦即國軍紀錄裡的「耐爆受信所」遺跡。依照鹿草鄉於2005年所立、上面放著一架小飛機形狀的紀念碑指出，日軍建造時深恐軍機外洩，所以故意發動外地民夫，以專車接送方式日夜趕工，大約耗時六個月才完成機場與相關設施。這座屬於半地下式的耐爆通信所內，曾裝設有通訊設備可與外界聯絡，可見其作為南北大型航空基地「空中列車」運輸時，必要的通訊功能。如今，該建物僅留入口與地上的方形結構替這座飛行場留下唯一的歷史見證。相同的設施，另一座的耐爆送信所推測是在東後寮聚落附近，而相同設計的建物，在北斗與北港飛行場也有留存。

在龜佛山聚落附近，留有一座耐爆受信所遺跡，並有鹿草鄉於2005年所立、上面放著一架小飛機形狀的紀念碑。2010.12.

塩水飛行場的耐爆受信所外觀。2010.12.

塩水飛行場耐爆受信所已經部分傾頹的結構與入口。2010.12.

如今塩水飛行場的南跑道現況（東後寮南側，畫面中由左至右）。2010.12.

從當年的塩水飛行場南跑道有往東北向的滑行道，可以經龜佛山往北跑道，這條有點曲度的路其實就是當時的滑行道。2010.12.

小港飛行場［高雄］

現為民航局高雄國際機場（小港機場）　　　　　　　　　　　　ICAO 代號：RCKH

　　台灣南部的國際玄關，也就是高雄小港地區的高雄國際機場，其實是一座前身可以回溯到日本統治時代，由日本陸軍所使用的小港飛行場。依照戰後國軍接收時的紀錄，該機場的建築日期記載著：「自昭和十七年，至昭和十九年十二月」，因此推測興建的起工時間大致於1942年，並於1944年時跟台灣各地的重要機場一樣，有過戰備擴張與興建疏散滑行道等增築的過程。

　　依照日本軍方當時的飛行場使用習慣，往往在整地完成後就可以供飛機起降，未必等到整個機場完工才能「啓用」，因此小港飛行場可能在1943~1944年間便已經可以部分使用。不過不管如何，這座機場是屬於二戰爆發後才開始興建的陸軍用飛行場，且因設施還包含兵舍等永久建物，故屬於較爲完備的基地規劃。

　　從日本軍方「第一航空軍司令部」於1944年4月20日所調製之軍事極秘「飛行場記錄」的台灣部分來看，這個小港飛行場有呈現X形交叉（略成V形，兩端長短不同）的兩條1,600m跑道，下方並有塊區域標示「工兵隊」，並以虛線框畫出未來的擴張區域。相對於其他較早設立的機場在這份資料有較爲詳細的記載，小港飛行場的敘述極少，甚至從航照推估這個X形跑道可能還並非是最終版。因爲，不管是從國軍接收紀錄，或者美軍二戰後期的多次航照，都可以發現這座機場的X形交叉兩條跑道，在後來的修改後都變爲V形交叉，除了中間的跑道道面以外，也往兩側

美軍拍攝於1943年12月20日的小港飛行場航照，可見其格局較小。NARA-中研院GIS中心/提供

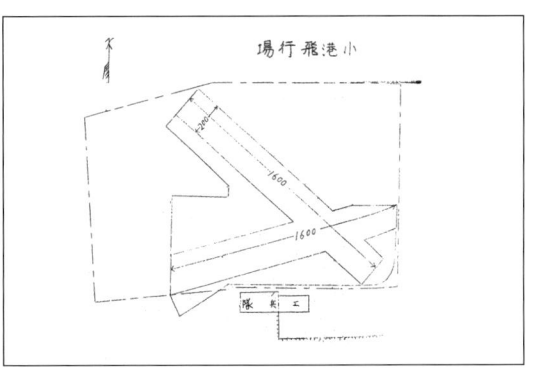

從日本軍方「第一航空軍司令部」於1944年4月20日所調製之軍事極秘「飛行場記錄」的小港飛行場來看，該機場有呈現X形交叉的跑道。日本防衛省防衛研究所圖書館/提供

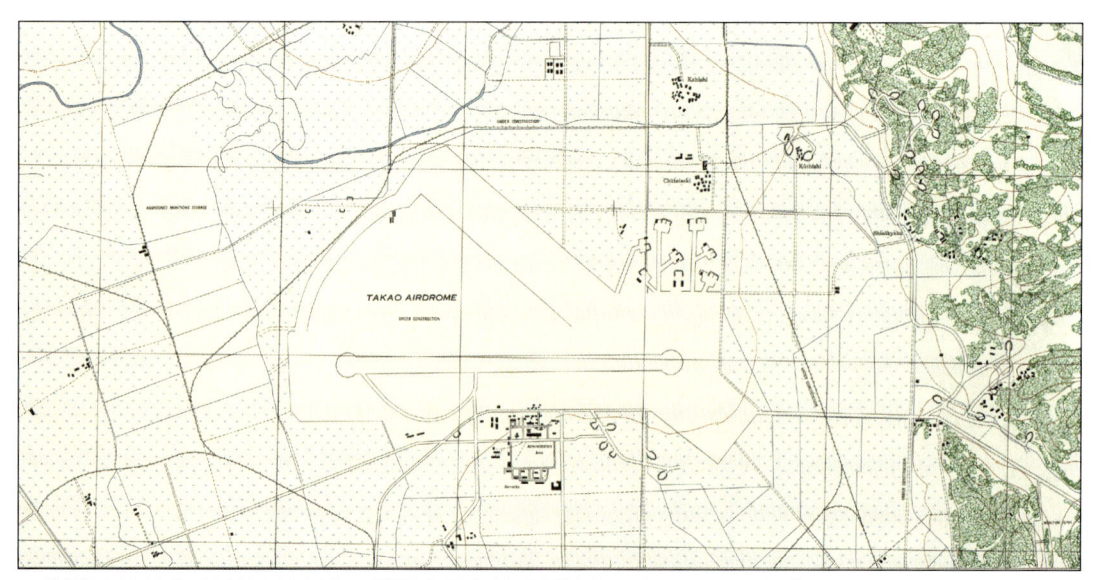

美軍以1943年12月至1944年6月間之歷次航照判讀後,在1944年所繪製,1945年印製的鳳山地圖(Hozan),可見寫著TAKAO AIRDROME(高雄機場)的小港飛行場。此圖美軍繪製時因所獲得的資料有限,且該機場正在擴建中,因此繪製上有部分錯誤。

擴張範圍;在二戰後期也在基地周邊興建了許多躲藏飛機用的疏散滑行道與掩體。

以1943年12月時的美軍航照來看,還未擴張前的小港飛行場在東側北端有許多的掩體,而跑道的格局也較小。不過從1945年1月時的航照判斷,則已經將跑道寬度與長度擴張,並增加更多的疏散滑行道與掩體,只不過原本東側北端的掩體,有些已經因為跑道擴張而拆除。

依照戰後國軍接收時的紀錄,小港飛行場內的兩條跑道均長1,600m、寬100m,東西向的跑道(稱A跑道)兩端有類似狗骨頭似的迴轉圓圈區,是後三點式飛機使用時的特徵,至於B跑道方向大略為西北/東南走向,在國軍戰後接收時,A跑道雖為設計上的主跑道,卻因遭嚴重轟炸而無法使用,僅B跑道可用。這些跑道的可載重量為10噸,場面的土質為砂質壤土,整座飛行場面積1,500,000 m²,標高71m,有寬20~25m的疏散滑行道(全長未寫),特殊掩體(特掩)20座、小型掩體43座。國軍紀錄裡機場的營建設施有兵舍、炊事場、倉庫與衛兵所等,另有一座耐爆送受信所可供通訊。但國軍接收時無夜航設備,無水電,排水尚可,屬於B跑道可用的狀態。

在戰後美軍調查時,由日本側得到的紀錄顯示,這座飛行場的兩條跑道均長1,500m、寬100m,看圖推測這長度是只計算到兩條跑道的交角處,不過美軍資料特別指出,東西向的主跑道是混凝土鋪裝,而副跑道則是碎石鋪成。此外,這座小港飛行場另有全長約17.5km的疏散滑行道,分佈在機場的四周,連接特殊掩體20座,大型掩體30座,小型掩體27座(除了特掩個數與國軍相同外,大小型掩體總數略有出入)。另外,此機場有指揮所1處(位

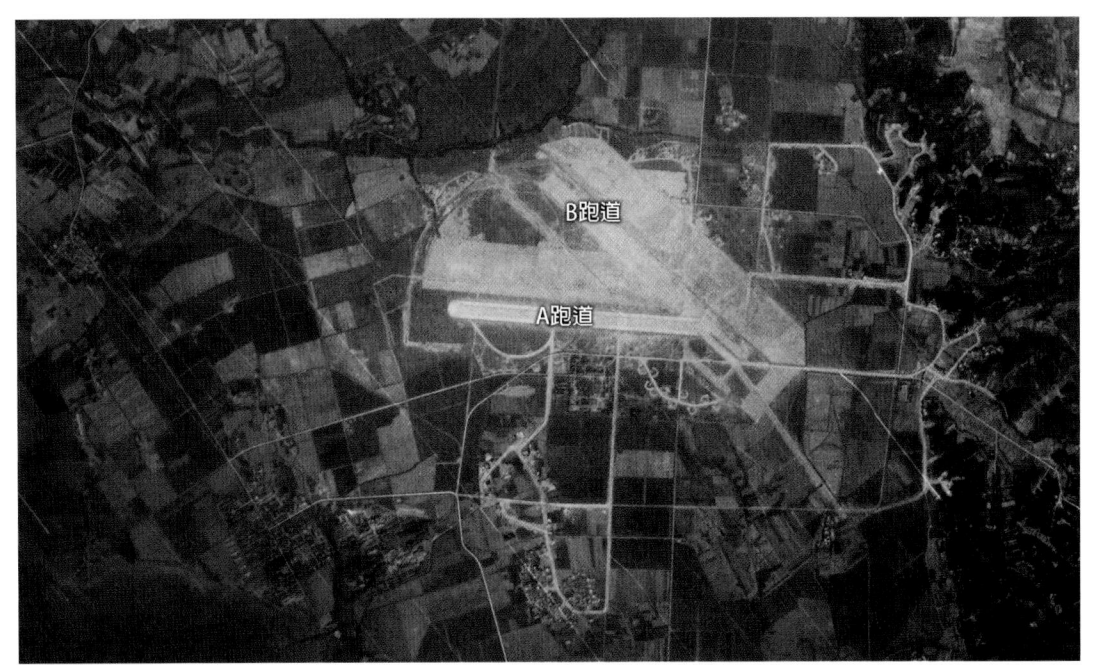

美軍拍攝於1945年1月13日的小港飛行場航照，可見其格局大約為擴建後的樣貌。NARA-中研院GIS中心/提供

於主跑道北側，與副跑道的交接處），受信通信所1處與送信通信所1處（其中一處位於如今廠前路與飛機路交叉的西北側），另有彈藥庫、燃料庫與狀況不良之兵舍（主要的永久兵舍可收容400名，臨時兵舍可收容200名）。終戰時的美軍記載裡，小港飛行場留有5架的百式司偵。

在二次大戰末期時，小港飛行場的主跑道已經因為轟炸關係嚴重毀損，僅副跑道能夠使用。但戰後的重修時，還是選擇留用主跑道而廢棄副跑道。如今的高雄國際機場，09/27方位主跑道已經延伸成3,150m之長，但另一條的副跑道則早變成民地，不過輪廓卻可以清楚在空照圖中判別。航空攝影迷常拍照之機場北端綠色隧道，以及該處道路之走向，即是副跑道之方位痕跡。

雖然小港機場與當年日軍的小港飛行場相比，跑道是變長了，但不少當年飛行場的範圍，特別是疏散滑行道與躲藏軍機的特掩機堡，卻已經變成在機場的外圍。像是小港機場在戰後1965年，興建國內民航用航廈時，使用的用地與當年日軍的營舍及辦公廳舍位置就不同。因此，日軍當時小港飛行場的軍用建築，很意外地存在於機場外面的飛機路與廠前路間。像是位於飛機路上由委託商南緯實業股份有限公司所使用的原軍營區域，內部便有一棟兩層樓的日軍兵舍，屬「大東亞戰爭時期日本陸軍式樣」的制式軍事建築，是小港飛行場內重要的日本陸軍兵舍建物。

而更有趣地，像是廠邊二路這樣當年的飛機滑行道，如今也都變成道路而存在。若依照當年的地圖尋找軍機滑行道旁之掩

美軍拍攝於1945年1月13日的小港飛行場航照，可見其格局大約為擴建後的樣貌。NARA-中研院GIS中心/提供

體壕，則可以發現當時日本軍方使用來隱藏飛機的這些機堡，居然有許多種形式的存在：有的被改建成中國傳統三合院型態，門口還貼上春聯；有的保有當年的迷彩塗裝外觀；但有的卻已經用紅磚砌成民宅樣貌。最神奇地，是有一座掩體機堡，竟然變身成供奉關聖帝君的宮廟天玉宮。依照現地調查，目前機場北側有3座，南側還有2座機堡存在。

其實，台灣人的創意，讓這些戰爭遺跡有了不可思議的第二春，也讓現代化的高雄國際機場，有值得探索的歷史遺跡，確實相當不可思議。

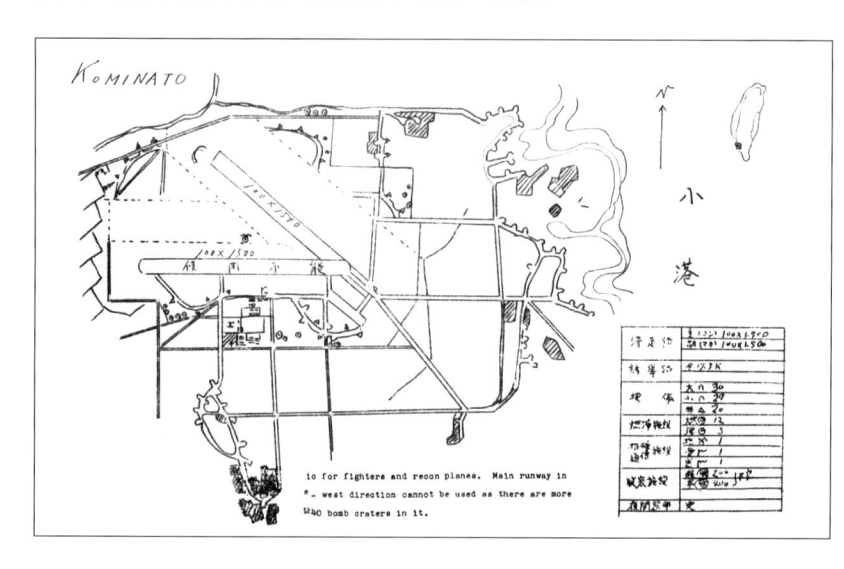

美軍在二戰後由日軍側所獲得的資訊，經整理後所得之小港飛行場樣貌。NARA/提供

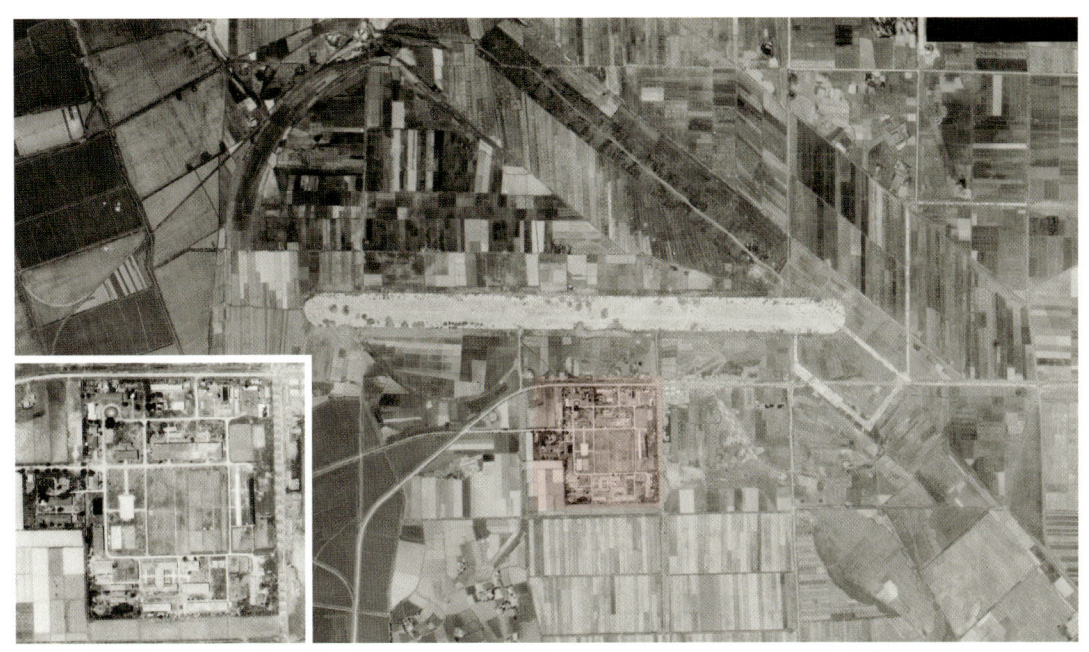

美軍拍攝於戰後1951年6月18日的小港機場航照，可見斜向的跑道已經停用。以紅色陰影強調的是放大於左下角的建物區。NARA-中研院GIS中心/提供

戰後仍存的小港飛行場兩層樓日軍兵舍，屬「大東亞戰爭時期日本陸軍式樣」的制式軍事建築。
2008.6.

飛機路上由委託商南緯實業股份有限公司所使用的原小港飛行場軍營區域。2008.6.

位於廠邊三路的有蓋掩體，已成民家使用。
2008.11.

位於廠邊二路的有蓋掩體，為民眾居住使用。
2008.11.

位於孔鳳路被改建成類似三合院狀的有蓋掩體內外。2008.11.

位於明聖街的有蓋掩體尾部。2008.11.

位於孔鳳路的這座有蓋掩體,已被改建成供奉關聖帝君的天玉宮。2008.11.

位於明聖街的有蓋掩體被屋主將門口漆成迷彩。2008.11.

1990年代中期的現代化高雄國際機場(小港機場)。

1990年代中期的高雄國際機場,可見當時仍在飛行的遠航波音七三七客機。

高雄的小港機場在高鐵通車前,曾有一段國內線的黃金時代。2005.6.

321

高雄國際機場的航廈內景。2005.6.

大韓民國空軍的「黑鷹飛行表演隊」所使用的KAI T-50B，在結束了「新加坡航空展」的表演行程後，返韓途中技術降落小港加油後準備起飛。2014.2. 林政廷/攝

大韓民國空軍「黑鷹飛行表演隊」及C-130H力士型運輸機，在前往新加坡參加「新加坡航空展」途中技術降落並夜泊小港機場。2014.2. 林政廷/攝

高雄國際機場航廈外的老公車。2011.4.

原本小港飛行場的B跑道與A跑道交接處附近，正好是這個有名的綠色隧道賞機點。2013.7. 林政廷/攝

印尼空軍向「韓國航空宇宙產業」(KAI)採購的T-50教練機,在前往印尼交機途中技術降落小港。2013.9. 林政廷/攝

由印尼空軍採購的T-50派生型TA-50「戰機先導訓練機」技術降落並準備夜泊在小港機場的512停機坪。2014.1. 林政廷/攝

從高雄國際機場起飛的長榮波音七四七客機。2011.6. 林政廷/攝

鳳山飛行場

現為高雄市鳳山區光明路三段一帶

在一般人的理解當中，鳳山可以說是中華民國陸軍在台灣的搖籃，就像是岡山之於空軍一般。不過，鳳山除了陸軍軍官學校、步兵學校與衛武營這些陸軍營區外，曾有座跑道呈現 V 形的鳳山飛行場，因為已經消失多年，故相當地神秘也少為人知。這座機場的興建時間，至今還不太清楚。國軍戰後接收時的紀錄寫著，機場建築日期自 1944 年 8 月 1 日至 12 月擴張完成，表示擴建工程是在 1944 年十號戰備開啟後才施做。而依照日本軍方「第一航空軍司令部」於 1944 年 4 月 20 日所調製的軍事極秘「飛行場記錄」的台灣部分來看，可以見到鳳山飛行場已經名列其中，因此早於 1944 年下半的擴張時，此座機場便已經存在是可以確定的。

此外，從美軍航照上來看，1943 年 12 月的航照已經可見這座機場的 V 形跑道樣

美軍拍攝於 1943 年 12 月 20 日的鳳山飛行場與小港飛行場航照。放大於右下角的是當時的鳳山飛行場樣貌。NARA-中研院 GIS 中心 / 提供

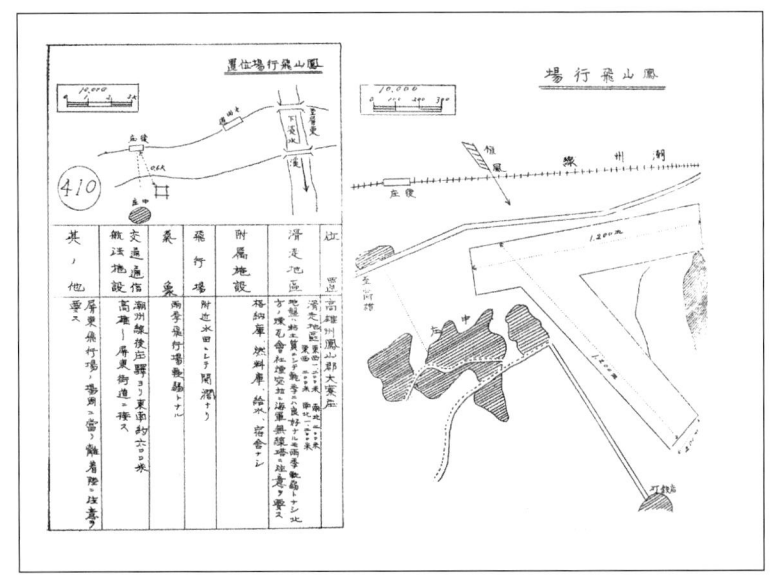

日本軍方「第一航空軍司令部」於1944年4月20日所調製的軍事極秘「飛行場記錄」中的鳳山飛行場。日本防衛省防衛研究所圖書館/提供

貌。因此，這座機場的興建，並非屬二戰最末期的秘匿機場，但又不屬開戰初期便已經廣泛使用，如佳冬、潮州或恆春這類的飛行場。不過相當有趣的是，此機場的外觀與格局，與最初尚未擴建時的小港飛行場相當類似，甚至連 V 形角度也十分相似，只不過斜向分叉出的跑道，小港飛行場是往西北向，鳳山飛行場是往東南向傾斜。

在紀錄上，這座當年屬於日本陸軍的鳳山飛行場，在戰後美軍接收時，由日本側得到的紀錄顯示，東西走向的主跑道長1,500m、寬200m，而另一條呈現西北、東南走向的副跑道則長1,440m、寬200m。除了二條跑道外，還有全長約3km的疏散滑行道，以及17座的小型飛機掩體。不過，在美軍的資料中卻註明著：never used although it can be used as a training field in dry season，顯示此飛行場從未使用過，雖然在乾季時可以作為訓練之機場用。此外，

這座飛行場在美軍記載中無耐爆的通信所，亦無指揮所。

但依照國軍戰後的接收紀錄來看，這座機場位於當時的高雄州鳳山郡，土地所有權主要屬官有地，但一部分為民有地，場面可載重量為15噸，有全長約3.5km的疏散滑行道。整座飛行場面積1,800,000m2，分別為呈現 V 形的1,500m 與1,300m 兩個長條，寬度均為200m。此機場的土質為砂質壤土，標高13.1m，掩體有小型6個，與美軍紀錄不同。此機場無通訊設備，無水電供應，也無夜航設備。國軍接收時，這座飛行場是屬於「地盤軟弱使用不能」的狀態。

事實上，比對日本軍方「第一航空軍司令部」於1944年4月20日所調製的軍事極秘「飛行場記錄」的台灣部分來看，可以見到1944年下半擴建滑行道前的鳳山飛行場樣貌。該機場主要的場面外形與擴建後一樣是個 V 形跑道，只不過兩條的長

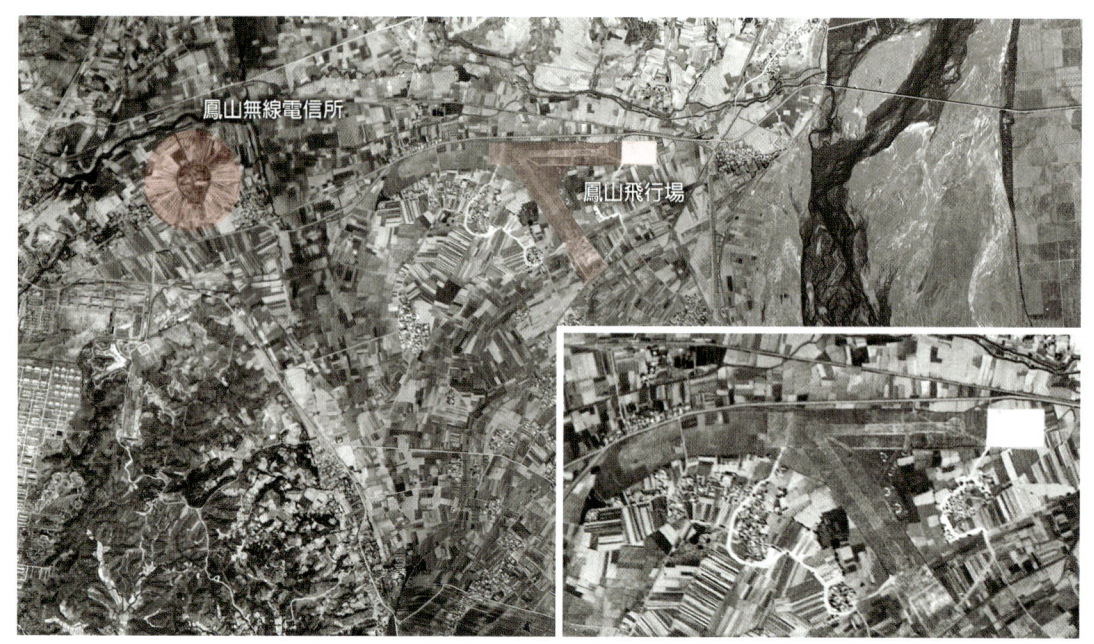

美軍拍攝於1945年1月31日的航照，可見V形的鳳山飛行場與圓形的鳳山無線電信所用地。放大於右下角的是當時的鳳山飛行場樣貌。NARA-中研院GIS中心/提供

度均為1,200m，寬度200m。機場的附屬設施部分，此資料特別強調沒有格納庫、燃料庫、給水設施與宿舍。因此，其設施的缺乏與使用的狀況不佳可以想像。儘管如此，鳳山飛行場的存在，至今仍影響了當地的街道紋理，例如主跑道的軸線變成高雄市大寮區之四維路與江山路，而斜斜的副跑道則變為光明路三段。

而這份第一航空軍司令部的「飛行場記錄」中，對於鳳山飛行場還特別提到，其周邊有煉瓦會社的煙囪以及海軍無線電塔，故在飛行時必須特別注意。其實，離這座飛行場不遠處，也就是在其西側的高雄市鳳山區鳳山新村附近，正是一座從衛星影像上就可清楚發現的人工大圓圈軍事遺址，此即為當年日本海軍的鳳山無線電信所。

這座完工於1919年5月的大規模設施，是現存世上少有的日軍無線電信遺跡之一。當年的設計，其中央有高200m之主鐵塔，以此為中心於半徑400m的範圍內，建造內圈18座、外圈36座較低的副塔。目前，鐵塔雖都已拆除，但主塔以及部分副塔的座墩依然存在，讓這些在田中呈現圓形排列的天線鐵塔座墩與環形道路，形塑了少見的雙圓地貌紋理。這些遺構，再加上電信所內極具營造技術保存價值的耐爆建物，讓這處軍事設施於2010年8月底被列為國定古蹟加以保存。其實，若從空中來看，這座鳳山無線電信所所呈現的圓圈土地紋理，與其東邊不遠處的V形鳳山飛行場跑道軸線，都可說是歷史烙印在大地上的痕跡，均是相當特別的軍事遺產。

鳳山飛行場東西向主跑道軸線如今的樣貌。
2010.10.

過了松寮陸橋後所接的光明路三段,是當年鳳山飛行場西北/東南向跑道的軸線。2010.10.

二戰末期時日軍極機密地圖上,呈現出宛若大地甜甜圈狀的日本海軍鳳山無線電信所與鳳山飛行場V形跑道。NARA / 提供

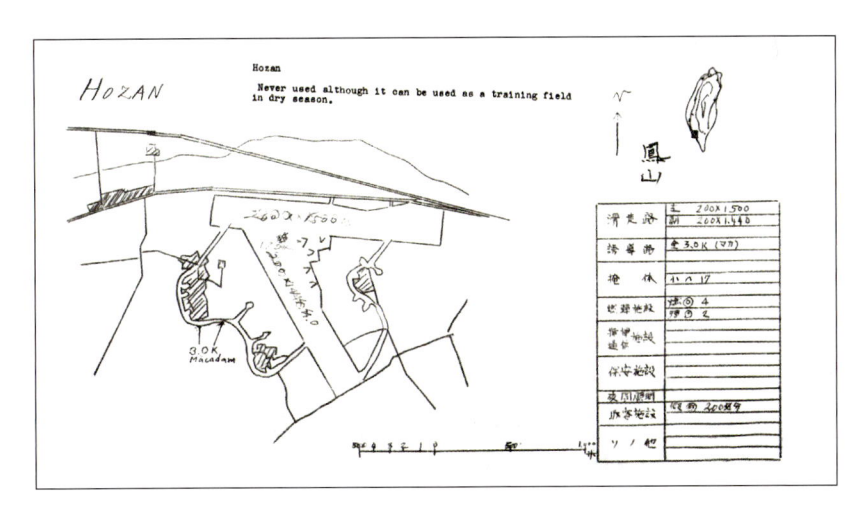

美軍在二戰後由日軍側所獲得的資訊,經整理後所得之鳳山飛行場樣貌。NARA / 提供

日本海軍鳳山無線電信所在戰後成為海軍明德訓練班的大門。2010.10.

海軍鳳山無線電信所主建物區外圍已經傾頹的紅磚建物。2010.10.

海軍鳳山無線電信所中央的主建物內外。2013.2.

日本海軍鳳山無線電信所現存的座墩遺跡。2013.2.

當年的通信鐵塔已經不存，但圍成圓圈的座墩仍有許多健在。2010.10.

推測為日本海軍鳳山無線電信所塔柱基座在塔柱拆除後的遺跡。2013.2.

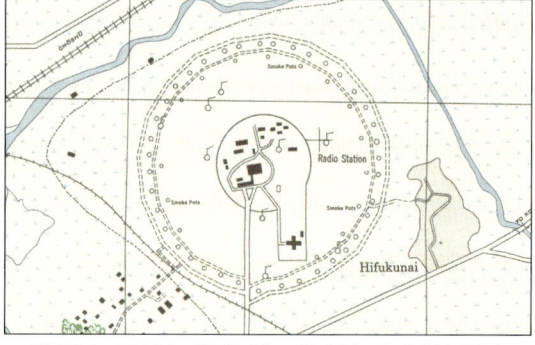

美軍在1944年所繪製，1945年印製的鳳山地圖（Hozan）中之海軍鳳山無線電信所。2013.2.

屏東（北）飛行場

現為空軍屏東基地、屏北機場　　　　　　　　　　　　　　**ICAO 代號：RCSQ**

　　國內著名「蚊子機場」之一的屏東機場，在屏北的航廈是花了近十五億經費，於 2005 年才啟用，但卻是第一個慘遭裁撤，在 2011 年 8 月 10 日最後一班北返的復興航空班機飛完後，於 9 月正式結束民航業務，只使用了 6 年。

　　屏北機場的興建，可以追溯到日本統治時代，在二次大戰後期擴建屏東（北）飛行場時。那時，日本在台灣構築非常多可以躲藏飛機的秘匿用簡易飛行場，也在島內一些已經有規模的航空基地，興建新跑道（第二機場）以供軍機起降。因此在台灣航空發展史上，最早設立的屏東飛行場，除了南邊從警察航空班時代就開始使用的機場用地外，也在北邊興建了屏東（北）飛行場，兩者間則還有滑行用連絡道相接。對於屏東的南北飛行場興建時間，戰後的國軍接收紀錄均寫為 1944 年，南飛行場是該年 4 月至 7 月，北飛行場是 8 月至 10 月。這個時間紀錄對於南飛行場而言，應是指機場擴建與分散秘匿滑行道建設的時間點，要不然以南飛行場可以推到大正時代警察航空班的歷史判斷，這個紀錄的正確性便需存疑。至於北飛行場的興建時間大致無誤，因為該機場在 1944 年春開啟「十號戰備」時是屬於建設中的狀況，依照日軍當時的規劃，是要做為教育與防空用的飛行場。

美軍拍攝於 1945 年 4 月 15 日的屏東（北）飛行場航照。NARA-中研院 GIS 中心／提供

329

美軍拍攝於1945年6月18日的屏東（北）與屏東（南）飛行場航照，可見南北跑道間有疏散滑行道相連。NARA-中研院GIS中心/提供

　　從戰後國軍的接收紀錄可以看出，屏東（北）飛行場內的跑道長1,600m、寬60m、厚15cm，為混凝土鋪裝，並無夜航設備，但接收時屬可用狀態。其跑道可載重量為15噸，場面的土質為砂質壤土，面積1,100,000m^2，標高20m。南北飛行場間，北飛行場以北，以及南飛行場以西，均有飛機疏散滑行道，全長約16km（混凝土鋪裝部分有4.5km）。整個南北飛行場一起統計的話，共有特殊掩體（特掩）3座、大型掩體29座、小型掩體27座。

　　依照戰後初期美軍從日軍側所獲得的紀錄來看，北飛行場的跑道長1,500m（較國軍紀錄短100m），寬60m，有簡易照明。而南北飛行場間的飛機疏散滑行道全長約14km，其中混凝土鋪裝的有4.8km，碎石鋪裝的有5.9km，砂礫鋪裝的有3.3km。整個南北飛行場一起統計的話，共有特殊掩體（特掩）2座、大型掩體40座、小型掩體30座，與國軍紀錄有所出入。

　　終戰時的美軍記載裡，屏東飛行場留有的飛機是南北飛行場一起計算，故較難知道各自分別有什麼飛機留存。不過依照這份紀錄可以得知，整個屏東南北飛行場共留有12架的一式戰（隼），5架的四式戰（疾風），4架的九七重爆，18架的九九雙輕，2架的九八直協，2架的九九高練，11架的二式高練，飛機總數可謂相當多。

　　而依照美軍紀錄推算，屏東的南北飛行場內留有飛行分科為司偵與輕爆的飛行第8戰隊（1938.8.31.飛行第8戰隊設立，編成地台灣屏東，代號8FR）、飛行分科

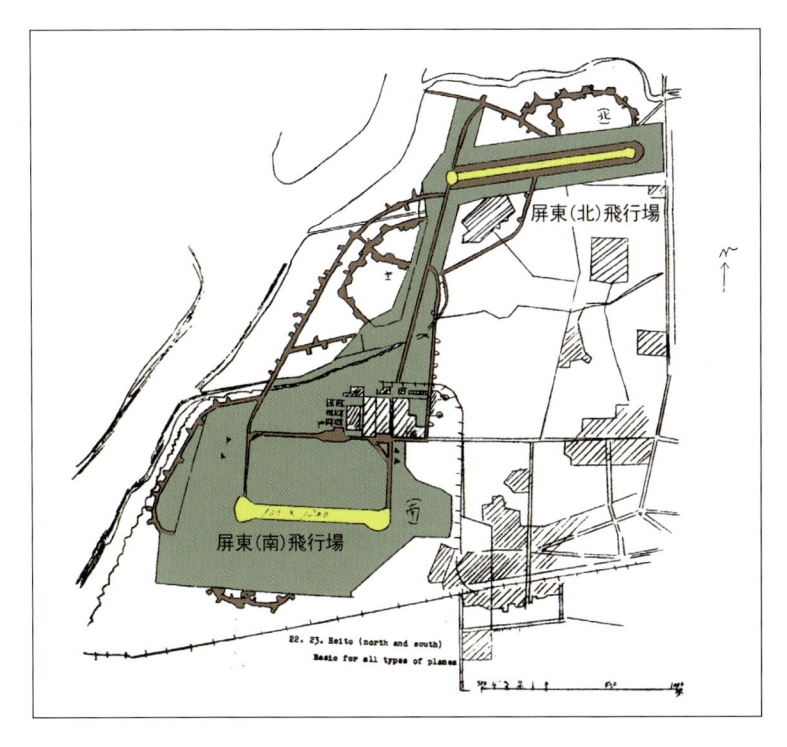

美軍在二戰後由日軍側所獲得的資訊，經整理後所得之屏東（北）與屏東（南）飛行場樣貌。NARA / 提供

為重爆的飛行第 12 戰隊（1932.6. 飛行第 12 大隊設立、1934.11. 飛行第 12 連隊改編、1938.8.31. 飛行第 12 戰隊改編，編成地滿洲公主嶺，代號 12FR）與飛行分科為戰鬥的飛行第 13 戰隊（1937.12. 飛行第 13 連隊設立、1938.8.30. 飛行第 13 戰隊改編，編成地日本加古川，代號 13FR）的飛機。

二戰後，屏東的南北飛行場都由國軍所接收且繼續使用，不似台灣大多數有日軍複數跑道的留用飛行場，往往僅留其中一個跑道的方式操作。由於屏東的南北飛行場全都維持使用，故兩者間的滑行道也持續用來連接這兩個一南一北的機場。

雖然說，戰後的空軍屏東基地是國軍運輸機部隊的大本營，屬於重要的軍事基地，但它也在 1990 年代台灣天空開放的時期，開始了民航載客的飛行。事實上，日本時代屏東飛行場就曾有過民航飛機起降，不過戰後新一波的屏東民航歲月，卻是開啓於 1994 年 11 月底。

屏東民航的開辦初期，業務是暫時使用屏東縣立文化中心作為臨時候機室，旅客報到後再以交通車接駁方式，將旅客載至空軍基地內上飛機。不過這個時期並不長，1995 年 2 月旅客業務就遷至屏南空軍基地大門左側的勝利路底簡易航空站服務旅客。後來，政府於屏北機場興建嶄新的航廈，於 2005 年 5 月 17 日落成，才正式把民航搬遷到北機場。然而，因為載客的情況一直不佳，在 2011 年 8 月 10 日最後一班復興航空班機飛走後，於該年 9 月正式結束屏東的民航歲月，而新蓋的屏北機場航廈，也只使用了 6 年便走入歷史。

331

美軍拍攝於1945年6月18日的航照，可見屏東（北）與屏東（南）飛行場間的空地上有許多的飛機。
NARA-中研院GIS中心/提供

在1995年2月之後，屏東的民航業務曾遷至屏南空軍基地大門左側的這處航空站服務旅客。2010.12.

政府於屏北機場興建這棟嶄新的航廈，於2005年5月17日落成，但因載客情況一直不佳，在2011年8月10日最後一班復興航空班機飛走後，於該年9月正式結束民航業務。2010.5.

花蓮港（南）飛行場

現為花蓮縣吉安鄉南海一街至十街一帶

在花蓮市區的南邊，也就是日本時代吉野移民村（今吉安）的東側，曾有一處已經消失多年的「花蓮港（南）飛行場」，老一輩的民眾多以花蓮的「南埔機場」稱之。這座機場的興建時間，依照戰後的人民請願書內所載，係在1941年時遭到軍方強徵土地後所興建。雖然說，它以飛機場狀態存在的時間不長，但其在台灣土地上所烙印下的痕跡，直到今天依然可以清楚從衛星圖片或者飛行中的鳥瞰清晰辨識，因為其特殊的八角形飛機場輪廓外觀，這幾十年來一直沒變。

日本陸軍在台灣各地興建的飛機場中，比較大型的航空基地，往往是將整塊用地整平，並且以防禦用圳溝圍出基地範圍，花蓮港（南）飛行場便屬於這一類。如今花蓮縣吉安鄉南海一街至十街一帶，即是這處飛行場舊址的所在地。

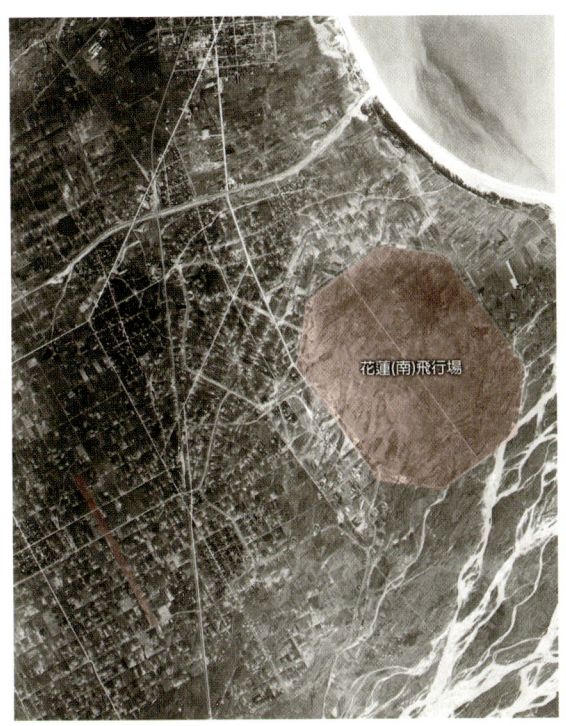

美軍拍攝於1945年5月31日的花蓮港（南）飛行場航照。除了主要的八角形機場區域外，其西側仍有一條長形疑似跑道存在。NARA-中研院GIS中心／提供

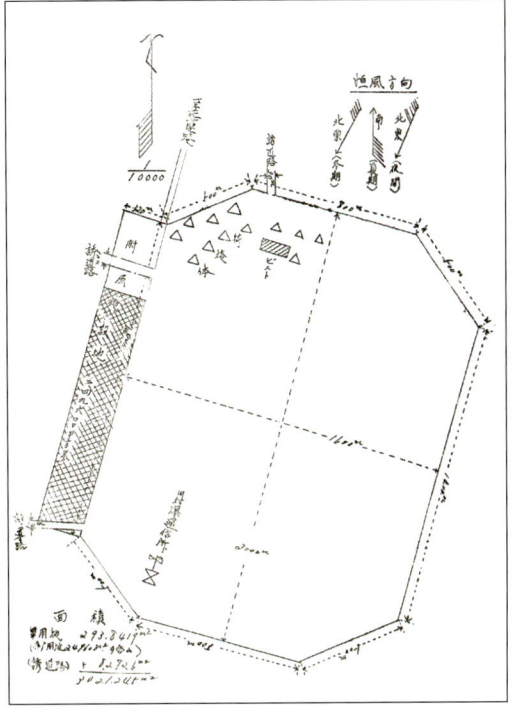

國軍接收紀錄中的花蓮（南）飛行場主要八角形機場區域詳圖。檔案管理局／提供

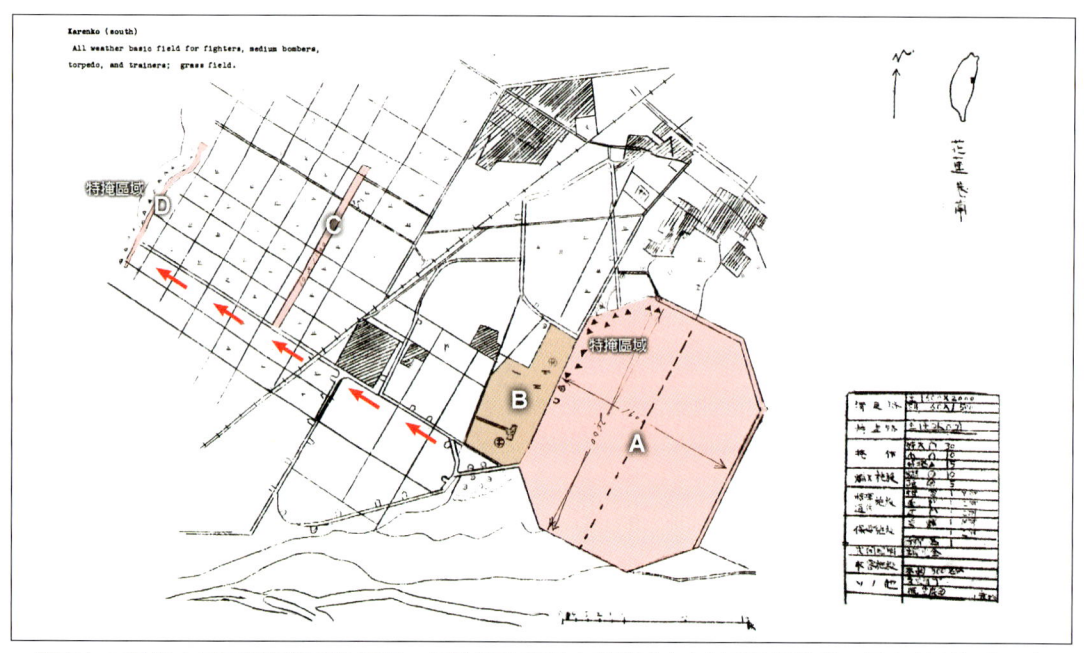

美軍在二戰後由日軍側所獲得的資訊，經整理後所得之花蓮港（南）飛行場樣貌。圖中特別標出八角形的機場區（A區）、附屬建物區（B區）、長條狀疑似跑道區（C區），以及山腳下的特掩區（D區），並以紅色箭頭指示連通的疏散滑行道方向。 NARA／提供

　　依照國軍於終戰時的接收紀錄顯示，花蓮港（南）飛行場位於當時的花蓮港廳花蓮郡吉野庄南埔，土地所有權主要是軍用地，少部分為官有地（分場用地）與民有地（誘導路）。場內其實並無明顯跑道，起降區域則是特殊的八角造型，最長處 2,000m，最寬處 1,600m，可載重量為 5 噸（平方尺）。整座飛行場面積 3,021,245 m^2（含官有地 249,600m2 與民有地 82,826 m^2），土質為砂土與土礫相混而成，標高 20m，有疏散滑行道寬 50m 但長度不明，標註為「特掩體」的有 12 個，集中於機場的東北側角；但依照美軍航照與紀錄判讀，該機場的掩體數不止於此。此外，國軍紀錄裡，這整座機場接收時無通訊設備，亦無夜航設備（但可修復）。

　　終戰時美軍由日軍呈報資料所做的整理中，對於花蓮港（南）飛行場則有較為詳盡的記載，包含掩體部分，表記有「特掩」15 座、「特大」30 座、「小」10 座，另外關於疏散滑行道長度，也記載有 14km 之長，分佈於機場至台東線鐵路間。至於通訊設施，則有指揮所 1 間，耐爆之受信與送信通信所各 1 棟。另外在機場八角形區域的西側，還有一片附屬設施用地，包含航空廠、氣象所與兵舍。此份美軍的紀錄還指出，終戰時飛行場內留有 17 架的一式戰（隼），1 架的九八直協，1 架的九九高練。依照這些紀錄推算，該場內留有飛行分科為戰鬥的飛行第 204 戰隊（代號 204FR，1944.2.22. 設立，編成地緬甸仰光）的飛機。

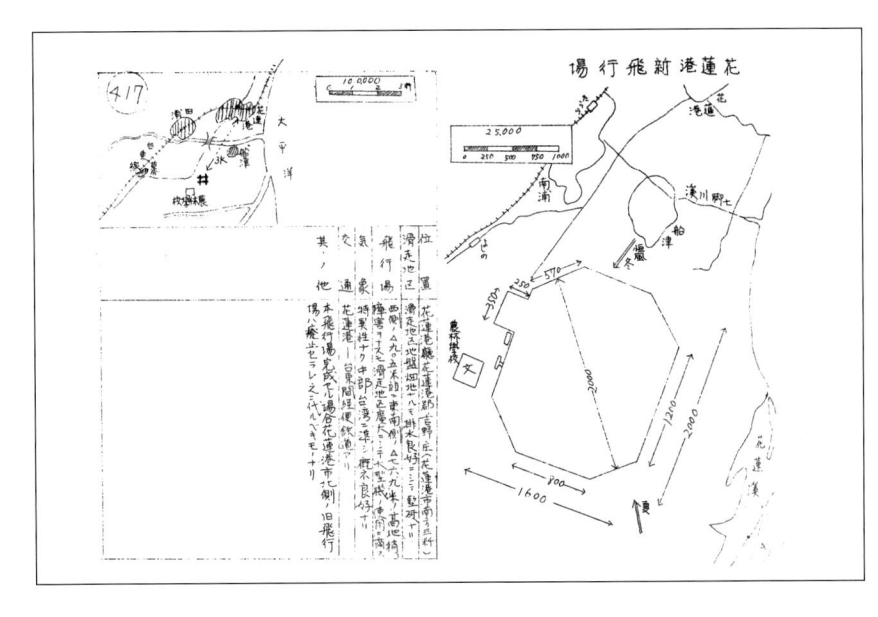

日本軍方「第一航空軍司令部」於1944年4月20日所調製的軍事極秘「飛行場記錄」中的花蓮港新飛行場，指的即是花蓮港（南）飛行場。日本防衛省防衛研究所圖書館/提供

事實上，根據日方的紀錄，不少二戰最末期時日本陸軍的特攻隊便是從這兒出發。像是第8飛行師團的誠第16飛行隊（一式戰）、第17飛行戰隊（三式戰）、誠第26飛行戰隊（一式戰）、第23獨立飛行中隊（三式戰），便都有由此出擊之紀錄。雖然說，花蓮市區內現存之松園別館有許多跟當年神風特攻隊相關的「傳說」，但真實性仍待查證。儘管如此，與松園內拱圈迴廊建物類似的，但更為典型之制式日本陸軍兵舍建築，則在花蓮港（南）飛行場旁之附屬設施區內曾存在過。

這塊原「花蓮港（南）飛行場」的附屬設施用地，在戰後變成「空軍防空學校」使用。該校於1934年成立於中國杭州筧橋，隔年遷往南京，之後隨著中日戰爭而多次搬遷。空軍防空學校除培育防空幹部外，也肩負全國防空作戰指揮與建立防空情報系統之任務。該校於二戰後遷至北平（今之北京），改隸屬於空軍訓練司令部，後於1948年撤退來台，校址位於原日軍花蓮港（南）飛行場的附屬設施用地上。

依照空軍防空學校戰後初期的一些老照片來看，該校的一號樓與二號樓，是非常典型的日本陸軍制式建築，如今在台南成大、水湳機場或嘉義機場內，都仍可見類似的建物留存。不過，這些在花蓮南埔的日軍兵舍建築，在空軍防空學校時代已經改建成新校舍而消失，後來防空學校於1980年代裁撤後，原本的校園也改為三指部花蓮廠。不過，相當意外地，在二戰時的飛行場範圍內，卻仍有幾座日軍當年的有蓋掩體機堡留存，甚至成為公園裡一景。

從許多紀錄觀之，很顯然地，花蓮港（南）飛行場的用地，戰後除了八角形機場用地的西側仍為軍方使用外，大多數的舊機場範圍，都已經以農地的方式釋出。在1946~47年間，政府檔案內已經有許多當地農民希望軍方將這塊「廢棄機場」的土地釋出給民間耕種菸草的陳情。後來，

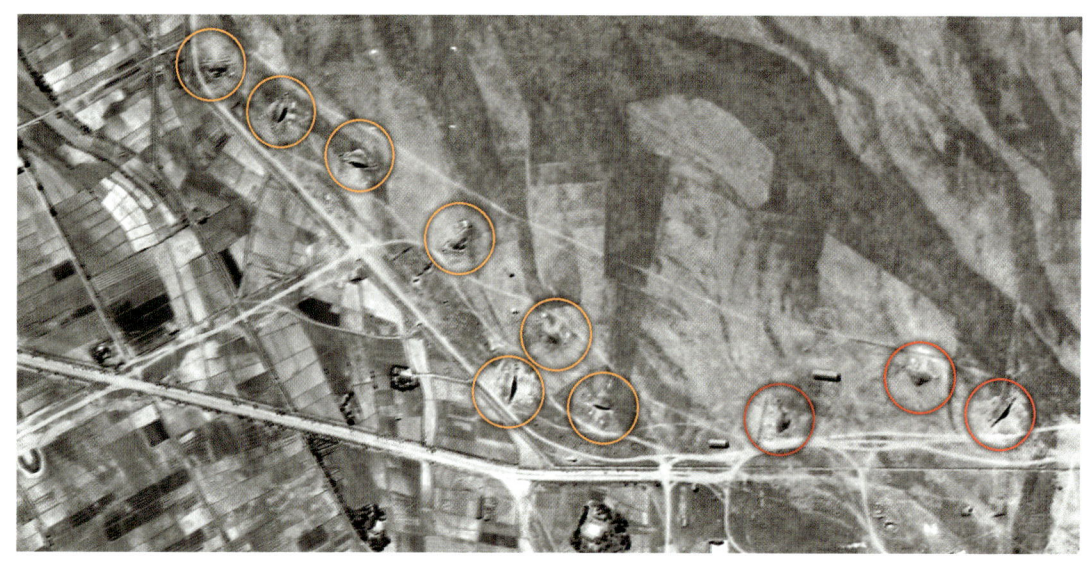

美軍拍攝於 1945 年 7 月 16 日的航照，可見花蓮港（南）飛行場的許多有蓋機堡掩體。NARA-中研院 GIS 中心/提供

在 1961 年 2 月時，政府更進一步在這處花蓮南埔示範農地重劃區開始調查、測量、規劃、設計與施工，整個工程於隔年 2 月完成。

依照當時花蓮縣政府的估算，此一地區經重劃後全部改為水田，可大幅改善農民收益。不過這項工程的水路幹線與支線工程品質不佳，放水後沒幾個月就發生崩塌，再加上進水口阻塞，水源輸送至農地也發生問題，平白浪費不少公帑。

不過如今，這塊地依然有觀光農園存在，靠近空軍用地一帶也變身為知卡宣森林公園與苗圃，裡面還有 3 座日軍當年的飛機掩體機堡留存，見證這裡曾是二戰時重要的「花蓮港（南）飛行場」之過往。

依照現地調查，這 3 個掩體機堡一個在知卡宣公園內，另有 2 個在北端的苗圃。公園內的掩體壕，外觀與宜蘭的比較類似，整個開口很大，而且是像彩虹狀的弧度。

在苗圃內的 2 座則是另一種型態，入口處有做成一個⊓狀的結構，中間則有細細的一個隙縫可以讓垂直尾翼進入內部。

或許來此參觀的民眾會好奇，這樣的掩體入口不是非常低矮，飛機能塞得進去？其實，這類機堡在進入後的地基都會往下挖，也就是飛機有大概三分之一的高度是在地平面以下，因此整個機堡的進口才會感覺比較低。此外，因為當時的飛機多是後三點式，所以掩體壕一般多分為兩段，後段比較小，前段比較寬。目前，苗圃內的機堡，一座是作為倉庫使用，一座則為工作人員休息用，內部不止有冰箱，還裝有吊扇呢！

不管是從日軍在二戰末期的極密地圖中，或者戰後美軍從日軍側獲得的機場資訊，皆可以看出這座機場除了八角形的主要起降區域外，在其西側透過疏散滑行道的連接，還有一條 1,500m 長（約 60m 寬）

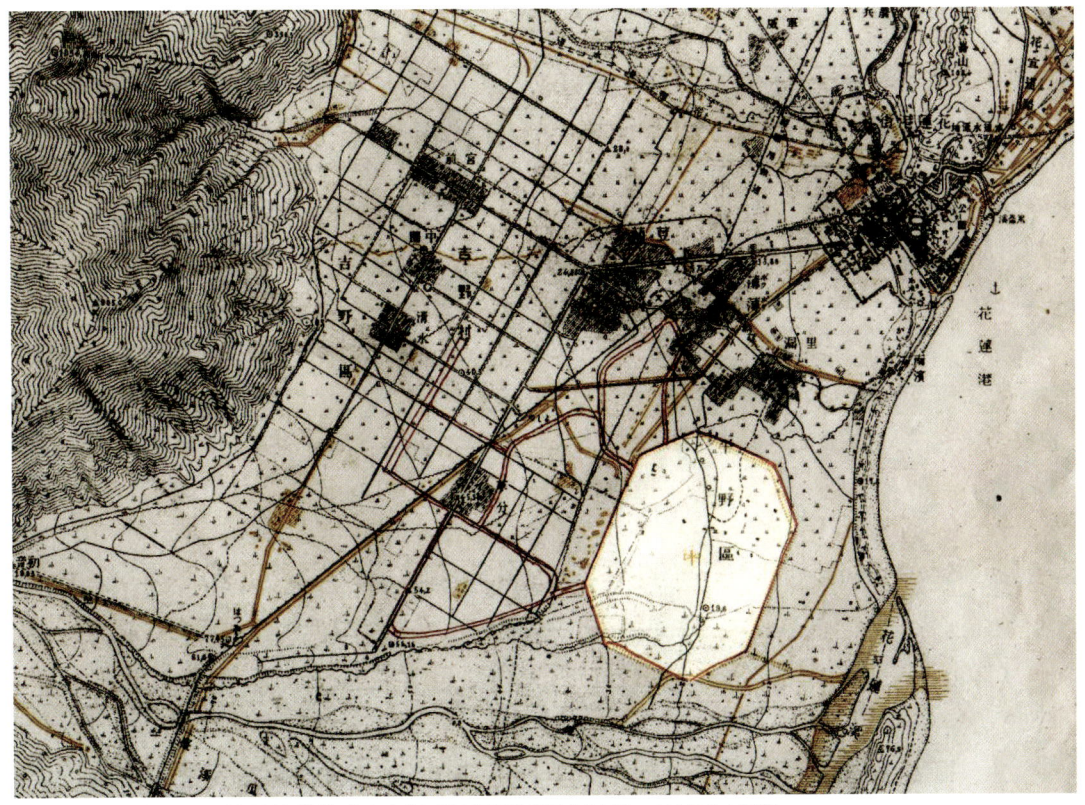

日軍於二戰末期所繪製的花蓮港（南）飛行場附近極密地圖。NARA / 提供

的長條狀疑似跑道存在。這條帶狀的用地，在當年的航照也一樣可以看見，但是否真有飛機起降則有待商榷。此外，透過一直往東延伸的疏散滑行道，還可以連接到山腳下的一群特掩區域。在這裡，紀錄上應有數座有蓋掩體的機堡存在，依照如今的現地調查，仍可見這些特掩機堡的遺跡，甚至有腳座成為房屋結構的一部分呢！

美軍拍攝於1945年7月16日的航照中所見之主要建物區。NARA-中研院GIS中心 / 提供

花蓮港（南）飛行場特殊的八角形外圍輪廓，其實是由這樣的圳溝所圍起來的。2008.9.

花蓮知卡宣森林公園裡典型的日本陸軍型機堡掩體內外。2011.12.

如今從空中看,仍可見花蓮港(南)飛行場特殊的八角形區域。

位於花蓮知卡宣森林公園北端苗圃內,一座較大的機堡掩體。2011.12.

位於花蓮知卡宣森林公園北端苗圃內，一座如今作為工人休息、存放東西與停機車用的掩體。
2011.12.

如今已經拆除，原本位於空軍防空學校內，屬非常典型日本陸軍制式建築的一號樓（左圖）與二號樓（中與最右圖）。

位於如今山腳下的山下路202巷2號住宅後方之掩體壕。2015.3. 黃家榮/攝

位於山下路旁的民宅,有機堡的遺跡成為房屋結構的一部分。2015.3. 黃家榮/攝

台東（南）飛行場

現台東豐年機場南側，利嘉溪以北一帶

　　如今的台東豐年機場，是 1930 年代中後期台灣民航肇始期所興建的台東飛行場。此機場於 1938 年完工啟用，整個場面屬於一種相當特別的不規則形。這座民航用的機場，後來曾提供給海軍使用，稱為台東（北）飛行場。而到了二戰的中後期，隨著日軍節節敗退，以及台灣東部成為往太平洋進擊的日本陸軍重要根據地，因此有了台東地區第二飛行場的計畫，誕生的即為南邊多跑道的台東（南）飛行場。

　　事實上，日本陸軍對於飛行場的設置概念，於 1943 年 5 月起，已經由「多數分散」改為「少數集約」，並以航空基地的方式重新部署與興建飛行場。因此，台灣島內一些原本就有機場的地區，乃開始興建所謂的「第二飛行場」，這便是「少數集約」概念下作為規劃大型航空基地的產物。在這樣背景下，雖然台東地區從民航開啟之際便有台東飛行場，但進入 1944 年的十號戰備時，台東（南）飛行場的建設，已經呈現以多條跑道的大型航空進擊基地方式規劃，而原本的台東飛行場也因此改

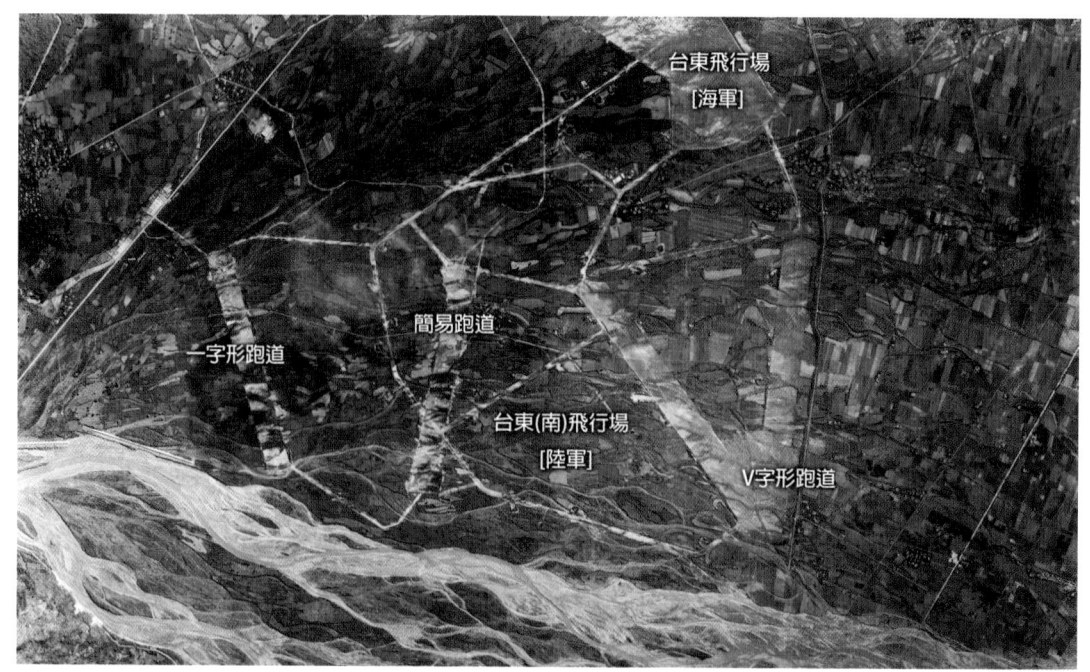

以美軍拍攝於1945年6月15日的台東地區航照拼接後所見的台東地區南北飛行場（海軍用與陸軍用）。NARA-中研院GIS中心/提供

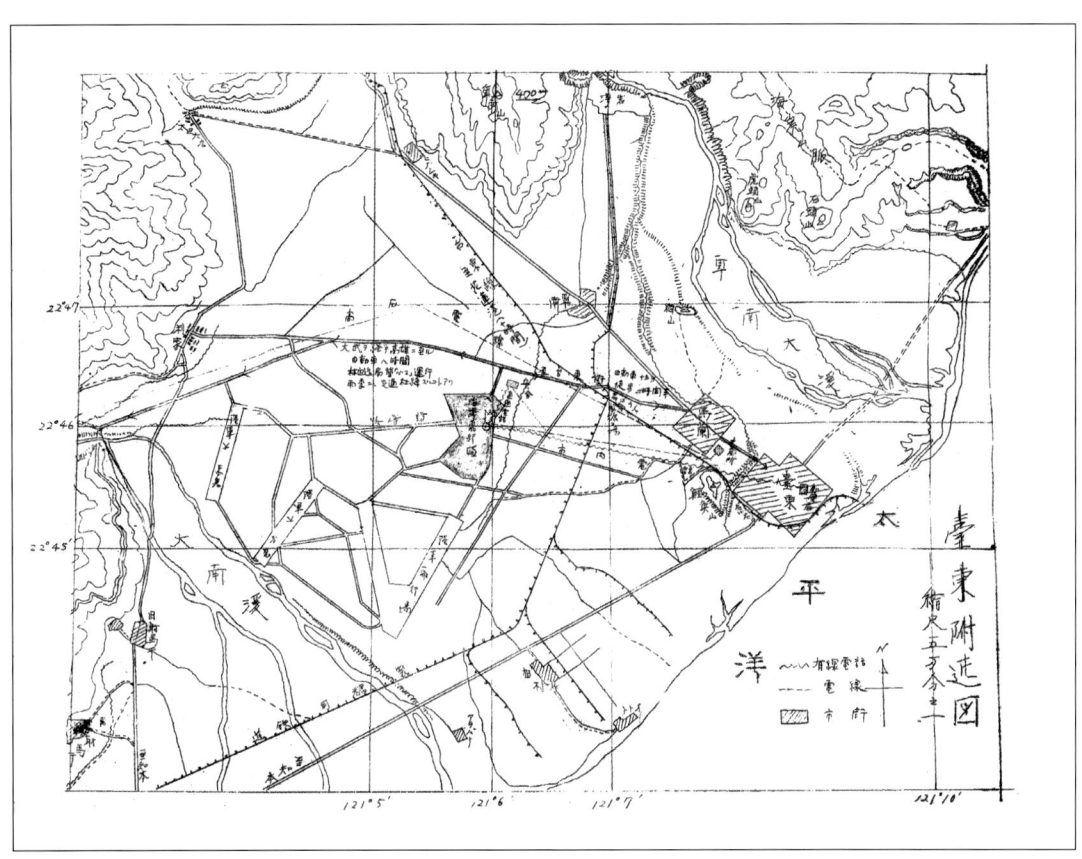

國軍接收紀錄中的台東附近圖,可見台東(南)飛行場的幾條跑道,以及北邊海軍使用的機場位置。
檔案管理局 / 提供

稱為台東(北)飛行場。依照國軍戰後的紀錄顯示,此台東(南)飛行場大致完工於 1944 年 6 月。

這座由日本陸軍使用的台東(南)飛行場,興建了靠近如今利嘉溪的 4 條跑道與飛機聯絡用滑行道,規模龐大傲視全台,相比之下舊的北飛行場就小了許多。在美軍的紀錄中,是把台東原本的北飛行場與南飛行場畫在一起,彼此間也有滑行道相連。在南飛行場的部分,有一個呈現 V 字形的跑道,分別是長 2,000m、寬 200m,另外兩條分開的跑道,則是長 1,500m、寬 100m。

在美軍的紀錄中,此機場是屬於主要的日軍飛行場,供戰鬥機、中型轟炸機與艦上攻擊機使用(basic airfield for fighters, medium bombers and torpedo planes)。此外,整個台東地區,尚有耐爆的指揮所 1 座、受信通訊所與送信通信所各 1 座;至於飛機掩體,則有特大掩體 20 座、大型掩體 12 座、小型掩體 28 座、特掩 2 座,並有可收容約 1,000 名官兵的兵舍本部,以及氣象觀測所。

依照國軍戰後的接收紀錄與圖可以看出,台東(南)飛行場的跑道與美軍紀錄相同,可載重量每平方尺 4.5 噸。全場面積包

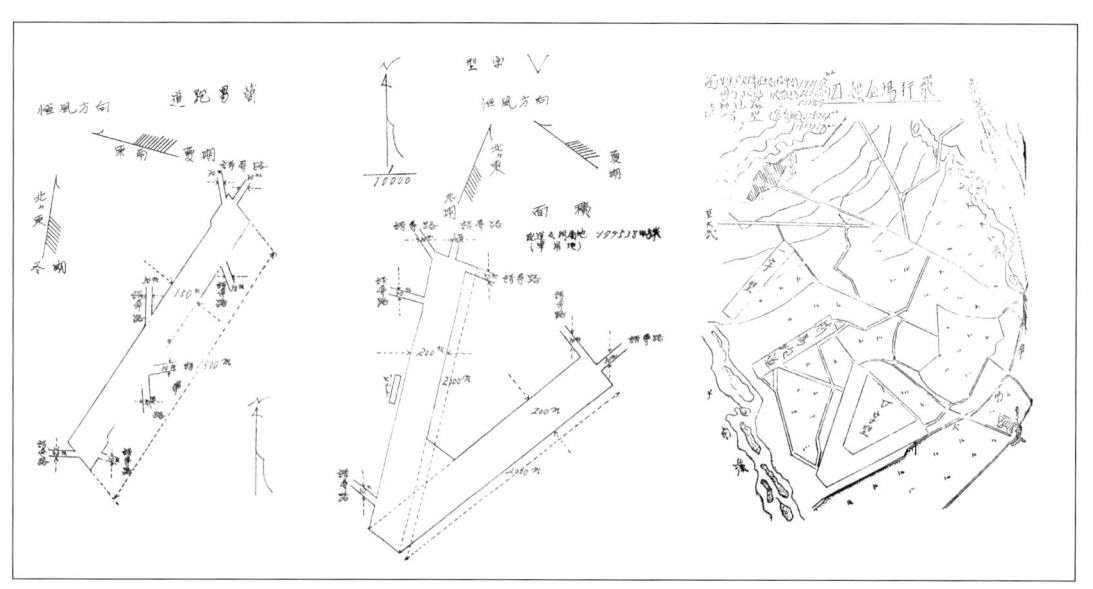

國軍接收紀錄中更詳盡的台東（南）飛行場圖。檔案管理局／提供

含軍有地：979,538m²、官有地：225,012m² 與民有地 749,437m²，共計 1,953,987m²。整座飛行場土質為砂土混合土礫，標高 20m，有掩體大型 30 個，中型 25 個，但全損壞。此外，飛行場有耐爆指揮所與通信所，機場建築時間是 1944 年 6 月。

此外，在終戰時的美軍記載裡，台東飛行場（南北合算）留有 10 架的九七戰，19 架的一式戰（隼），4 架的九九軍偵。依照美軍紀錄推算，該場內留有飛行分科為戰鬥與輕爆的飛行第 26 戰隊（1942.10.2. 飛行第 26 戰隊設立，編成地滿洲衙門屯，

以美軍拍攝於 1945 年 10 月 22 日的台東（南）飛行場所見，在 V 形跑道區上有許多日本軍機停駐。
NARA-中研院 GIS 中心／提供

以美軍拍攝於1945年7月16日的航照所見，台東(南)飛行場的簡易跑道與一字形跑道區。NARA-中研院GIS中心/提供

靠山側之V字形跑道的中段現況。2008.8.

靠海側之V字形跑道的中段現況。2008.8.

靠海側之V字形跑道北端與原海軍用飛行場間的聯絡滑行道現況。2008.8.

如今豐年機場的南端跑道頭，是原本靠山側之V字形跑道的中段附近。2008.8.

如今從空中所見，原本台東(南)飛行場的之V字形跑道痕跡。

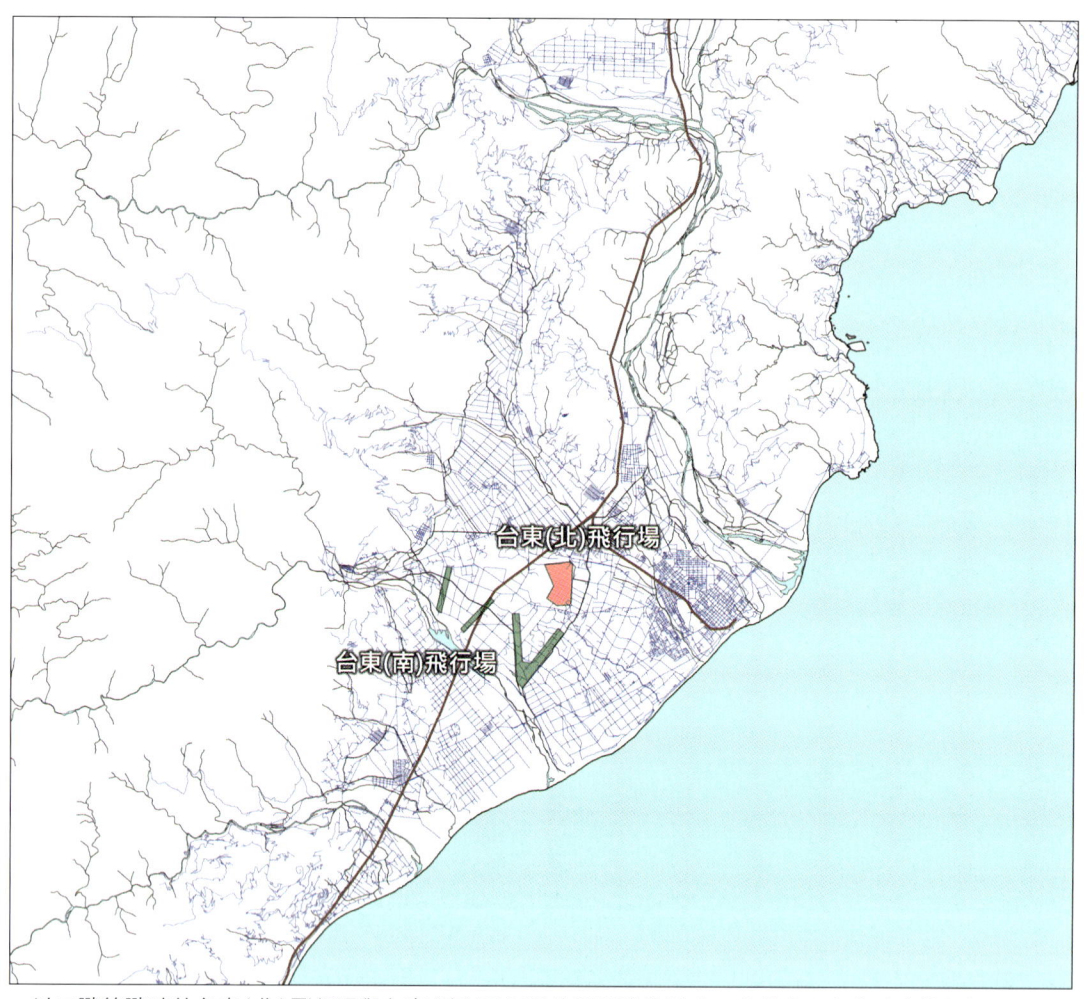

以二戰終戰時的台東(北)飛行場與台東(南)飛行場位置與樣貌輪廓，套疊上現行街路（藍色）所繪成的底圖。圖中搭配台鐵（暗紅色）路線，方便閱讀時參考位置。飛行場輪廓與跑道以紅色標出者為日本海軍所屬之飛行場，以綠色標出者為日本陸軍所屬之飛行場。

代號 26FR）的飛機。

戰後，這座台東（南）飛行場靠近河邊的四條跑道，漸漸荒廢並消失於大地。

儘管如此，從航照的痕跡中，還是可以隱約看出這座二戰最末期機場的規模與範圍。

第七章

二戰末期
興建的台灣島內飛行場

樹林口飛行場

戰後曾為美軍樹林口通訊站，位於如今中山高北側麗園國小一帶

在二戰後期，隨著美軍的突破日本絕對國防圈，台灣也進入了戰場的前線，而在1944年開啓「十號戰備」的航空作戰準備時，台灣島內除了既有的飛行場持續擴張強化外，也有許多新設的飛行場等著啓用，而此時軍方也推廣一種所謂的「獻納飛行場」，由各州廳民眾奉獻勞力開闢，而後交與軍方使用。類似的獻納飛行場大多在1944年的後半興建，樹林口飛行場便是這樣的一座機場。

依照戰後國軍接收時的紀錄，該機場完工於1944年10月，土地所有權大部分為州有地，一部分為民有地。場內的跑道呈現一個「卜」字形，主跑道長1,800m、寬200m，副跑道長1,000m、寬60m，可載重量均為8噸。整座飛行場面積410,000m²，土質為植質楮土，標高250m，有疏散滑行道全長約5km、寬8m，大型掩體20座，中型掩體12座，小型掩體15座。接收時飛行場有簡易夜航設備，跑道是可使用的狀態，但疏散滑行道則需要修補。

而同樣的一座機場，在美軍於終戰後從日軍側所獲得的紀錄中，跑道一樣是呈現「卜」字型，長寬紀錄、疏散滑行道長和掩體個數，與國軍的紀錄完全一致。但美軍的記載中還指出，此機場是屬於臨時的飛行場（temporary field），有燃料庫與簡易夜間照明，並有可收容約500名兵員

以美軍拍攝於1945年4月15日的航照所見的樹林口飛行場。以紅色陰影標出處是戰後成為美軍Shu Lin Kou Air Station（樹林口通訊站）的位置。 NARA-中研院GIS中心/提供

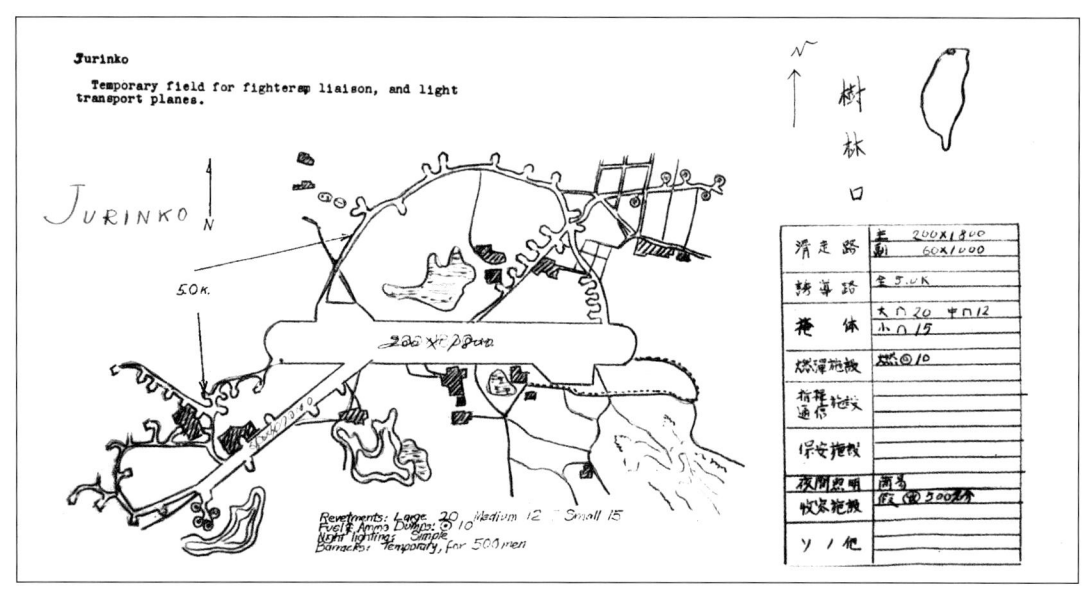

美軍在二戰後由日軍側所獲得的資訊，經整理後所得之樹林口飛行場樣貌。NARA／提供

的臨時性兵舍。

　　終戰時的美軍從日軍側獲得的記錄指出，機場內留有 3 架的九九軍偵，1 架的一式双高練，屬於二戰最末期仍可使用的飛行場。依照美軍紀錄推算，該場內留有飛行分科為輸送的飛行第 108 戰隊（1944.8. 設立，編成地台灣嘉義，代號 108FR）的飛機。

　　戰後的樹林口飛行場，其用地在美軍協防時代，部分變身成 Shu Lin Kou Air Station（樹林口通訊站），屬於美國空軍安全勤務處（U.S. Air Force Security Service）轄下的第 6987 保安大隊（6987th Security Group）之軍事情報部門駐地。依照美軍退伍人員的回憶，美軍大約於 1954 年 10 月時抵達這處基地，經過數月的施工設立，在 1955 年 2 月正式啟用，直到 1977 年 4 月 1 日撤銷搬離。

　　如今，位於林口台地上的這塊地區，已經經過市區重劃而面目全非，難以比對出當年痕跡。過去二戰末期的樹林口飛行場主跑道，大致位於如今中山高的北側與其平行（麗園國小即為飛行場用地），而往西南側斜斜分出的副跑道，則因會穿過中山高而更難想像當年樣貌。不過樹林口飛行場的歷史，因為該用地戰後有段時間由美軍使用，因而保留下不少影像與紀錄，算是一塊歷經日軍與美軍使用，而有特殊異國軍事歷史記憶的場域。

以美軍拍攝於1945年6月17日的航照所見的樹林口飛行場，可見其跑道北側夾狀無蓋掩體區的情況。NARA-中研院GIS中心/提供

戰後1958年時，美軍利用原日軍樹林口飛行場所建造的Shu Lin Kou Air Station（樹林口通訊站）。SHULINKOU AIR STATION TAIWAN網站（http://shulinkou.tripod.com/Dawg1.html）/提供

美軍使用時，1960年代的Shu Lin Kou Air Station（樹林口通訊站）。SHULINKOU AIR STATION TAIWAN網站（http://shulinkou.tripod.com/Dawg1.html）/提供

從空中看目前的樹林口飛行場原址，已經經過市區重劃而面目全非，難以比對出當年痕跡。2015.2.

八塊飛行場 [八德][懷生]

曾為空軍八德（懷生）機場、現為國防大學率真校區　　　原 ICAO 代號：RCUK

在二戰的後期，隨著美軍的逐步突破日本絕對國防圈，台灣也進入了戰雲之中，島內許多的飛行場也陸續遭到美軍的轟炸，因此並非所有機場都能使用到戰爭的最末期。不過，在北台灣的八塊飛行場，卻是少數一直使用到最後，甚至還有許多特攻隊出擊紀錄的一座機場。

這座如今跑道南側已經由國防大學使用，而實質失去飛機場功能的空軍原八德機場，是二戰末期日本陸軍的八塊飛行場，位於當時的新竹州桃園郡八塊。該機場是屬於 1944 年開啟「十號戰備」之後，由各州廳民眾集合奉獻勞力建造的「獻納飛行場」之一。在該年年中開啟的「捷號作戰」準備中，是要作為飛機「分散祕匿」之用，亦即可以隱藏飛機保存戰力，等待時機出發攻擊的機場。

不過，該機場在二戰末期 1945 年 3 月下旬開始開啟的「天號作戰」計畫中（包含沖繩戰），是日本陸軍第 8 飛行師團轄下的飛行部隊，一處特攻攻擊的出發機場。依照 1945 年 7 月時，第 8 飛行師團對於誠部隊在天號作戰期間的特攻紀錄來看，從台灣出發的誠部隊 33 次特攻攻擊中，就有 7 次是從八塊出發，次數僅次於宜蘭，可見其在戰爭末期特攻攻擊中的重要角色。

依照戰後國軍接收時的紀錄，該機場完工於 1944 年 10 月，土地所有權包含州

以美軍拍攝於 1945 年 6 月 15 日的航照所見的八塊飛行場（圖中紅色陰影標出者為跑道區）。NARA-中研院 GIS 中心 / 提供

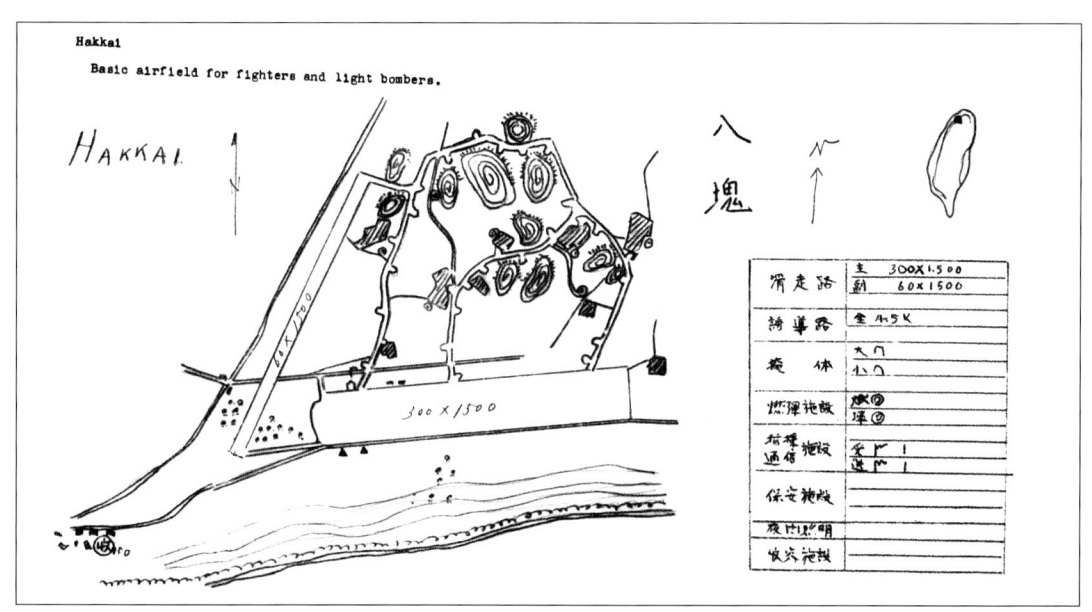

美軍在二戰後由日軍側所獲得的資訊，經整理後所得之八塊飛行場樣貌。NARA／提供

有地與民有地。場內的主跑道長 1,500m、寬 200m、厚 20cm，可載重量為 15 噸。整座飛行場面積 1,280,000m²，土質為粘質，標高 131.5m，有疏散滑行道全長 4,500m（寬 7m），掩體 27 個。整座機場無通訊設備，排水不好，也無水電供應，更無夜航設備。但國軍接收時，這座八塊飛行場卻是屬於跑道碾壓後可使用的狀態，惟疏散滑行道不可使用。

但同樣的一座機場，在美軍戰後由日軍側獲得的紀錄中，八塊飛行場是有兩條呈現 V 形的跑道。主跑道長 1,500m、寬 300m，另一條較窄的副跑道長 1,500m、寬 60m，有大型掩體 20 座，小型掩體 10 座。美軍的判讀中，此機場是屬於基本的戰鬥機機場，並有輕型轟炸機（basic airfield for fighters and light bombers）。終戰時的美軍紀錄裡，八塊飛行場駐有日本陸軍的飛行第 17 戰隊，以及特攻目的編成的飛行隊飛機。接收時的飛機紀錄，八塊飛行場留有 1 架的一式戰（隼），11 架的五式戰（飛燕改），13 架的九九軍偵，是美軍於二戰最末期猛烈轟炸下，台灣仍在維持戰備使用的機場之一。

戰後的八塊飛行場，在美軍協防時代曾加以擴充，原本的主跑道被延長，並且興建有新式的塔台。因為戰後八塊的地名改為八德，故此機場又稱八德機場。不過，為了紀念 1962 年時遭擊落而殉國的黑貓中隊飛行員陳懷，此機場後來又隨著陳懷被「改名」為陳懷生，機場又叫做「懷生機場」。這座機場大約在 1998 年前後解除軍事任務，並曾作為模型飛行玩家的飛行場，2001 年撥交陸軍運輸學校使用，後又改為國防大學之校本部。雖然此機場南側的用地均因為改為學校而所有機場時代的格局被破壞，不過北側仍有部分機場的跑道與遺跡殘存。

以美軍拍攝於1945年6月15日的航照所見的八塊飛行場,可見其夾狀無蓋掩體區的情況。NARA-中研院GIS中心/提供

戰後興建的八德(懷生)機場塔台,在機場不使用後遭到廢棄的樣貌。2007.7.

不再當機場使用的八德（懷生）機場用地。2010.10. 鄧志忠 / 攝

因這處機場用地，曾在2001年撥交陸軍運輸學校使用，故裡面有鋪設了一小段鐵道，並且保存有上鐵皮用的台鐵退役平車，以及搭載貨物的有蓋貨車。2010.10. 鄧志忠 / 攝

龍潭飛行場

現為陸軍龍潭基地、龍潭機場　　　　　　　　　　　　　　　　**ICAO 代號：RCDI**

　　如今仍有陸軍航空部隊所使用的龍潭基地，事實上是二次大戰最末期時，日本陸軍於 1944 年下半所興建來做軍機秘匿的龍潭飛行場。而依照日本陸軍第 8 飛行師團在二戰末期「天號作戰」期間的特攻紀錄來看，1945 年 3 月下旬開始到 6 月上旬間，其所轄下的誠部隊特攻攻擊中，從台灣出發的 33 回攻擊，就包含 1 次從龍潭出擊的任務。

　　依照戰後國軍接收時的紀錄，該機場建於 1944 年 12 月，土地是向民間借用。場內的主跑道長 1,500m、寬 100m、厚 20cm，可載重量為 10 噸。整座飛行場面積 339,000m²，土質為赤色粘土質，標高 238m，有疏散滑行道全長 6,000m（寬 10m、厚 15cm），掩體 33 個。整座機場內無營建設施，而是使用原本就有的周邊學校建築充用，無通訊設備，但排水良好，有水電供應，以及簡易的夜航設備。國軍接收時，這座龍潭飛行場，是屬於跑道與疏散滑行道均可使用的狀態。

　　同樣的一座機場，在戰後美軍從日軍側所獲得的紀錄中，是有兩條交叉型的跑道。主跑道為碎石地，全長 1,800m、寬 100m。另一條為草地的較短副跑道，長 1,300m、寬 80m。美軍的判讀中，此機場是屬於秘密飛行場，且曾一度有 40~50 架的戰鬥機（secret airfield for fighters, at one time there were 40-50 planes here.）。終戰時的美軍記錄裡，龍潭飛行場留有日本陸軍的飛行第

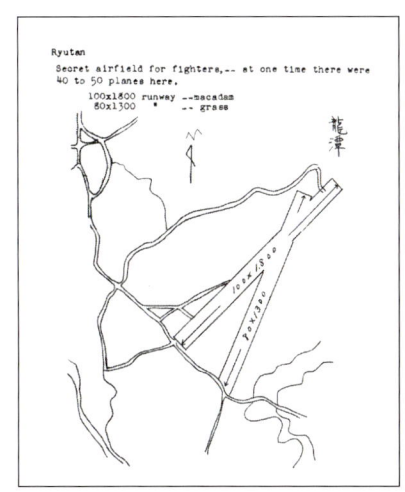

美軍在二戰後由日軍側所獲得的資訊，經整理後所得之龍潭飛行場樣貌。NARA / 提供

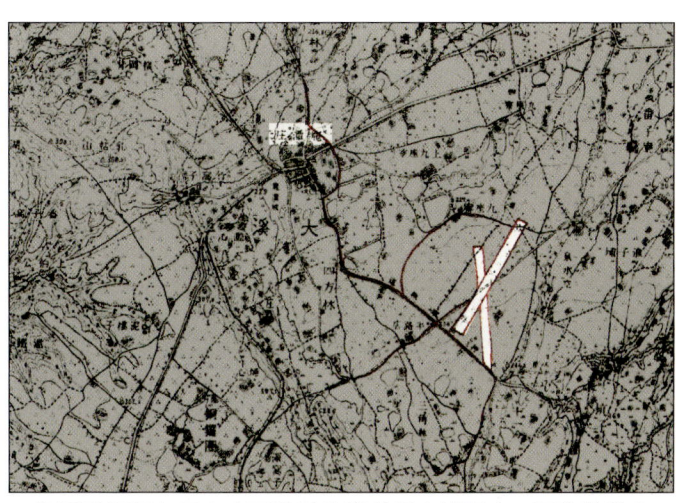

龍潭飛行場在日本方面戰爭後期的極密地圖中，兩條跑道交角較大，長度也與戰後航照圖比對後所呈現的形狀差異較大。NARA / 提供

陸軍龍潭基地的建物上標有「標高797呎」。
2007.12.8.

位於跑道旁的龍潭機場塔台。2007.12.8.

陸軍龍潭基地內保存的陸航飛機。2007.12.8.

陸軍龍潭基地開放時，可見各式直升機。
2007.12.8.

20戰隊，以及特攻為目的編成的誠16飛行隊飛機。接收時的飛機紀錄，龍潭飛行場留有26架的一式戰（隼），14架的四式戰（疾風），算是美軍於二戰最末期猛烈轟炸下，台灣仍能維持戰備使用的機場之一。

戰後的龍潭飛行場，曾在美軍協防時代大力擴充，原本較短的副跑道雖遭廢棄不使用，但主跑道的軸線維持相同方位，在原本跑道的平行東側興建新跑道，整個場面也整建為規模標準的軍事基地。如今，這座日本時代的龍潭飛行場，仍為中華民國的陸軍航空部隊使用，為國人熟知的陸軍龍潭基地，主要配屬各式直升機部隊。

戰後美軍協防台灣時代擴建後的龍潭機場，圖中黃色陰影為相對的日本時代兩條交叉跑道大致位置。

如今的龍潭機場跑道。2007.12.8.

陸軍龍潭基地開放參觀時的直升機表演。2007.12.8.

陸軍龍潭基地今貌。2007.12.8.

台中（東）飛行場

現為國立勤益科技大學一帶

　　在二次大戰的最末期，日軍為了能有效地執行飛機的「分散秘匿」躲藏保持戰力，很快速地在台灣興建了一批秘匿用的飛行場。如今，屬於國立勤益科技大學校地，以及原軍方台中太平之坪林營區的大片土地，便是二戰末期時，屬於日本陸軍所使用的台中（東）飛行場。依照戰後國軍接收時的紀錄，該機場建於1944年9月，大約就是十號戰備後，捷號作戰之際。

　　在國軍戰後的紀錄中，台中（東）飛行場的主跑道長1,460m、寬100m，材質為砂泥與石子，可載重量為8噸。整座飛行場面積1,460,000m²，土地是屬於民有地，標高117m。飛行場土質為砂質壤土，有疏散滑行道全長2,500m（寬6m、材質為砂泥與石子），掩體30個。整座機場內無營建設施，無通訊設備，夜航設施雖已損壞，但國軍接收時，這座台中（東）飛行場，是屬於可使用的狀態。

　　在美軍從日軍側所獲得的紀錄中，雖有與國軍紀錄裡一樣的跑道長寬，但卻指出並無掩體設施。戰後美軍的資料顯示，台中（東）飛行場是屬於秘密飛行場，且曾一度有30~40架的飛機（secret airfield for fighters, 30 to 40 planes at one time）。終戰時的美軍記載裡，台中（東）飛行場留有8架的一式戰（隼）與16架的四式戰（疾風），算是二戰最末期台灣仍維持戰備使用的機場之一。依照美軍紀錄推算，終戰時該場內留有飛行分科為偵查與戰鬥的飛行第29戰隊（1939.7.15.設立，編成地日本各務原，代號29FR）飛機。

美軍拍攝於1945年3月23日的航照所見的台中（東）飛行場。NARA-中研院GIS中心/提供

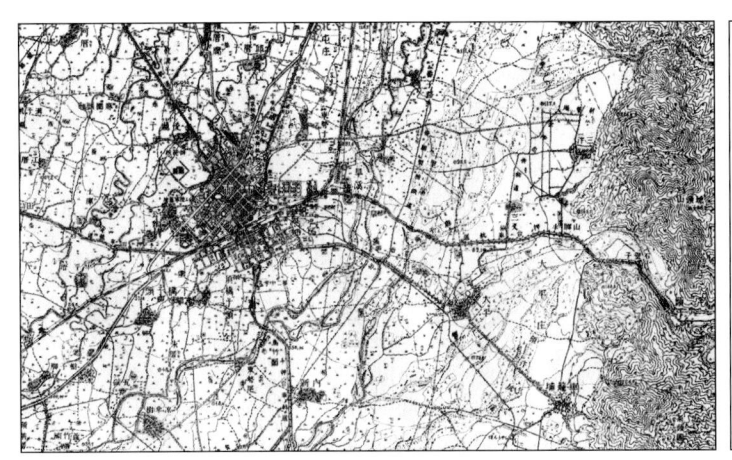

日本於戰爭後期繪製的極密地圖中所見的台中（東）飛行場。
NARA／提供

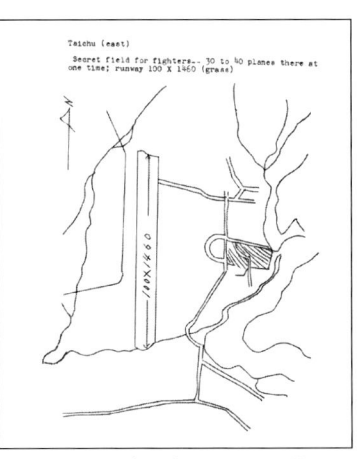

美軍在二戰後由日軍側所獲得的資訊，經整理後所得之台中（東）飛行場樣貌。NARA／提供

　　戰後的台中（東）飛行場，主要的用地成為陸軍坪林營區，早期的新兵訓練第三中心便設於此，即使到今天公車站牌都仍寫著「三中心」。坪林營區內有許多戰後興建的木造房舍，是典型戰後初期的國軍營房建築，承襲了二戰時代因應鋼材不足，而以木構造所發展出的「戰爭組立建築」樣式特色。

　　坪林營區除了早期作為新訓中心，後來也曾有步兵旅及砲兵指揮部、駕訓中心的進駐。近年來因為台中太平的市區發展日益擴大，地方期望國防部將營區遷移，讓土地可以移撥給勤益科大與市府作為市民休閒遊憩用地而停止使用，且在 2010 年 5 月底由軍備局移交出營區土地，由一直在其南邊的勤益科大順勢取得其中近 20 公頃土地作為校地使用。

　　其實，勤益科大現在雖屬國立，但 1971 年設立時，卻是私立的勤益工專。該校由張明將軍與王國秀女士創辦，以坪林營區南方、原台中（東）飛行場的南端用地成立。該校在 1987 年時由創辦人向教育部表達願將所創之學校捐獻給國家，因此於 1992 年順利改制為國立，此後隨著校務的擴展，於 2007 年正式改名為國立勤益科技大學。目前，勤益科大舊有的操場位置大致為當年台中（東）飛行場的跑道，至於北端原坪林營區內，則在 2012 年 3 月調查時仍有許多木造軍營建物留存。

位於勤益科大北側的這片地，大致即為當年台中(東)飛行場的跑道。2012.3.

勤益科大的校園現況。2012.3.

坪林營區內較新的營舍建築。2012.3.

由台中東飛行場用地所興建的坪林營區，內有許多典型的戰後初期國軍營房建築。2012.3.

這類木造的軍營，是戰後初期國軍營房的典型。2012.3.

在原本坪林營區大門旁的木造建物。2012.3.

原坪林營區內的庭園小橋。2012.3.

原坪林營區內的一個中央圓環。2012.3.

從勤益科大往北望去的當年台中(東)飛行場跑道如今樣貌。2012.3.

大肚山飛行場

現台中市龍井區遊園南路與中龍路一段一帶

相信很多人都知道，在大肚山上曾有許多的軍事設施，其中甚至有二次大戰時期留存至今的吊鐘形狀防空塔。其實，在這些設施的附近，還有座二次大戰末期，日本陸軍在1944年啓動十號戰備後所緊急興建的大肚山飛行場存在，只不過如今幾乎無跡可尋。

依照戰後國軍接收時的紀錄，該機場建於1944年9月，土地是屬民有地，故戰後的消失可以預期。場內的主跑道長1,500m、寬150m，可載重量為8噸，材質為砂泥及石子。至於整座飛行場的場面，有長1,500m、寬300m，面積為450,000m^2，土質為壞質赭土，標高245m，有疏散滑行道全長約1,500m（寬10m），掩體22個。整座機場內無營建設施，無通訊設備，排水不良，無水電供應，也無夜航設備。儘管如此，國軍接收時，這座大肚山飛行場是屬於可使用的狀態。

同樣的這座機場，在美軍從日軍側所獲得的紀錄中雖大同小異，但兩條交叉形的跑道，除了主跑道的記載一致外，國軍註明為場面用地的則在美軍紀錄中標為副跑道，不過長寬相同。美軍的紀錄裡，此機場是緊急時用的飛行場，只在乾季訓練用（emergency field – in dry season used for training.），因此終戰時並無飛機停駐於此機場的記載。此外，美軍的紀錄裡，大肚山飛行場還有燃料庫4座，彈藥庫2座，有可收容官兵200人的臨時地點，並有防空塔2座。

事實上，在1946年12月16日由台中縣政府（戰後初期該地屬原台中州管區所改制之台中縣）發文，向台灣省行政長官公署民政處地政局所呈送的該縣境內機場實況調查表裡，有這座機場的基本資料。

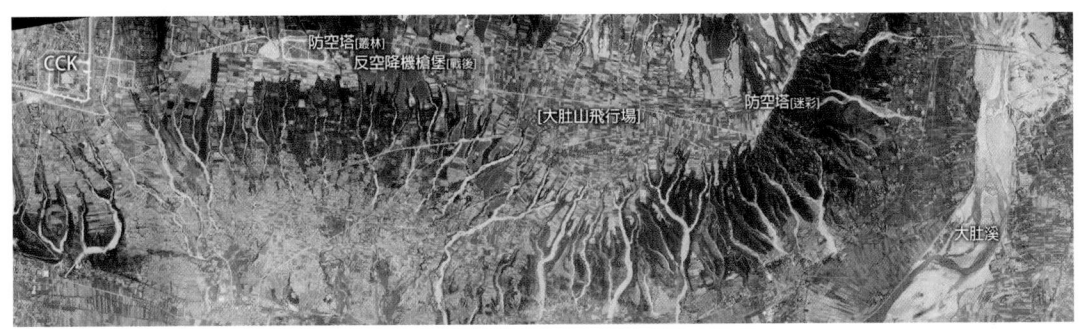

美軍拍攝於1959年10月21日的航照所見的大肚山飛行場原址在戰後的樣貌。圖中可以看見清泉崗機場（CCK）一角，以及兩座戰前興建的防空塔位置。至於戰後1970年代後期興建的柱狀機槍堡，本圖拍攝時仍未興建，圖中僅標出如今的相對位置。NARA-中研院GIS中心/提供

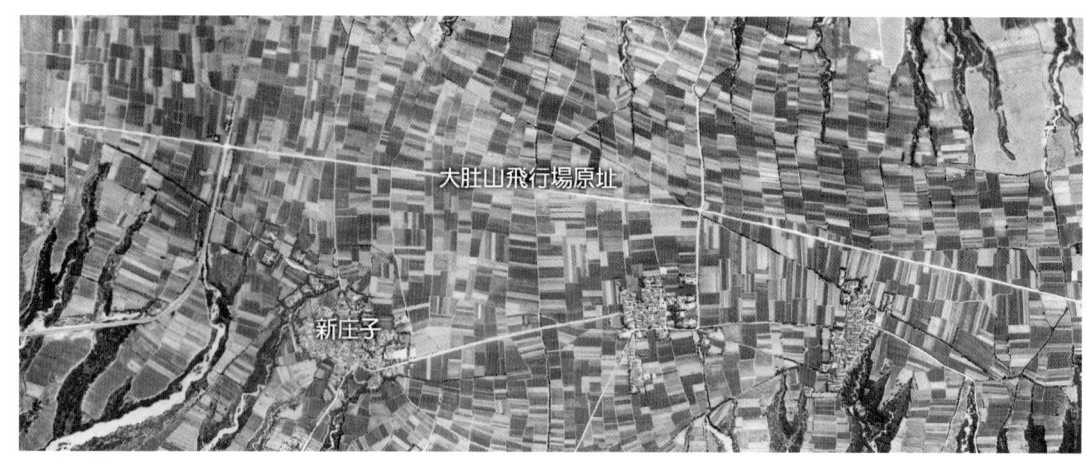

美軍拍攝於 1959 年 10 月 21 日的航照所見的大肚山飛行場原址在戰後的樣貌，該機場的格局幾乎已經不存。NARA- 中研院 GIS 中心 / 提供

該份文件內指出，此機場位於台中縣大甲區大肚鄉的井子頭，佔地約 30 甲，徵收前的使用狀況是種植甘蔗與甘藷，於 1943 年 8 月徵收，可見此機場的興建時間是在二戰的中期之後。該表還特別指出，此機場在日本時代有飛機往來，但戰後則無，機場原本有格納庫棚廠一棟，但現在則無，調查時機場屬於荒埔狀況，並無人民佔耕情形。至於是否有軍隊接收保管，則直接寫著「未明」與「接收保管者名稱不詳」。

不過，很顯然地，戰後的大肚山飛行場，因為用地是民有地而很快地釋回給民間而消失，1959 年的美軍航照就已經幾乎看不出遺跡，如今更是無跡可尋。但該地因為大肚山屬於軍事要地，在此飛行場附近卻仍存有兩座吊鐘形狀的防空塔留存，一座位於台中都會公園的入口旁叢林裡，一座則位於台中市立可愛動物園區附近的中台路路邊，且外表塗裝成迷彩狀。至於台中都會公園一帶，也有不少 1978 年前後興建的圓柱狀反空降機槍堡。

大肚山上這一批圓柱體形的「反空降機槍堡」，是 1978 年 3 月前後才開始興建的。依照當年處理資材補給和燃料控管的蘇先生（街貓）回憶，每日以三個步兵連及半個兵器連約 300 人，於清泉崗公路局站附近步行上山往返施工，至於工程需要的鋼筋，是到當年東勢線末端附近的土牛載運，至於水泥則是從神岡線清泉崗站運至現場。此工程初期均以純人工製作、M35A2 重車 1 輛載運資材，計畫建造出 8 個機槍堡。不過該年年中負責的營長見進度落後，遂增加攪拌機、升降機等工程機械以加快進度，終於在 1978 年年底完成 8 座機槍堡。這些反空降機槍堡的設計，是依陸軍步兵第 319 師（虎軍，在苗栗大坪頂）工兵組的圖來建造，內部有三層，頂端平台可以架設對空高射機槍，但推測完工後並未正式駐紮部隊過。目前，這些防空塔與反空降機槍堡，連同望高寮的幾處軍事設施，都被台中市府列為歷史建築保存。

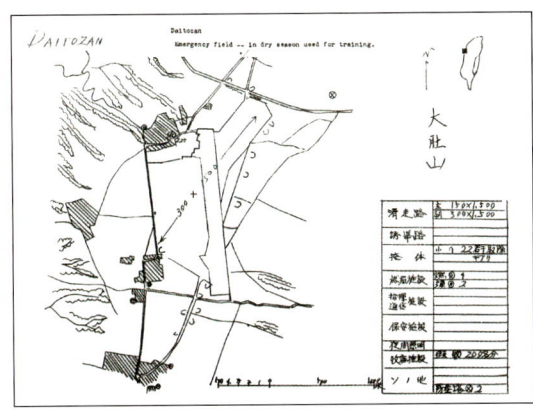

美軍在二戰後由日軍側所獲得的資訊，經整理後所得之大肚山飛行場樣貌。NARA / 提供

以日本在二戰末期極密地圖所標出的大肚山飛行場位置為底圖，疊上兩條推測的交叉跑道，且以紅色小點指出現存的一座戰前興建防空塔，另以紅色大點標出都會公園一帶的戰後反空降機槍堡群位置。NARA / 提供

大肚山飛行場的用地如今幾乎已經無跡可尋，圖為遊園南路與中龍路一段一帶原為跑道的位置。
2012.7.

365

興建於二戰後期，位於如今都會公園叢林內的防空塔。2012.7.

這座位於如今都會公園叢林內的防空塔，外面寫著一個大大的編號5。2008.10.

位於台中市立可愛動物園區附近的中台路路邊，且外表塗裝成迷彩狀的二戰時興建防空塔。2008.10.

位於中台路旁望高寮的戰後興建軍事遺跡。2008.10.

位於台中都會公園一帶，1978年前後興建的圓柱狀反空降機槍堡。2012.7.

於1978年前後興建的圓柱狀反空降機槍堡與其旁的入口。2012.7.

台中都會公園。2008.10.

位於台中都會公園內保存中的戰後興建圓柱狀反空降機槍堡。2008.10.

367

草屯飛行場

現南投縣草屯鎮復興路一帶

在 2009 年因莫拉克颱風所引起的八八風災，造成了台灣中南部地區非常嚴重的死傷，也讓不少民眾想起 1959 年 8 月 7 日的八七水災。在八八風災的災後重建與災民安置過程中，臨時收容的組合屋規劃是很重要的災後處理議題。其實，在相差差不多半世紀前的八七水災，災後政府同樣有災民安頓的安排，特別是南投的草屯地區，政府還擇地蓋了所謂的「移村區」。

而比較特別的是，這個移村區的建設用地，就是二戰後期為了軍機秘匿而興建的草屯飛行場所在地。也因此之故，如今草屯飛行場的跑道輪廓，都因當年八七水災後移村區的建設而依然健在。

位於草屯鎮北投埔一帶的草屯飛行場，屬二戰後期日本陸軍在捷號作戰準備下，要將飛機秘匿隱藏而興建的飛機場。依照戰後國軍接收時的紀錄，該機場位於當時

美軍拍攝於1951年6月18日的航照所見的草屯飛行場原址在戰後的樣貌。圖中除了主跑道外，兩條副跑道痕跡幾乎已經消失了。NARA-中研院GIS中心/提供

照片裡右側成排房屋即是草屯飛行場主跑道位置。2008.6.

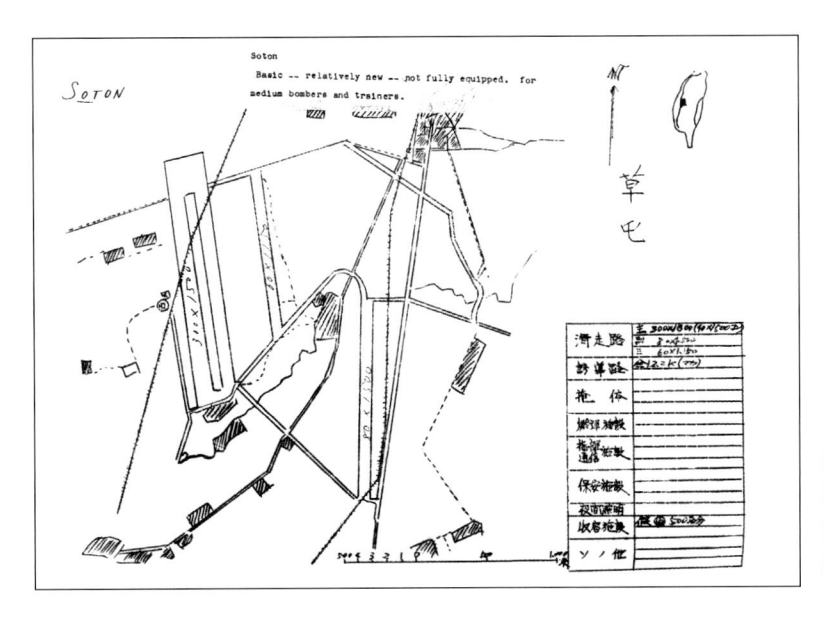

美軍在二戰後由日軍側所獲得的資訊，經整理後所得之草屯飛行場樣貌。NARA／提供

的台中州南投郡草屯街，建於 1944 年 10 月，土地是屬民有地。場內有條長約 1,500m 的主跑道，以及另外二條的副跑道與相互連結的滑行道。國軍紀錄中，主跑道在最西側，長 1,500m、寬 40m 厚 10cm，而其外圍整個面積則是長 1,800m 寬 300m，道面為水泥鋪裝，可載重量為 10 噸。在主跑道的東側，有一條標示為「誘導路」的較短跑道，長 1,150m、寬 60m，至於最東邊的副跑道，則是長 1,500m、寬 80m。整座飛行場面積 450,000m²，標高 83m，有飛機疏散滑行道全長 1,220m（寬 8m），掩體 42 個。

國軍紀錄裡，整座機場內無營建設施，無通訊與夜航設備，亦無水電供應，但排水良好，機場是屬於可使用的狀態。而在終戰時美軍從日軍側所獲得的紀錄中，草屯飛行場留有 8 架的九七重爆。依照美軍紀錄推算，該場內留有飛行分科為重爆的飛行第 58 戰隊（代號 58FR，1938.8.31. 設立，編成地滿洲公主嶺）的飛機，算是二戰最末期美軍猛烈轟炸後仍能運作的機場之一。

事實上，在 1946 年 12 月 16 日由台中縣政府（戰後初期該地屬原台中州管區所改制之台中縣）發文，向台灣省行政長官公署民政處地政局所呈送的該縣境內機場實況調查表裡，有這座機場的基本資料。該份文件內指出，此機場位於台中縣南投區草屯鎮的北投埔與林子頭，佔地約 79 甲，徵收前的使用狀況是水田，於 1943 年 10 月徵收，可見此機場的開始興建時間約在二戰的中期之後。該表還特別指出，此機場並無廠房等重要設施，調查時機場屬於「洋灰走路」的「苗野」狀況，部分遭所有者開耕為水田。至於是否有軍隊接收保管，則表示係由空軍第 30 地勤中隊上尉隊長戴邦模所保管。不過該筆紀錄的備註中有特別寫明，戰後因無任何來自政府的指示，原耕地所有者生活困苦，懇請儘速

南投草屯的復興路，是當年草屯飛行場的主跑道。2008.6.

八七水災後的災區重建，政府選擇了原草屯飛行場用地為移村區，把新蓋的災民安置房舍，直接沿著主跑道興建，如今仍有不少建物留存。2008.6.

處理租約或恢復原形以供耕作的情況。

不過依照後來的情況來看，戰後政府雖接收了這座機場，但卻沒有使用，也沒付租金給原地主，甚至到 1958 年時，政府還為了因應中興新村交通上之需要，請省交通處會同地政局等單位研究辦理有關機場土地之征用等事項，打算重啟草屯機場的空中交通。不過，隔年八七水災發生後，這座機場再也沒有修復重建，反而因為它的跑道地勢較高，而成為災民安置的移村區用地。

當時，八七水災把地勢低窪的月眉、溪洲兩里吞噬，房舍倒塌殆盡。災區重建之際，政府便選擇原本的草屯飛行場用地為移村區，把新蓋的災民安置房舍（每戶約 16 坪），直接沿著主跑道興建，於 1960 年興建完竣陸續讓災民搬入。當時，移村區的跑道北邊仍屬舊有的月眉里、南邊為溪洲里，維持當時里名。不過，到 1964 年時合併為復興里。如今草屯飛行場的主跑道，已成為草屯地區的復興路，除了見證八七水災的歷史，也留下當年草屯飛行場的跑道軸線於城鄉脈絡中。

埔里飛行場

現南投縣埔里鎮北梅新社區一帶

　　埔里地區最早有設立飛行場的紀錄，其實是在 1930 年的霧社事件時。當時，警察航空班雖然於鹿港設有著陸場，但為了能在事件發生地霧社的附近有個飛機可以起降的前進基地，乃決定緊急在埔里地區設立飛行場。這個緊急闢設的著陸場詳細位置並不清楚，僅推測有可能使用位於埔里社街東北側，梅仔腳南側的一處練兵場用地。而時序進到二戰後期，埔里地區也設立了一座有跑道的埔里飛行場，位置在埔里街的北方，不過如今已經無跡可尋。

　　事實上，埔里飛行場的興建背景，是在 1944 年開啓「十號戰備」的航空作戰準備時，日本軍方大量在台灣興建的秘匿機場之一。在國軍的紀錄中，埔里飛行場是完工於 1944 年 11 月。

　　依照戰後國軍接收時的紀錄，該機場位於當時的台中州能高郡埔里街，在埔里市街以北約 3km 處，土地所有權為民有地，跑道長 1,200m、寬 150m，質料為砂泥及石子，可載重量 8 噸。整座飛行場面積 255,000m^2，土質為砂質赭土，海拔高 450m，有疏散滑行道全長約 4km、寬 6m，無掩體、無通訊設備，亦無夜航設備，跑道因被作為耕地，故是不可使用的狀態。

　　而同樣的一座機場，在美軍從日軍側所獲得的紀錄中則相當簡略，僅指出有一條長 1,700m、寬 150m 的草地跑道。另外，還特別記載飛行場為秘匿飛行場，供輕型戰鬥機與輕型聯絡機（軍偵或直協）使用（secret for light fighters and light liaison），並且記錄同時曾有 30 至 40 架飛機之多（30

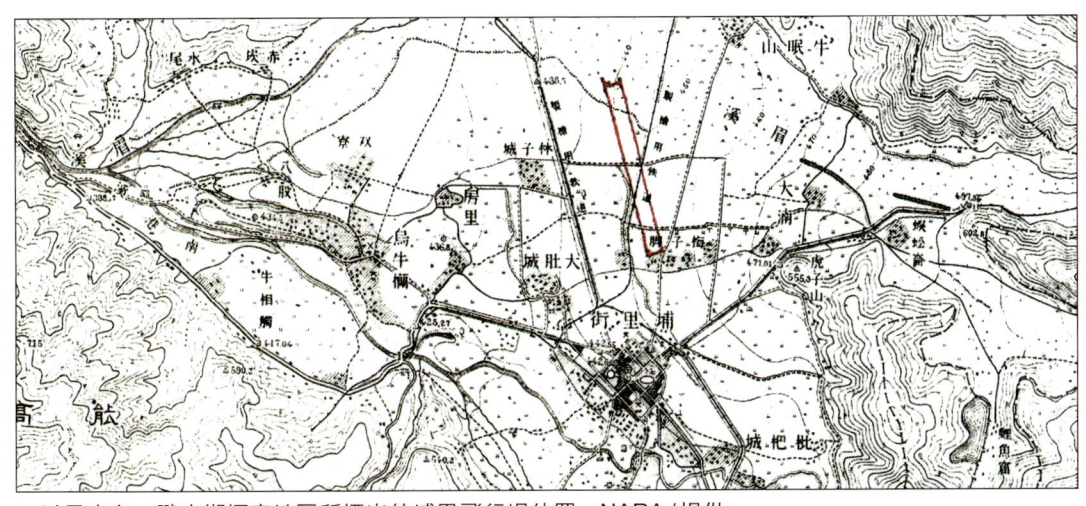

以日本在二戰末期極密地圖所標出的埔里飛行場位置。NARA / 提供

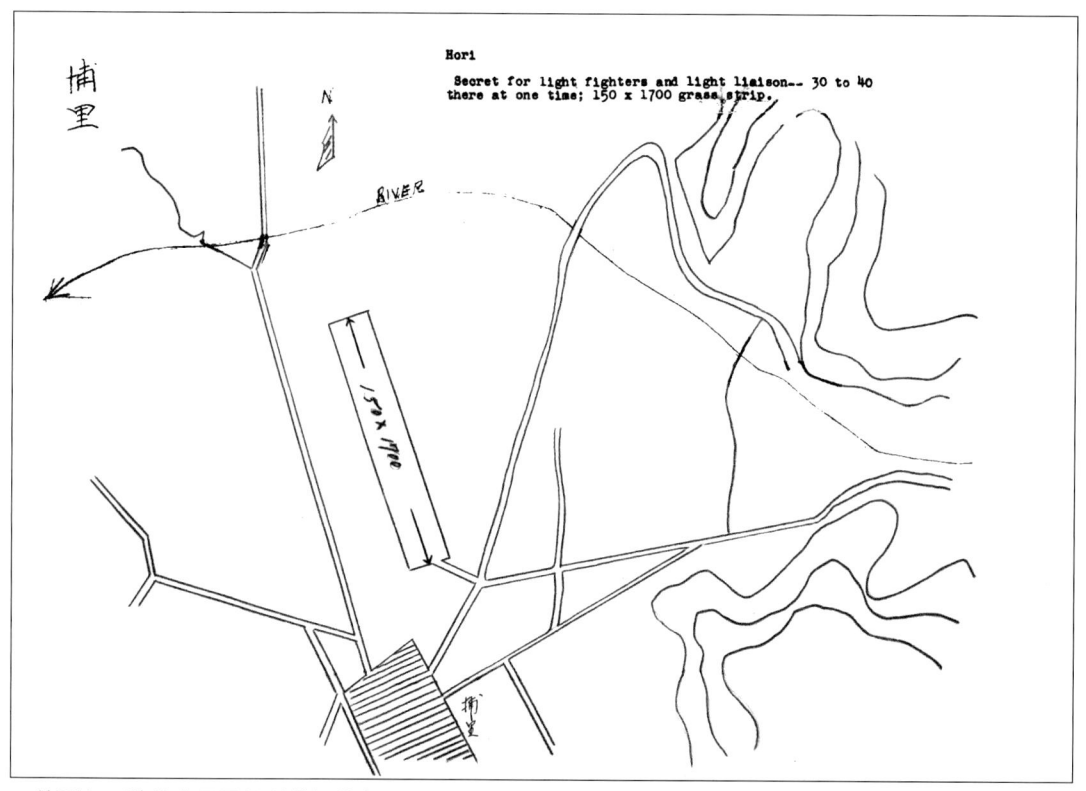

美軍在二戰後由日軍側所獲得的資訊，經整理後所得之埔里飛行場樣貌。NARA / 提供

to 40 there at one time）。

事實上，在 1946 年 12 月 16 日由台中縣政府（戰後初期該地屬原台中州管區所改制之台中縣）發文，向台灣省行政長官公署民政處地政局所呈送的該縣境內機場實況調查表裡，有這座機場的基本資料。該份文件內指出，此機場位於台中縣能高區埔里鎮的大肚城與梅子腳，佔地約 31 甲，徵收前的使用狀況是種稻與種甘蔗，於 1944 年 10 月 30 日徵收，可見此機場的開始興建時間約在二戰的後期。該表還特別指出，此機場並無重要設施，除臨時建築物外，用地上種稻與蕃薯。該筆紀錄中有特別描述：「現在日人第九航測隊使用臨時建築物三十二棟以外，日空軍自活隊飛機破壞，開墾種甘藷……」，1946 年第二期稻作時，本鎮老百姓開始佔耕。因此可以看出，該用地在戰後初期，是有日本軍隊使用，「現地自活」等待遣返，而之後則遭民眾佔用耕作。至於該表整理時，是否有軍隊接收，則表示係由第 22 地區司令部上尉陳金水所保管，備註中還特別寫明，「本機場是練習機使用」。

戰後的埔里飛行場因為土地屬於民地，因此很快就恢復成農地而不見其範圍遺跡，如今整個飛行場的所在地，可以說連跑道原址都難以尋覓，更不用說地上還有任何機場相關的建物留存。

位於日本時代埔里社街東北處，梅仔角南側的練兵場用地，如今部分已成為六合路旁的藝文中心，其附近有一座相當特別的天線與基座。2015.1.

從原本埔里飛行場用地往西北側望的山形地勢。2015.1.

從西安路一段537巷的原埔里飛行場跑道中段往南望之景。2015.1.

這座埔里的北梅新社區，是九二一地震後，為了安置組合屋居民而興建的，其用地位於原埔里飛行場跑道北段。2015.1.

原埔里飛行場跑道南端，現梅林六街附近的現況。2015.1.

燕巢飛行場

現高雄市燕巢區岡山榮民之家附近

　　二戰期間日本軍方在台灣島內興建有相當多的飛行場，絕大部分的機場資料都在接收時有所紀錄，不過當中有些飛行場的檔案則在不明原因的情況下而佚失。在美軍於戰後從日本側獲得的紀錄，或者警總的接收報告內，均無「燕巢飛行場」的存在。然而，這座「燕巢飛行場」的相關資料，卻出現在國軍檔案中的「台灣區各飛機場要圖」內。在這份國軍的接收檔案中，並未註明燕巢飛行場為日本海軍或陸軍所有，但該圖的繪製方式與用紙狀態，與該檔案內岡山機場（屬日本海軍航空隊）的製作方式非常類似。不過，戰後接收時的狀態，與戰爭間的海軍或陸軍所屬實難憑此斷定。不過，依照其規模與位置判斷，應屬二戰末期為了軍機秘匿躲藏用所建設的飛行場之一。

　　在國軍的接收檔案中，這座飛行場的名稱是以「燕巢航空基地」稱之，所在地位於高雄州岡山郡燕巢，跑道長 2,000m、寬 80m，全場面積有 950,000m^2，可載重量為 12 噸，屬於整地後輾壓未完成者。其土地所有權屬台灣製糖會社所有，機場的建築日期為 1944 年 11 月 1 日。

　　在國軍的接收圖中，可見此機場相當簡陋，無疏散道、夜航設備、營建設施、掩體、通訊設備……等大型基地會有的設施，而且場面上排水不良，衛生情況不佳。圖中可見，跑道方位大致上是南北向，形狀則類似狗骨頭狀，兩端為圓形，適合後三點式的飛機在跑道頭迴轉。

　　目前，這座機場旁邊緊鄰的中興路，

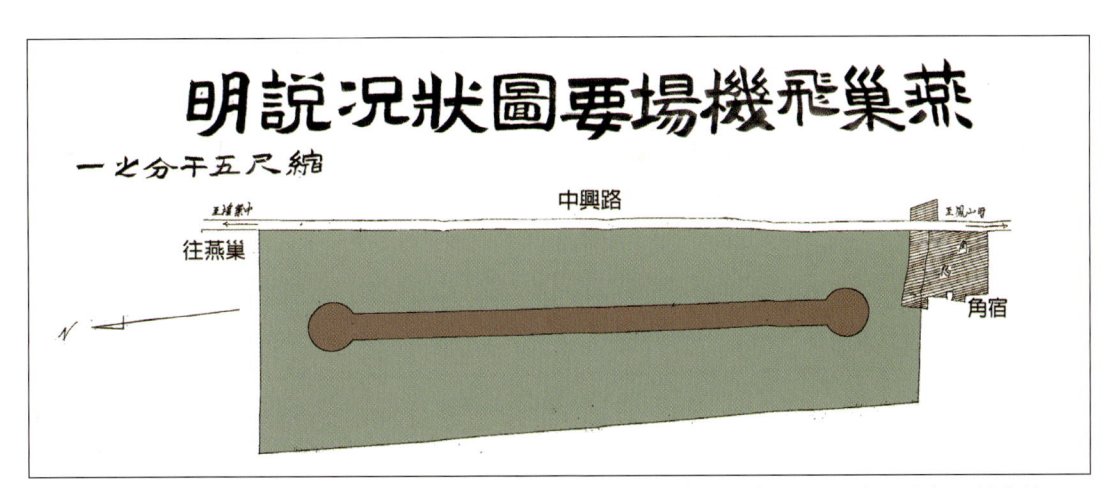

國軍接收紀錄「台灣區各飛機場要圖」中的燕巢飛行場狀況說明圖（圖中左側為向北）。檔案管理局／提供

如今從當年燕巢飛行場跑道中段往南望去之景。2011.4.

圖中左側即是當年燕巢飛行場跑道。2011.4.

圖中道路即是中興路。2011.4.

燕巢飛行場的北端用地位於如今燕巢國中對面的這處岡山榮民之家。2011.4.

為燕巢地區通往義大醫院的交通幹道，飛行場的範圍大致上與這條路的軸線一致。機場的北端用地位於燕巢國中對面的岡山榮民之家，整個榮民之家的範圍與寬度，正好保存了機場的北端範圍痕跡。至於屬於跑道南邊的部分，2011年的調查時，除了少數的農地外，也有一處中鋼正在興建中的廠房。

燕巢飛行場雖然不是座接收時資訊相當明朗的二戰時期日軍飛行場，且因整地未完成有否使用都未知。不過，依照目前該地的土地使用狀況來看，還是相當程度保存了機場跑道軸線的走向與飛行場用地的範圍。這樣的存在，也算是在台灣的土地上，烙印了二戰的一頁軍事歷史。

當年燕巢飛行場用地如今的狀況。左邊是中興路，右邊是岡山榮民之家，中間一大片農地是以前的飛行場跑道所在地。2011.4.

平頂山飛行場

現屏東縣內埔鄉中林路與大同路（四段與五段）一帶

日本在二次大戰最末期時，為了戰事需要，快速在台灣各地興建應急式的分散秘匿用飛行場。這些以陸軍航空部隊使用為主的機場，很多都是非常簡易式地施作完工，跑道也僅是簡單整地後即可使用。由於這些飛行場的臨時與簡易特性，有不少在經過戰後幾十年的物換星移，幾乎已經找不到遺跡。位於屏東縣內埔鄉的平頂山飛行場，正是一座這樣幾乎被遺忘的飛機場。

在國軍戰後的紀錄中，這座飛行場是以「平頂山飛機場」稱之，位於當時的高雄州潮州內埔庄，興築的時間是在1944年8月1日至12月10日，已經非常接近二戰的最末期。機場的範圍長1,500m、寬100m，面積150,000m^2，材質為砂質壤土，可載重量為5噸，有疏散滑行道全長約4.5km、寬20m，標高55m。土地主要是屬於台灣製糖株式會社所有，但部分為民有地。整座機場內無營建設施，無通訊與夜航設備，無飛機掩體，亦無水電；但國軍接收時，在非雨季卻是屬於可使用的狀態。

這座當年屬於日本陸軍的飛行場，在戰後警總的接收總報告書內，是以內埔西北處的「犁頭鏢」地名表記。當時，這個村落的範圍形狀，因河水侵蝕而呈犁頭鏢般的尖長樣貌而得此名。不過，在美軍方面接收的紀錄中，則都是以現今內埔鄉

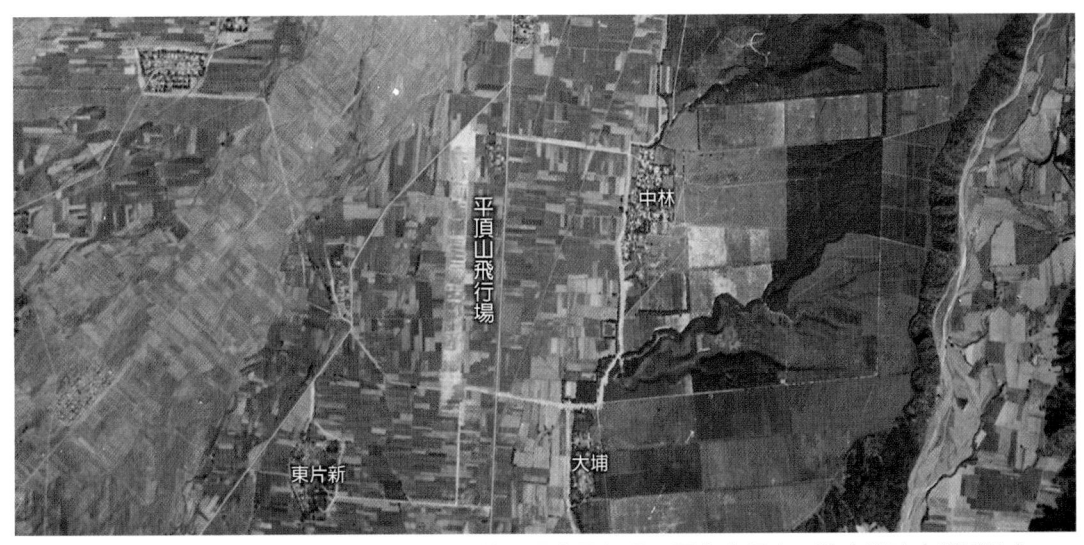

美軍拍攝於1945年1月31日的航照所見的平頂山飛行場，圖中亦標出二戰末期時之附近地名。
NARA-中研院GIS中心／提供

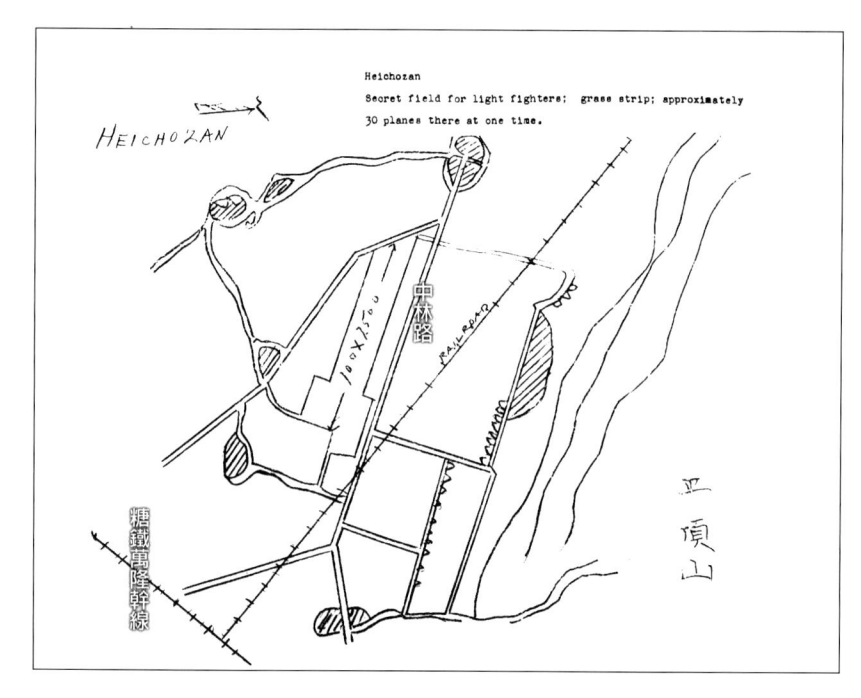

美軍在二戰後由日軍側所獲得的資訊，經整理後所得之平頂山飛行場附近圖（圖中標出糖鐵萬隆幹線、中林路的相關位置）。NARA／提供

東北部地勢較高的「平頂山」（Heichozan）稱之。這座平頂山飛行場，是種只有一條跑道的簡單機場。戰後美軍從日本側獲得的資料顯示，近乎北北東／南南西走向的跑道，與國軍紀錄一樣，均為長 1,500m、寬 100m，大致上夾於如今屏東縣內埔鄉中林路與大同路的四段與五段間。從當時留存的地圖上看，雖有滑行道連通到周邊，並有簡單整過的平地可以停放飛機，但這部分在接收時的紀錄上都缺乏，僅註明著：secret filed for light fighters; grass strip; approximately 30 planes there at one time，顯示這座相當機密的飛行場，是提供給輕型戰機使用，跑道為草地，大約有 30 架飛機曾留駐於此。

目前平頂山飛行場附近，亦即屏東縣內埔鄉中林路與大同路（四段與五段）間一帶，幾乎完全看不出機場痕跡，反而是透過舊地圖的比對，可以發現機場旁一條糖廠鐵路仍有廢線遺跡存在。這條從屏東糖廠出發往東而行的糖鐵萬隆幹線，會穿過如今的國道三號高速公路，然後持續往東再往南到萬金通至南州。不過，糖鐵在到平頂山飛行場舊跡的南邊時，可見另一條往北通往新隘寮的廢線遺跡，斜斜地穿過中林路。雖然平頂山飛行場的跑道痕跡幾乎不可尋，但透過糖鐵廢線遺跡的定位，至少還能找出一點相關位置的痕跡。

如今平頂山飛行場的跑道附近，幾乎已經看不到飛機場的遺跡。2010.10.

此照片往左的道路為中林路，往右斜斜通過的是糖鐵，平頂山飛行場就在畫面的左邊。2010.10.

糖鐵萬隆幹線與往北通往新隘寮的分歧點廢線遺跡。2010.10.

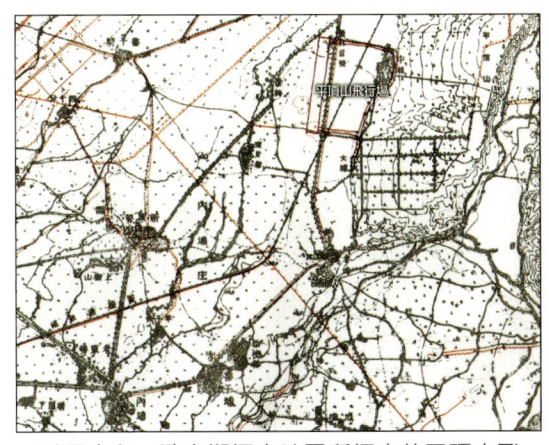

以日本在二戰末期極密地圖所標出的平頂山飛行場位置。NARA / 提供

1990年代中期的屏東糖廠運蔗列車。

宜蘭（西）飛行場

現宜蘭縣員山鄉員山路二段西北側，金車威士忌酒廠一帶

在進入二戰的中後期，雖然因為日本陸軍的飛行場策略已經改為「少數集約」的大型航空基地型態，但為了讓飛機可以躲過美軍轟炸來保存戰力，故在二戰後期時也曾大量興建了所謂的「秘匿飛行場」。這當中，位於宜蘭（南）飛行場以西的宜蘭（西）飛行場，便是一座完成於1944年1月的這類機場。

從戰後美軍由日軍側所獲得的紀錄中可看出，整個宜蘭地區幾乎就是連結在一起的大型航空要塞。依照美軍留下的紀錄，是把宜蘭的南飛行場與北飛行場及西飛行場畫在一起。不過，這份圖中西飛行場的部分，有一條獨立出來，長1,500m、寬100m的跑道。但是，國軍二戰後的接收紀錄，竟然指出宜蘭（西）飛行場內沒有跑道，亦無疏散道。不過，國軍紀錄內還記載著整座飛行場面積150,000m2，正好是美軍紀錄內的跑道長寬相乘，而從圖中也可見其實此機場的形狀就是一條長形的飛行跑道。

國軍紀錄中，這座機場的土質為砂質壤土，可載重量8噸，標高20m，無掩體，亦無營建設施，無通訊無水電無夜航設備。國軍接收時，這座宜蘭（西）飛行場雖然排水不良，但跑道屬於可用狀態。

美軍拍攝於1945年5月17日的航照所見之宜蘭（西）飛行場。NARA-中研院GIS中心/提供

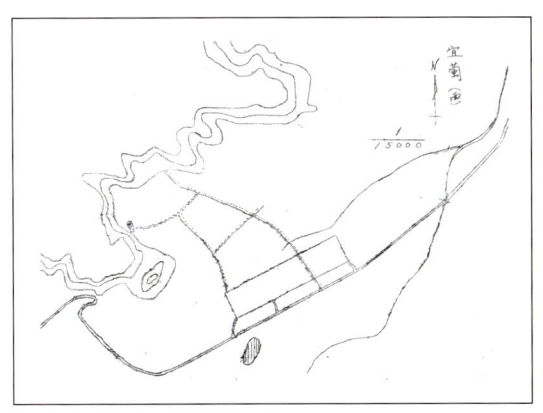

國軍接收紀錄「台灣區各飛機場要圖」中的宜蘭（西）飛行場圖。檔案管理局／提供

宜蘭（西）飛行場跑道北端處如今的樣貌。2015.2.

金車企業的威士忌酒廠與伯朗咖啡館園區，正是坐落於原宜蘭（西）飛行場的用地上。2015.2.

　　由於這座機場的土地所有權為「民有地」，故在戰後與其他多數的秘匿機場命運一樣，都沒有繼續維持軍用。目前，宜蘭（西）飛行場的跑道輪廓遺跡幾乎不可尋，機場當年的中段部位，用地大致位於如今的員山路二段西北側，金車威士忌酒廠的所在位置。

原宜蘭（西）飛行場南邊跑道附近現況。2015.2.

上大和（南）飛行場

現花蓮縣光復鄉花蓮糖廠南側

二次大戰期間，日本軍方在花東地區除了南北二端的花蓮與台東有規模極大的飛機場建設外，在花東縱谷區域內，也設有幾處有著條狀跑道的飛行場。像在如今光復的花蓮糖廠南邊，便有一處接收時有紀錄的上大和（南）飛行場，屬日本陸軍使用。

上大和（南）飛行場所在地的「上大和」地名，是 1930 年後期將馬太鞍之名改稱而來的，乃因其位於大和（如今的大富）以北，故稱「上」大和，即今之光復。但這座飛行場位於上大和之南，因此國軍接

美軍拍攝於 1945 年 5 月 31 日的航照所見之上大和（南）飛行場。NARA-中研院 GIS 中心／提供

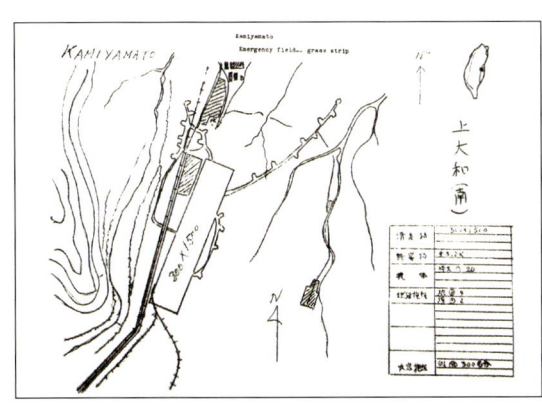

美軍在二戰後由日軍側所獲得的資訊，經整理後所得之上大和（南）飛行場圖。NARA／提供

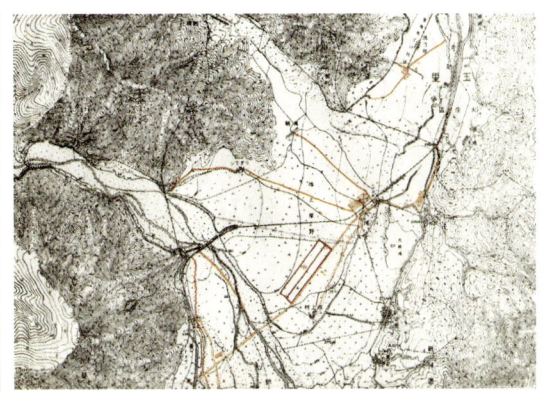

以日本在二戰末期極密地圖所標出的上大和（南）飛行場位置。NARA／提供

收記錄與美軍的紀錄上，都是以「上大和（南）飛行場」來稱之。不過有趣的是，在國軍接收紀錄的附圖中，除了標示這座上大和（南）飛行場外，還在其北邊標示一座上大和（北）飛行場，靠近如今的南平一帶，但其實兩者有段距離，並無滑行道相接，而且這座上大和（北）飛行場美軍得自日軍的紀錄中並無記載，國軍接收紀錄也僅止於這張附圖。

在國軍戰後的紀錄中，上大和（南）

原上大和（南）飛行場的跑道遺址上之景。2009.7.

現存於南平土地公廟旁的上大和（北）飛行場整地用大石輪。2009.7.

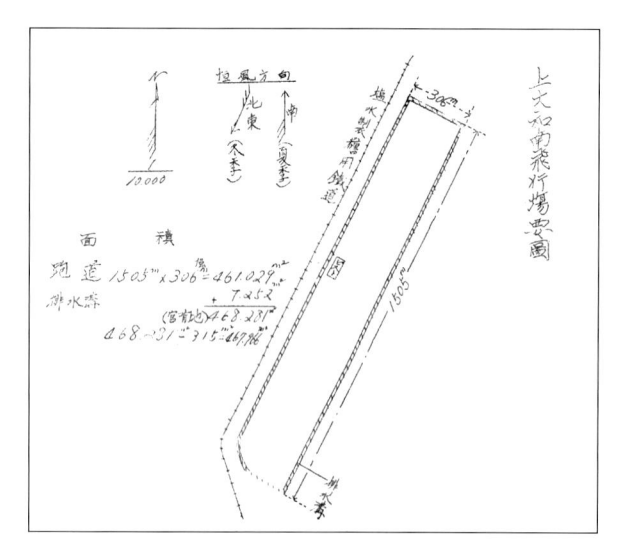

國軍接收紀錄「台灣區各飛機場要圖」中的上大和南飛行場圖。檔案管理局 / 提供

飛行場位於花蓮港廳鳳林郡鳳林街上大和，並且特別附註位於上大和的西南側約 2km 處。其主跑道長 1,500m、寬 300m，為自然砂石土面，耐重每平方尺 3 噸，另有長度不明的飛機疏散滑行道寬 30m，連接 28 座的掩體。整座飛行場面積 467,966m²，土地是屬於官有地，標高 48m。而此紀錄中還顯示，這座飛行場無營建設施，無通訊、水電與夜航設備，國軍接收時記載著排水不良，無法使用。

在戰後美軍從日本側獲得的紀錄裡，稱此機場為緊急降落用的草地飛行場（emergency field, grass strip），跑道長寬與國軍紀錄完全一樣，但有明確記載疏散滑行道全長 3.2km，特大掩體 20 個，有燃料庫與彈藥庫，以及可容納 300 人的臨時兵員收容設施。

雖然戰後國軍與美軍的資料都無特別寫出此機場的建設時期，不過依照 1944~1945 年間美軍的航照偵察與戰後日方面的紀錄，可以大致推估此飛行場是在 1944 年開啓十號戰備下，於該年年中到年底間所建設的「獻納飛行場」之一，作為飛機秘匿之用。該類飛行場在 1944 年 7 月後陸續交給日本陸軍使用時，大體上是拿來作為緊急降落用的飛行場，亦即日文裡所謂的「不時著用」飛行場，並非正規機場之規模，因此戰後紀錄裡也沒有任何飛機留存。

這座飛行場的所在地，在跑道上北望正好可以看到光復的花蓮糖廠煙囪，不過這地方已經好幾十年不曾有飛機在此起降，而跑道輪廓與邊緣也已經很難辨認。但相對於此，另一座在如今台鐵南平車站附近，原日本時代林田移民村旁的未完成上大和（北）飛行場，也就更難找到痕跡，只存當年壓實跑道用的滾輪而已。

目前，未完成的上大和（北）飛行場壓路滾輪，擺放於南平附近的土地公廟前，附近也有許多圓滾鵝卵石在現場，但有紀錄的上大和（南）飛行場，卻早已走入歷史，只剩下耆老口中的傳說，與文獻上短短的描述而已。

池上飛行場

現台東縣池上鄉池上大橋北岸新興村一帶

　　花東地區的池上，因為盛產良質米，而讓「池上便當」名聞遐邇。但是，池上也曾有飛機場嗎？答案是肯定的。雖然花東地區如今多被稱為「後山」，在二次大戰，特別是所謂的「太平洋戰爭」時期，面向太平洋的東台灣地區，並非是後院，而是迎向整個太平洋的前庭。因此，當時日本軍方在花東地區除了南北二端的花蓮與台東有規模頗大的飛機場建設外，在花東縱谷區域內，也設有幾處設有跑道的飛行場。這當中，屬日本陸軍的池上飛行場便是。

　　池上飛行場的跑道，是以大約東北／西南的角度來興建。其位置在如今台東縣池上鄉池上大橋北岸旁，新興村的上新興一帶，也就是台9線附近。當年的跑道南端，大致為目前的池上日暉國際度假村。

　　從國軍戰後的紀錄來看，池上飛行場位於當時的台東廳關山郡池上庄，主跑道長1,500m、寬150m，為砂土石礫碾壓而成，耐重4.5噸，另有飛機疏散滑行道全長346m、寬10m。整座飛行場面積244,289m²，土地是屬於軍用地，標高300m。此飛行場無掩體，無營建設施，無通訊、水電與夜航設備，國軍接收時記載著這座池上飛行場狀況為著陸時有障礙，場面上雜草繁茂。

美軍拍攝於1945年6月15日的航照所見之池上飛行場。NARA-中研院GIS中心／提供

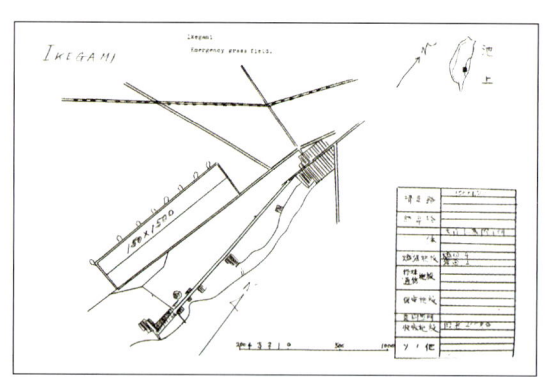

美軍在二戰後由日軍側所獲得的資訊，經整理後所得之池上飛行場圖。NARA / 提供

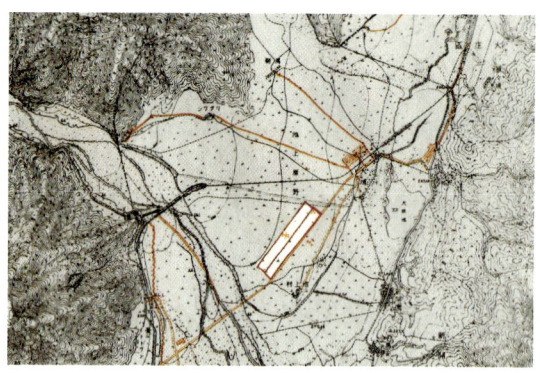

以日本在二戰末期極密地圖所標出的池上飛行場位置。NARA / 提供

在戰後美軍從日軍側所獲得的紀錄中，稱此機場為緊急降落用的草地飛行場（emergency grass field），跑道長寬與國軍紀錄完全一樣，但在飛行場的西側，則指出有 10 座被破壞的掩體。雖然戰後國軍與美軍的資料都無特別寫出此機場的建設時期，不過依照 1944~1945 年間美軍的航照偵察與戰後日本方面的紀錄，可以大致推估此飛行場是在 1944 年開啟十號戰備下，於該年年中到年底間，以集合民間勞力所建設的「獻納飛行場」之一，作為飛機秘匿用。不過，該類飛行場在 1944 年 7 月後陸續交給日本陸軍使用時，多是拿來作為緊急降落用的飛行場，並非正規機場之規模，因此戰後沒有任何飛機留存的紀錄。

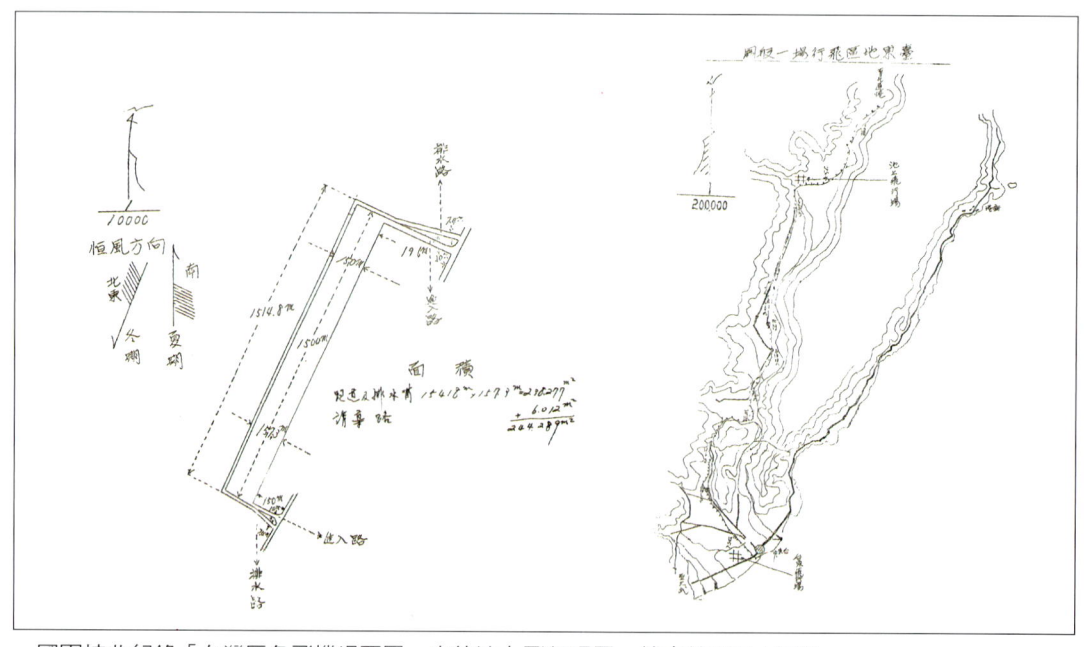

國軍接收紀錄「台灣區各飛機場要圖」中的池上飛行場圖。檔案管理局 / 提供

中止興建、廢棄與未接收之飛行場

　　日本統治時代在台灣島內所設立的飛行場中,以南部、中部密度最高,北部次之,東部較少,但其數目已可謂極為驚人。這些機場的興建,有相當多是在二次大戰開戰後才加以興築,屬於日本陸軍體系的飛行場數目,則多於日本海軍者。而自從日本發動太平洋戰爭後,台灣進入了戰時的體制,「台灣要塞化」的提出,擬將台灣建構成一座「不沈空母」(不沈沒的航空母艦)的口號,更是迎向大航空戰的必要軍事建設。

　　日本陸軍傳統上對於飛行場的規劃概念是「多數分散式」,但這樣的廣域分布在資材越來越緊迫的情形下,調度會越來越吃緊,因此在1943年5月開始,航空本部總務部長遠藤三郎中將乃參考盟軍的措施,改為建設主要「航空要塞」的「少數集約式」來設定飛行場,這也就是台灣在二戰中期會開始出現許多大型的集約式航空基地的原因。而到了二戰的後期,日本軍方大本營在面對美軍逐步突破「絕對國防圈」的攻勢下,不得不於1944年春開始沖繩與台灣方面的作戰準備,此乃「十號戰備」的開始。然而台灣島內的飛行場規劃,台灣軍司令官還鼓勵所謂的「獻納飛行場」,由各州廳民眾集中勞力奉獻趕蓋機場,其中並有部分作為「秘匿」與「不時著」(臨時降落)使用。這些以躲藏飛機與提供臨

美軍拍攝於1945年2月2日的航照所見之新化飛行場。NARA-中研院GIS中心/提供

美軍拍攝於1945年1月31日的航照所見之未完成旗山飛行場（或可定名為旗山北飛行場）。NARA-中研院GIS中心/提供

時降落用的飛行場，大多僅簡單整地完成，並無常駐地面補給部隊，故完成度相當低。而除了這些還算有個跑道雛形的飛行場外，日本軍方在戰爭期間還曾蓋有一些欺敵用的偽飛行場，也曾被美軍偵照所探知，故若要將這些完成度極低的未完成飛行場通通都算入島內機場統計，則恐怕會因為數目太過浮濫而失去意義。

從實際的狀況來看，這些因軍事目的而興建的飛行場與跑道，在戰爭後期資源已相當匱乏之際，其實多僅簡易整平用地，便可供軍機降落，因而相當簡易。有些簡易飛行場整地完後根本只測試少數幾次，甚至並無正式使用就終戰了，有些則是建設一半終止興建，或者連戰後的國軍都無接收紀錄便已經由民眾索回或侵佔耕種，故對於這些在戰術上並無使用實績的未完成或未接收飛行場，其詳細位置與興築過程及狀況，便較為不清楚。

其實，這些完成度較低（可能終止興建、未完成或未接收）的飛行場，在戰後因為民眾有耕種的需求，持續不斷希望在政府確定不繼續作為軍事目的使用時，可以將原用地發還土地所有者，或恢復成耕地供民眾使用，因此戰爭結束後，這類所謂的「廢棄機場」土地議題，便曾持續延燒。而透過民眾的陳情與公文的往返，反而意外地讓這些完成度很低的飛行場存在，有了另類的文字紀錄留存。

例如一份由空軍總司令周至柔於1947年2月發文給台灣省警備總司令部的公文，便表示台灣地區的廢棄機場事宜，應併在全國廢棄機場案內統籌辦理，才符合整軍計畫。而該文附上的「台灣省廢棄機場地名表」，則提供了這些「可能」被廢棄的機場位置：「宜蘭（北）、宜蘭（西）、八塊、

位於國道3號龍潭收費站附近,很可能是一座欺敵用偽機場的龍潭(西)飛行場位置今貌。2012.7.

湖口、紅毛、台中(東)、大肚山、鹿港、上太和、馬公(北)、北港(西)、大林、鹽水(北)、鹽水(南)、白河、新化、池上、燕巢、旗山、旗山(北)、里港、里港(南)、平頂山、大要地、小港(北)、潮州、潮州(東)、佳冬、麻豆、台東(北)、台南(南)、鳳山、北港(東)」(「大要地」指的應是左營軍港內,被稱為「F要地」的左營飛行場)。不過值得特別注意的是,這份名單內明顯地部分機場並未被廢棄,甚至繼續做為機場使用,而有的則轉為其他的軍事用地,因此僅能做為參考。

但是,依照此份名單與本書先前曾陸續提及的機場比對,尚未介紹過的本島機場仍有:白河、新化、旗山、旗山(北)、里港、里港(南)、小港(北)、潮州(東)。另依照何鳳嬌在〈戰後初期台灣軍事用地的接收〉一文中所述,一些臨時或未完成機場,在戰爭結束前後日軍已經將土地發還人民,故國軍並未接收。這些機場包含:「金包里、龍潭(西)、苗栗、卓蘭、新化、旗山(北)、里港(北)、里港(南)、小港(東)、上大和(北)、潮州(東)、北斗(東)、北港(西)、鹽水(北)」。若與上述的廢棄機場相比對,則又出現金包里、龍潭(西)、苗栗、卓蘭、小港(東)、上大和(北)等機場(里港與旗山的兩座是否被以不同命名計算或合併計算將以下討論)。因此從這些蛛絲馬跡可以推估,台灣島內可能在戰爭中出現的完成度較低機場,除了本書先前介紹的以外,可能還有金包里、龍潭(西)、苗栗、卓蘭、白河、新化、旗山、旗山(北)、里港、里港(南)、小港(北)、小港(東)、上太和(北)、潮州(東)……等。

近年來,因為二戰時美軍航照資料的解密與解讀,加上美軍當年偵照檔案的協助,這類飛行場逐一被研究者確認。特別是張維斌博士在其 TAIWAN AIR BLOG 部落格中,有非常詳細的研究與解讀。若我們以航照判讀,加上日軍戰史資料與戰後地方政府的一些公文書互相對照,則可進一步突破。例如名為「龍潭(西)」的疑似機場,張博士透過航照的比對確認位於如今國道3號的龍潭收費站附近,但很可能是一座欺敵用的偽機場。至於苗栗飛行

美軍拍攝於1945年6月18日的航照所見之金包里飛行場。NARA-中研院GIS中心/提供

場,也僅止於一條整好地的疑似跑道。不過,依照一份1946年11月「新竹縣轄境內機場實況調查表」所述,苗栗區苗栗鎮有片18甲餘的土地,曾在1944年9月遭徵收興築機場。該地徵收前是甘藷田,紀錄上曾有飛機使用,但機場無設備亦無建築,且調查時狀況為「不能使用」。該表內還附註,因全部屬於民有地之關係,所以戰後已經由原業主索回耕作中。而在同一份表內還註明的大湖區卓蘭鄉,則有一片約30甲的土地曾做為機場使用。該地徵收前是茶園,紀錄上也曾有飛機使用,但機場無設備而只有平坦整地大石鋪裝而已,調查時為「不能使用」的機場,且皆為無開墾的原野,沒有遭人民佔耕的情況。

事實上,苗栗與卓蘭飛行場,都曾在日方於戰後所編修的戰史內,關於捷一號作戰(1944年10月下旬至12月)的航空作戰準備中有所描述。當時,日軍對於地上航空設施的準備包含了五大部分,分別是:1. 飛行場的強度增加(主要飛行場之耐爆指揮所增加,特種掩體的構築,輔助跑道的設置,飛行場設施的疏散)、2. 設定秘密飛行場、3. 特設警備工兵隊的編成配置(編成時兵力約10,000人,終戰時約17,000人。此特設警備隊配屬於飛行場,擔任作戰期間飛行場之補修任務)、4. 飛行場補修資材的增加與集積、5. 偽飛行機的製作(計畫製作約一千架的偽飛機配置於主要飛行場以做欺敵之用)。

這五個主要的地上航空設施準備措施當中,秘密飛行場設定,是選定一些機場作為躲藏軍機之用,著手的時間約在1944年的11月到12月間實施。這些被設定為秘密機場的,未必全是剛完工的簡易飛行場,有些是以既有飛行場修改而成。這些秘密飛行場包含了台北(松山)、台北(南)、龍潭、湖口、苗栗、卓蘭、台中(東)、埔里、新化、小港(東)、平頂山、潮州(東)、旗山、宜蘭(西)、里港(南、北)。

如今立於金山三福宮前的「金山舊機場遺跡紀念碑」,還包含附近農地裡挖出的三大塊當年飛行場整地用大石輪。2007.9.

廣場前立有「金山舊機場遺跡紀念碑」的金山三福宮。2007.9.

但是,新化與里港(南、北)計畫終止。

　　這些秘密機場裡,有相當多座其實就是完成性極低的飛行場,故在戰後會沒有由國軍接收。這當中,除了先前提及的苗栗與卓蘭外,新化、小港(東)、潮州(東)、旗山、里港(南、北)也都屬於這類,但因新化與里港(南、北)計畫終止,故都屬未完成之飛行場。至於旗山,在戰後廢棄機場的名單中,亦有用旗山、旗山(北)分成兩座來計算的,與里港(南、北)被當成里港、里港(南)計算的方式類似。這些完成度極低的機場,還有小港(東)和潮州(東)等,張維斌博士亦用航照圖找出可能之位置,但空軍所條列的「台灣省廢棄機場地名表」中,白河與小港(北)則仍未出現在其他紀錄內。白河是否曾有施工中之機場,小港(北)是否就是小港(東),則仍須再研究。另外,關於金包里與上大和,後者其實也是該分成南北兩座才對,除了上大和(南)飛行場已經於本書先前章節介紹過之外,上大和(北)飛行場則屬未完成飛行場。這座機場與金包里飛行場一樣的有趣之處在於,機場的遺跡雖然沒有留存下來,但卻有興建過程中的滾輪遺物存在。

　　依照如今立於金山三福宮前「金山舊機場遺跡紀念碑」的描述,金包里未完成飛行場的跑道自清泉社區活動中心,至三界村潭子內土地公廟附近,綿延近2,000m餘。不過,在2架日本零戰飛機試降落失敗後(可信與否待查),此飛行場乃停工廢棄,如今僅剩附近農地裡挖出的三大塊整地用大石輪,訴說當年興建此一簡易飛行場的戰爭往事。

　　金包里飛行場的建造時間,依照美軍航照判斷,在1944年7月時仍無跑道痕跡,但到該年9月已經可見跑道工程進行中,南北兩端用地的進度略微不同。到了戰爭快結束前的1945年6月18日航照,金包里飛行場跑道的樣貌已經相當清楚。不過戰後,此飛行場用地很快又恢復成農地使用,如今已很難尋覓飛行場的範圍痕跡。然而,若從鄰近法鼓山的山頭上下望,仍可看出此金山地區的平原地帶,直直指向海邊的用地,便是飛行場的所在。只不過,除了紀念碑與整地用大石輪,這座未

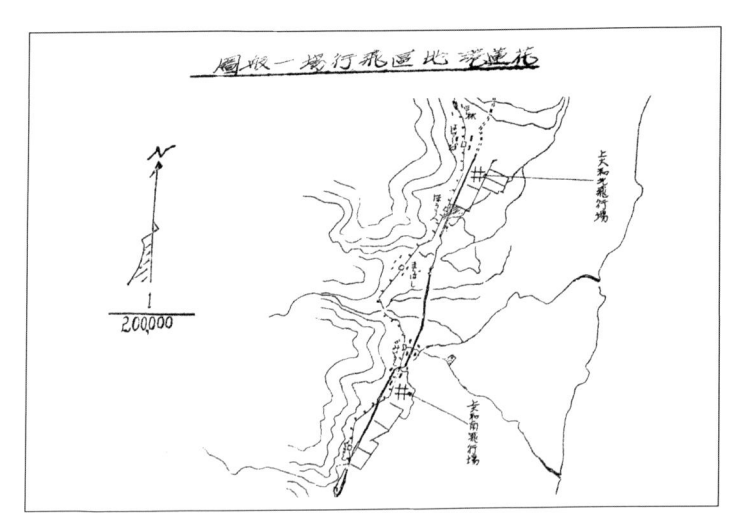

國軍接收紀錄中,「花蓮港地區飛行場一般圖」內的上大和北飛行場與上大和南飛行場位置。
檔案管理局 / 提供

完成的飛機場,恐怕已經沒有太多的殘跡留存於世。

而類似於此的狀況,也出現在花東地區如今台鐵南平車站附近的林田移民村旁。這座沒有在戰後國軍接收紀錄中有詳細紀錄出現的飛行場,卻在國軍檔案中所附的「花蓮港地區飛行場一般圖」中有畫出位置,並且標為「上大和(北)飛行場」,取其位於大和(如今的大富)以北之意。

該處飛行場據推測有一條長約 1,200 至 1,500m 的碾壓跑道,但如今只剩下 6 個大小不等的圓滾壓路石,訴說著當年興建跑道時的過往。這幾個碾壓跑道用的大圓滾輪,與「金山舊機場遺跡紀念碑」旁的整地用大石輪非常類似,都是日本軍方當時興建飛行場跑道時的施工用具。目前,這座上大和(北)飛行場的壓路滾輪擺放於南平附近的土地公廟前,附近也有許多圓滾鵝卵石在現場,這與日本時代興建飛行場時,會以這類石頭做基礎的方式相符合。不過,這座未接收的未完成機場,其完成度應該不高。

從整體的戰史與對地區的影響性觀之,這些未完成或完成度極低之飛行場,除了曾經存在過的歷史意義外,在台灣整體航空發展與土地利用上並無太大影響。而比這些更為簡陋的,還有一些日軍蓋來做「欺敵」之用的偽機場,或者是美軍在二次大戰中光憑偵照檔案就判斷為飛行場的誤解(大多為整地後的空地,或者港邊有設施就以為是水上機場的錯判)。因此,過分相信美軍戰爭期間的偵照來判定機場的存在,就很容易落入誤算與多算的陷阱。本書對於這類僅出現在美軍偵照紀錄中的疑似飛行場並不多作分析,因為研究其背後的誤認原因雖然是相當有趣的「考古議題」,但對於瞭解整體航空的發展並無太大幫助。因此,將這些完成度極低、未完成或根本就是偽機場的飛行場充數算做日軍機場,強調日本在終戰前究竟在台灣蓋了多少座飛行場,也就只是個毫無意義的「數字戰爭」而已,反而容易失去研究的重點與整體的面貌。

位於南平附近的土地公廟前,也擺有六個原本上大和(北)飛行場的壓路滾輪,成為該未完成機場的存世遺跡。2009.7.

金山飛行場整地用的大石輪邊,還有一個仿造的滾輪讓民眾體驗當年如何滾壓飛行場跑道。2007.9.

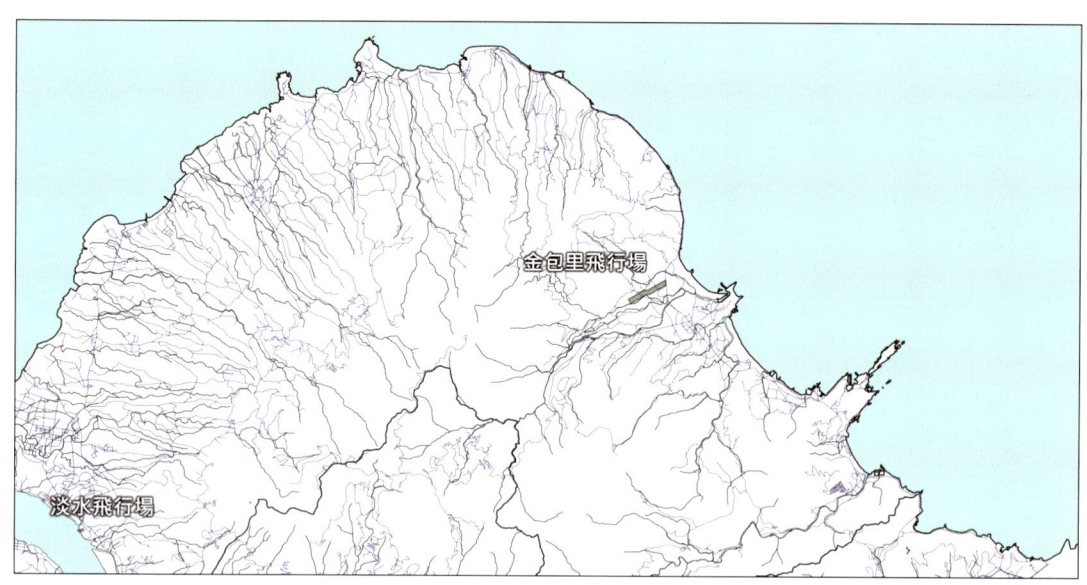

以二戰終戰時的金包里飛行場樣貌輪廓，套疊上現行街路（藍色）所繪成的底圖之位置圖。

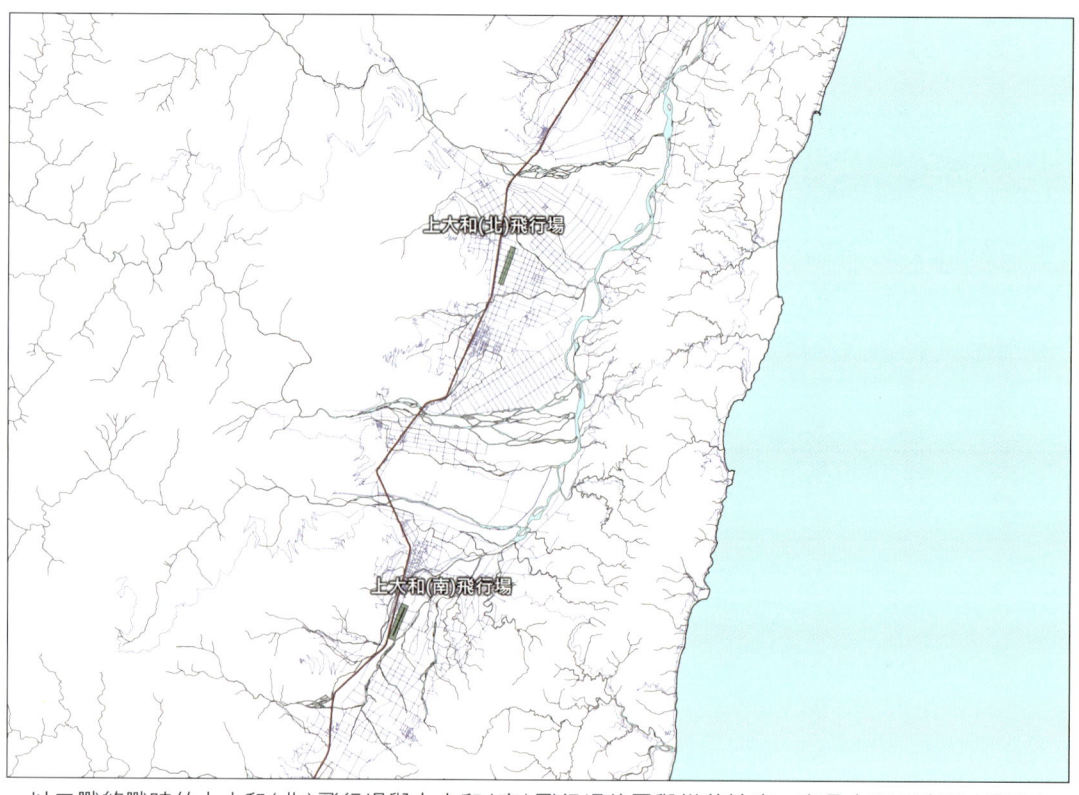

以二戰終戰時的上大和(北)飛行場與上大和(南)飛行場位置與樣貌輪廓，套疊上現行街路（藍色）所繪成的底圖。圖中搭配台鐵（暗紅色）路線，方便閱讀時參考位置。

第八章

二戰後興建的台灣島內機場

高雄港水上機場 [復興航空]

現為高雄港水域

復興航空在台灣的民航史上，有著重要的開路先鋒角色，它是於 1951 年由陳文寬、戴安國等人所共同創辦，為戰後台灣第一家由國人獨資創立的民航公司，也是營運至今歷史最悠久的一家。在台灣民航史上，有幾座機場的誕生，也與復興航空有關。例如為了復興創業時引進 PBY-5A 水陸兩用機的開航，民航局所籌設的「高雄港水上機場」便是其中之一。

復興航空創立時，自美國引進了 PBY-5A 水陸兩用機，原本計畫用來開行台北松山機場到高雄港的航線，不過後來卻以飛行台北到馬祖的軍方包機業務，以及兼飛往日月潭等旅遊航線為主。

依照民航局與省府兩方所留存的檔案可以看出，在復興航空創立當年，為了飛往高雄，曾透過交通部發文給台灣省政府交通處高雄港務局，告知擬設立高雄港水上機場一事。此機場的位置位於高雄港內較靠近旗津一側的軍方碼頭外，亦即該港水運孔道外緣北偏西約 32 度，一處風向頗順，水深平均為 1.3m 之處。

依照當時的設計圖顯示，整個「水上跑道」的長度有 2,000m、寬 150m，兩端最寬的迴轉區直徑有 300m。這個位置在後來高雄港務局的實地測量後，因水深問題而有略微往東北偏移，不過偏移距離不大，大約僅 50m。這座高雄港水上機場於 1951 年 7 月 11 日正式開放啟用，最終的機場位置為北緯 22°37'東經 120°17'，降落

以美軍拍攝於 1945 年 1 月 13 日的高雄港區域航照，標出戰後的高雄港水上機場大略位置。NARA-中研院 GIS 中心/提供

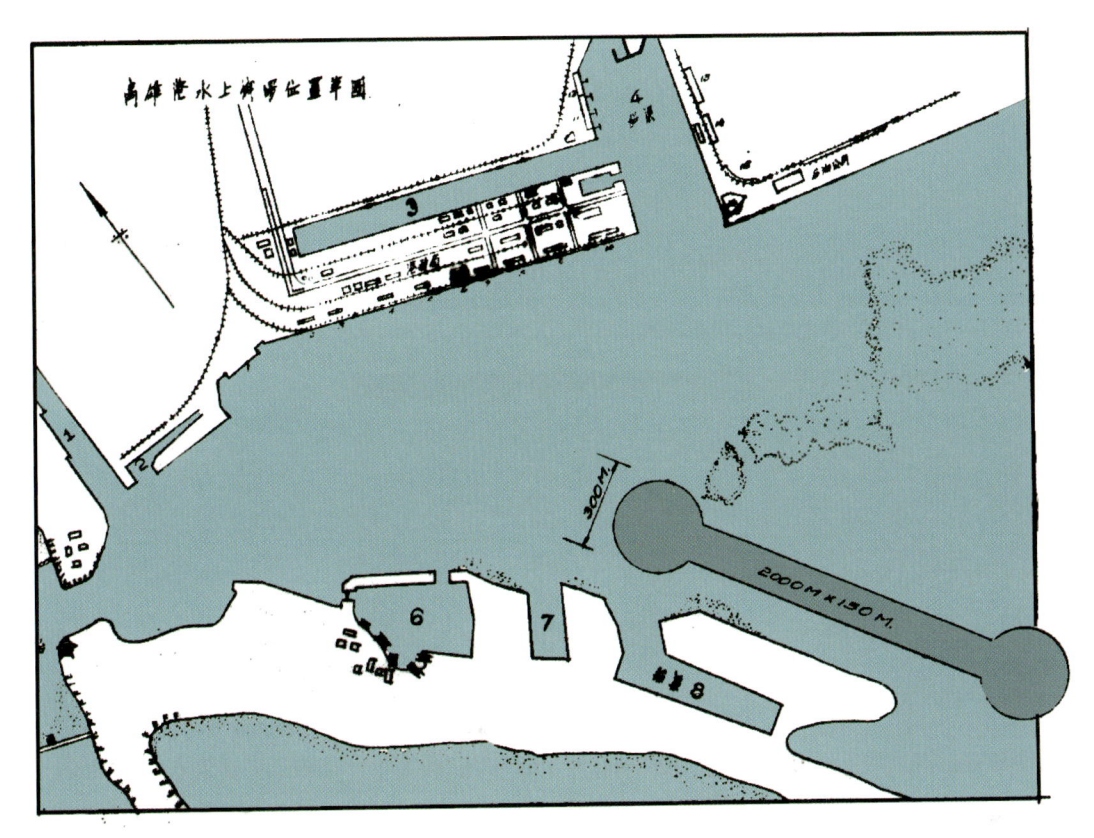

高雄港水上機場位置圖。1951.3.

地帶長 1,500m、寬 75m。

　　復興航空在 1951 年新購入了這架 PBY-5A 飛機後，曾舉辦一些航空的推廣活動，例如與台灣旅行社合辦了一次「空中遊覽」的飛行。依照當時報紙報導，在 1951 年的雙十節上午 9:00 起，復興的 PBY-5A 水陸兩用飛機從松山機場起飛，經北投、草山、淡水、新店、碧潭等地上空，讓旅客作一趟 20 分鐘的空中遊覽。每批乘客為 20 名，費用只收油料成本新台幣 50 元。

　　雖然復興航空為了利用這水陸兩用機來開航台北至高雄港航線，但後來在 1950 年代的客運營運上，該公司主要是於 1954 年 12 月起接手民航空運隊 CAT 的東部循環線，而 PBY-5A 水陸兩用機，則是擔任執行軍方包租飛往馬祖的業務居多。

　　由於復興航空草創時期人手就那些，因此擁有民航局所核發的第一張商用民航飛行員執照（號碼 10001）的復興航空董事長陳文寬先生，也常親自駕駛 PBY-5A 出任務。

　　1956 年 9 月黛娜颱風過境，給復興航空公司帶來了空前厄運。該公司當時所有的 3 架水陸兩用機，竟有兩架因颱風毀損無法修復，只剩一架「藍天鵝號」僥倖未受損傷仍能飛行。該年底，復興航空用這僅剩的一架 PBY-5A，於 12 月 23 日由陳文寬駕駛，試航往日月潭。這次的飛行，早

當年高雄港水上機場區域如今的樣貌。2011.9.

復興航空創辦人陳文寬先生。2014.6.

陳文寬先生在舊的復興航空機票上簽名。

由王立楨先生執筆撰寫的陳文寬先生傳奇故事。

上 9:50 從台北起飛，於 10:50 安全降落日月潭湖面，完成第一次的日月潭客機處女航，並且向政府申請每週一次的定期航線。不過，到了 1957 年 12 月，卻因日月潭航線票價過高，乘客太少，乃將原訂班機改為包機，避免虧損。

其實，復興航空的 PBY-5A 雖常接軍方的包機與搜救任務，但其實這都是非常危險的生意。1958 年 10 月 1 日，復興航空最後的一架水陸兩用機「藍天鵝號」，在執行軍方的一次馬祖包機業務時，竟神秘失蹤，給了復興航空最致命的一擊。經此事件，復興航空宣布 10 月 16 日起全面停航，進入了休眠狀態，而在 1951 年 7 月因復興航空所需而開闢的高雄水上機場，也因此無疾而終消失於台灣。

在 1958 年「神秘失蹤」的「藍天鵝號」，沒想到消失超過半世紀之後的 2013 年又有新聞重新浮上檯面。有馬祖的漁民撈到一個三葉的螺旋槳，經比對「被推測」是「藍天鵝號」的其中一具，因此這架飛機在消失如此多年後又重新有新聞，實在是奇蹟。在 2014 年 6 月陳文寬先生返台時，空軍特別在岡山舉辦陳文寬特展，並且展出這個飛機殘骸與 PBY-5A 的模型作為紀念。不過，究竟這個「遺物」是否真是「藍天鵝號」的一部分，則連陳文寬先生都不敢肯定……。

復興航空的ATR42舊塗裝機。

復興航空的ATR72-600客機。2015.3.

復興航空的A320客機。2008.5.

399

日月潭機場、梨山機場 [復興航空]

日月潭 ICAO 代號：RCSM　　　　　　　　　　**梨山 ICAO 代號：RCLS**

儘管復興航空在自有機隊最後一架的藍天鵝號於 1958 年失蹤後停航，但其實在 1983 年國產實業接手經營之前，並沒有完全放棄飛行的夢想與業務。在 1964 年時，復興航空曾計畫以小型飛機，開闢由台北至中興新村、日月潭、梨山、花蓮的觀光航線。

梨山機場位於海拔 2,280m 的福壽山農場附近，於 1964 年 9 月初動工，當時預估大約 45 天可完成（詳細時間應為該年末或隔年初完工）。在這座機場完成後，復興航空引進 Porter PC-6/A 小型客機，配合 1965 年 3 月 28 日揭幕的梨山賓館，同時開辦飛行台北經花蓮往梨山的航線，並宣布日月潭機場的興建計畫。

日月潭機場的土地由省府撥供，所需經費則由復興航空投資，跑道長 300m 寬 30m，位於文武廟附近，除了茶園的補償費用，工程費共花了新台幣五十餘萬元。該機場於 1965 年 8 月 12 日試降後，於 9 月正式完工啟用。

由復興航空所籌建的日月潭機場與梨山機場完工後，因為預算超過預期，因此計畫中的中興新村機場跑道便沒有繼續興建。這次的建跑道與買飛機行動，大概是復興航空在 1980 年代由國產實業入主經營前，最後一次在 1960 年代想要重新進入航空市場的嘗試。

不過，這項重新起飛的計畫最後並未成功，僅留當時購入的 PC-6 小飛機繼續執

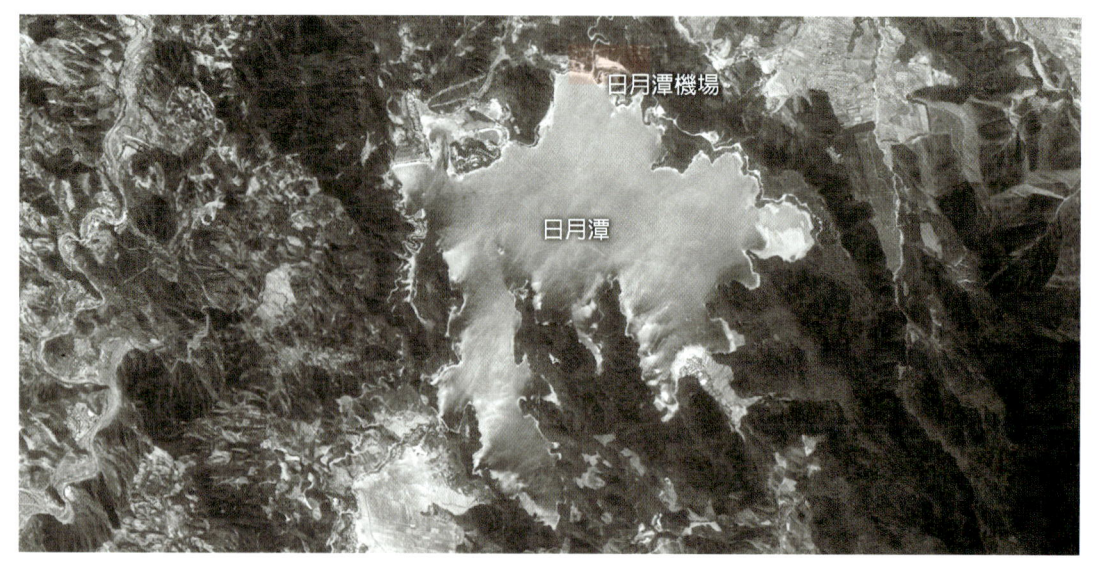

從戰後的日月潭地區航照，標出日月潭機場的位置。中研院 GIS 中心／提供

日月潭的水面，也曾是水上飛機起降的天然跑道。2006.4.

已經改為直升機用的日月潭機場。2007.4.

大華航空的這款 Sikorsky 公司製造 S58T 大型直升機，曾在 1976 年 9 月 17 日首航台中至日月潭航線。

日月潭機場地上寫著 H 的直升機起降區。2015.1.

行極為少量的包機業務。據復興航空創辦人陳文寬先生表示，之所以會一直保有這架小飛機，乃是當時台灣無法讓私人擁有飛機，而他為了滿足個人飛行的夢想，因此以這架飛機來維持航空公司的營運執照。所以，這架飛機雖只有極少數的包機業務，卻是復興航空得以存續的關鍵。

復興航空在這次小型飛機的嘗試失敗後，逐漸地淡出民航飛行的市場，但卻積極投入相關的地勤行業，例如外籍航空公司的代理，或者空廚的業務，其餐點加工廠也曾獲衛生署表揚為優良食品工廠。而這兩座復興航空所籌款興建的機場，也因跑道都相當地短，使用上也限制頗多，後來均改為直升機飛行場。兩座機場皆留存 ICAO 碼，日月潭機場為 RCSM，梨山機場為 RCLS。

值得說明的是，復興航空在 1960 年代使用的小型飛機，是 Pilatus PC-6/A Porter 小型機（編號 B-1410 號）。這架飛機造於 1963 年（S/N 555），最初於 1963.8.31~9.5. 間屬 Pilatus Flugzeugwerke AG（編號 HB-FBI），之後轉屬於 Air Services Hong kong / Pilatus，在遠東地區作展示飛行（1963.9.5~1964.1.10.），於 1964 年 2 月由復興航空所購入，編號為 B-1410，大約使用至 1979 年，在 1983 年賣往韓國。

這架飛機在復興的最後一趟旅程，仍由

日月潭機場如今已經成為熱氣球使用。2015.1.

當時已經七十歲的董事長陳文寬於 1983 年時親自駕駛飛往韓國，之後送去韓國航空大學（Hankuk Aviation University，今改為 Korea Aerospace University）變為 HL5102 號。復興航空的董事長陳文寬，在這趟飛行後退休，長達 50 年的飛行生涯劃下完美句點。而這一架 B-1410 號機的離開，也代表著復興航空的陳文寬時代落幕，接著是國產實業的入主經營，以及後來天空開放後的重新起飛。

而曾以這款小型飛機營運，配合其短場起降特性所興建的日月潭機場與梨山機場，則轉型為直升機飛機場。而有趣的是，在復興航空實質不使用這兩座機場後，取而代之的則是另一家成立於 1967 年的大華航空。

大華航空公司是在民國 1967 年 3 月間，由企業界趙諒公等所出資組成。成立的團隊成員中，還包含空軍前副總司令王衛民將軍。當時，參與籌組的王衛民將軍認為國內航線客源有限，一家新的航空公司想要在既有航線上分一杯羹實屬不易，但若考量到台灣的起伏地形，如果能開發以直升機為主的航空業務，也許是一條不同的營運方式。於是，在王衛民將軍鼓吹下，大華航空以發展直升機為主的營運型態，特別在農業上的空中農藥噴灑作業，可說是大華航空投入的一大市場。也就因此，大華航空經營才一年時，便要大幅開始擴展機隊，購買直升機積極投入。

擔任大華航空顧問的王衛民將軍，除了建議以直升機做農藥噴灑外，也希望該

公司能以直升機發展觀光,也就是想要推廣直升機的民航載客營運。到了1974年時,大華航空便特別購入S58T型的載客用直升機一架,於八月時試航台中至梨山、台中-日月潭-台北等線想要開拓這項業務,不過那時各地的降落場地及助航設備均尚待加強及整修,所以仍未能立即開航。

一直到1976年7月10日,大華航空籌辦已久的直升機載客觀光航線終於首航。這條台中至梨山間的新闢航線,採用美國Sikorsky公司製造的S58T大型直升機飛行,並聘請美籍飛行員當駕駛。根據當時大華航空的介紹,這種機型每次可搭乘14位旅客,且機內座位經專家特別設計過,飛行中平穩安全,由台中至梨山僅需二十五分鐘,單程票價訂為850元,團體票價則另訂有優待辦法。在飛航班次方面,每日上午九時半自台中飛往梨山,接著於上午十時十分自梨山飛回台中。大華的這個直升機航線,是以台中水湳機場為駐地,梨山的起降場是使用經過重新整修的原復興航空公司直升機機場。大華航空為了旅客的方便,還從這個起降場提供往返梨山賓館的接送小型巴士。

大華航空在推廣的這個直升機觀光旅行,一直是與東南旅行社合作。除了台中往返梨山的航線外,在該年的8月底,也推出了「澎湖兩日空中旅行團」,每日出發,費用1,850元,早上七點二十分起飛,一小時之內便可達馬公!到了該年9月12日,大華航空更為了配合十月慶典期間華僑歸國增加的觀光遊客需求,以台中往返梨山的班機,配合旅行觀光規劃,推出了「台中、梨山到花蓮」旅遊路線,兩天的行程安排有專車前往武陵農場、福壽山農場及太魯閣、天祥、長春祠等名勝,到花蓮時並將參觀大理石工廠。全部行程包含夜宿梨山賓館,從台北出發要價3,270元,從花蓮出發則為2,830元。

除了上述這些與旅行社合作,包含各種觀光行程而搭配的航線外,大華航空在1976年9月17日首航台中至日月潭航線,

該路線每日早上八時四十五分自台中飛往日月潭,九時十分自日月潭飛返台中,單程票價定為536元。

大華航空的直升機票價,在1976年底時調降,台中至梨山單程變為599元,台中到日月潭430元。這兩條以台中為出發點的航線,算是大華航空比較固定在飛行的航班,也都是使用早先復興航空所籌建的兩座機場。

而大華航空的直升機航線逐漸打出名號後,又增闢了台中到阿里山的新航線,以阿里山觀日樓停機坪為終點,從台中出發全程約三十五至四十分鐘,但初期採包機方式飛行,需14人才可包機,在1977年2月2日首航。不過,這條航線在該月底便改以正常固定航班開行,成為大華航空的第三條固定航線。

直到此時,大華航空除了與旅行社合作的觀光團包機航線外,固定開航的直升機載客航線均以台中為基地,往返梨山、日月潭、阿里山,甚至後期還開闢了往返合歡山的航線。

大華航空為了服務從台北出發的旅客,在1977年5月獲得民航局核准通過,可以

大華航空早期雖曾使用日月潭與梨山機場開發直升機業務,但休眠後又重啟飛行時,也曾以這些 DHC-8 螺旋槳客機加入國內線營運。

購買中型螺旋槳飛機飛行台北至台中的航線。該年 7 月,大華航空決定購買一架載客 48 人的福克 27 飛機,並且打算 10 月時開航,不過這個計畫似乎一直都未成真,而大華的直升機觀光載客業務,也在後來慢慢收了起來。

大華航空除了繼續一些簡單的直升機業務外,漸漸地變成一家「休眠公司」。而歷經復興航空籌建,再到大華航空直升機機隊使用的梨山機場與日月潭機場,也逐漸淡出台灣民航客運的舞台。到了 1985 年 8 月時,民航局公告該年 5 月的民用航空器適航狀況之際,大華航空所有 7 架直升機均列為不適航狀態,到 1987 年大華要轉換經營權時,則只剩下 3 架直升機。如今,日月潭機場已經少有飛機飛來,原本的直升機起降場與機坪,也曾改為觀光熱氣球的起降用地,算是仍保有一些些與飛行有關的連結。不過,因為日月潭仍是台灣一個重要的觀光勝地,依然有業者想以頂級空中遊覽為號召,開辦直升機的觀光遊湖行程。只不過要價不斐,是否真能經營下去仍值得觀察。

陸軍龍岡機場、衛武機場

龍岡機場位於如今桃園市中壢區龍川九街旁　　衛武機場位於高雄捷運衛武營站旁

　　戰後中華民國陸軍航空部隊的肇始，多是以1956年時在美軍顧問團的建議下所成立的陸軍航空部隊為起點。當時，美軍認為有必要將輕航隊的編制納入陸軍的體制內，因而在該年8月率先移交2架輕航機給我方，讓陸航的部隊得以開展。草創期的陸航，先後於台灣南部鳳山五塊厝（衛武營）設立了「衛武機場」，後又於北部完成「龍岡機場」，均屬小型輕航機的短跑道飛機場。衛武機場位於衛武營旁，拆除後改建為現陸軍802總醫院。至於龍岡機場則留存至近年，原本遺留有陸航非常特殊與珍貴的文化歷史遺跡，不過可惜已被拆除。

　　相信不少在陸軍當過兵的朋友，都聽過金六結、衛武營這些曾是新訓中心的地點。金六結最早是日本時代民航用的宜蘭飛行場，而衛武營則是日本為了南進，而在南部高雄鳳山一帶所興建的陸軍倉庫群。1950年代初開始，該營區逐步成為陸軍新兵入伍訓的場所，因而衛武營之名逐漸廣為熟知。近年衛武營的用地由軍方釋出，高雄縣府與後來的高雄市府將其改造為衛武營都會公園。只不過應該很少人還記得，在衛武營的北方，曾有一座非常小型的陸軍輕航隊飛機場，稱做「衛武機場」，還是中華民國陸軍航空部隊誕生之地。

　　衛武機場位於衛武營旁，完工時有一座與晚些興建之龍岡機場一模一樣的小塔台，但上面的字寫著「衛武機場」「標高27呎」。依照大約1959年時的航照圖加以判斷比對，該機場完工之際有一條長度大

戰後拍攝於1959年左右的衛武機場航照。中研院GIS中心/提供

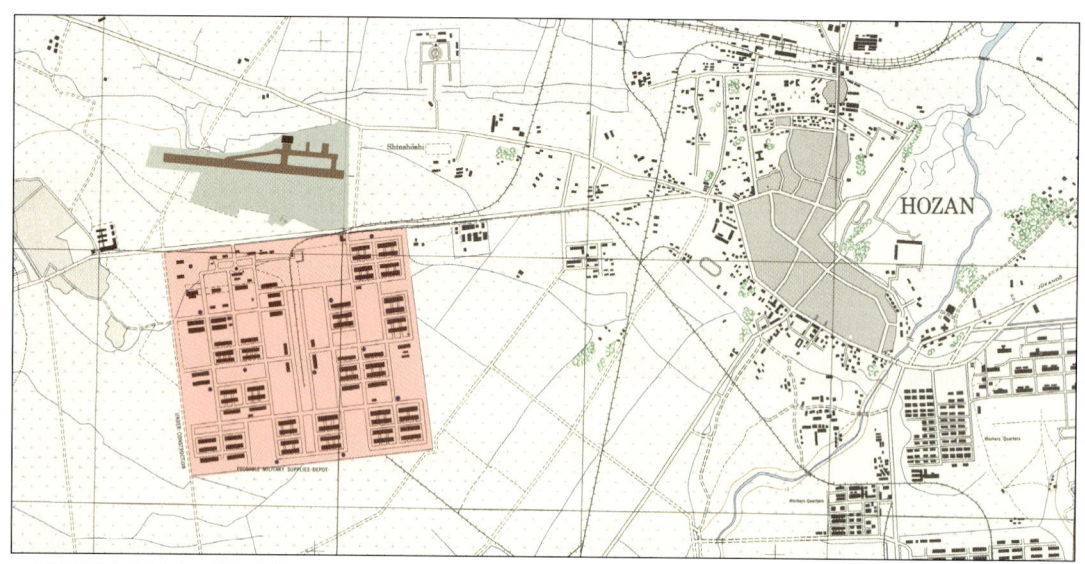

以美軍在 1944 年所繪製，1945 年印製的鳳山地圖（Hozan）為底圖，加繪衛武機場位置。圖中紅色陰影的方正營區，即是後來的衛武營。

約是 700m 的小跑道，方位為與小港機場幾乎一樣的 09/27，但實際上應該是在 275 度與 95 度的方位。此跑道的北側，有通往飛機棚廠的滑行道。

此機場除了有一棟大跨距的棚廠外，也有露天的機坪。不過依照另一張 1963 年聯勤總署發行的高雄市地圖來看，衛武機場竟然變成一座有著「X 形」交叉跑道的小型機場。不過該圖的可信度必須存疑，因為不少後續的圖資（包含 1970 年左右的「高雄市一千二百分之一都市計畫航測地形圖」）均顯示該機場的格局仍是一條跑道的樣貌。而此機場撤廢後，原地在 1977 年改建為陸軍 802 總醫院的新院區，亦即目前的國軍高雄總醫院，位於高雄捷運衛武營站出口旁，故衛武機場的消失，勢必在 1977 年之前。

而比衛武機場要稍晚興建的龍岡機場，雖然很多在地人傳言此機場肇建於二戰時期，但其實比對日美中三方當年的機場移交接收紀錄，以及戰後初期的航照判斷，龍岡機場應為戰後新設無誤。中華民國陸軍當年先於鳳山完成了衛武機場後，第二個完成的就是在 1959 年 5 月 22 日正式落成啟用的龍岡機場。這座機場由當年的陸軍總司令彭孟緝將軍偕夫人一起主持落成典禮，美軍顧問團副團長兼陸軍組長波克准將也到場致詞。依照當年的媒體報導，龍岡機場於 1958 年 11 月開工，在 48 個工作天內完成，還較預定時間提前 17 天。

依照龍岡機場拆除前的現地調查，可以大略確定此機場有一條長度約 700m 的 08/26 跑道，一座二層樓的塔台（瞭望用），上面寫著「龍岡機場」「標高 544 呎」，其造型與南部衛武機場的塔台設計幾乎一模一樣，僅差上面的字不同。此外，龍岡機場最經典的，莫過於是一座鋼筋混凝土結構為骨架，以紅磚做側壁，但屋頂卻以

衛武機場的位置，如今已經變為國軍高雄總醫院，位於高雄捷運衛武營站出口旁。2012.8.

衛武營內目前僅殘存少數軍事建築，並被改造為原味盡失的新風貌，相當可惜。2012.8.

木構架所完成的棚廠。這座輕航機使用的棚廠面積不大，卻是全台少見非鋼架的木構飛機棚廠。其屋頂雖以木構件為主體，但設計上將抗壓力之構件用木料，抗拉力構件用鐵桿的方式組成，是水泥與鋼料都節約時代的產物，也是台灣飛機場建築中的少數派。

雖然龍岡機場內的建物是陸航非常珍貴的文化資產，但在地方人士與立委孫大千積極奔走要求拆除機場閒置營區，並打通龍昌路與闢建公園後，塔台與棚廠都在2009年10月時拆除，走入歷史。如今，龍岡機場與衛武機場都已經消失，僅存歷史照片可供追憶。

龍岡機場殘存的跑道狀況。2007.7.

原本清楚標示著「龍岡機場」「標高544呎」的龍岡機場塔台。2007.7.

龍岡機場曾有台灣最後殘存的鋼筋混凝土結構為骨架，紅磚做側壁，但屋頂卻以木構架所完成的棚廠。2007.7.

龍岡機場棚廠外部特寫。2007.7.

龍岡機場棚廠內部之屋頂結構特寫。該屋頂的設計上，是將抗壓力之構件用木料，抗拉力構件用鐵桿的方式組成。2007.7.

龍岡機場目前已經被拆除的這棟飛機棚廠,是台灣相當特殊的機場軍事建築,拆掉相當可惜。
2007.7.

空軍台東志航、花蓮佳山基地

志航 ICAO 代號：RCQS　　　　　　　　　　**佳山 ICAO 代號：RCCS**

　　台灣在日本時代，大多數的機場建設多位於西部，東部的機場數量較少，且在二戰開啓後才廣爲建設。這是因爲台灣在航空時代開啓到二戰的開戰初期，在整體日本帝國的版圖中，台灣是通往南洋的一個必經要道。因此，航空史研究者曾令毅便曾認爲，說台灣島內有眾多機場所以是座「不沉空母」似乎比較像是口號，因爲航空母艦上的飛機，多是從船上起飛再回船上，但台灣的機場作用並非在成爲飛機的母艦，而是整個大日本帝國通往南洋的必經路線。因爲受限於當時飛機的續航力，台灣島內的飛行場，就成爲這些南來北往飛機的最佳中停地點。

　　不過這樣的情況在進入二戰後逐漸改變，因爲當日本的勢力範圍逐步被美軍逼退，絕對國防圈遭突破後的台灣，再也不能置身事外。面臨像是台灣沖航空戰這樣就發生在台灣門外的大規模空戰，台灣的機場不能再當成只是航路上的中停補給地點，而是必須面對眞正的戰爭考驗。因此在二戰的中後期，台灣東岸的機場才會開始有像是宜蘭、花蓮與台東這樣的大型航空基地建設。

　　對於日本陸軍而言，在缺乏航空母艦的情況下，要往台灣東方太平洋海面迎擊美軍，也就只能從這些東岸的機場來起飛。其實，這樣的「國防軍力東移」概念，也在戰後的台灣再度出現。中華民國退居台灣以後，在島內所全新興建的大型機場當中，民航用的就屬桃園國際機場一座，而軍用的即是台東的志航基地與花蓮的佳山基地。

　　台東在日本時代很早就有飛行場的建設，進入二戰後更曾在如今的豐年機場附近，規劃有海軍使用的台東（北）飛行場與陸軍使用的四條跑道台東（南）飛行場。戰後，這座舊機場被修補整建後繼續使用，但政府因顧慮到所有西部機場均暴露於中共的監視下，乃希望在東部尋找適合地點

空軍台東志航基地緊臨太平洋。2014.7.

411

台東志航基地的跑道旁就是太平洋。2014.7.

興建大型空軍基地。在經過了審慎的評估與會勘後，決定在台東市以北，卑南大溪北側的海邊興建一座空軍機場。這項工程以「神鷹計畫」為代號，於1970年2月開工，1971年8月落成啟用，並為了紀念抗戰時的空軍英雄高志航，而將此基地取名為「志航基地」。

位於台東的志航基地，如今有一條04/22方位的東北/西南向跑道，ICAO代號為RCQS，在完工後也曾肩負著台東地區的民航任務。不過，在1980年代政府重新整建豐年機場後，民航又搬回舊機場，而讓志航基地繼續維持軍用，並且以部訓及假想敵中隊聞名。事實上，國軍為了因應戰時能把西部的空軍飛機撤到東部保存戰力，曾在1980年代至1990年代在志航基地增建山裡的大型機庫。這個屬於「建安計畫」內的山裡地下洞庫隱匿軍機規劃，依照聯合報2001年1月的報導可知，「是將整座山挖空，內部除三個大型機庫，還有作戰指揮中心、飛行員待命室、官兵宿舍、彈藥及油料庫等。三個大型機庫之間，有可容戰機滑行的通道彼此相連……」

而與這個志航基地內「建安區」類似的，還有位於花蓮機場旁的佳山基地。然而，就像是該篇聯合報報導所云，志航基地的山中機庫因是軍方「動員數個工兵營興建」，故外界一直不得而知，不似佳山計畫因為工程外包而為外界所聽聞。

花蓮佳山基地是以「建安三號」的代號，於1984年開工，歷經十餘年興建，於1991年12月18日由當時的陳履安國防部長主持竣工典禮。這個工程其實陸續有許多新聞傳出，像是1986年就有因為徵收土地而爆發的索賄弊案而鬧上新聞，1989年的華航墜機也離佳山基地的專案工程不遠，都引起國人關切。

佳山計畫耗資上百億元，主要是以中央山脈為屏障，興建山中的地下機庫保存戰力，並與二戰末期日軍秘匿機場特地選取鄰近山邊設立隱匿區域，且在山腳下興築跑道的作法非常類似，也新築了一條靠近山邊的03/21跑道。此跑道走向與花蓮機場的一樣，兩個基地分開的兩區也以聯絡道相接，其下則有蘇花公路與北迴鐵路。

由於西部台灣的機場，大多是延續日

台東志航基地有著中華民國空軍最後的F-5戰機部隊。2008.7. 陳鶴仁/攝

本時代的飛行場擴建或整建，因此戰後國軍所全新興築的空軍機場，就只有台東的志航，以及花蓮靠山邊的佳山基地。因這兩處機場屬於高度國防機密，故外界所知不多，但花了數百億經費，歷經多年才完工的浩大工程，確實是戰後台灣國防的一大重要建設。

台東志航基地開放時，民眾可以近距離欣賞飛機滑過眼前。2013.6. 陳鶴仁/攝

迷彩塗裝的假想敵中隊F-5E，可以說是志航之寶。2013.6. 陳鶴仁/攝

北迴鐵路火車正後方的跨線橋，就是連通空軍花蓮基地與佳山基地的飛機聯絡道。

圖中的台鐵30L3000型油罐車是原「空軍專用」的車輛。2015.4.

位於佳山基地北側跑道頭外的中油北埔油庫有全台最後行駛的油庫專用線鐵道，不過已於2015年4月底駛出最後列車。2015.4.

中正國際機場→台灣桃園國際機場

ICAO 代號：RCTP

　　戰後台灣島內最大的民航機場建設，當首推位於桃園市的台灣桃園國際機場了。這座機場的興建，源於1960年代後期，政府認為台北的松山機場將會飽和，且因用地關係無法擴建，故希望在桃園建設新的國際機場。

　　在1969年春時，這樣的訊息被透露出來，不過因為交通部覺得松山機場在5年內都還不會達到飽和，故新的桃園機場建設將在未來4年內完成規劃，5年後才開始建設。但奇怪的是，到了該年年中與年底，桃園國際機場的闢建議題卻如火如荼展開，還找了美國的顧問公司來規劃。到1971年時，原本預計的十四億經費，竟然爆高到四十億，而且還希望隔年就開工。但是，對於桃園新國際機場的位置，卻從最早的桃園軍機場擴建，到美方顧問公司選擇較靠近桃園市如今高速公路的位置，再到1971年5月重新修正地點，換到桃園大園，乃考量到原本的規劃地點要拆除的民宅過多，而用地也有高速公路將經過，故改選擇靠近海邊的大園一帶，方便未來的擴建。

　　這個新的機場用地在1971年時底定，民航局立刻成立工程處，而政府也開始土地的徵收。為了安置原本居住於機場用地上的居民，政府把腦筋動到桃園台地最有

於1970年代十大建設時所完成的桃園機場─航廈原貌。2010.8.

於1970年代十大建設時所完成的桃園機場一航廈原貌。2010.8.

歷史意義的埤塘，特別是桃園大圳中最有名也最大的一個「弁天池」（亦有寫成辨天池），打算把埤塘填平後，新生出的土地拿來安置居民。

弁天池位於桃園後站附近，是桃園大圳的一號池，池中小島又稱弁天島，建有奉祀佛教「弁才天」的豐滿社，是桃園地區的一大名勝。不過為了安置桃園機場興建預定地上的原有住戶，這個大池被填平，並於其上興建國宅與各種設施，陽明社區即是為了安置機場用地原住戶的國宅。

到了1974年春，機場用地的徵收大致解決之後，該年9月便開始興建，且列入「十大建設」當中的一項。整個工程到1978年時大致完工，第一期發展計劃中的跑道、滑行道、航站大廈、塔台等工程都陸續完成。而在該年的2月，還傳出交通部收到在紐約的中文報紙《華美日報》議將此興建中的機場，命名為「中正國際機場」，以紀念「先總統 蔣公」的提議。該報還說這樣以名人命名的方式，像是甘迺迪、戴高樂或杜勒斯機場這般，是符合國際慣例云云。所以，交通部就打算接納民意，如此一來，原本的「桃園國際機場」名稱，就這樣變成「中正國際機場」，直到陳水扁擔任總統時，於2006年秋才又改為「台灣桃園國際機場」。

由於整個機場完工後還必須經過許多的測試，所以在1978年9月1日，一架民航局查核機便於上午11:20降落桃園國際機場的新跑道，停留十五分鐘後再度起飛離去，成為桃園國際機場跑道上第一架起降的飛機。而機場運作的測試，也開始開放各航空公司申請派機試飛，1978年10月

更新後的桃園一航廈，最突出的就是這個原日本建築團隊認為要切除的結構。2014.4.

這個更新後卻不得不保留的突出結構，成為桃園機場一航廈建築導覽時必訪的「亮點」。2014.1.

17日便有華航的一架波音七○七客機前往試航降落。

原本這座機場打算在1979年1月20日的民航局成立紀念日開放啓用，但因為時程有所拖延，最後是在1979年2月19日舉行載客試航，到21日才舉行正式的落成啓航典禮。

這個「中正國際機場啓航典禮」相當有趣，安排的一架華航波音七四七專機，從松山機場起飛搭載貴賓前往桃園參加典禮。民航局並規劃啓航典禮後，22日與23日供民眾參觀，26日才正式啓用提供國際航線班機起降與旅客進出。原本松山機場使用的RCTP與台北機場TPE代號，均同時轉移至桃園使用，而松山機場則改為RCSS與TSA。

完工時的中正機場，包含一座航廈，以及一條位於海側，全長有3,660m、寬60m的跑道，另有一條與主跑道平行的備用副跑道長2,752m、寬45m。啓用當時，主跑道稱為05L/23R，副跑道為05R/23L。後來，在1983年底時，二期工程的另一條跑道完工，這條跑道全長3,350m、寬60m，稱為06/24跑道，距離當時的空軍桃園基地較近，並有聯絡道相連。

因此嚴格來說，中正機場曾有某段時間，是處於三條跑道的狀況，只不過備用跑道極少使用，早就想要廢止改為滑行道，

桃園一航廈更新後，內部煥然一新。2014.1.

桃園中正國際機場在1990年代中期的舊時影。

在 2000 年發生新航空難後「剛好」立即公告改為滑行道，而主跑道更名為 05/23，另一條靠近山側鄰近桃園軍機場的則維持 06/24。不過，2011 年時這兩條跑道再度更名，05/23 改為 05L/23R，而 06/24 則改為 05R/23L。

由於中正機場的運量逐漸飽和，二期航廈於 2000 年開始啟用，先完工的是南大廳，北大廳則到 2005 年完工。在二航廈逐漸開始分擔旅客流量之後，原本的一航廈也請到日本建築師團紀彥來設計改造更新，於 2013 年 7 月底完工煥然一新。目前，政府為了桃園航空城的計畫，想大規模徵收民地，再度增建第三航廈與第三跑道，並且將其旁的軍方桃園基地變為航空城新市鎮。這些計畫未來會如何發展與落實，值得國人持續關注。

桃園機場落成時就完工的塔台。2014.7. 　　桃園機場的二航廈。2014.7.

桃園機場的稀客，安托諾夫An-124大型運輸機。2011.11.

桃園機場貨機起降畫面中，背景為「中正國際機場旅館」的大樓。2006.5.

空中巴士A380飛機也曾前來桃園機場展示飛行。2007.6.

遠航兩架波音七五七客機因想利用軍方桃園基地棚廠整修，故少見地從桃園機場走聯絡道送往旁邊的桃園基地。2014.4.

空中巴士A350客機來台於桃園機場展示飛行。2015.5.

舊塗裝的長榮客機於桃園機場。2005.4.

長榮MD-11貨機與背景仍寫著「中正國際機場」的航廈（攝於奇跡咖飛場）。2006.5.

從「第三航廈」咖啡廳所見的桃園機場飛機落地風景。2008.5.

桃園機場每到春節與春季時，就常起大霧影響航班起降。2006.1.

華航波音七四七客機除役的最終之旅,是由這架 B-18215 執飛。 2021.3.

華航波音七四七客機除役的最終飛行,是在 2021 年 3 月 20 日以「后翼起飛」的 CI2747 班機,從臺灣桃園起飛出發前往日本靜岡繞富士山一圈回來後,落地桃園圓滿完成。2021.3.

為了華航波音七四七客機的最終載客飛行,特別在登機室舉辦了「后翼起飛」的紀念活動,吸引許多航迷參加。 2021.3.

第九章

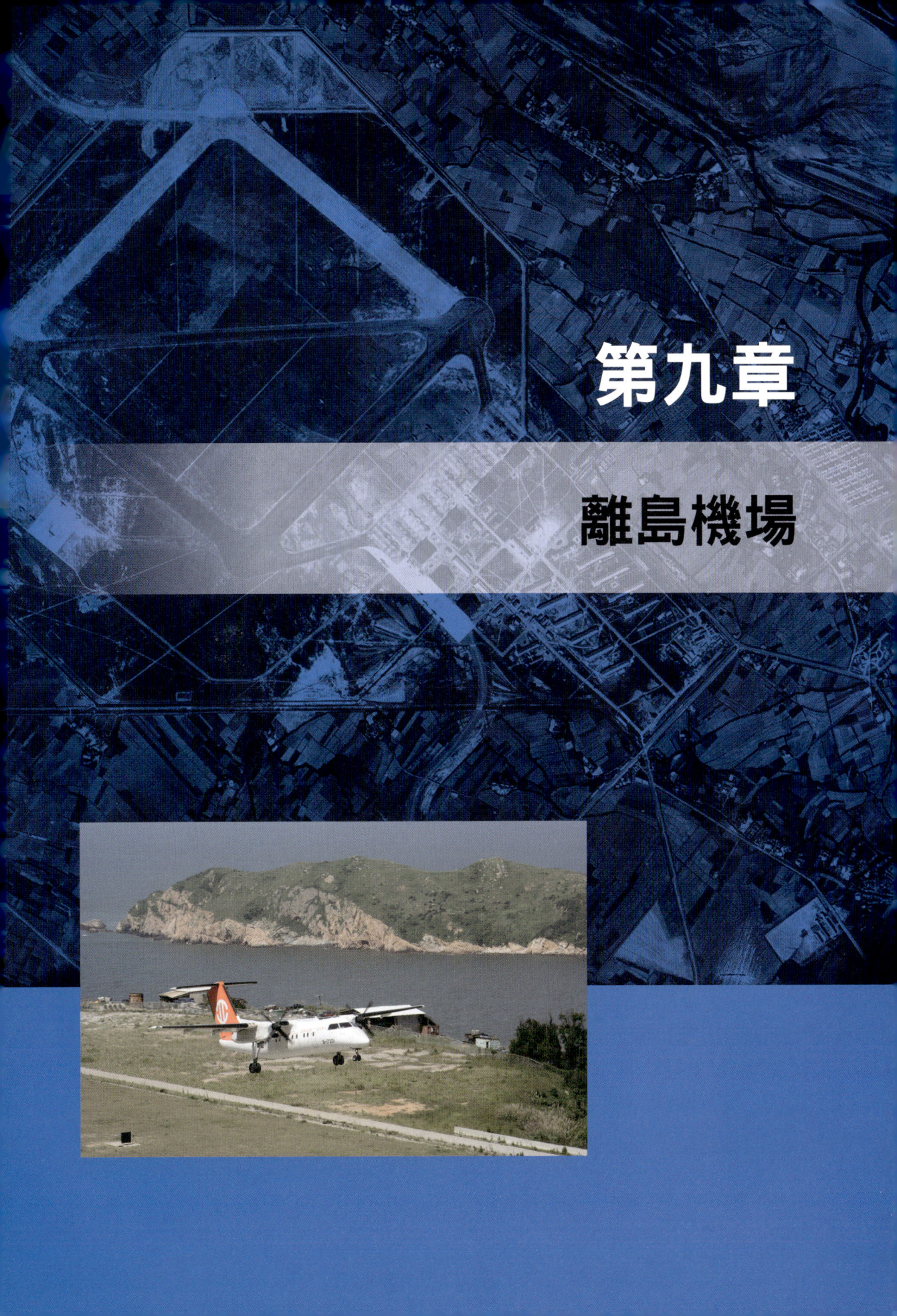

離島機場

澎湖地區飛機場

澎湖 ICAO 代號：RCQC　　七美 ICAO 代號：RCCM　　望安 ICAO 代號：RCWA

　　澎湖位於台灣海峽當中，在甲午戰後連同台灣一起割讓給日本，因而澎湖地區的航空發展史也就跟台灣本島一樣，肇始於日本統治時代。

　　澎湖最初的飛機起降用地，與台灣島內黎明期航空事業發展時的狀況一樣，使用的其實就是軍隊的練兵場，位於目前澎湖本島三軍總醫院澎湖分院與中山國小之間的土地。這塊練兵場的歷史相當早，明治時代就已經有記載。不過，大約在 1933 年時，可以看到這處屬於馬公要港部的練兵場，有向民間購入土地擴張的紀錄。從當時公文的附圖看，購入的土地在原本練兵場的東北側，可見一塊 300m 寬、500m 長的用地，位於大案山、前寮、文澳一帶。

　　從臺灣日日新報上的一些澎湖飛航紀錄來看，1937 年時曾有台南、馬公間的民航試驗飛行，1938 年 11 月 6 日起，更有日本航空輸送會社（後改組為大日本航空）開啟的台南、馬公間定期郵便飛航。報紙中所稱的馬公飛行場，用的就是這處練兵場旁增建的用地，而非日本海軍在二戰期間，於澎湖所建的另一座軍用新機場「豬母水飛行場」。

二戰間誕生的豬母水飛行場

　　澎湖的豬母水飛行場，也就是後來一

美軍於二戰期間運用多次航照分析，於 1945 年所繪製的澎湖馬公地圖，可見原本練兵場的用地，標註著舊飛行場（Old airport，紅色陰影）。

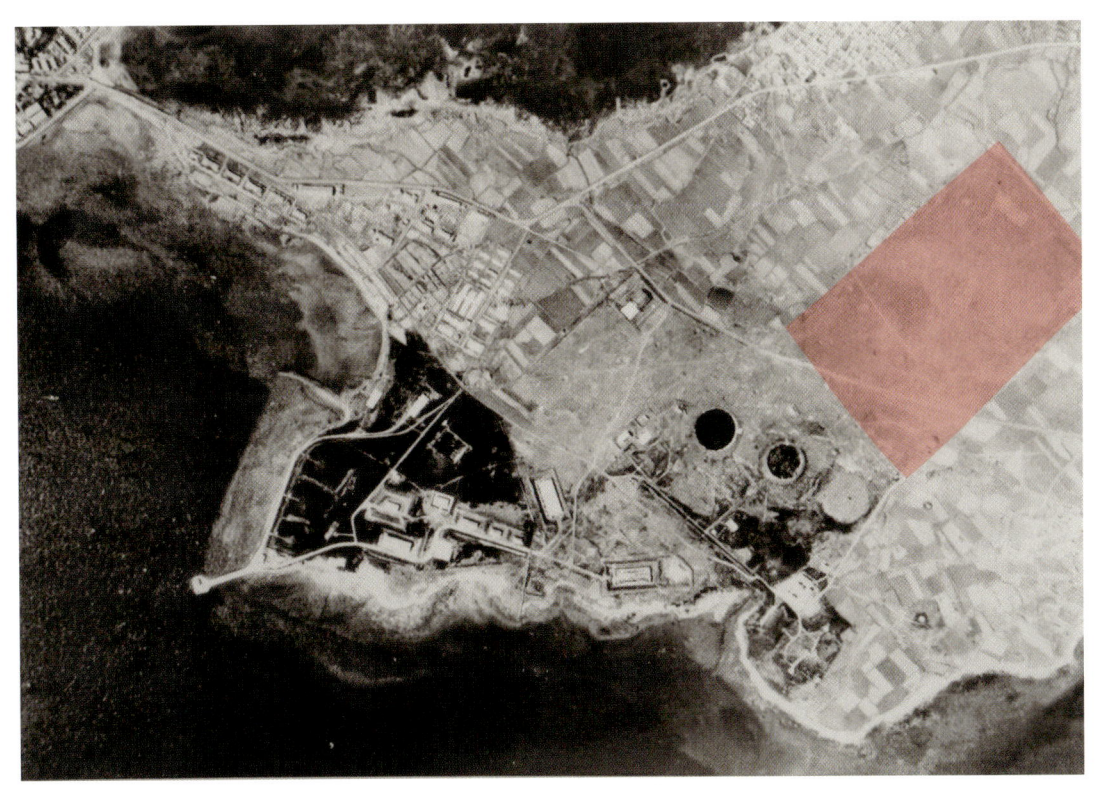

澎湖馬公原練兵場的用地，是最早的馬公飛行場（紅色陰影）。

般所稱的澎湖舊機場、五德機場，位於現在的軍方五德營區。紀錄上，此馬公特設航空隊的陸上飛行場建設，於1940年12月由馬公要港部依照防備計畫開始進行土地徵購、大約1941年整備完可開始使用。

從該機場在日本時代的紀錄上看，有一塊略呈東北西南走向，長1,100m、寬400m（西南端）到500m（東北端）的大片面積起降區域。機場的主要設施都分設於這個起降區的西北側，有多棟兵舍（包含浴場、便所），也有飛機格納庫（機棚）、修理工場、倉庫、燃料庫、彈藥庫等設施。在二戰期間，豬母水飛行場這邊的部隊，留有第三十航空基地戰時日誌，可以看到有九七式艦上攻擊機與九六式艦上爆擊機留駐的相關紀錄。

豬母水飛行場在戰後由中華民國國軍接收，紀錄上1949年4月下旬，有教練機與C-46運輸機飛來此試航降落，可說是戰後澎湖的機場重新啟用的重要時間記載。而國軍為了澎湖的對外空中交通，1949年8月也開啟了機場的修建案，最重要的就是希望在原本的大片起降區中，興建一條長1,300m、寬45m的混凝土跑道，以及可以讓飛機滑到新塔台前的滑行道。

從後來的機場航照觀之，這座機場的跑道持續有不斷擴建的各種延伸，因此有多代的跑道遺跡殘存。例如1950年代，為了整修與擴建這處馬公機場的跑道，留有許多空軍總司令部在1957～1958年間的

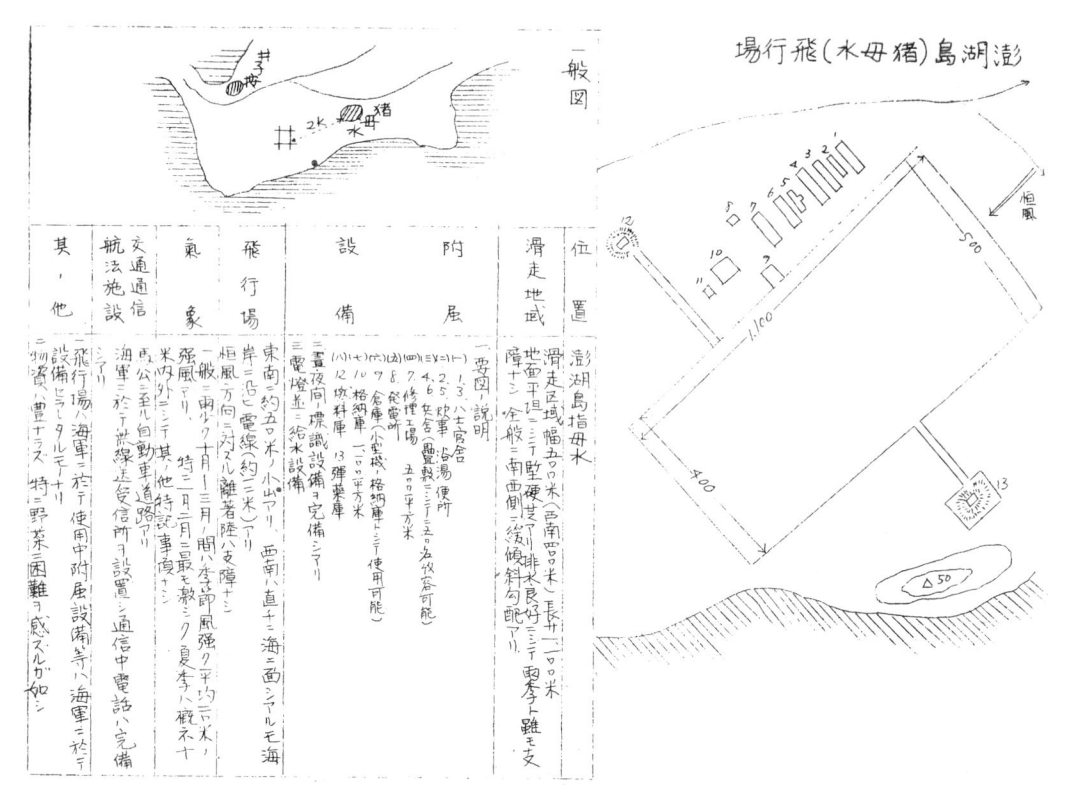

日軍方面有關澎湖島豬母水飛行場的紀錄。

左圖為美軍 1943 年時的航照，可見豬母水飛行場（綠色陰影）與練兵場代用的舊飛行場（紅色陰影）；右圖為豬母水飛行場區域的航照。

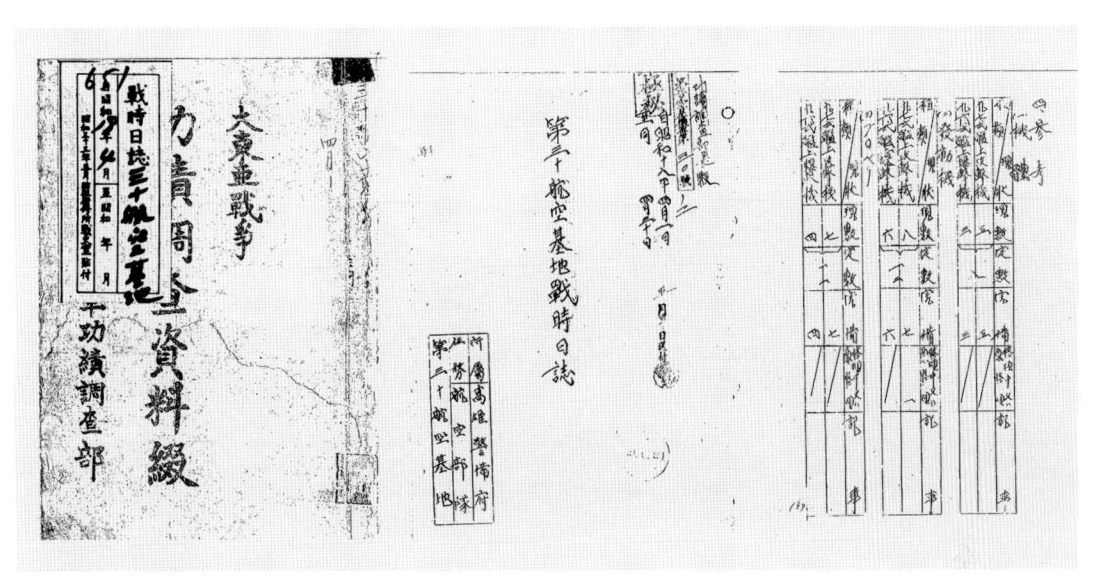

二戰時記錄豬母水飛行場狀況的第三十航空基地戰時日誌。

土地徵收紀錄。而在工兵的建設下，歷時約一年多，最後在1958年4月1日舉行了新跑道的落成典禮。這條新跑道肩負軍事重任，與美方軍事考量不脫關係，因此在完工典禮時，除了由參謀總長王叔銘親自來主持外，應邀觀禮的還有美軍協防副司令巴塞特、援華顧問團長鮑恩、交通部長袁守謙等。整個竣工典禮結束後，還由「建國號」專機起飛做首航；另外典禮進行中時，還有軍方的噴射機飛行表演。

在跑道擴建完成後，機場除了軍事駐防任務以外，也提供民航客機起降。當時飛航馬公的，是由民航空運隊改組而成的民航公司，紀錄上使用的是C-46型客機飛航。

雖然新跑道的落成，讓澎湖對外的空中交通有了改善，但澎湖地區入冬以後的強勁季風影響，仍然對機場的運作充滿了挑戰。在落成典禮結束後不到一年內就已經傳出風速太大、側風太強，常常造成民航班機無法起降的困難。而軍方與政府民航局，也積極尋求解決之道，希望能夠有所改善。

太武計畫下的馬公機場新建

為了解決原本舊的豬母水五德機場諸多問題，軍方在1960年代初開始了一個「太武計畫」的澎湖新機場建設。這座新機場的用地大約於1961年底開始探勘，隔年確定在隘門一地興建新機場，1963年時則由空軍向海軍總部撥用所需土地，並陸續開始興建工程。

據推測，澎湖的這座新機場，也就是如今的馬公機場，大約在1960年代中期完成，並逐步取代了舊機場。在1966年時，民航局在馬公設立了候機室，隸屬高雄航空站。但到1970年時，民航局考量到台澎

澎湖（原馬公）機場是交通量繁忙的國內離島機場。2020.7.

澎湖（原馬公）機場的航廈外貌（左圖）與停機坪樣貌。2020.10.

之間的交通發展日趨繁忙，原有的候機室空間早已不夠用，因此決定擴大改建新的民航站。1971年5月，華航以法國製造的卡拉維爾（Caravelle）噴射客機飛航台北、馬公。1977年8月1日，民航局轄下的馬公航空站正式成立。

2018年8月時，用了將近半世紀的「馬公機場」更名為「澎湖機場」。如今澎湖機場（原馬公機場）與台灣本島間，有著非常繁忙的空中交通，特別是在COVID-19疫情期間，國外旅遊受限的情況下，國內往澎湖去觀光旅遊的人口大增，整個馬公的澎湖機場航運繁忙到不可思議的地步，有多家航空公司飛航台灣本島城市至馬公的航班。根據民航局的資料，該機場目前的跑道方位為02/20，全長有3,000m。

澎湖（原馬公）機場航廈的內景。2020.7.

澎湖（原馬公）機場航廈的內部相當寬廣氣派。2020.7.

澎湖離島七美與望安的小機場

至於澎湖群島中的七美、望安這兩座小島，目前則有小型客機起降的機場，全由德安航空負責離島的定期航班運輸。

這兩座民用的「離島中的離島」機場設立都是在戰後，比較早啓用的是七美機場。該機場的興建緣由其實也非常有趣，是因為1973年的時候，華視製播了《澎湖七美人》的連續劇，讓澎湖七美名氣大增，遊客明顯增加，於是七美鄉公所就趁勢向民航局提出希望能夠開闢高雄、七美間的空中航線發展觀光。而後，在澎湖縣政府的努力之下，於1976年完成用地徵收，1977年3月時七美機場跑道及候機室完工，同年4月14日正式啓用。

七美機場完工時的跑道長820m、寬18m，方位02/20，只能提供小型飛機起降。開航時，是由永興航空的小飛機，飛航高雄、七美以及馬公、七美的定期航班。而由於七美機場的落成，澎湖地區的另一座離島望安，也希望能夠比照辦理。因此，在民航局專款的補助下，望安機場在1977年8月開工興建，隔年的9月25日完工，

七美航空站外貌。2023.1. 柯孫禮 / 攝

望安航空站外貌。2023.2. 柯孫禮 / 攝

七美航空站全景。2023.1. 柯孫禮 / 攝

而後在1979年2月啟用。目前，望安機場跑道方位為02/20，長822m。

七美與望安這兩座澎湖離島的機場，在落成完工時都是由澎湖縣政府負責營運與管理，不過後來都同時在1991年5月11日轉由民航局接手，為七美輔助站與望安輔助站。2003年5月民航局的航空站組織通則制定後，這兩站改為丁等航空站，由馬公航空站負責業務督導。2023年民航局組織法修訂後，將原本的馬公航空站、七美航空站與望安航空站整併為澎湖航空站，統轄整個澎湖地區的三座機場。

被遺忘的馬公五德舊機場與餌砲

在如今澎湖天空繁忙的榮景之下，被大家遺忘的，或許就是之前提到，日本時代曾經是澎湖地區重要軍事機場的豬母水飛行場了。這座機場在現在的澎湖馬公機場完工啟用之後，整個飛航的功能逐漸被取代，但這塊地其實一直都沒有釋出，仍是軍方的重要用地，跑道遺跡也仍存在，甚至漢光演習時，也曾經在這裡做反空降作戰的操演。因此，這座日本時代就已經落成的老機場，推測可能仍有軍事遺跡殘存。

這處後來已經被改稱為舊五德機場、五德營區的軍事用地，最近的一次新聞露出是2024年1月31日時，蔡英文總統前往參加五德營區的啟用典禮，並且視導戰鬥部隊戰力展示演練。相對於新聞裡嶄新的營區建設，基地內是否仍留有二戰時的軍事遺跡則就不可知了。但在澎湖的軍事史跡上，很重要的一個文化資產「日軍餌砲」，除了一座在西嶼的外垵之外，另一座就是在離豬母水飛行場很近的五德餌砲。過去，這餌砲被誤認為是二戰時產物，但依照吳令丞老師的考證，才確認是建於1920年代，為當年用來欺騙華盛頓海軍條約限武下的產物。若豬母水飛行場尚有日本時代的軍事遺跡殘存，則可結合埋藏於荒煙漫草中的五德餌砲，增加澎湖地區的觀光歷史景點。

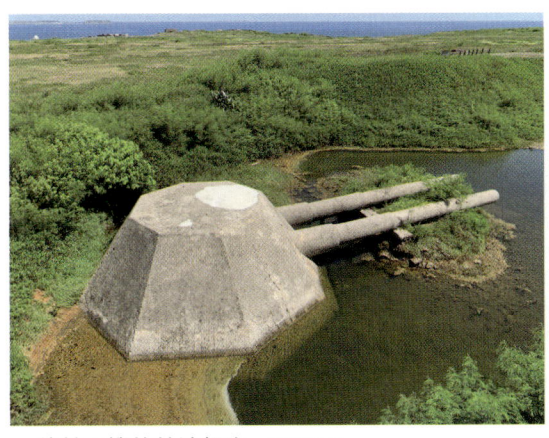

位於西嶼的外垵餌砲。2020.7.

離豬母水飛行場很近的五德餌砲。 2023.5. 魏以恩 / 攝

金門與馬祖的飛機場

金門 ICAO 代號：RCBS　　北竿 ICAO 代號：RCMT　　南竿 ICAO 代號：RCFG

二次大戰後，隨著國共內戰的失利，中華民國政府最終播遷來台，而後台澎金馬就成為復興基地主要的實質掌管地區，而這當中屬於福建省的金門與馬祖，則變成兩岸對峙時的最前線。

在兩岸關係緊張的時代，金門與馬祖可以說是中華民國地區最接近戰地的地方。然而，隨著兩岸關係的趨緩，甚至小三通的開啟，原本的戰地最前線，搖身一變成為兩岸通航的一個捷徑。金門與馬祖都有飛機場的存在，在戰爭時期是戰備運輸重要的設施，維繫著與台灣本島聯絡的重要空中交通。如今金門的尚義機場以及馬祖的北竿、南竿機場，都有頻繁的民航客機飛航台灣，除了提供台商返鄉的小三通管道，近年來也在政府推動戰地觀光的策略下，成為許多台灣民眾能夠便捷搭機前往的交通手段。

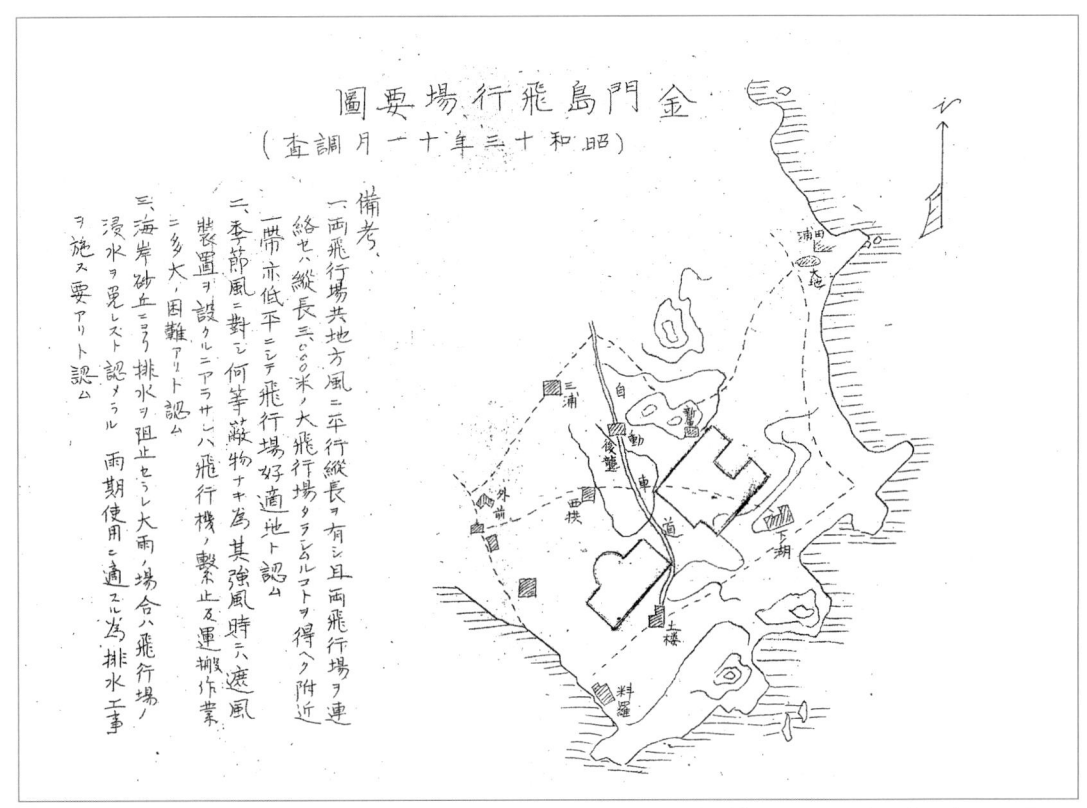

1938 年 11 月，日本藤田飛行團有關《廣東附近飛行場調查要圖補遺》報告中的金門島飛行場要圖。

金門的西洪機場

如今,從台灣可以搭乘民航的噴射客機,直接前往金門尚義機場,但在這座機場改建之前,其實金門還有一座舊機場,也就是許多民眾可能都聽過的西洪機場。

這座西洪機場的歷史,其實可以回推到日本統治時代的金門島飛行場。金門雖然不是在甲午戰後清國政府將台灣割讓給日本的範圍,但是當日本發動侵華戰爭時,1937年10月底日本便派兵進攻金門,金門島也就進入了日軍占領時期。根據一份昭

舊的金門西洪機場遺址,位於如今的金門畜產試驗所附近。柯孫禮 / 攝 2023.3.

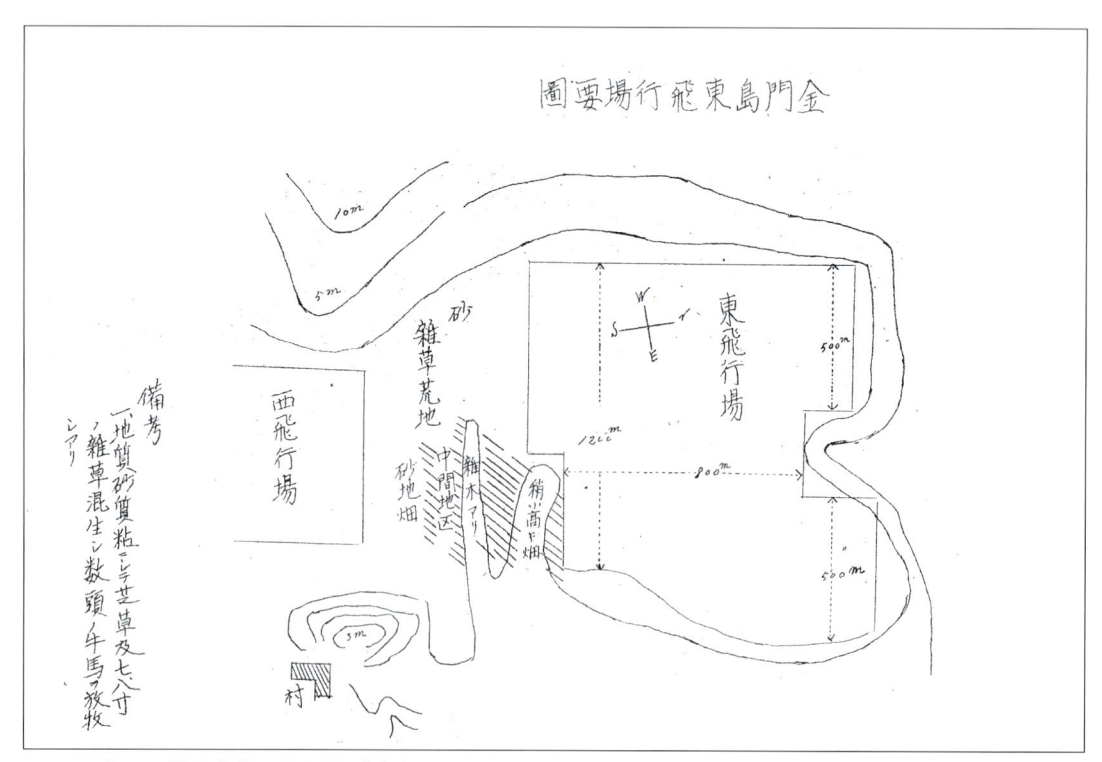

1938年11月日本藤田飛行團《廣東附近飛行場調查要圖補遺》報告中的金門島東飛行場要圖。

舊的金門西洪機場遺跡。柯孫禮 / 攝 2023.3.

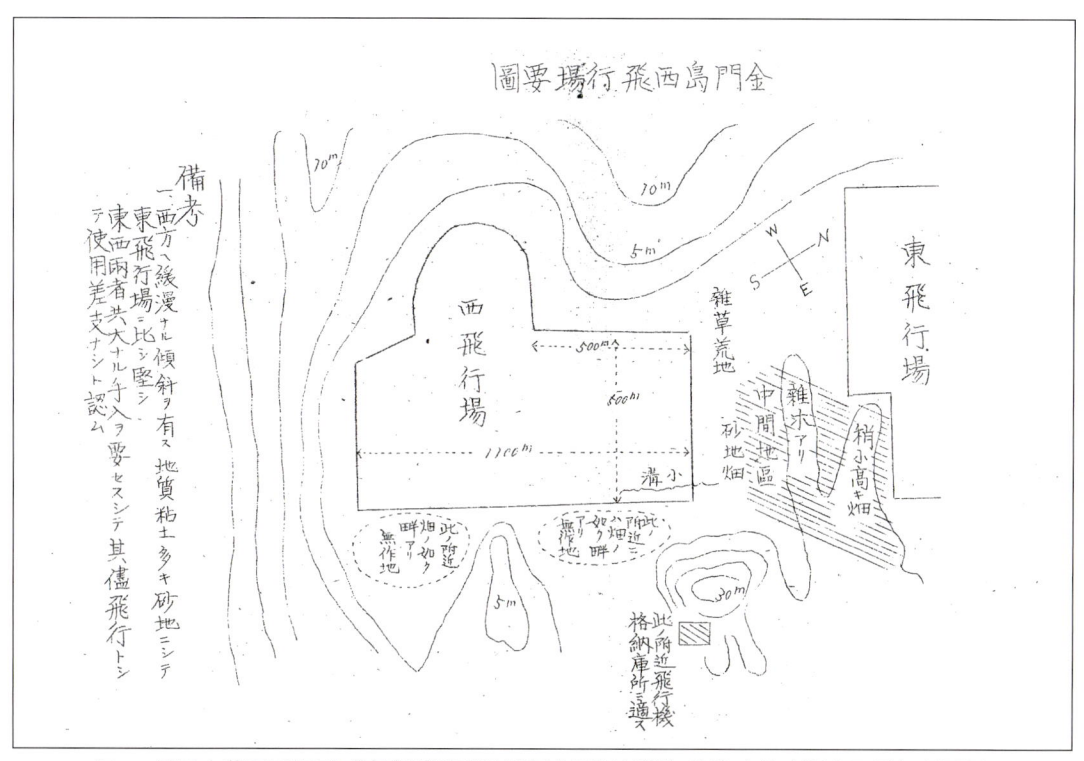

1938 年 11 月日本藤田飛行團《廣東附近飛行場調查要圖補遺》報告中的金門島西飛行場要圖。

435

和 13 年（1938 年）11 月，日本藤田飛行團有關《廣東附近飛行場調查要圖補遺》的報告中，可以看到後來的西洪機場附近，也就是金門島的東南角，其實有距離非常近的兩座機場，分別是金門島東飛行場與金門島西飛行場存在。這兩座機場的方位類似，大致都是東北西南向，東飛行場較類似方正格局，西飛行場則是比較狹長型。

依照《廣東附近飛行場調查要圖補遺》報告中所述，如果能將這兩座機場整個相連的話，則可以得到一座跑道長度大約有 3,000m 的大飛行場。由於這兩座機場的附近地勢較為低平，沒有太多障礙物，因此是飛行場選擇上的好地點。然而也因為這樣，當季風太強的時候，則需要有遮風的設計，不然對於飛機的各種地面作業會有所影響。至於這地區因為海岸邊砂丘的排水較差，所以大雨的時候飛行場內可能會積水，如果要在雨季時使用的話，排水工程的部分便一定要注意。

二戰結束後，1949 年國軍駐防金門，再度開始整建這座西洪機場。在 1951 年時，國防部甚至還核准復興航空客機每週一班飛航金門。不過，西洪機場的使用，大約只到 1958 年的八二三砲戰期間，而後則轉由新興建完成的尚義機場取代。

金門的尚義機場

如今的金門尚義機場位置，其實在日本尚未占領金門之前，1937 年調製的一份極機密文件，由台灣軍參謀部所提供的《南支特報第十九號》，有關南支那航空兵要地誌的內容中，可以看到「金門島飛行場候補地調書」的相關附圖，其地點赫然就是戰後的尚義機場用地。

金門尚義機場航廈外觀。2024.2. 柯孫禮 / 攝

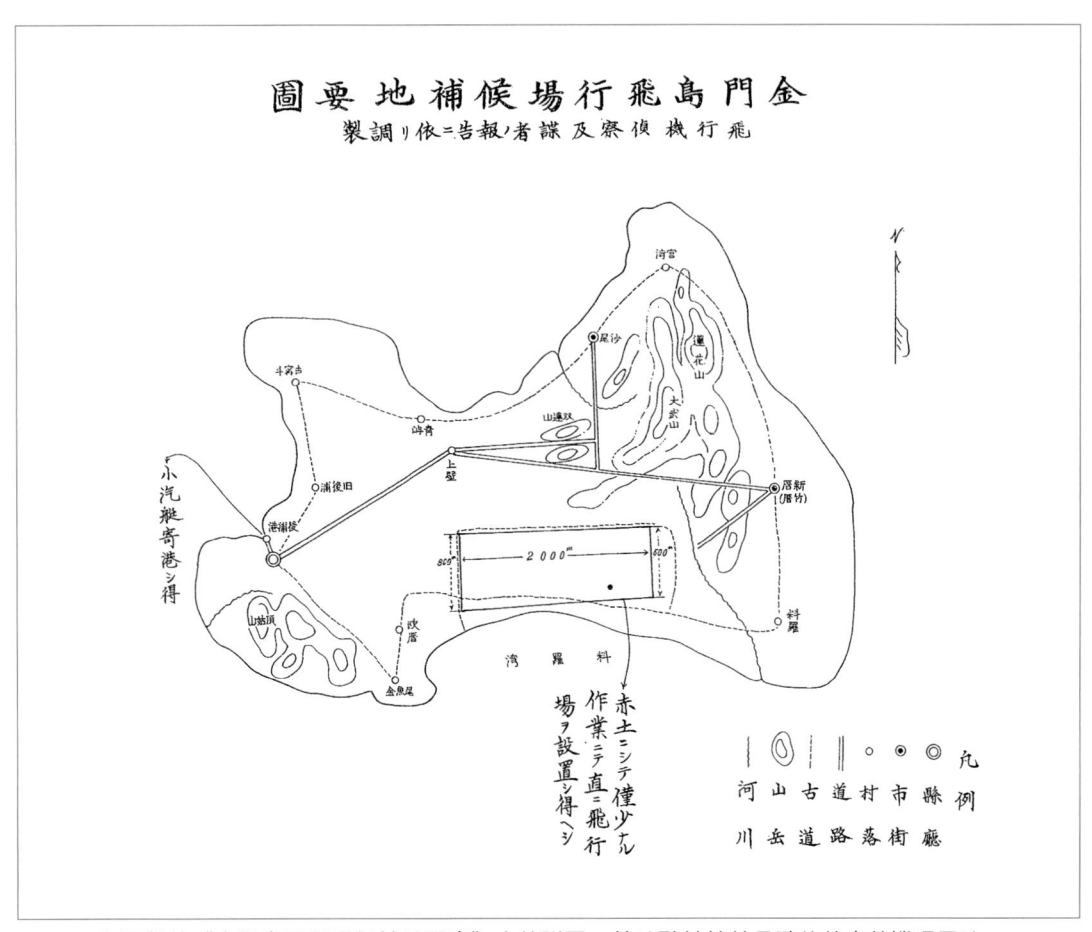

1937年調製的《金門島飛行場候補地調書》中的附圖，其地點赫然就是戰後的尚義機場用地。

　　這份報告相當有趣，主要是依照1936年9月15日飛行第八聯隊的飛行偵查結果，加上1937年5月左右的情報資料所綜合調製而成。這塊緊鄰著料羅灣的飛行場候補地，地面的紅土只要不多的作業，就可以直接設置成一座有著2,000m長、500m寬的長型方正格局飛行場。因此整個金門島上的飛機場用地，除了前述金門島東西飛行場連接起來的西洪機場，另一個可行之地就是這塊後來成為尚義機場的候補地。

　　金門的尚義機場在八二三砲戰期間啟用，很長一段時間都是維持在軍事用途的狀態。然而，往返台金之間的旅客逐漸增多，因此行政院決定借用尚義機場軍方的停機坪跟候機室，在1987年的9月由遠東航空開闢台北、金門航線。1987年9月8日，遠東航空以波音737的噴射客機試飛成功，9月11日起首航，每週飛三往返，但因為機票一位難求，很快就成為每週五班，甚至到11月的時候變成每天一往返。

　　由於金門尚義機場的旅客運輸快速增加，民航局乃斥資11億多經費在東北側興建民航專區，並於1994年3月正式成立金門丙種航空站。在國內天空開放百家爭鳴

金門機場大坪上的長榮客機。2023.8. 柯孫禮 / 攝

的這個時刻，以一元機票打響名號的瑞聯航空，也在1996年1月加入台金空中交通運輸的戰場。

大約在1999年時，國軍因為實施精實案，打算將金門尚義機場在內的國內四座機場交給民航局接管。經過民航局與軍方許多針對移交的商討，最終2000年1月3日，在交通部長林豐正與國防部長伍世文的主持之下，於「空軍金門尚義機場移交民航局接管儀式」當中，民航局長與空軍總司令交換協議書，金門尚義機場正式由軍方手中轉手到民航局的轄下。

隨著小三通的開放，金門尚義機場的旅客量不斷增加，民航局也持續不斷地拓寬跑道改善飛安、擴建航廈提升旅運設施服務品質。2011年時，金門航空站更升等為乙等航空站，可見其空中交通運輸上的地位不斷攀升。如今，民航局的紀錄上，金門機場的跑道方位為06/24，全長有3,004m。

馬祖北竿的大道機場

相較於金門，同樣為戰地前線的馬祖，因為腹地不大，加上地形的關係，因此機場的建設晚了許多。在二戰結束後，中華民國政府播遷來台，金馬成為兩岸對峙情形下的戰地前線時，馬祖與台灣間的空中交通主要還是以水上飛機為主。復興航空創立時，自美國引進的PBY-5A水陸兩用機，原本計畫用來開行台北松山機場到高雄港的航線，不過後來卻以飛行台北到馬祖的軍方包機業務為主。由於復興航空草創時期人手就那些，因此擁有民航局所核發第一張商用民航飛行員執照（號碼10001）的復興航空董事長陳文寬，也常親

馬祖北竿機場航廈外觀。2008.5.

自駕駛PBY-5A出任務前往馬祖。不過，1958年10月1日，復興航空最後的一架水陸兩用機「藍天鵝號」在執行軍方的一次馬祖包機業務時竟神秘失蹤，給了復興航空最致命的一擊。經此事件，復興宣布10月16日起全面停航，進入了休眠狀態。

其實，在1958年八二三砲戰發生後的1959年初，空軍曾會同陸軍開始希望在馬祖興建機場，並且會勘了許多可能的地點，這當中也包含南竿的牛角嶺，也就是現在南竿機場的這塊高地。但是1959年5月國防部長俞大維與美軍顧問團的顧問們來考察的結果則認為以北竿比較適合，後續國防部也指示以興建北竿島上的機場為優先，因此這座機場大約在1960至1961年間，陸續完成相關機場設施，開始可供陸軍的輕航機起降。而在1960年代中期，空軍總部也開啟了擴建計劃，將跑道延長、興

馬祖北竿機場。2008.5.

正要降落馬祖北竿機場的立榮飛機。2008.5.

馬祖北竿機場跑道與大坪上的立榮航空飛機。2008.5.

建混凝土停機坪，以及飛管相關設施，符合 C-47 型運輸機起降所需的基勤作業。這座機場在啟用之後，軍方定名為「大道機場」，除了可以提供運輸機起降外，也是陸軍輕航觀測機可以降落的地點。

在紀錄上，1966 年的 1 月 9 日，曾有三名共軍駕駛登陸艇向馬祖投誠。這時空軍為了要將這三名起義來歸的中共海軍弟兄載回台灣，曾經特別派出 C-47 運輸機前往執行任務。不過飛機降落北竿的大道機場時，卻因煞車不及導致機鼻受損，因而留下這座機場確實有運輸機起降，但卻造成事故的紀錄。而為了採訪這個新聞，國內一些報社也包租了復興航空的飛機，由董

事長陳文寬與正駕駛一同開著編號B-1410號的Pilatus PC-6/A Porter小型飛機前往。這架飛機是復興航空在「藍天鵝號」於馬祖神秘消失後，苟延殘喘用來維繫飛航身分用的飛機。此機於1964年2月由復興航空所購入，大約使用至1979年，在1983年賣往韓國。1966年1月時，陳文寬駕著這架飛機前往馬祖，已經不是更早的水上飛機降落海面，而是可以直接降落在北竿大道機場的跑道上。

不過，這次的採訪，以及投誠三名共軍的後送，卻還有後續。因為原本的C-47運輸機受損無法返航，國軍另派HU-16型水陸兩用機迎接反共義士，卻不幸遭共軍攻擊而墜毀，也顯示了馬祖的機場在兩岸敵對狀態時，飛航上除了地形險要的危險外，共軍的虎視眈眈也是一大危機，因此這座機場在後來主要也就只擔任陸軍輕航觀測機的駐防任務。不過，在1983年發生李大維駕駛輕航機從花蓮起飛叛逃至大陸的事件後，位於戰地前線的馬祖陸軍輕航機配置便遭到廢止，而這個機場也變成國軍日常操練的訓練場地，手榴彈投擲訓練與500公尺障礙場地皆設在大道機場的旁邊。

而這樣的情況到了1980年代的後期，政府為了改善馬祖對外交通，決定開始認真思考馬祖地區的飛機場籌建。考量到南竿機場整體施工完成的時間較久，所以初期打算先整修北竿的大道機場，提供小型的民航飛機起降。原本以為，北竿機場可以不用多久就能夠整備完成開放使用，但是一拖竟然就拖到1994年1月17日才首航，隔日正式開始對外營業。這條台北、

馬祖北竿機場塔台。2008.5.

馬祖之間的航線，最初是由永興航空獨家經營，每天提供四往返，以多尼爾 228 的飛機飛航。首航的當天，由當時的交通部長劉兆玄親自從台北搭機前往馬祖參與啓用典禮。整備完成時的馬祖北竿機場跑道方位 03/21，長 890m（如今長 1,150m）、寬 20m，並且有兩個停機坪的機位以及航站候機室。

獨家飛航馬祖北竿的永興航空，在首航的這一年 10 月，與誠洲電子集團結盟更名為國華航空。在國華航空時代的馬祖營運，卻於 1996 年 4 月 5 日就發生了第一次的失事意外，B-12257 號機的墜海造成乘客溺斃與失蹤。1997 年 8 月 10 日的國華航空 7601 班機，由 B-12556 號飛行，更是在抵達北竿機場時墜毀，全機遇難。

連續的飛機空難，加上地理條件限制，馬祖北竿機場只能飛航小型民航機，都讓許多馬祖民眾殷切盼望能夠在南竿興建新的機場。1997 年的 11 月，當時的行政院長蕭萬長親自搭乘這樣的小飛機前往馬祖，體驗馬祖對外空中交通的狀況。很快地，在 1997 年 12 月，經建會便同意興建南竿機場，經費由民航作業基金支應，工期預估大約四年半；而同時，北竿機場也進行改善的計劃，剷平周邊有礙飛機進場的山丘，加強飛行安全。

馬祖的南竿機場

在當年的交通部長林豐正主持之下，1998 年 11 月 2 日上午，馬祖的南竿機場正

馬祖南竿機場正對著的對面可以看到遠方的北竿機場。2008.5.

式動工興建。經過漫長的施工，2002年時，馬祖南竿機場的工程接近完成。當年的11月，民航局經過相關學者專家召開評審委員會後決定，這條新的航線將由立榮航空來經營，並且預計於隔年的春節之前首航。2003年1月，民航局的查核機開始在南竿的機場做相關飛航輔助設備測試，而立榮航空也開始試飛。最後，耗資約22億元，歷時四年多興建，有著一條方位03/21，長1,580m（如今民航局紀錄為1,579m）、寬30m跑道的馬祖南竿機場，終於在2003年1月23日正式啟用，由立榮航空獨家經營，每天來回各六班。立榮航空為了慶祝首航，還規劃了馬祖自由行、小三通中轉的套裝行程，甚至搭配北竿的航班，可以南竿進北竿出，或北竿進南竿出的行程。

馬祖的南竿、北竿機場，以及金門的尚義機場，如今都是由民航局所直接管轄的民用航空站。金馬地區早年雖然是兩岸情勢緊張時候的軍事最前線，但後來卻是小三通的第一線。目前金馬地區的民航航班，是由華信與立榮航空所擔當，金門尚義機場的飛航條件較佳，因此除了國內線主力ATR72外，也可以飛A321或波音737這類的噴射客機，但是馬祖的北竿與南竿機場，則仍是ATR72的螺旋槳客機飛行。不過比起來，已經比當年永興、國華時代的小飛機要好得多，而離島民眾空中交通的改善，確實也發揮了一定程度的效應。

馬祖南竿機場航廈。2008.5.

馬祖南竿機場的跑道。2008.5.

443

馬祖南竿機場大坪上停滿了飛機。2008.5.

馬祖南竿機場跑道外正在通過的台馬輪。2008.5.

馬祖南竿機場跑道。2008.5.

馬祖南竿機場塔台（左圖）與跑道（右圖）。2008.5.

蘭嶼與綠島的飛機場

蘭嶼 ICAO 代號：RCLY　　　　　　　　　　　　　　　**綠島 ICAO 代號：RCGI**

在中華民國轄下的領土中，台灣本島周邊的離島，除了台灣海峽中的澎湖各島外，像是屏東縣東港、高屏溪出海口西南方海面上的小琉球，也曾有一條長 1,000m、寬 50m 的小型跑道與不大的小琉球航空站，在 1975 年 1 月的時候，由台灣航空試航，並於同年 3 月開闢飛行高雄小港到小琉球的航線。然而因為距離過短，票價又貴，根本無法跟海運交通船競爭，因此後來整個機場用地就改為直升機的停機坪繼續使用，徒留原本機場航空站的廢棄設施在原地。至於在太平洋側，台東外海的蘭嶼與綠島，雖也是規模較小的飛機場，卻持續營運著，可供小型民航客機起降往來台灣本島。

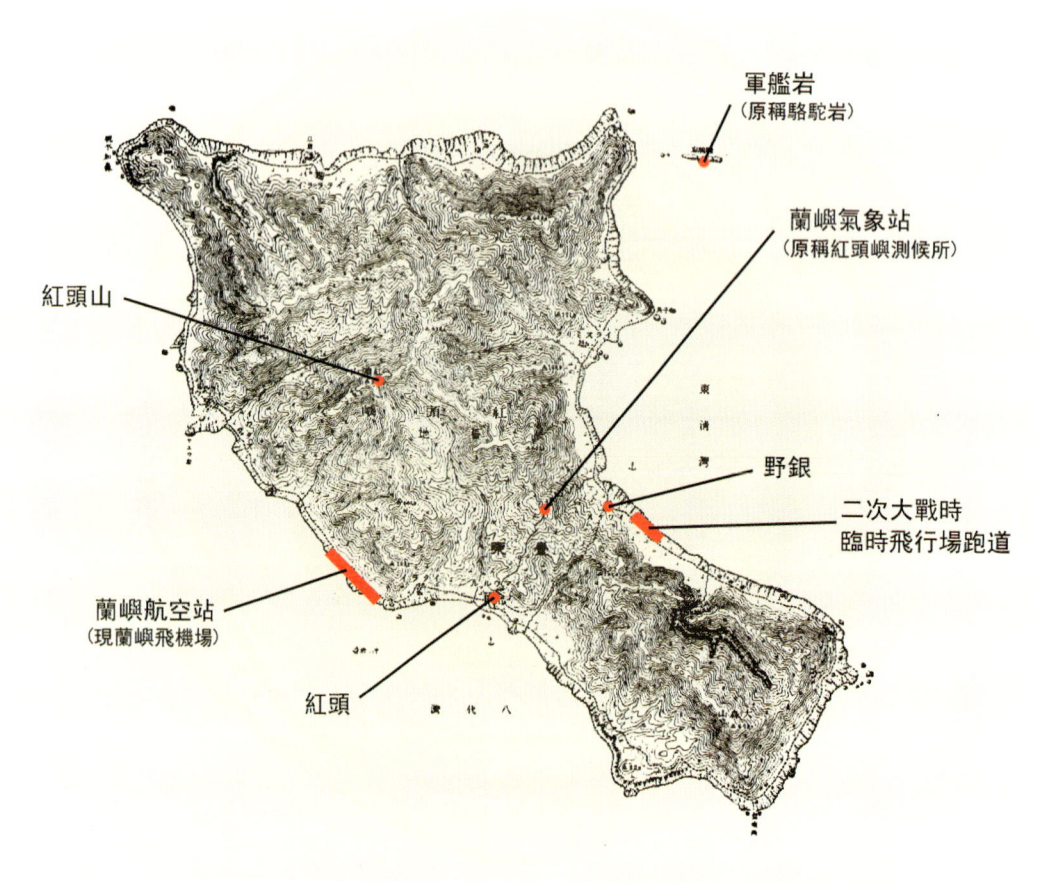

蘭嶼島上相關的機場與戰爭遺跡位置圖。

太平洋上的蘭嶼機場

位於台東外海的蘭嶼，如今是東台灣重要的觀光景點，應該有不少民眾，都有搭乘離島小飛機前往蘭嶼旅遊的經驗。不過，現今由民航局管理的蘭嶼航空站，也就是一般大家熟知的蘭嶼機場，其實並非二次大戰時日軍曾闢建的臨時跑道位置。

依照民航局的記載，如今使用中的蘭嶼機場，係於 1964 年 11 月所完成。當時的這座機場，是由軍方的職訓總隊代管，隸屬於蘭嶼地區警備指揮部，直到 1977 年由民航局與省府撥款改建候機室。後來在 1980 年代初，才由民航局撥款辦理停機坪遷建，與內外候機室、塔台及停車場等工程。在 1984 年 10 月時，此機場移交給台東縣政府接管，由蘭嶼鄉公所負責管理及維護，但到了 1990 年時此機場才為民航局正式接管，並由台東航空站負責督導，而再度擴建的新航站大廈則在 1995 年 10 月啟用。現有蘭嶼機場的跑道長 1,220m、寬 23.5m，跑道方位為 13/31，僅供小型飛機起降。

這座現行的蘭嶼機場，位於島上西南隅靠近台灣側的紅頭村。可以想像選擇這個地點的考量，應該是為了配合島上可用的少數平坦地，又要避免強烈東北季風造成大側風而選的地點。但是，紀錄中在日本統治末期的太平洋戰爭時代，島上曾闢建的臨時飛行場跑道位置，則是在面向太平洋側的野銀部落附近，與現在的飛機場正好在島上山的兩邊。

依照蘭嶼島上耆老們的回憶與紀錄，1944 年夏曾有日軍飛機因油料用盡迫降在

位於蘭嶼島上的二戰時臨時飛行跑道遺跡。2009.7.

蘭嶼航空站建築外貌有許多在地原住民元素。2009.7.

野銀附近的Dokavcidan。於是日本方面召集了野銀與東清兩部落的原住民，闢建一個簡易臨時飛行場跑道，讓飛機起飛離開。因此，日本時代的臨時飛行場跑道位置，應當是在野銀附近。

依照戰後初期美軍航照圖中的跑道痕跡判讀，這條臨時跑道大概只有500m，並非正規飛行場規模的建設。而如今野銀當地民眾的說法，從野銀往東南的環島道路靠海側十分平坦筆直，本來一直是島上要興建飛機場跑道的用地，但後來因風太強的氣象因素，才改設置到現在蘭嶼機場的地點。

如今島上尚有部分二次大戰遺留至今的戰爭遺跡，例如中央氣象署（原氣象局）的蘭嶼氣象站，是島上保存最佳的日本時代建築。該氣象站當年稱做紅頭嶼測候所，設立原因是為了加強颱風的觀測，才在台

蘭嶼航空站外貌。2009.7.

在蘭嶼機場停機坪上整備加油的德安航空客機。2009.7.

德安航空客機停於蘭嶼機場停機坪上。2009.7.

灣總督府氣象台西村傳三台長支持下,而於 1939 年 11 月公告設站,隔年 1 月正式展開氣象觀測。紅頭嶼測候所的廳舍,是一棟風力塔與辦公室合而為一的建築,其構造為單層平頂(除了風力塔部分外),在二戰期間遭受美軍飛機掃射,戰後才修

蘭嶼機場跑道。2009.7.

建於日本時代的蘭嶼氣象站建築。2009.7.

復重新啟用；其旁的宿舍，仍留存當年美軍掃射後的彈孔殘跡。

　　此外，環島公路上可見的各種沿岸怪石中，有名的「軍艦岩」亦有戰爭相關的傳說。此岩石在日本時代因其背脊的突起而稱做「駱駝岩」，不過在二戰時期，若遇到能見度不佳的情況，很容易被看成是日本帝國海軍聯合艦隊的軍艦在海上航行，因而有美軍對著它猛炸的說法。於是，這個駱駝岩在戰後便被改稱為「軍艦岩」，成為島上二戰時期的一種戰爭傳說。

台東外海的綠島機場

相對於蘭嶼機場在 1964 年落成，綠島機場的籌建則稍晚，是在 1972 年興建完成，當時是由警總綠島地區警備指揮部管理。在 1977 年的時候由民航局及省府撥款改建候機相關設施，並於 1980 年代再度擴建後，於 1984 年移交台東縣政府接管，並且由綠島鄉公所負責管理與維護，而後於 1990 年 7 月正式由民航局接管，並且在 1995 年 10 月完成跑道的擴建，以及航廈的興建。目前綠島機場的跑道方位為 17/35，

綠島航空站航廈內外。2023.5. 柯孫禮 / 攝

綠島機場的塔台與航空站外觀。2023.5. 柯孫禮 / 攝

綠島機場跑道風光。2023.5. 柯孫禮 / 攝

德安航空是目前飛行蘭嶼綠島的航空公司，不過圖中的多尼爾型飛機如今已退役。2009.7.

長917m，可供小型飛機起降，由德安航空專營往返台東。

　　目前營運台東往返綠島蘭嶼的德安航空成立於1996年7月，前身為達信航空，一開始是以直升機為主要機隊開始各項的普通航空業務。2004年10月德安航空經評選成為經營離島偏遠航線客運的航空業者，而後在2005年6月8日首航。目前該公司專營台東往返綠島、蘭嶼，高雄往返望安、七美，以及澎湖馬公往返七美的離島定期航班。

東沙與南沙太平島的飛機場

東沙 ICAO 代號：RCLM　　　　　　　　**南沙太平島 ICAO 代號：RCSP**

在中華民國轄下的領土中，台灣本島以外的離島，除了戰地前線的金門、馬祖，台灣海峽中的澎湖各島，台東外海的蘭嶼、綠島之外，孤懸在南海上，仍由中華民國所管轄的東沙島以及南沙太平島，也因為軍事與主權的各種理由而興建有飛機場。這當中，東沙機場較具規模，可供空軍的 C-130 運輸機，以及立榮航空的 ATR72 軍包機飛航。至於南沙太平島機場，因為距離實在太遠，主權宣示與運補、醫療功能的意味則較為明顯。

南海中的東沙機場

紀錄上，20 世紀初的時候，東沙島就已經有日本商人西澤吉治發現島上覆蓋厚實的鳥糞可以當作優質磷肥，因此便率眾到島上開挖鳥糞，甚至還把島嶼改名為西

南海上的東沙機場。 2016.10. 翁嘉民 / 攝

立榮航空的軍包機停於東沙機場停機坪上。 2020.7.（左）2016.9.（右）翁嘉民/攝

東沙機場停機坪上的立榮航空軍包機。 2015.10. 翁嘉民/攝

澤島。不過，很快地在 1909 年時，清國政府便提出相關證據證明此為其領土，因此登島驅離強占島民重新收回東沙島主權。然而，日本在發動侵華戰爭時，同步也開啓了南進政策，在太平洋戰爭時期則已實質占領了東沙島，並且希望在島上興建簡易飛行場。

戰後中華民國政府接收東沙島，並且持續擴建，於 1987 年將原有的機場改建成一條方位 11/29，全長 1,500m、寬 30m 的跑道，並設立塔台以及一間小型候機室。1990 年 1 月 2 日，李登輝總統搭乘 C-130 運輸機前往東沙島巡視防務，便是降落在這條跑道上。

立榮航空的軍包機停於東沙機場停機坪上。 2020.7. 翁嘉民 / 攝

　　由於南海各島主權爭議問題不斷，政府擔心中國有武力奪島的企圖，為了加強防衛，乃在 2020 年前後開啓了「東沙機場跑道整建工程」，除了整修跑道以外，也增加相關的防禦設備。目前，東沙機場與高雄小港機場間，每週會有一班由立榮航空飛航的軍包機往返，另外也會有軍方的 C-130 運輸機往來，擔任人員物資的運補作業。

國境之南的南沙太平島機場

　　相對於東沙，中華民國領土更南的南沙群島太平島上，也因為軍事考量而設立有一座太平島機場。這座機場，是中華民國政府實質管轄領土上，最南以及最西端的機場。

　　太平島在日本時代是被稱做長島，為南沙群島中最大的天然島嶼，當時是隸屬於「新南群島」中。這個「新南群島」的稱法，是在大正時代中後期，日本開始對西沙與南沙一帶島嶼調查時的命名。日本的南進政策，相當程度需要這些島嶼的主權，來確保其往南方挺進的通暢。因此不管是強占，還是用商業採礦為名，又或者是設立氣象測候所，總之能把人或軍隊送

二戰時期位於新南群島長島（今太平島）上之台灣總督府氣象台新南測候所。

上島嶼駐守，就相當程度宣示了擁有主權。

長島係在1939年4月由日軍攻占取下，在戰爭期間曾有兵力駐防。在台灣總督府氣象台的所屬測候所當中，緯度最南（10°23'N）的新南測候所便是在1939年實質設立，隔年開始有氣象紀錄留存。不過，在當時的《台灣氣象報告》（例如1940年7月至9月者）當中，卻是以「長嶼」（長島）之名列於所屬的測候所位置表內。嚴格來說，「新南測候所」的名稱，是在1941年8月2日，以告示第636號增加於台灣總督府氣象台編制內，其位置為高雄州高雄市新南群島。新南測候所的行政區地址劃歸為高雄市，但實際上離高雄卻相當遠。

二戰結束後，此島由中華民國的廣東省政府管轄，雖曾與法國有搶奪之爭議，但在1946年11月由太平號軍艦接收，乃命名為太平島。目前，南沙群島上的太平島仍由中華民國政府管轄，屬於高雄市旗津區，其上的飛機場興建，則是在2006年開啓的「太平專案」中執行。

過去，太平島上雖有一條石子路跑道，但是只能提供輕航機起降，為了人道考量，方便醫療救護的運補，國防部乃將中央道路改建成一條方位為07/25，長1,150m的柏油跑道，供軍用C-130運輸機起降。這條跑道在2007年12月竣工，2008年2月2日，當時的總統陳水扁與內政部長、國防部長等一行人，搭乘運輸機前往太平島機場，是第一位踏上南沙群島的中華民國總統。

不管是南沙太平島或東沙島，原本的島嶼面積就已經不大，而島上為了興建機場，整條筆直的跑道也就變成最重要的人造設施。近年來在環保意識抬頭，生態保育的考量下，外加南海情勢緊張的外在條件，這些孤懸在距離台灣上千公里外的離島機場，究竟會有怎樣的設施更新，對於沒有機會上島的一般民眾來說，大概也只能從報紙媒體窺之一二，也是本書在調查研究上最後、也最模糊的一頁拼圖了。

附錄

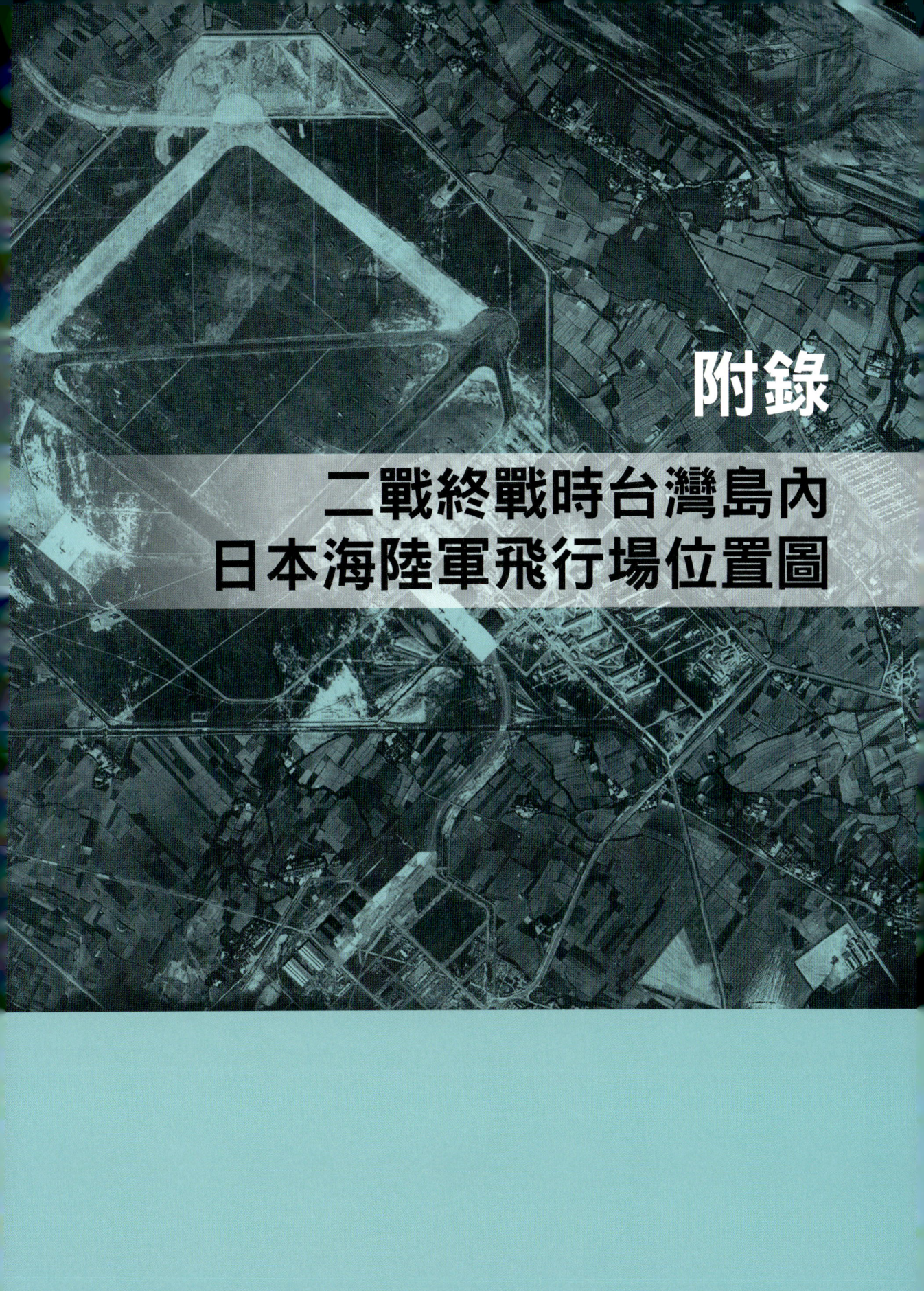

二戰終戰時台灣島內日本海陸軍飛行場位置圖

458-441頁之地圖說明：本圖集為洪致文繪製，以二戰終戰時台灣島內飛行場的位置與樣貌製輪廓、套疊入現行街路（藍色）所鋪成的底圖。圖中搭配台鐵（暗紅色）與高鐵（綜色）路線，方便閱讀時參考位置。飛行場名稱以本書內使用者為準。[ ]內為輔助說明文字。若以[X]表示則為未完成、廢棄或未接收之飛行場。飛行場跑道以紅色標出。台標出者為日本海軍所屬之飛行場，以綠色標出者為日本陸軍所屬之飛行場。

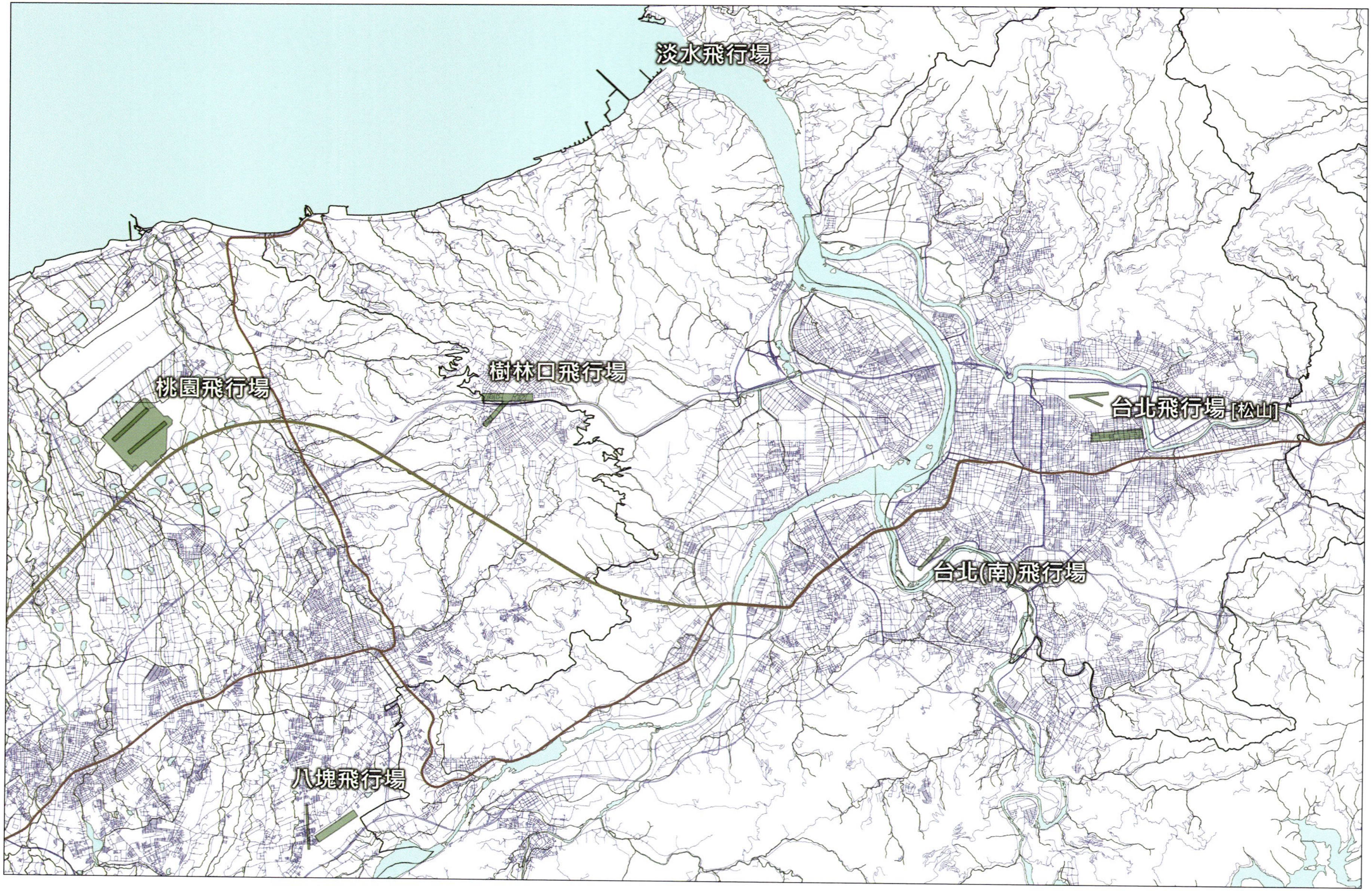

台北飛行場[松山]

台北（南）飛行場

淡水飛行場

樹林口飛行場

桃園飛行場

八塊飛行場

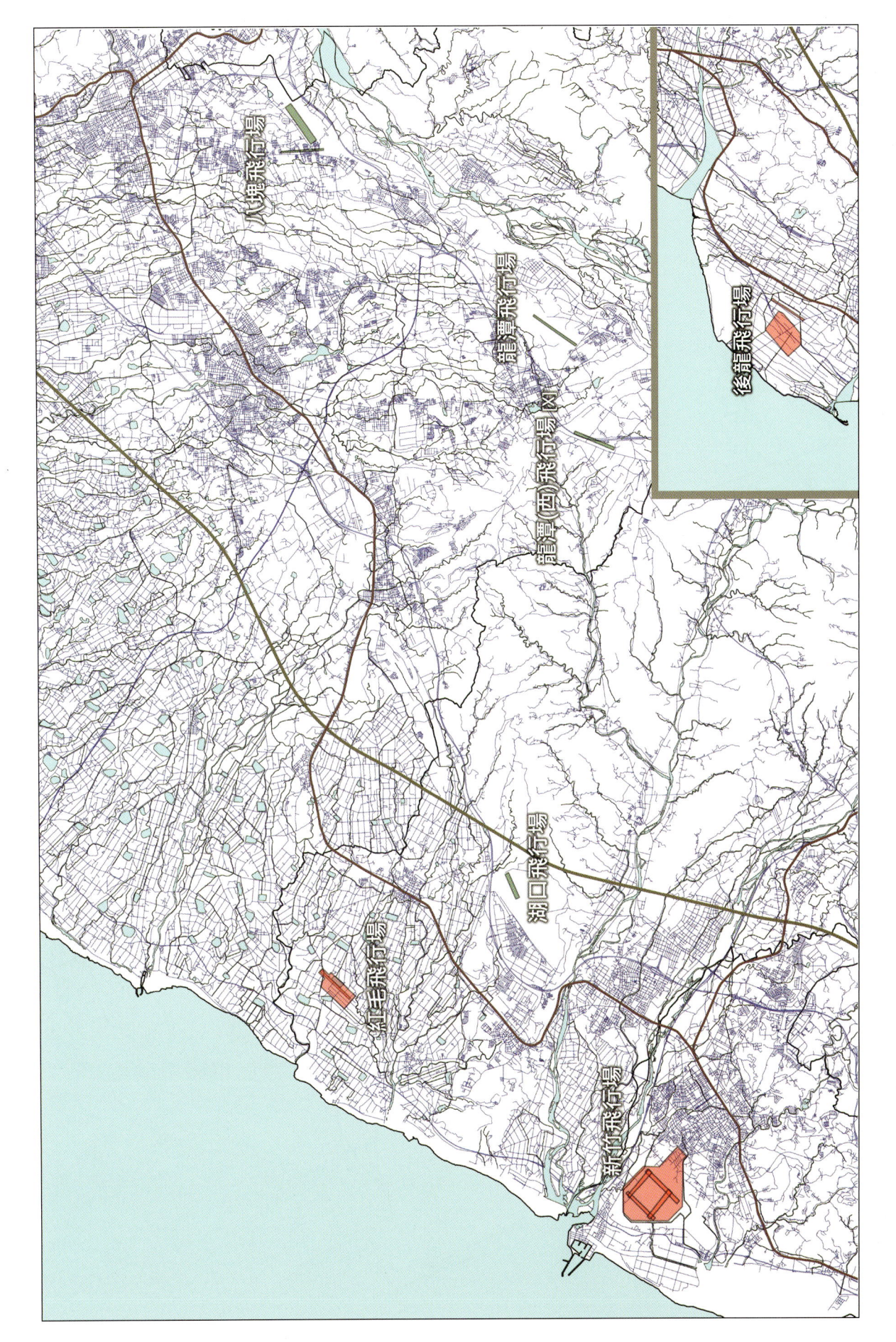

八塊飛行場

龍潭飛行場

龍潭(西)飛行場

後龍飛行場

湖口飛行場

紅毛飛行場

新竹飛行場

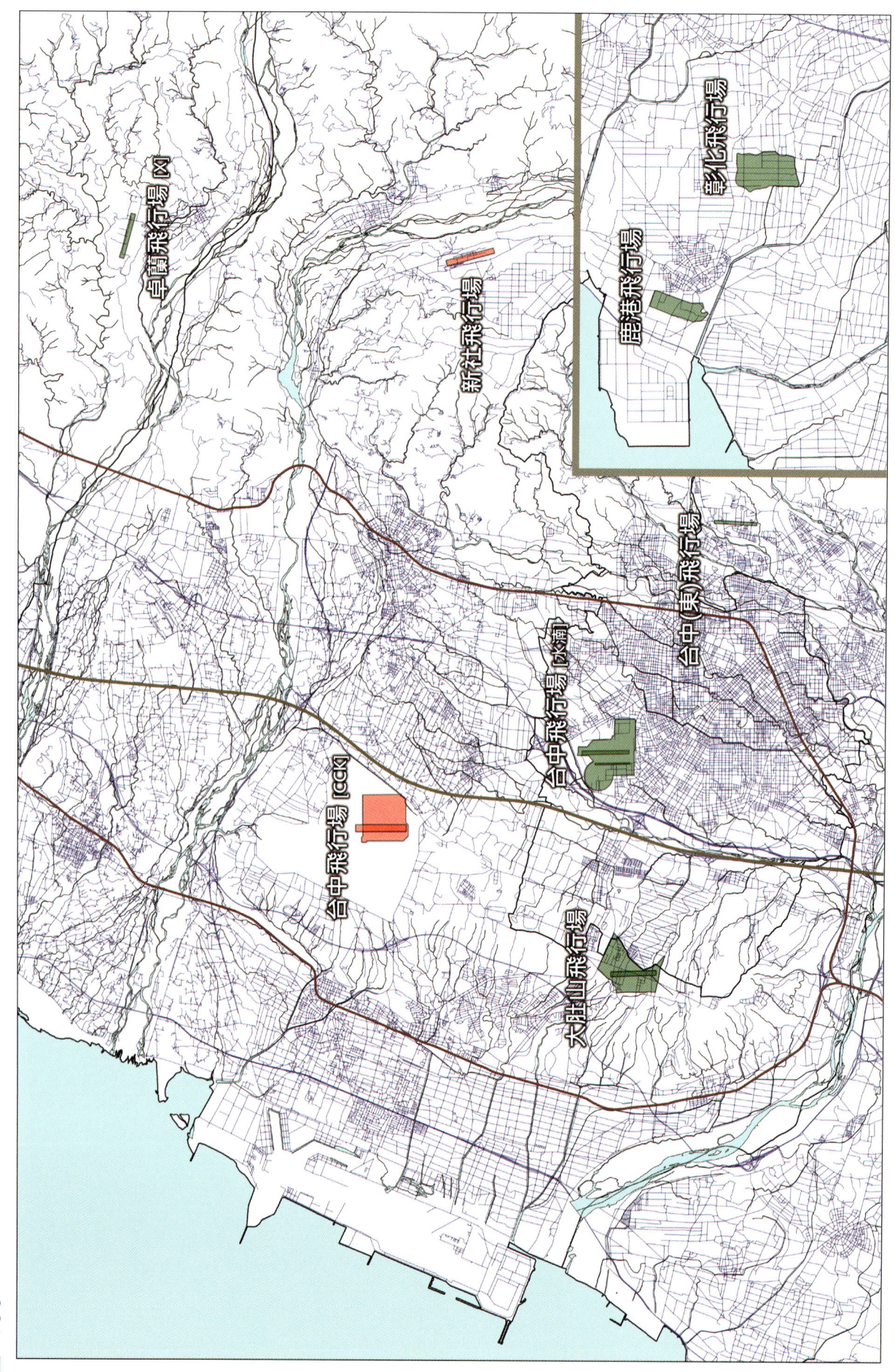

草屯飛行場 (X)

新社飛行場

彰化飛行場

鹿港飛行場

台中(東)飛行場

台中飛行場 (公館)

台中飛行場 [CCK]

大肚山飛行場

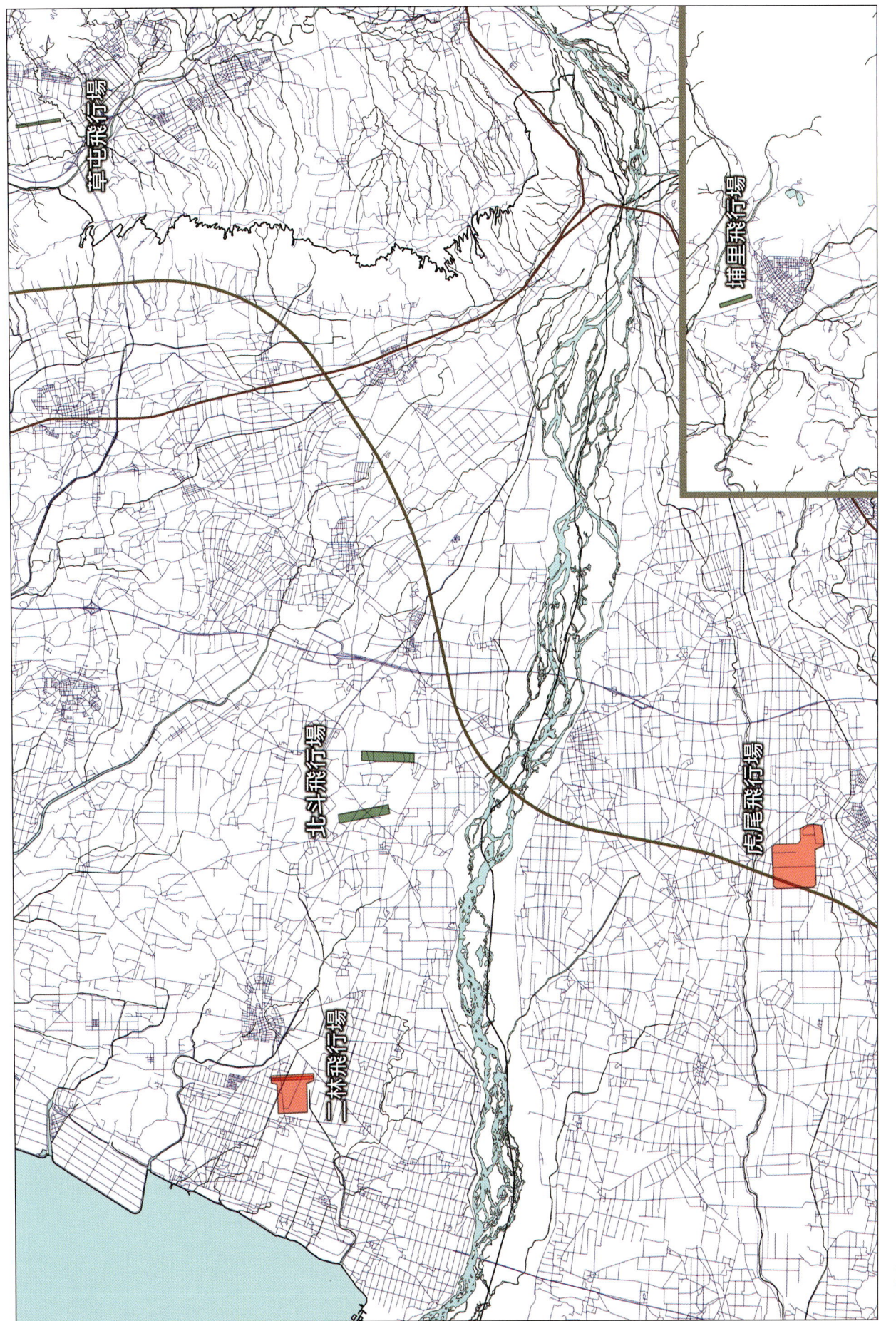

草屯飛行場

埔里飛行場

北斗飛行場

虎尾飛行場

二林飛行場

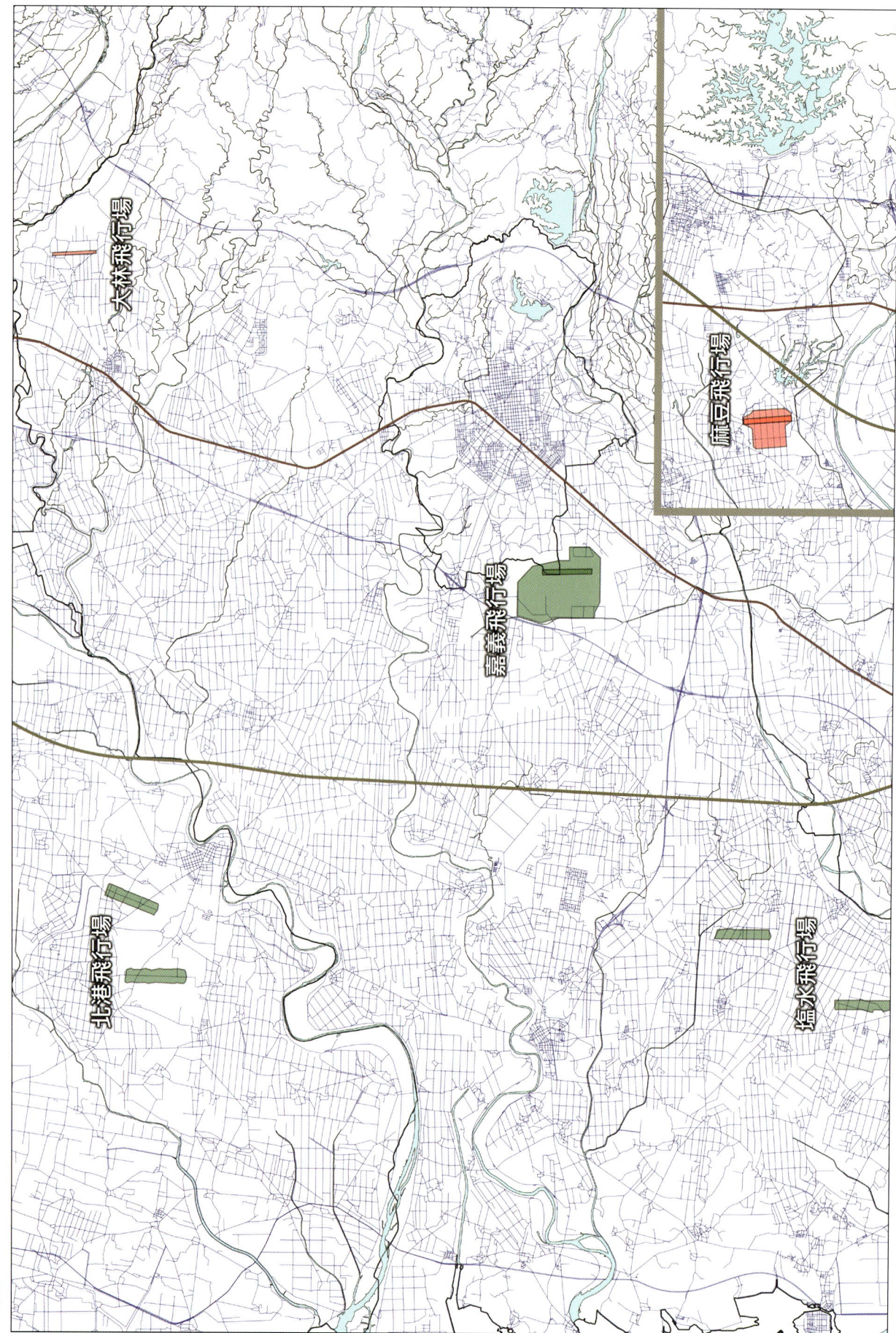

大林飛行場

麻豆飛行場

嘉義飛行場

北港飛行場

鹽水飛行場

旗山飛行場 [X]

里港(北)飛行場 [X]

新化飛行場 [X]

歸仁飛行場

大崗山飛行場

永康飛行場

仁德飛行場

台南飛行場

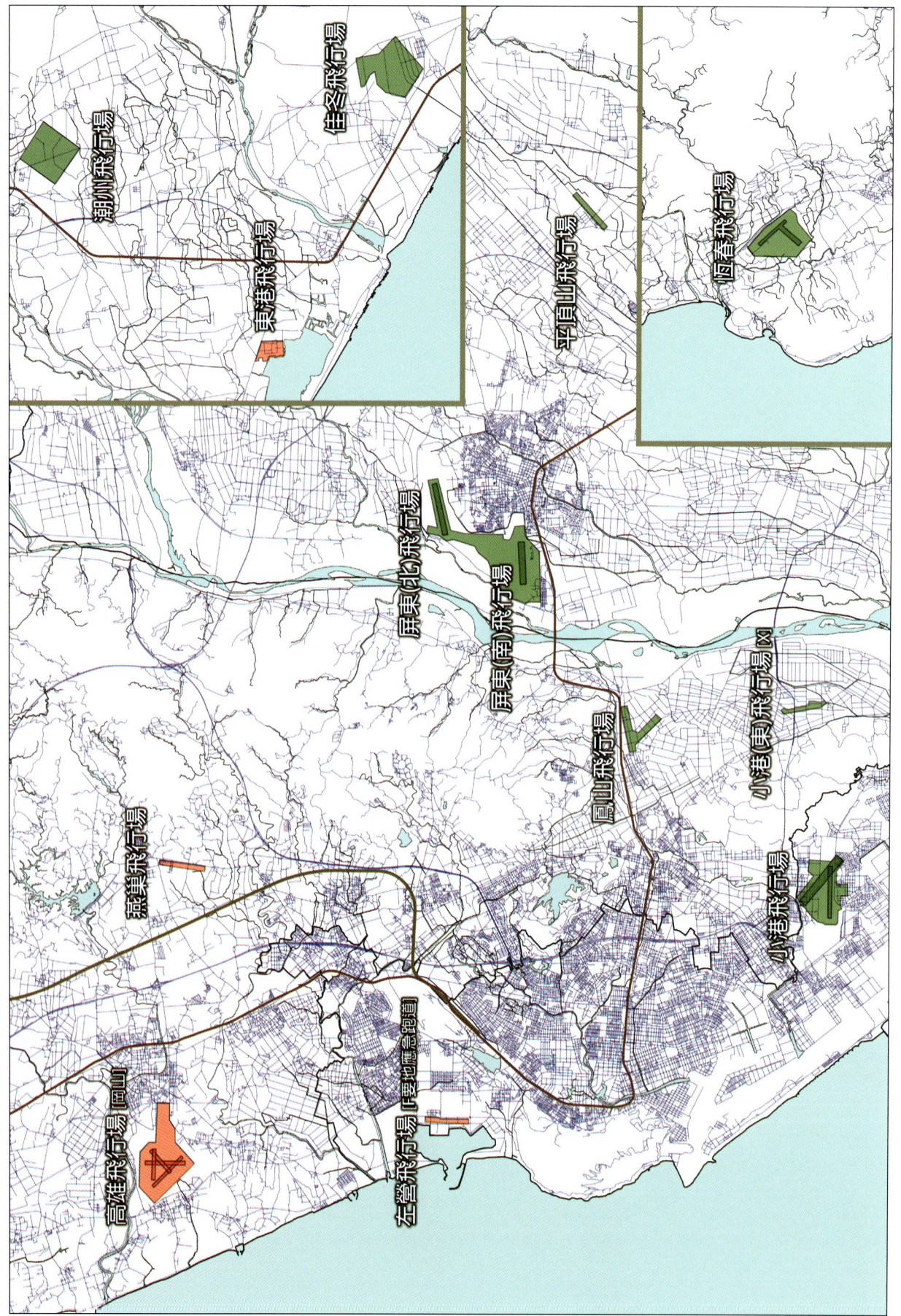

潮州飛行場
佳冬飛行場
東港飛行場
平頂山飛行場
恆春飛行場
屏東(北)飛行場
屏東(南)飛行場
鳳山飛行場
小港(東)飛行場
小港飛行場
燕巢飛行場
高雄飛行場[岡山]
左營飛行場[要地應急地區]

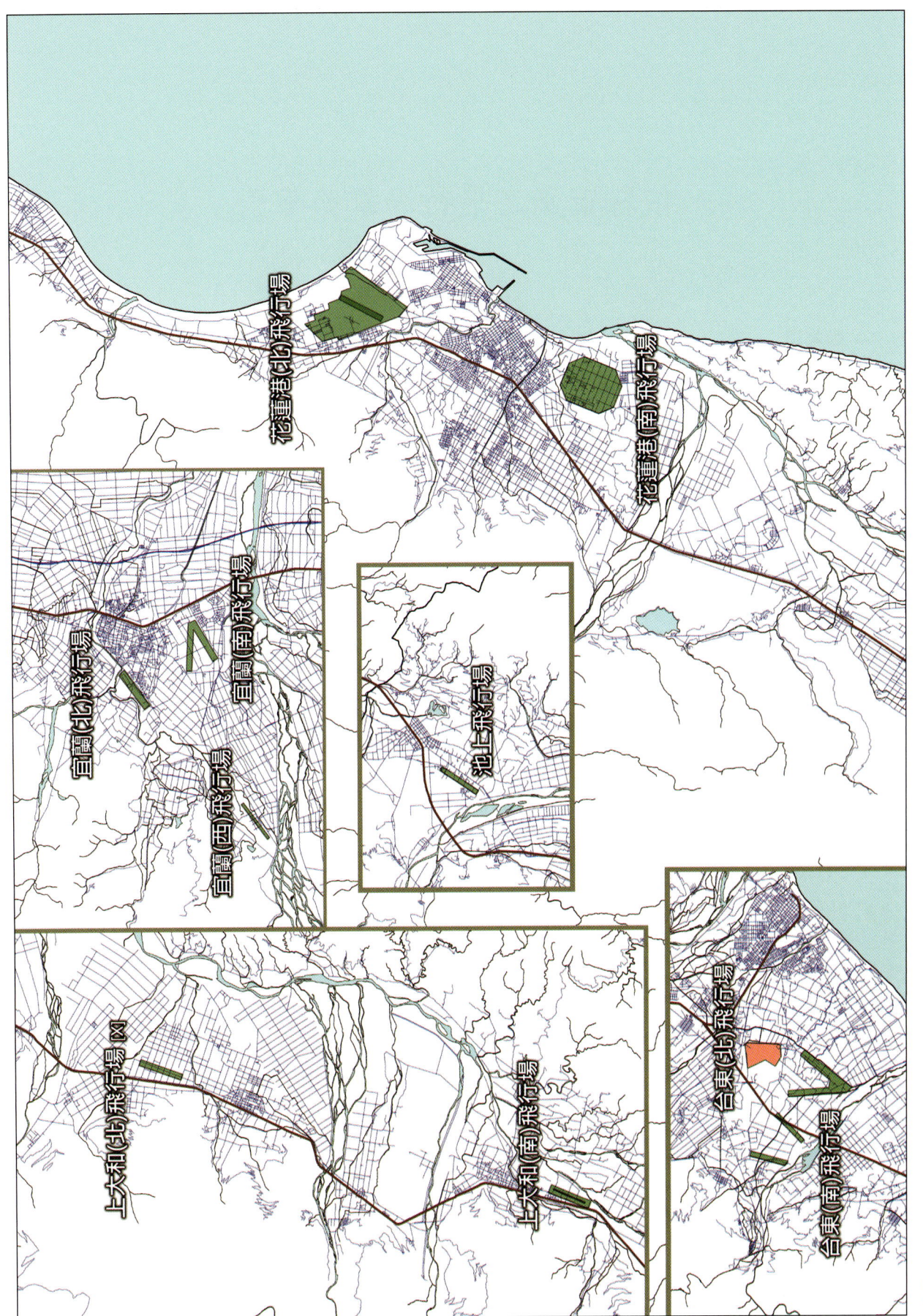

花蓮港(北)飛行場
花蓮港(南)飛行場
宜蘭(北)飛行場
宜蘭(南)飛行場
宜蘭(西)飛行場
池上飛行場
上大和(北)飛行場 [X]
上大和(南)飛行場
台東(北)飛行場
台東(南)飛行場

465

依縣市別之飛行場章節索引

台北市
台北飛行場[松山]　38
台北練兵場→台北(南)飛行場　2

新北市
淡水飛行場　82
樹林口飛行場　348

桃園市
中正國際機場→台灣桃園國際機場　415
桃園飛行場　276
八塊飛行場[八德][懷生]　351
陸軍龍岡機場　405
龍潭飛行場　355

新竹縣
紅毛飛行場　210
湖口陸軍演習場→湖口飛行場　92

新竹市
新竹飛行場　138

苗栗縣
後龍飛行場　214

台中市
台中飛行場[公館][清泉崗]　56
台中飛行場[水湳]　96
大肚山飛行場　363
台中(東)飛行場　358
新社飛行場　220
梨山機場[復興航空]　400

彰化縣
鹿港著陸場→鹿港飛行場　19
彰化飛行場　292
二林飛行場　224
北斗飛行場　298

南投縣
草屯飛行場　368
埔里飛行場　371
日月潭機場　400

雲林縣
虎尾飛行場　228
北港飛行場　304

嘉義縣

大林飛行場　238

嘉義飛行場　107

台南市

塩水飛行場　310

麻豆飛行場　244

台南飛行場[永康]　66

台南飛行場　152

仁德飛行場　247

歸仁飛行場　251

高雄市

高雄飛行場[岡山]　167

大崗山飛行場　262

燕巢飛行場　375

左營飛行場[F要地應急跑道]　255

高雄港水上機場[復興航空]　396

苓雅寮不時著陸場　33

衛武機場　405

小港飛行場[高雄]　315

鳳山飛行場　324

平頂山飛行場　377

屏東縣

屏東(北)飛行場　329

屏東飛行場→屏東(南)飛行場　12

潮州飛行場　118

東港飛行場　188

佳冬飛行場　123

恆春飛行場[五里亭]　131

宜蘭縣

宜蘭飛行場→宜蘭(北)飛行場　76

宜蘭(西)飛行場　380

宜蘭(南)飛行場　266

花蓮縣

花蓮港著陸場→花蓮港(北)飛行場　25

花蓮佳山基地　411

花蓮港(南)飛行場　333

上大和(南)飛行場　382

台東縣

池上飛行場　385

空軍台東志航　411

台東著陸場[馬蘭]　23

台東飛行場→台東(北)飛行場　70

台東(南)飛行場　342

離島

澎湖地區的飛機場　424

金門與馬祖的飛機場　433

蘭嶼與綠島的飛機場　446

東沙與南沙太平島的飛機場　453

國家圖書館出版品預行編目(CIP)資料

台灣飛行場百年發展史/洪致文著.--初版.
--臺北市：前衛出版社, 2024.08
　面；　公分
ISBN 978-626-7463-40-6(平裝)

1.CST: 航空史 2.CST: 機場 3.CST: 臺灣

557.9933　　　　　　　　　113009138

THE HISTORY OF AIRFIELDS AND AIRPORTS IN TAIWAN
台灣飛行場百年發展史

作　　者　洪致文
選書企劃　林君亭
編　　輯　楊佩穎

封面設計　兒日設計工作室
內頁排版　NICO CHANG
初版美編　呂宏修

出 版 者　前衛出版社
　　　　　10468 台北市中山區農安街153號4樓之3
　　　　　電話：02-25865708｜傳真：02-25863758
　　　　　郵撥帳號：05625551
　　　　　購書・業務信箱：a4791@ms15.hinet.net
　　　　　投稿・代理信箱：avanguardbook@gmail.com
　　　　　官方網站：http://www.avanguard.com.tw

出版總監　林文欽
法律顧問　陽光百合律師事務所
總 經 銷　紅螞蟻圖書有限公司
　　　　　11494 台北市內湖區舊宗路二段121巷19號
　　　　　電話：02-27953656｜傳真：02-27954100

出版日期　2024年08月初版一刷
定　　價　新臺幣1000元

ISBN：978-626-7463-40-6
ISBN：9786267463444（PDF）

©Avanguard Publishing House 2024
Printed in Taiwan

*請上『前衛出版社』臉書專頁按讚，獲得更多書籍、活動資訊
https://www.facebook.com/AVANGUARDTaiwan

本書所有照片除特記以外，均為洪致文拍攝或收藏。

版權所有。未獲著者及出版者明確的書面許可，不得為任何目的使用任何形式或方法（含影印、電子儲存、機械形式、記 或其他方式）複製或傳送本文件的任何部分。

■ All rights reserved. No part of this publication may be reproduced or used in any form or by any means, graphic, electronic, or mechanical, including photocopying, without written permission of the writer, publisher and photographer.

■ 本書の内容（写真、図版を含む）の一部または全部を、事前に許可なく無断複写、複製し、または著作権法に基づかない方法により引用し、印刷物や電子メディアに転載、転用することは、著作者および出版者の権利の侵害となります。